FORUM DEUTSCHE LITERATUR 14

Markus Pissarek

„Atomisierung der einstigen Ganzheit“ – Das literarische Frühwerk Hermann Brochs

Neuorientierung des literarischen Denkens im Kontext der modernen Physik und Psychoanalyse

Martin Meidenbauer Verlagsbuchhandlung

Bibliografische Information der Deutschen Nationalbibliothek

Die Deutsche Nationalbibliothek verzeichnet diese Publikation in der Deutschen Nationalbibliografie; detaillierte bibliografische Daten sind im Internet überhttp://dnb.d-nb.de abrufbar.

Printed in Germany

Gedruckt auf
chlorfrei gebleichtem, säurefreiem und alterungsbeständigem Papier (ISO 9706)

m-press ist ein Imprint der
Martin Meidenbauer Verlagsbuchhandlung

ISBN 978-3-89975-707-1
Verlagsverzeichnis schickt gern:
Martin Meidenbauer Verlagsbuchhandlung
Erhardtstr. 8
D-80469 München

www.m-verlag.net

Für Luise

Danksagung

Diese Dissertation wäre nicht ohne die Anregung und Hilfe vieler Menschen, die mir wichtig sind und bei denen ich mich an dieser Stelle besonders bedanken will, entstanden.
Zuallererst ist es mein Doktorvater, Prof. Dr. Michael Titzmann (Universität Passau), der mein nachhaltiges Interesse an der Literatur geweckt hat und bei dem ich jahrelang studieren durfte, dem ich herzlich danken will. Durch ihn habe ich gelernt zu denken und diese Gedanken ausdrücken zu können. Seine Genialität bedeutete für mich zugleich Inspiration und Transpiration. Im Rahmen eines deutsch-französischen Forchungskolloquiums der Universitäten Marc Bloch, Strasbourg und Passau („Literatur und Wissen(schaft) 1890–1930. Korrelation, Integration, Transformation von Wissen(schaften) in der deutschsprachigen Erzählliteratur"), das von ihm und Prof. Dr. Christine Maillard initiiert worden war, entstand schließlich die Idee zu diesem Promotionsprojekt.
Daneben möchte ich dem Zweitgutachter Prof. Dr. Hans Krah (Universität Passau) herzlich danken, der mir bei vielen Gelegenheiten wichtige Impulse geben konnte und bei Unsicherheiten immer ermutigende Worte fand. Er ermöglichte mir zudem, immer wieder Motivation in der Lehre zu finden.
Dass die finanzielle und ideelle Förderung durch die Studienstiftung des Deutschen Volkes erfolgte, verdanke ich neben meinem Doktorvater zu großen Stücken der Unterstützung von Prof. Dr. Hartmut Laufhütte (Universität Passau), und den positiven Gutachten von Prof. Dr. Marianne Wünsch (Universität Kiel) und Prof. Dr. Hans Altmann (Universität München), die sich für meine Aufnahme eingesetzt haben. Ich danke ihnen und der Studienstiftung sowohl für die fantastische ideelle Betreuung, die Doktorandenkolloquien und Sommerakademien, als auch die finanzielle Unterstützung während der Promotionszeit. Gedankt sei noch meinen Vertrauensdozenten Prof. Dr. Laufhütte und Prof. Dr. Nolte, die immer für Betreuungsaufgaben zur Verfügung standen.
Unterstützt wurde ich ferner durch den Internationalen Arbeitskreis Hermann Broch (IAB), dessen Vorsitzender Prof. Dr. Paul Michael Lützeler (Washington University, St. Louis) mich zu einer Tagung nach Dortmund einlud, bei der ich viele Anregungen sammelte.
Jeder Promovend kennt die Phasen des Zweifelns und der Frustration, die einen im Laufe dieser oft einsamen Arbeit ereilen können. Dass ich

diese überwinden konnte, verdanke ich dem selbstlosen Einsatz Raimund Meisenbergers, der mich nicht nur immer wieder ermutigt hat, sondern mich auch durch seine unermüdliche Korrekturarbeit und konzeptionellen Anregungen motiviert hat. Seine Freundschaft sowie die von Dr. Markus Rostek und viele ermunternde Gespräche haben mir sehr geholfen. Auch Heidi Kellbetz mit Ihrem Verständnis und Ihrer Unterstützung sei an dieser Stelle herzlich gedankt.

Die Promotionszeit ist für mich mit der leidvollsten Erfahrung verbunden. Ich hätte Dir diese Arbeit gerne noch zeigen können.

Besonders danke ich meinem Vater, der mich immer unterstützt hat, und über alles meiner Frau Susanne, die mich stets liebe- und verständnisvoll begleitet hat.

Inhaltsverzeichnis

0 Vorbemerkungen

Die Experten in den Feuilletons sind sich über die kulturelle Bedeutung Hermann Brochs einig und unterstreichen seinen Status an den Jubiläumstagen immer wieder: Ein hochrangiger Autor, aber noch immer zu Unrecht weitgehend vernachlässigt. Der Spiegel kommentierte diese Diskrepanz schon anlässlich des 100. Geburtstages: „Er ist, ohne Zweifel, der klassischste aller Klassiker der Moderne: Hermann Broch, vielzitiert, kaum gelesen. Von den großen Gestalten der Literaturgeschichte dieses Jahrhunderts, wie Kafka und Proust, wie Joyce und Musil und [...] Thomas Mann, ist er, bis heute, der unbekannteste geblieben.“[1] Die Kontinuität dieses Sachverhalts, trotz aller Versuche, an den Jubiläen die Forschung voranzutreiben, bleibt bis heute unbestritten. So titelte zuletzt die Zeit anlässlich des 50. Todestages ähnlich: „Gerühmt und unbekannt. Er hat den Rang von James Joyce und Robert Musil, er beeinflusste Elias Canetti und Michel Foucault. Aber wer liest Hermann Broch?”[2] In den fünfzehn Jahren hatte sich trotz aller Jubiläumseuphorie in dieser Hinsicht kaum etwas an der Broch-Rezeption geändert.

Diese Einschätzung trifft für die quantitative Rezeption sicherlich zu. In Zeiten, da die Kanonbildung wieder in vollem Gange ist, findet Broch neben Mann, Kafka und Musil keinen Platz in den Bücherkassetten. Der Großteil der Bände der Kommentierten Werkausgabe im Suhrkamp Verlag ist bedauerlicherweise seit Jahren vergriffen und wird nicht mehr aufgelegt. Es scheint an Brochs spezifischer Geschichte und Ausrichtung zu liegen, der Autor für einen begrenzten Kreis an Broch-Interpreten zu bleiben, welcher sich um so begeisterter an seinem Werk versucht.[3] Mag die Komplexität seiner Texte eine breitere Rezeption erschweren, seine epochale Geltung bleibt unbestritten. Die Fragestellungen, die an Brochs Texte herangetragen werden, sind ebenso vielseitig wie sein literarisches

[1]Der Spiegel (27.10.1986).

[2]Die Zeit (23.05.2001).

[3]Als die Schwedische Akademie 1950 in Österreich anfragte, da Hermann Broch für den Nobel-Preis vorgeschlagen wurde, soll – „so berichtet wenigstens die Fama – die dafür zuständige Stelle auf einer Postkarte geantwortet haben: ‚Ein Dichter namens Hermann Broch ist hierzulande unbekannt.‘“ Dokumentationsarchiv des österreichischen Widerstandes (DÖW) und Dokumentationsstelle für neuere österreichische Literatur (Hg.): Protokoll des internationalen Symposiums zur Erforschung des österreichischen Exils von 1934 bis 1954. Wien, 1977, S. 12.

und theoretisches Werk. Klassische philosophische Themen wie Wert- und Erkenntnistheorie finden sich neben kulturkritischen, literaturtheoretischen, politischen, „ästhetischen", geschichtsphilosophischen, naturwissenschaftlichen und wissenschaftshistorischen/ -theoretischen Aspekten. Broch trat stets mit dem Anspruch auf, seine Zeit mit dem Blick des „intellektuellen Menschen, d. h. jenes Menschen, dessen Leben – „intellektuell" im radikalsten Sinn verstanden – rein auf Erkenntnis abgestellt ist," (UG 243)[4] zu analysieren. Die Objektbereiche sind dabei so weit gestreut wie die Themen seines Zeitraums, wobei der Interessensschwerpunkt meist auf der Zusammenhänge stiftenden Meta-Ebene liegt, im Brochschen Wortgebrauch der „Gesamtlogik der Epoche" (SW 463)[5], der „Gesamterkenntnis" (SW 619), dem „Gesamtsystem" (SW 692).

0.1 Korpus und Fragestellung

Bei dieser übergeordneten Perspektive, der Schnittstelle zwischen den Diskursen, setzt die vorliegende Arbeit an. Der Literatur kam als verbindungsstiftender Größe zwischen den Diskursen und Einzeldisziplinen zu Zeiten der manifesten kulturellen und wissenschaftlichen Krisen am Ende des Zeitraums des Literatursystems der *Frühen Moderne* eine außerordentliche Aufgabe zu. Die Brochschen Texte sind dieser Aufgabe expliziter als alle anderen Versuche des Literatursystems verpflichtet, im besonderen die polyhistorische Romantrilogie *Die Schlafwandler*. Dort wird auf innovative Art und Weise die Krise des Denksystems analysiert und kommentiert, wobei der Fokus immer auf der übergeordneten Meta-Perspektive bleibt und die Frage nach den allen Diskursen gemeinsamen Problemen und Strukturen gestellt wird.

Als einziger literarischer Text, der im Literatursystem der *Frühen Moderne* – vermutlich auch außerhalb des deutschen Sprachraums – explizite Bezüge zur Quantenmechanik herstellt und ihre erkenntnistheoretischen Implikationen diskutiert, stellt der 1933 erschienene Wissenschaftsroman *Die Unbekannte Größe* den zentralen Untersuchungsgegenstand dieser Arbeit dar. An diesem Roman, der leider immer zu Unrecht von der germanistischen Forschung gemieden wurde (vgl. hierzu *2.1 Zur Einordnung*

[4]= Unbekannte Größe, S. 243. Primärquellen werden stets nach der von Paul Michael Lützeler besorgten kommentierten Werkausgabe bei Suhrkamp zitiert und mit Kürzeln wiedergegeben, die im Literaturverzeichnis zu ersehen sind.
[5]= Schlafwandler, S. 463.

und Bewertung der Unbekannten Größe) und der sich am zeitlichen Ende des Literatursystems situiert, wird die Fragestellung der vorliegenden Arbeit detaillierter herangetragen. Darüber hinaus ist als einer der komplexesten und anspruchsvollsten Meta-Texte zur Frühen Moderne die von 1930-32 erschienene Romantrilogie *Die Schlafwandler* von größtem Interesse. In diesem breit angelegten Zeitroman arrangiert Broch die großen und wichtigen Themen der Epoche anspruchsvoll wie neuartig und entwirft in dieser in drei geschichtliche Phasen geteilten Trilogie – 1888, 1903, 1918 – eine komplexe und tiefgehende Analyse des eigenen Denksystems. Vor allem die in die Erzählhandlung integrierten Essays aus dem dritten Teil der Trilogie, „1918. Huguenau oder die Sachlichkeit“, führen heterogenste Wissensmengen wie Wert- und Erkenntnistheorie, Subjekttheorie, Geschichtsphilosophie, Naturwissenschaften usf. zusammen, wobei als denkgeschichtliche und einheitsstiftende Basis die „Logik“ in spezifischer Bedeutung ausgemacht wird. Dieser polyhistorische Roman ist von der Forschung weit gründlicher erschlossen worden und wird im engen thematischen Fokus dieser Arbeit herangezogen. Beide Texte, *Unbekannte Größe* und *Schlafwandler,* nehmen durch ihren spezifischen Umgang mit dem zeitgenössischen Diskurssystem eine Sonderstellung in der Literatur des Zeitraums ein.[6] Als dritter Text wird die häufig in den Kontext der antifaschistischen Exilromane gestellte *Verzauberung* in ihrer ersten Fassung[7] von 1935 herangezogen. Dieser Roman bietet sich deshalb an, weil darin das Scheitern eines Versuches der Komplexitätsreduktion durch eine manifeste Führerfigur exemplarisch vorgeführt wird. Anders als in den *Schlafwandlern* wird dies nicht explizit analysiert, sondern durch einen problematischen Ich-Erzähler vermittelt. Gerade weil die übergeordnete Metaperspektive hier nicht besetzt ist, sondern ein epochales Problem in die Subjektivität eines Individuums verlegt ist, zeigt sich an diesem Text exemplarisch der erkenntnissteuernde Charakter von Wissenssystemen sowie der neue Ideologiebegriff in Anschluss an Karl Mannheim. Es handelt sich insgesamt also um folgende Texte (Jahr der Erstpublikation in Klammern):[8]

---

[6]Als interessante alternative Umsetzung physikalischen Stoffes wird ebenso das Filmskript Das unbekannte X von 1935 hinzugezogen, welches auf der Unbekannten Größe basiert.

[7]In dieser Fassung liegt sie in der kommentierten Werkausgabe Paul Michael Lützelers (vgl. Literaturverzeichnis) vor.

[8]Für ausführliche textkritische Hinweise siehe die kommentierte Werkausgabe.

Die Schlafwandler (1952).
Bestehend aus:
1888. Pasenow oder die Romantik. (1930)
1903. Esch oder die Anarchie. (1931)
1918. Huguenau oder die Sachlichkeit. (1932)
Die unbekannte Größe. (1933)
Das unbekannte X. (Filmskript) (1977/ entst. 1935)
Die Verzauberung (entst. 1935/ veröff. 1969)

Die Fragestellung dieser Arbeit zielt neben der spezifischen Kombination heterogener Diskurse auf die Rolle der Literatur in einem zunehmend komplexer gewordenen Diskurssystem, woran sich eine Vielzahl untergeordneter Fragestellungen anschließt. Eine nicht mehr zu behebende Ausdifferenzierung und Spezialisierung in Einzeldiskurse wurde spätestens mit den neuen physikalischen Theorien, der *speziellen* und *allgemeinen Relativitätstheorie* und der *Quantenmechanik*, manifest (vgl. hierzu Abschnitt 1). Die bereits erwähnte kulturelle Krise begründet sich unter anderem in den Wissenschaften durch den paradigmatischen Umbruch innerhalb zweier Wissensschaftsdisziplinen, der Physik und der Psychologie, spezifischer der psychoanalytischen Schule Freudscher Provenienz. Diese paradigmatischen Umbrüche, in Thomas S. Kuhns Terminologie „wissenschaftliche Revolutionen“[9], provozierten wiederum sekundär einen grundlegenden Wandel in anderen Wissenschaftsdisziplinen, am merklichsten in der Philosophie (zum Kontext vgl. Abschnitt 1). Durch die dort näher geschilderten zeitgenössischen Bestrebungen in der Philosophie und Wissenschaftstheorie ergab sich für Broch eine programmatisch formulierte neue „Aufgabe des Dichterischen“, ein neuer Literaturbegriff, den er in einem Vortrag zu den *Schlafwandlern* folgendermaßen formulierte:

> Was die Philosophie anstrebte: die Welt darzustellen und aus dieser Darstellung selber heraus den Weg zur Ethik und zu den Wertsetzungen zu finden, diese Aufgabe der Philosophie scheint nunmehr der Dichtung und besonders der epischen Dichtung zuzufallen, oder, um sehr unbescheiden zu sprechen, genauso wie aus den antiken dichterischen Kosmogonien sich die rationale Philosophie und die Wissenschaften entwickelt haben, genauso werden jetzt infolge einer

[9]Thomas S. Kuhn: The structure of scientific revolutions. 2. Aufl., Chicago, 1970.

> Selbstbescheidung des Wissenschaftlichen und eines Versagens des Theologischen die irrationalen Bestandteile des Lebens wieder an den irrationalen Ausdruck des Dichterischen zurückgewiesen. (SW 731)

Dieser wahrlich „unbescheidene“ Anspruch wird von Broch auch ernsthaft – nicht nur in den *Schlafwandlern* – verfolgt. Literatur bekäme demnach eine ähnliche Position im Diskurssystem zugewiesen wie andere Meta-Disziplinen, etwa die Wissenschaftstheorie. Dass in Bezug auf Broch bisher vor allem die drei Disziplinen der ‚Physik‘, ‚Psychologie‘ und ‚Philosophie‘ erwähnt wurden, ist wiederum kein Zufall. Zum einen sind dies zwar die Disziplinen, die am stärksten von der Umstrukturierung der Wissenschaften im Zeitraum der *Frühen Moderne* betroffen sind. Zum anderen spielen sie im Œuvre Brochs die zentrale Rolle, die in der Forschungsliteratur bisher zwar fokussiert (v. a. in Bezug auf die philosophischen Teilgruppen Wert- und Erkenntnistheorie), aber nie im Zusammenhang erkannt und behandelt wurden.[10]

Schon an Brochs theoretischen Schriften lässt sich erkennen, dass die erwähnten Disziplinen sein großes Interesse gefunden haben. Dort finden sich etliche Aufsätze zur Wert- und Geschichtstheorie, zur Erkenntnistheorie, zur Kritik philosophischer Schulen (v. a. des Positivismus), zur Individual- und Massenpsychologie und zur Logik (wiederum mit Bezug auf Russell). Paul Michael Lützeler hat in seiner Biographie zu Broch[11] bis ins Detail Studieninhalte Brochs nachgewiesen, der von 1925 bis 1930 an der Universität Wien Philosophie, Mathematik und Physik bei prominenten Wissenschaftlern wie Moritz Schlick, Rudolf Carnap,

---

[10]Wo dies der Fall ist – dies gilt vor allem in bezug auf Mathematik und Physik – da wurde die Behandlung nur auf die jeweilige Einzeldisziplin beschränkt, der Zusammenhang im Gefüge der Wissenschaften bleibt unbeachtet. Zu diesem Schluß kommt man nach Auswertung der mehr als 500 Titel, die bisher zu Broch publiziert wurden. Das Literaturverzeichnis bietet eine selektive Zusammenstellung der Titel, die erwähnt werden.

[11]Vgl. Paul Michael Lützeler: Hermann Broch. Eine Biographie. Frankfurt am Main, 1985. Lützeler fand Mitschriften zu von Broch belegten Seminaren, die bezeugen, daß Broch ein intensives mathematisches und physikalisches Studium absolvierte. So hörte er beispielsweise bei Wirtinger „Differential- und Integralrechnung“ und „Funktionstheorie“, bei Hans Hahn „Mengenlehre“, „Analytische Geometrie“, „Mengenfunktionen“ und „Kurventheorie“. Die über zwanzig Notizhefte und Mitschriften von Brochs mathematischen Vorlesungen und Seminaren sind erhalten geblieben und liegen im Broch-Archiv der Yale University Library in New Haven/ Connecticut. Vgl. Lützeler (1985), S. 96 ff.

Wilhelm Wirtinger und Hans Hahn studierte. Klaus Amann und Helmut Grote haben den Bestand der Wiener Bibliothek Brochs, die u. a. von einem profunden Interesse an physikalischen und mathematischen Fragen zeugt, rekonstruiert und mit Kommentaren versehen publiziert.[12] Es besteht mittlerweile keine Kontroverse mehr in der Forschung, dass Broch bezüglich der physikalischen und philosophischen Diskussion seiner Zeit auf dem Laufenden war.[13]

Der Plan zu diesem Dissertationsprojekt entstand aus einem von 1999-2002 bestehenden deutsch-französischen Forschungsprojekt der Universitäten Strasbourg und Passau zum Thema „Literatur und Wissen(schaften) 1890–1930". Es geht im Rahmen der Fragestellung nun darum, welche Beziehungen zu den unterschiedlichen wissenschaftlichen und nicht-wissenschaftlichen Wissensmengen und Diskursen der Frühen Moderne die frühe erzählende Literatur Brochs unterhält und welche Funktion sie dadurch erfüllt bzw. anstrebt zu erfüllen. Dass in der Literatur der Frühen Moderne eine Vielzahl von solchen Beziehungen und ein ausgeprägtes Bedürfnis nach ganzheitlichen Ansätzen existieren, belegen eine Reihe theoretischer Texte sowie literarischer ‚Meta-Texte' gerade gegen Ende der Epoche, wie etwa Thomas Manns *Zauberberg*, Robert Musils *Mann ohne Eigenschaften* oder eben Brochs *Schlafwandler*, daraus vor allem der dritte Teil, *Huguenau oder die Sachlichkeit*. Die literarischen Texte aus dem Frühwerk des Autors, die dieser Dissertation als Grundlage dienen, operieren vor allem auf dieser verbindungsstiftenden Meta-Ebene. Präsupposition ist dabei die Annahme, der Weg zur „Gesamterkenntnis" führe über den Umweg einer „Einzelwissenschaft". So stellt sich für Broch in einem Kommentar zur *Unbekannten Größe* die folgende Frage:

> [...] in welcher Weise kann ein der Wissenschaft hingegebener Mensch zu jener Gesamterkenntnis gelangen, zu der er seiner Grundanlage gemäß – sonst wäre er ja eben auch nicht zur Einzelwissenschaft gelangt – hinstrebt und hinstreben muß? (UG 245)

---

[12]Vgl.: Klaus Amann/ Helmut Grote: Die Wiener Bibliothek Hermann Brochs: Kommentiertes Verzeichnis des rekonstruierten Bestandes. Wien, 1990.

[13]Mit dieser Frage beschäftigen sich u. a diese Beiträge: Willy Riemer: Mathematik und Physik bei Hermann Broch. In: Paul Michael Lützeler (Hg.): Hermann Broch. Frankfurt am Main, 1986, S. 260–271. Ernestine Schlant: Hermann Broch and Modern Physics. In: The Germanic Review. Vol. 53, 1978, S. 69–75.

Dass das erkenntnistheoretische Interesse trotz aller Spezialisierungserscheinungen nach wie vor auf das Gesamtsystem zielt, das den Zielpunkt aller Erkenntnistätigkeit darstellt, gilt nach dieser Denkweise auch für den Spezialwissenschaftler als unumstößliche Gesetzmäßigkeit. Die Dissertation wird sich somit auch der Frage stellen, welche Inhalte der Einzelwissenschaften für diesen Anspruch überhaupt relevant werden können. Oder einfacher gesagt: die Frage, die dem Verfasser immer wieder erstaunt gestellt wurde: Quantenmechanik und Literatur, wie passt denn das zusammen?

0.2 Zur Vorgehensweise

Die Arbeit[14] bedient sich zur Klärung der geschilderten Fragestellung vor allem eines struktural-semiotischen Ansatzes, wie er unter anderem in der „Strukturalen Textanalyse"[15] Michael Titzmanns erläutert wird. Daneben kommt Lotmans Theorie narrativer Strukturen[16] zur Anwendung, daraus vor allem sein Konzept der semantischen Räume. Für den Verständigungsrahmen der Diskursanalyse wird auf die vielzähligen theoretischen Vorarbeiten von Karl Richter, Jörg Schönert, Michael Titzmann und Marianne Wünsch zurückgegriffen.[17]

Die aufgeworfene Fragestellung bestimmt auch die Abfolge der Analyseschritte: Zu Beginn steht eine vorbereitende Textanalyse der *Unbekannten Größe*, in der grundlegende Aspekte der dargestellten Welt und ihrer Figuren rekonstruiert werden, wobei erste, die Diskurse vereinende Phänomene interpretiert werden. Danach werden in zwei getrennten Schritten die dominanten textinternen Diskurse sowie ihre Funktionen und Relationen untersucht. Erst jeweils im Anschluss an die Rekonstruktion der textinternen Diskurse folgt ein Vergleich mit den textexternen kulturellen Wissensmengen[18] der Zeit. Aus pragmatischen Gründen muss hier

[14]Der hier publizierte Text wurde 2005 als Dissertation an der Universität Passau angenommen.

[15]Vgl. Michael Titzmann: Strukturale Textanalyse. Theorie und Praxis der Interpretation. München, 1977 (= UTB 582).

[16]Vgl. Jurij M. Lotman: Die Struktur literarischer Texte. München, 1972. (= UTB 103).

[17]Für Literaturangaben sei auf das Literaturverzeichnis und auf die jeweiligen Kapitel verwiesen.

[18]Zum Begriff des kulturellen Wissens vgl. Michael Titzmann: Strukturale Textanalyse, S. 263–329.

freilich eine Beschränkung auf die moderne Physik und die Psychoanalyse erfolgen. Die thematische Verbindung zu den *Schlafwandlern* bilden vor allem zwei Schwerpunkte: die Identitätsproblematik bzw. Subjekttheorie und die erkenntnissteuernde Funktion von Wissenssystemen. Da die Erzählsituation in den *Schlafwandlern* äußerst komplex und eng mit der Identitätsproblematik verwoben ist, wird diese detaillierter untersucht. Gerade hier zeigt sich ein enger Bezug zu Karl Mannheims Wissenssoziologie, der auch für die Interpretation der *Verzauberung* relevant ist. Dieser Roman wurde bereits häufiger, teils äußerst kontrovers, unter dem Ideologieaspekt besprochen. Anhand der symbolischen Abbildung nationalsozialistischer Ideologie soll an dem Roman gezeigt werden, dass der Ideologiebegriff durch das kulturelle Wissen präzisiert bzw. vertieft werden muss, um zu einem adäquaten Verständnis des Textes zu gelangen. Die in dem Roman vorzufindende Korrelation von neuem Ideologiebegriff und Wirklichkeit bildet den thematischen Anker zu den beiden anderen Romanen. In einem abschließenden Kapitel werden die Leistungen der Brochschen Romane in dreierlei Hinsicht abstrahiert. Zunächst werden die diskursübergreifenden ‚Objekte' und deren Funktion beschrieben. Danach wird die Text-Aussage in kurzer Form auf die zugrunde liegende Erkenntnistheorie hin dargestellt, bevor in einem letzten Schritt auf die Rolle der Literatur als vermittelnde Größe zwischen den heterogenen Diskursen eingegangen wird. Was leistet die Literatur, was kann sie noch leisten, wenn die Wissensmengen der Diskurse für einzelne nicht mehr zu überblickende Ausmaße annehmen?

1 Zur Situation der Wissenschaften in der Frühen Moderne

Diese spezifische Fragestellung des Dissertationsprojektes bringt eine Reihe methodischer Probleme mit sich: Es werden Diskurse relationiert, die schon allein aus Gründen des Umfangs und der Komplexität nicht referiert werden können. Es kann nicht Anliegen dieser Arbeit sein, eine Geschichte der modernen Physik zu liefern, noch eine Zusammenfassung der verschiedenen Stadien psychoanalytischer Theorien, geschweige denn einen Überblick über die erkenntnistheoretischen Modelle des Zeitraums zu geben.[19] Dazu gibt es bereits gute und verlässliche Quellen, auf die hier verwiesen werden muss. Die kompakteste brauchbare populärwissenschaftliche Darstellung der Quantenmechanik, die auch auf die Denktradition der klassischen Mechanik als notwendiger Voraussetzung rekurriert, umfasst mehrere hundert Seiten. Bei der Quantenmechanik handelt es sich jedoch nur um eine der drei neuen Theorien in der Physik, auch die spezielle und allgemeine Relativitätstheorie müssen berücksichtigt werden. Der Fokus der Arbeit wird somit auf der textinternen Perspektive liegen müssen, um der Gefahr eines nicht bewältigbaren darstellerischen Problems zu entgehen. Allein eine Zusammenstellung wichtiger Publikationen in den drei untersuchten Disziplinen, die im Rahmen der Fragestellung des Projekts relevant sind, umfasst 15 Seiten.

Dennoch soll hier versucht werden, einen kurzen Überblick über die Situierung der literarischen Texte im Kontext des relevanten kulturellen Wissens zu geben. Hermann Brochs Frühwerk entsteht in der Endphase einer Epoche, der *Frühen Moderne*[20], in der sich eine Serie von Wandlungsprozessen ereignet, die einerseits das Denk- und Wissenssystem, andererseits das Literatursystem fundamental transformieren. Diese

[19]Einen Überblick wichtiger Publikationen und denkgeschichtlicher Entwicklungsschritte in Bezug auf Quantenmechanik, der speziellen und allgemeinen Relativitätstheorie und der Psychoanalyse liefert Anhang 7.1, der zeitlich gegliedert ist und die Synchronie der Entwicklungen illustrieren soll. Der Überblick wurde vom Verfasser unter Zugriff auf die Primärtexte bzw. aus diversen wissenschaftsgeschichtlichen Darstellungen zusammengestellt.

[20]Diese Kategorisierung folgt einem Klassifikationsvorschlag Marianne Wünschs, den sie für den Zeitraum 1890–1930 etabliert. Vgl.: Marianne Wünsch: Vom späten „Realismus“ zur „Frühen Moderne“: Versuch eines Modells des literarischen Strukturwandels. In: Michael Titzmann (Hg.): Modelle des literarischen Strukturwandels. Tübingen, 1991 (= Studien und Texte zur Sozialgeschichte der Literatur, 33), S. 187–203.

Wandlungsprozesse betreffen im Wissenschaftssystem sowohl die „Naturwissenschaften" als auch die „Geistes-" oder „Kulturwissenschaften".[21] Der Wandel in den drei Einzeldisziplinen Physik, Philosophie und Psychologie erscheint hierbei besonders einschneidend. Es handelt sich um diskontinuierliche Umbrüche. Dieser Wandel geht nicht ohne Verbindung zum Denk- und Wissenssystem vor sich, häufig ist die Rede von „Erschütterungen" in den „Grundfesten" des Denksystems. Auch diese Tendenz schlägt sich im Frühwerk Hermann Brochs deutlich nieder.

Als Hermann Broch sich 1928 daran begibt, *Die Schlafwandler* zu schreiben, ist der revolutionärste Wandel, den die Physik je erfahren sollte, schon nahezu abgeschlossen. Einsteins spezielle (1905) und allgemeine Relativitätstheorie (1916/17) liegen vor, und auch die Quantenmechanik hatte im September 1927 die legendäre „Kopenhagener Deutung" durch Bohr in Como erfahren. Diese neuen Theorien stellen das Gebäude der mechanischen oder „klassischen" Physik, die sich gegen Ende des 19. Jahrhunderts einem baldigen theoretischen Abschluss[22] nahe glaubte,

[21]Die problematische Konstituierung dieser beiden oppositionellen Diskurstypen – „Natur-" vs „Geisteswissenschaft" bei Dilthey und „Natur-" vs „Kulturwissenschaft" bei Rickert – entsteht kurz vor dem Literatursystem der Frühen Moderne. Unabhängig von den beiden differierenden Ansätzen (erstmals in: Wilhelm Dilthey: Einleitung in die Geisteswissenschaften. Leipzig, 1883. Heinrich Rickert: Kulturwissenschaften und Naturwissenschaft. Tübingen, 1899) lässt sich jedenfalls sagen, dass eine scharfe Trennung, insbesondere bei den Humanwissenschaften, nicht restlos durchzuführen sein dürfte. So ist beispielsweise die Psychologie als empirische Wissenschaft vom Menschen zunächst als „verstehende Psychologie" entstanden und wäre somit im Diltheyschen System als „geisteswissenschaftliche Psychologie" zu verstehen. Später wird sie aber als experimentelle Psychologie (mit Integration der Physiologie) der Methodik nach häufig den Naturwissenschaften zugerechnet.

[22]In den „Welträtseln" von 1899 zieht der Biologe Ernst Haeckel beispielsweise folgendes Resümee der Naturwissenschaften seines Zeitraums: „... ich bin auch völlig gewiß, daß diese ‚reife Frucht' vom Baume der Erkenntnis für die kurze Spanne des Daseins, die mir noch beschieden ist, keine bedeutende Vervollkommnung und keine prinzipiellen Veränderungen erfahren wird." (Zitierte Ausgabe: Ernst Haeckel: Die Welträtsel. 10. Aufl. 1909, S. V) Bis an sein Lebensende 1919 wurde diese Annahme mehrfach widerlegt. Bereits 1900 leitet Planck „eine neue Ära der Physik" (John Gribbin: Auf der Suche nach Schrödingers Katze. Quantenphysik und Wirklichkeit. 5. Aufl., München, 1999, S. 59) ein, indem er den Gedanken von Energiequanten in die Physik einführt. Eine Darstellung der gesamten Entwicklung der modernen physikalischen Theorien – wenn auch nur schlaglichtartig – kann hier

massiv in Frage. Die beiden neuen Paradigmen in der Physik überschreiten radikal die Grenzen menschlichen Vorstellungsvermögens. Laien können selbst die Basisannahmen der neuen Theorien aufgrund des fehlenden physikalischen Grundwissens nicht mehr nachvollziehen, jede Anschaulichkeit geht verloren. Der Versuch, sie herzustellen, führt in die Irre. Die neuen Erkenntnisse entziehen sich simplifizierenden Darstellungen.[23] Einstein/ Infeld bringen dies in ihrem gemeinsamen Werk, *Die Evolution der Physik*, auf den Punkt: „Das Weltbild der modernen Physik hat mit den Vorstellungen von einst wahrhaftig nicht mehr viel zu tun."[24] Das Problem der adäquaten Popularisierung dieser abstrakten, nichtanschaulichen Theorien stellte sich von Anfang an. Nur in detaillierteren Schriften der eigentlichen Sekundärliteratur – also den fachwissenschaftlich fundierten Besprechungen der Primärschriften zu den Relativitätstheorien – wurde überhaupt präziser angegeben, worin die Einsteinsche Revolution eigentlich besteht:

a) in der speziellen Relativitätstheorie: eine Revolution der Konzepte von Raum und Zeit;
b) die *relativistische Deutung der Lorentztransformationen;*
c) in der allgemeinen Relativitätstheorie: die Einführung *nicht-euklidischer Maßbestimmungen* für Raum-Zeit-Strukturen;
d) die Ersetzung der Gravitation als Kraft durch die Struktur eines *vierdimensionalen Raum-Zeit-Systems*, in dem sich Lichtstrahlen und Körper auf *geodätischen Linien* bewegen;
e) die *kosmologische Anwendung der allgemeinen Relativitätstheorie* (mit der Aussicht auf eine mathematische Erfassung der Struktur und Dynamik des Kosmos);
f) vertieftes Verständnis des *Zusammenhangs zwischen Masse und Energie* (wohl die populärste Neuerung);
g) *Konstanz der Lichtgeschwindigkeit* (als Postulat);

---

nicht geleistet werden. Ein tabellarischer Überblick zur Entwicklung der Quantenmechanik findet sich im Anhang 7.1.

[23]Zur präzisen bibliographischen Auswertung vgl. Klaus Hentschel: Interpretationen und Fehlinterpretationen der speziellen und der allgemeinen Relativitätstheorie durch Zeitgenossen Albert Einsteins. Basel/ Boston/ Berlin, 1990, S. 106–121.

[24]Albert Einstein/ Leopold Infeld: Die Evolution der Physik. Reinbek bei Hamburg, 1995, S. 277.

Nichtsdestoweniger erleben vor allem die spezielle und die allgemeine Relativitätstheorie seit 1919 einen solchen Popularisierungs- bzw. Vulgarisierungsschub, dass sich etliche Experten bereits Anfang der 20er Jahre gehörig über objektinadäquate Interpretationen der Einsteinschen Theorien beschweren, so etwa in repräsentativer Art und Weise A. Berliner in einem Brief an H. Reichenbach:

> Sie werden nächstens einmal einen Aufsatz über die Unzuständigkeit und Unzulänglichkeit der Leute bringen müssen, die sich jetzt mit der Popularisierung der Relativitätstheorie [...] beschäftigen. [...] man sollte ihnen wirklich das Handwerk legen. (A. Berliner an H. Reichenbach, 6. Oktober 1920)[25]

Es gibt in den 20er Jahren trotz der erwähnten Umsetzungsschwierigkeiten, die wohl darin begründet sein dürften, dass im mikro- wie im makrophysikalischen Bereich die neuen Paradigmen nur noch im semiotischen System der Mathematik formulierbar sind, ein starkes Bedürfnis an erklärenden und allgemeinverständlichen Interpretationen der neuen physikalischen Theorien, ein Phänomen, für das Arnold Sommerfeld den Begriff „Relativitätsrummel"[26] prägte. Dieser „Relativitätsrummel" durchzog nicht nur die diversen philosophischen Schulen (Neukantianismus, Kritischer Realismus, Phänomenologie, Fiktionalismus, Logischer Empirismus, Konventionalismus, Operationalismus, Neutraler Monismus, Intuitions- und Lebensphilosophie, Rationalismus), sondern brachte auch einen wahren Boom an populären Texten zu den neuen physikalischen Themen hervor, wie Klaus Hentschel in statistischen Auswertungen zum Zeitraum 1905–1955 stichhaltig belegt. Die hochkomplexen neuen Erkenntnisse der Einzelwissenschaft Physik sollten in den (wissenschaftlichen) Gesamtdiskurs integriert werden, ein starkes Bemühen hierzu zeichnete sich v. a. in der Disziplin Philosophie deutlich ab.

Doch die neuen physikalischen Paradigmen zeitigten über diese Integrationsbestrebungen hinaus bald nach ihrem Entstehen andere gravierende Wirkungen in den nicht-physikalischen Diskursen, vor allem wiederum in dem der Philosophie. Der ‚Neukantianismus' – auch ‚Kritizismus' oder ‚kritischer Idealismus' – kann als populäres Beispiel einer philoso-

---

[25] Vgl. Klaus Hentschel: Interpretationen und Fehlinterpretationen der speziellen und der allgemeinen Relativitätstheorie durch Zeitgenossen Albert Einsteins, S. 55.

[26] Ebd., S. 67.

phischen Schule stehen, die nach der Publikation der Quantenmechanik in eine existentielle Krise gerät. Als zahlenmäßig stärkste Gruppe, die sich zu den modernen physikalischen Theorien äußert, versucht sie zunächst, „die Kantische Philosophie vor der Relativitätstheorie zu schützen."[27] Doch unversöhnliche Divergenzen zwischen den eigenen philosophischen Theoremen und jenen der neuen physikalischen Theorien zwingen sie bald zur Revisionen ihres theoretischen Unterbaus, ein Prozess, den Ernst Cassirer als einer der ersten Neukantianer vollzieht. Schon 1920 nimmt er persönlichen Kontakt mit Einstein auf, um „eine wechselseitige Verständigung anzubahnen."[28] Die Wirkung der neuen physikalischen Theorien auf die Disziplin ‚Philosophie' mit ihren Teilgruppen ist äußerst komplex und wurde in Bezug auf die spezielle und allgemeine Relativitätstheorie umfassend von Klaus Hentschel dargestellt. Eine vergleichbare Aufarbeitung in Bezug auf die Quantenmechanik fehlt leider bis heute.[29]

Dass also nicht nur die „Naturwissenschaften" in der Frühen Moderne einen revolutionären Wandel, sondern auch sekundär die „Geistes-" bzw. „Kulturwissenschaften" grundlegende Transformationen erfahren, wurde durch die Relation Physik – Philosophie schon angedeutet. Doch auch ohne einen äußeren Impuls aus anderen Disziplinen entwickeln sich „geisteswissenschaftliche" Disziplinen fort bzw. differenzieren sich aus, so vor allem die Psychologie. In der Endphase des Literatursystems der *Frühen Moderne* ist die *Psychoanalyse* – durch Freud mit den *Studien über den psychischen Mechanismus hysterischer Phänomene* (1893) und, zusammen mit Breuer, durch die *Studien über die Hysterie*[30] (1895) etabliert – schon weit ihren Kinderschuhen entwachsen. Freuds Werk[31] gilt als vollendet,

[27]H. Reichenbach: Der gegenwärtige Stand der Relativitätsdiskussion. In: Logis 10 (1921), S. 341f.

[28]E. Cassirer in einem Brief an Albert Einstein. 10. Mai 1920. Collected Papers of Albert Einstein. Boston. Sign 8-385-1,2,3. Zitiert nach Klaus Hentschel: Klaus Hentschel: lnterpretationen und Fehlinterpretationen der speziellen und der allgemeinen Relativitätstheorie durch Zeitgenossen Albert Einsteins, S. 552.

[29]Hentschel erhielt für seine Monographie zu Interpretationen der speziellen und der allgemeinen Relativitätstheorie durch Zeitgenossen Albert Einsteins den Kurt-Hartwig-Siemers-Preis der Hamburgischen Wissenschaftlichen Stiftung und hat die Forschungslage seines Faches in den 90er intensiv verfolgt.

[30]Breuer/ Freud: Studien über Hysterie. Wien, 1895.

[31]Hier ein Überblick der zentralen Texte:

1895 Breuer/ Freud: Studien über Hysterie.

auch die abgefallenen Freudschüler, die populärsten wohl Adler, Reich und Jung[32], haben den Großteil ihrer Arbeit entwickelt. Vor allem in den 1920er Jahren erfahren die ‚tiefenpsychologischen' Wissensmengen nochmals einen sekundären Popularisierungsschub, der sie nun letztendlich zum festen Bestandteil des kulturellen Wissens macht. Jaap Bos spricht in diesem Zusammenhang von einer „Phase der Konsolidierung (1920–1939)"[33].
Dies lässt sich unter anderem anhand der diskursanalytischen Studie zur Geschichte der Psychoanalyse von Jaap Bos nachweisen, der die Publikationen psychoanalytischer Zeitschriften und Periodika von 1906 bis 1941 ausgewertet hat. Ab 1920 setzt Bos eine dritte Phase in der Popularisierung psychoanalytischer Wissensmengen an, in denen eine Fülle an Publikationsorganen (v. a. Zeitschriften und Periodika) hinzukommen. Als Beispiele seien genannt:

a) Die Gründung des *Internationalen Psychoanalytischen Verlags* (1919), welcher in Folge neben den bereits bestehenden Publikationsorganen *Internationale Zeitschrift für Psychoanalyse* und *Imago* drei weitere initiierte, so *The International Journal of Psycho-Analysis* (gegründet 1920), den *Almanach der Psychoanalyse* (gegründet 1926) und die *Psychoanalytische Bewegung* (gegründet 1929);

b) eine Reihe unabhängiger Zeitschriften zur Psychoanalyse beginnt in den 20er Jahren zu publizieren, so etwa die *Revue Française de Psychanalyse* oder der *Psychoanalytic Quarterly*;

1900 Freud: Die Traumdeutung.
1905 Freud: Drei Abhandlungen zur Sexualtheorie.
1906 Freud: Über einen besonderen Typus der Objektwahl beim Manne.
1913 Freud: Einige Bemerkungen über den Begriff des Unbewußten in der Psychoanalyse.
1915 Freud: Das Unbewußte.
1920 Freud: Jenseits des Lustprinzips.
1923 Freud: Das Ich und das Es.
1928 Freud: Kurzer Abriß der Psychoanalyse.

[32]Vgl. hierzu die Aufstellung im Anhang (Abschnitt 7.1)

[33]Vgl. Jaap Bos: Autorität und Erkenntnis in der Psychoannalyse. Eine diskursanalytische Studie zur Geschichte der Psychoanalyse. Gießen, 2000.

c) eine große Zahl an Schriftenreihen erscheint: Internationale Psychoanalytische Bibliothek, Beiheft der Internationalen Zeitschrift für Psychoanalyse und Quellenschriften zur seelischen Entwicklung.[34]

Der Paradigmenwechsel in den Wissenschaften erforderte schließlich und nicht zuletzt eine neue Wissenschaftstheorie. In Ablösung vom Neu-Kantianismus, wie er oben erwähnt wurde, versuchten diverse Wissenschaftstheoretiker, allen voran jene des ‚logischen Positivismus' des ‚Wiener Kreises', adäquat auf die neuen Problemstellungen zu reagieren. So liefert der Neukantianer Paul Natorp mit *Die logischen Grundlagen der exakten Wissenschaften* (1910) bereits einen ersten Ansatz, wo er noch versucht, durch eine (eigenwillige) Interpretation der Einsteinschen Theorien den Neukantianismus zu retten. Die Relevanz von Interpretationsakten und ihre Funktionalisierung zur Überwindung von eigentlich nicht zu behebenden Differenzen wird bei der hier zitierten Argumentation Natorps exemplarisch deutlich, wo die Relativitätstheorie als ein Beleg für die Richtigkeit Kantscher Annahmen herhalten muss:

> Gerade Kants Grundauffassung [...] wird durch die neue Theorie auffallend bestätigt. [...] Gerade das, was, wie es scheint, für die Entdecker des Relativitätsprinzips selbst das am meisten Überraschende war: diese gänzliche Relativierung der Zeitbestimmung, ist somit *nur* die Bestätigung eines der fundamentalsten Sätze Kants, und für den, der dessen [Kants] Thesen durchdacht hat, genau nur das, was man erwarten mußte.[35] (S. 403.)

Diese Technik, durch inadäquate Interpretationsakte die eigenen Denkvoraussetzungen zu retten, ist eine der rekurrentesten „Rettungtechniken". Selbst Thomas Mann schreckt im *Zauberberg* nicht davor zurück, sich zur RT auszulassen, wobei schon an den textinternen Widersprüchen leicht nachzuweisen ist, dass sie nicht adäquat verstanden wurde. In der Philosophie folgen nach Natorp eine große Anzahl weiterer prominenter Stimmen, so in etwa der ‚logische Empirist' Rudolf Carnap mit folgenden Titeln: *Der logische Aufbau der Welt* (1928), *Scheinprobleme in der*

---

[34]Bos nennt noch eine Fülle weiterer Belege. Vgl.: Jaap Bos: Autorität und Erkenntnis in der Psychoanalyse. Eine diskursanalytische Studie zur Geschichte der Psychoanalyse. Gießen, 2000.

[35]Paul Natorp: Die logischen Grundlagen der exakten Wissenschaften. Leipzig/ Berlin, 1910, S. 403.

Philosophie. Das Fremdpsychische und der Realismusstreit (1928) und *Die Aufgabe der Wissenschaftslogik* (19).
Reichenbach nennt Carnaps Publikationen von 1928 eine „Synthese von Mach und Russell", was den Anspruch auf die Diskursrelationierung unterstreicht. Russell hatte zusammen mit Whitehead die enorm einflussreichen *Principia Mathematica* (1910–13) verfasst, die ihn zu einem der bekanntesten Philosophen des 20. Jahrhunderts machen sollte und die auch von Broch gründlichst rezipiert wurden.
Was sich seit den *Principia Mathematica* immer mehr durchsetzt, ist eine Mathematisierung der Einzelwissenschaften, insbesondere der Philosophie. Es ist wohl diese Entwicklung, die Broch im Auge hat, als er sich in einem Vortrag „Über die Grundlagen des Romans *Die Schlafwandler*" in dieser Richtung äußert:

> Was die neue Philosophie will, ihre Erhebung zur reinen Wissenschaft, ihre Abkehr vom Dahin-Reden über die Dinge, drängt letzten Endes zu ihrer Mathematisierung. Das ist erfreulich. Und der Ansatz ist bereits vorhanden, nämlich in der Logistik und ihrer Zeichensprache. (SW 730)[36]

Zunehmend treten vor allem die ‚logischen Empiristen' für eine Reflexion über die Wissenschaften ein, bringen den Naturwissenschaften, insbesondere der am stärksten formalisierten unter ihnen, der Physik, ein starkes Interesse entgegen, bezeichnen ihre Schule als „wissenschaftliche" Philosophie, womit sie „eine Abgrenzung gegen die Philosophie im üblichen Sinne"[37] befürworten. Neurath, Hahn und Carnap treten 1929 gemeinsam für die Konvergenz der getrennten Einzeldisziplinen in einer „Einheitswissenschaft" ein:

> Als Ziel schwebt die Einheitswissenschaft vor. Das Bestreben geht dahin, die Leistungen der einzelnen Forscher auf den verschiedenen Wissenschaftsgebieten in Verbindung und Einklang miteinander zu bringen.[38]

Zusammenfassend kommt es bei dieser Skizze auf zwei wesentliche Punkte an: Ausgehend von fundamentalen Transformationen in den einzelwissenschaftlichen Disziplinen der Physik und Psychologie (spezifisch

---

[36]Broch hielt am 6.2.1931 als Einleitung zu einer Lesung aus dem „Esch"-Teil der Schlafwandler einen kleinen Vortrag in der Wiener Volkshochschule (16. Bezirk).
[37]Hans Hahn: Die Bedeutung der wissenschaflichen Weltauffaussung, insbesondere für Mathematik und Physik. In: Erkenntnis 1 (1930), S. 96.
[38]Otto Neurath: H. Hahn und R. Carnap: Wissenschaftliche Weltauffassung – Der Wiener Kreis. In: Veröffentlichungen des Vereins Ernst Mach. Wien, 1929.

der Tiefenpsychologie) kommt es zu zwei interdependenten Phänomenen:

a) Es bestehen bedeutende *Popularisierungsbestrebungen*, die die neuen Wissensmengen in den gesamtgesellschaftlichen Diskurs *integrieren* wollen. In der Physik manifestiert sich dies beispielsweise in dem erwähnten „Relativitätsrummel", in der Psychoanalyse durch die statistisch nachweisbare Publikationswelle in den 20er Jahren. Diese Popularisierungsbestrebungen umfassen adäquate und inadäquate Übersetzungen der Theorien.

b) Vor allem die Disziplin der Philosophie übernimmt die Aufgabe, zum einen die *erkenntnistheoretischen Implikationen* der modernen (physikalischen und psychoanalytischen) Theorien aufzuarbeiten (was wiederum teilweise in inadäquater Form geschieht) und zum anderen einen *wissenschaftstheoretischen Diskurs* zu initiieren, der seine Funktion in der Einigung der „Wissenschaftsgebiete" und der Stiftung einer „Einheitswissenschaft" sieht und auf der Meta-Perspektive angesiedelt ist.

Dieser Ansatz findet sich also im Denken der Zeit und stellt keinen originären Anspruch der Literatur dar. Aus der Sichtweise, dass die Vereinzelung der Wissenschaften als sinnverweigernde Defizienz erfahren wird, speist sich der Antrieb für kompensatorische Modellbildungen. Das Schlagwort *Tautologie* wird immer wieder bemüht. Es bezeichnet den Sachverhalt, dass eine Isolierung der Einzeldisziplinen diagnostiziert wird, für die kein Nexus zum Gesamt-Wissenssystem besteht:

> Mit der Aufhebung des theologischen Gesamtorganons wird der intellektuelle, erkenntnissuchende Mensch auf die Einzelwissenschaften verwiesen, die mit zunehmender Wissenschaftlichkeit und Mathematisierung immer weniger Möglichkeiten für den vom Rationalen nicht zu bewältigenden Erkenntnisrest übriglassen: die Mathematik ist der Typus des rein auf sich selbst gestellten, tautologischen Wissensgebietes. (UG 244)

Die wissenschaftlichen Disziplinen scheiden – dafür kann der logische Empirismus wiederum paradigmatisch stehen – per se alle nicht rationalisierbaren Fragen und Gegenstände aus, die Metaphysik wird zunächst aus der Philosophie verbannt. Die Annahme, für das Subjekt ergäben sich somit neue, tautologisch nicht zu lösende Probleme, ruft letztlich die Literatur auf den Plan, welche diese Defizienz überwinden helfen soll:

> Der Roman eines intellektuellen, in diesem Fall eines wissenschaftlichen Menschen, besteht nicht darin, daß man das Material des von ihm bearbeiteten gelehrten Wissensgebietes vor dem Leser ausbreitet. Was Anspruch erhebt, Dichtung genannt zu werden, hat mit den einfachsten Grundtrieben der Seele zu tun, mit Geburt und Tod, mit Liebe und Natur und sozialer Verbundenheit, mit den Ursymbolen ihrer Ausdrucksformen, nicht aber mit wissenschaftlichem Material.[39]

Somit kommt es zu einem neuen Literaturbegriff, in dem Literatur eine ähnliche Aufgabe wie die vormals „Königsdisziplin" genannte Philosophie zu erfüllen hat. Man kann sogar prägnanter sagen, Broch substituiere die traditionelle Position der Philosophie als Meta-Disziplin mit der Literatur:

> Dichten war stets eine Ungeduld der Erkenntnis, ein Vorauseilen vor dem Rationalen, ein Wegbereiten. [...] Diese Aufgabe der Philosophie scheint nunmehr der Dichtung und besonders der epischen Dichtung zuzufallen [...]. (SW 731)

Es kommt demnach zu einer Umverteilung der Objektbereiche. „Menschliche Probleme" werden von der neopositivistischen Richtung nicht mehr als legitime Redegegenstände zugelassen und aus dem Diskurs ausgegrenzt. Broch empfindet sie weiterhin als wissenschaftliche Gegenstände und will sie vor einer Vulgarisierung bewahrt wissen:

> Dieser Roman hat zur Voraussetzung, daß die Literatur mit jenen menschlichen Problemen sich zu befassen hat, die einesteils von der Wissenschaft ausgeschieden werden, weil sie einer rationalen Behandlung überhaupt nicht zugänglich sind und nur mehr in einem absterbenden philosophischen Feuilletonismus ein Scheinleben führen, andererseits mit jenen Problemen, deren Erfassung die Wissenschaft in ihrem langsameren, exakteren Fortschritt noch nicht erreicht hat. Der Besitzstand der Literatur zwischen dem ‚Nicht mehr' und ‚Noch nicht' der Wissenschaft ist solcherart eingeschränkter, aber auch sicherer geworden [...]. (SW 719)

Und hier kommt ein weiterer, wohl innovativer Anspruch an die Literatur ins Spiel: Literatur als Erkenntnismittel, als Erkenntnisinstrument

---

[39]So Hermann Broch in seinem Kommentar „Grundzüge zum Roman Die Unbekannte Größe". UG, S. 243f.

und Utensil der Forschung, die Neuland erschließen soll. Dies ist nicht als mentalitätsgeschichtlich ausgerichtete Euphorie zu verstehen, sondern als klassischer, wissenschaftlicher Anspruch im engeren Sinne: neue Erkenntnisse nicht nur *darzustellen*, sondern auch zu *finden*.

2 Die Unbekannte Größe (1933)

2.1 Zur Einordnung und Bewertung des Textes

> Der Roman eines intellektuellen, in diesem Fall eines wissenschaftlichen Menschen, besteht nicht darin, daß man das Material des von ihm bearbeiteten gelehrten Wissensgebietes vor dem Leser ausbreitet. Was Anspruch erhebt, Dichtung genannt zu werden, hat mit den einfachsten Grundtrieben der Seele zu tun, mit Geburt und Tod, mit Liebe und Natur und sozialer Verbundenheit, mit den Ursymbolen ihrer Ausdrucksformen, nicht aber mit wissenschaftlichem Material.[40]

Nach Lektüre der *Unbekannten Größe* mag dieser Eigenkommentar des Autors zunächst erstaunen, finden sich in dem Roman doch eine Fülle von Bezügen auf die Entwicklung der Quantentheorie und ihre theoretischen Probleme. Dabei handelt es sich um Bezüge, die über ein lediglich Anzitieren physikalischer Terminologie oft weit hinausgehen. Als ein Beispiel soll nur *die statistische Interpretation des zweiten Hauptsatzes der Thermodynamik* genannt werden, die samt ihrer Implikationen für die Wahrnehmung und Interpretation von Realität besprochen wird. Auch finden sich sowohl das Problem der ‚statistischen' Naturgesetze als auch die Hinfälligkeit des Kausalsatzes im quantenphysikalischen Bereich in die Handlung eingebettet, wo sie letztlich eine veränderte Realitätskonzeption bedingen. Somit werden einige zentrale Themen der Quantentheorie und der „Kopenhagener Deutung"[41] in den Roman aufgenommen.

Insofern stellt sich die Frage, auf welche Art und Weise *Die Unbekannte Größe* versucht, das „Wissensgebiet" des Protagonisten Richard Hieck zu integrieren, wenn ihr die Möglichkeit genommen ist, sich dazu des „wissenschaftlichen Materials" – sprich des mathematischen und physikalischen Apparats – zu bedienen.

---

[40]So Hermann Broch in seinem Kommentar „Grundzüge zum Roman *Die Unbekannte Größe*". In: Paul Michael Lützeler (Hg.): Hermann Broch: Kommentierte Werkausgabe. Bd. 2., Frankfurt am Main, 1995, S. 243f. Ab sofort werden Zitate aus dieser Ausgabe mit Seitenzahlen in Klammern wiedergegeben (z.B. UG 23 oder SW 47, siehe Literaturverzeichnis im Anhang).

[41]Unter der Kopenhagener Deutung der Quantentheorie subsumiert man Heisenbergs Unschärferelation, Bohrs Komplementaritätsprinzip und Borns wahrscheinlichkeitstheoretische Deutung.

Diese und analoge Fragen sollen in diesem Abschnitt durch eine daraufhin ausgerichtete Interpretation der *Unbekannten Größe* gelöst werden. Dies geschieht mit besonderem Augenmerk auf die intratextuelle Integration heterogener Diskurse, wobei auch die Relation zwischen intratextuellem und kulturellem Diskurssystem Berücksichtigung findet. Gerade im Anschluss daran stellt sich die Frage nach dem (neuen) funktionalen Ort von Literatur im kulturellen Diskurssystem.
Die Erwähnung physikalischer und mathematischer Themen auf der expliziten Textebene, die vor allem in Verbindung mit der Quantentheorie auftreten, dominieren den Text vordergründig. Doch auf der impliziten Textebene wirft der Text eine Vielzahl anthropologischer Fragestellungen auf. Diese werden vor allem in Hinblick auf das vorliegende Konzept der Person, auf die Psychologisierung von Figurenverhalten als auch die Textpsychologie hin untersucht.

Die Forschung hatte bislang nur geringes Interesse an Brochs sogenanntem Wissenschaftsroman, der *Unbekannten Größe*, was zum Teil an der eigenen Wertung des Autors liegt: „Die 'Unbekannte Größe' ist ein mieses Buch, das verscharrt und vergessen bleiben soll.“[42] Dieses rigorose Urteil wurde von der Forschung mit wenigen Ausnahmen ungeprüft und unbestritten übernommen, so Durzak: „Ein Urteil, das noch weit eher für das Drehbuch gilt.“[43] Die Publikationen zur *Unbekannten Größe* sind überschaubar und lassen sich an zwei Händen abzählen.
Publikationen zur Physik und Mathematik in Hermann Brochs Werk sind geringer Anzahl, wie ein Blick ins Literaturverzeichnis verrät. Schlant und Riemer gehen eher biographisch vor.[44] Ziolkowski steht exemplarisch für eine Tendenz in der Forschung, den physikalischen Theorien Metaphoriken zu entleihen und sie dann interpretatorisch auf fiktionale Texte anzuwenden. So behauptet er in Bezug auf die *Schlaf-*

[42]Zitiert nach Manfred Durzak: Hermann Broch. Reinbek bei Hamburg 2001, S. 107.
[43]Ebd.
[44]Ernestine Schlant weist nach, daß Broch über die Physik bescheid wußte: "The following essay attempts to verify Brochs's knowledge of that field.“ Vgl. Ernestine Schlant: Hermann Broch. Boston, 1978, S. 69. Riemer kommentiert Brochs Zugang zu wissenschaftlichem Material seiner Zeit. Vgl. Willy Riemer: Mathematik und Physik bei Herrmann Broch. In: Paul Michael Lützeler (Hg.): Herrmann Broch. Frankfurt am Main, 1986, S. 260–271.

wandler, dass „die Relativitätstheorie ... die Struktur und den Stil des Werks"[45] bestimme und sagt Broch „eine Besessenheit vom Problem der Relativität"[46] nach. Dies versucht er über den leider häufig missbrauchten „Beobachter im Beobachtungsfeld" zu belegen, den er auf verschiedene Figureninventare im Brochschen Œuvre anwendet. Dass dies nur mehr wenig mit Physik zu tun hat, wenn mikrophysikalische Phänomene in Analogiebildung auf die anthropologischen Alltagswelten übertragen werden, braucht wohl nicht näher erläutert zu werden.
Könneker gibt eine recht detaillierte und fachgetreue Besprechung von Brochs Rezeption der modernen Physik und weist mit guter Sachkenntnis und Liebe zum Detail auf wissenschaftsgeschichtliche Hintergründe zur *Unbekannten Größe* hin. Leider geht auch seine Analogiebildung in methodischer Hinsicht stellenweise etwas zu weit, wenn er beispielsweise eine literarische Figur, den Vater Hiecks, als „eine Personifikation grundlegender Gesetze der Quantenmechanik, ein zum Menschsein erhobenes Objekt der Mikrophysik"[47] bezeichnet. Er geht sogar so weit, die fiktionale Figur des Vaters mit einer Formel für die Wahrscheinlichkeitswelle beim radioaktiven Zerfall gleichzusetzen:

$$\Psi_{\text{Vater}} = c_{\text{tot}} \Psi_{\text{tot}} + c_{\text{lebendig}} \Psi_{\text{lebendig}}$$ [48]

Es dürfte schwer möglich sein, den komplexen Sachverhalt der Materiewellen, der sich zum einen der unmittelbaren menschlichen Wahrnehmung entzieht, zum anderen sich des semiotischen Systems der Mathematik bedient, auf eine literarische Figur zu übertragen. Dies entspräche einer objektinadäquten Simplifizierung und Metaphorisierung, für die keine Textdaten sprechen.
In diesen Zusammenhang passt, was Willy Riemer schon 1986 in der Sekundärliteratur wahrgenommen hat, nämlich eine Stilisierung Brochs

---

[45]Theodore Ziolkowski: Herrmann Broch und die Relativitär im Roman. In: Manfred Durzak (Hg.): Herrmann Broch. Perspektiven der Forschung. München, 1972 , S. 327.
[46]Ebd., S. 315.
[47]Carsten Könneker: Hermann Brochs Rezeption der modernen Physik. Quantenmechanik und „Unbekannte Größe". In: Norbert Oellers/ Hartmut Steinecke (Hg.): Zeitschrift für deutsche Philologie. Bd. 118, 1999. Sonderheft: Zur deutschen Literatur im ersten Drittel des 20. Jahrhunderts, S. 230.
[48]Ebd., S. 235.

zum „poeta doctus“[49], und er verweist in diesem Zusammenhang auf einen von Walter Jens stammenden, auf Broch bezogenen Ausspruch: „Hier hat die Sprache einen Punkt erreicht, an dem die mystische Vision die Genauigkeit einer mathematischen Formel gewinnt.“[50] Es liegt nahe, sich in dieser Hinsicht einer Einschätzung anzuschließen, die Michael Roesler fünf Jahre nach Riemer in seinem Forschungsbericht vornimmt und die nicht nur in Bezug auf die physikalischen Elemente in Brochs Werk zu lesen ist: „Die ‚Broch-Forschung‘ – als literaturwissenschaftliches Pendant zur Gemeinde der Broch-Leser – scheint eher dazu beigetragen zu haben, Brochs Werk gegenüber einer größeren Öffentlichkeit abzuschotten. Es ist daher von besonderer Bedeutung, wenn in den vergangenen Jahren das interdisziplinäre Gespräch gesucht und Brochs Werk in literarhistorische und (zeit-)geschichtliche Kontexte gestellt wurde.“[51]

Leider verstellen die simplifizierenden, schlichtweg unrichtigen metaphorischen Zugänge bis heute den eigentlichen Zugang zu der Frage, warum, wie und zu welchem Zweck Broch die Physik in sein Werk integrierte. Es erscheint daher sinnvoll, unter Einbeziehung physikalischer und auswertend-globaler Literatur, die Texte Brochs neu und unvoreingenommen zu untersuchen.

2.2 Grundlegende Analyse

2.2.1 Erzählsituation und Zeitstruktur

Der Fokus des Textes liegt zu weiten Teilen auf der Figur Richard Hieck, dem Protagonisten des Romans. Ihm folgt die apersonal-anonyme Erzählinstanz meist räumlich nach. Nur an einigen Stellen verlässt sie Richard und legt den Fokus auf eine andere Figur, Richards zehn Jahre jüngeren Bruder Otto. Jedenfalls ist vorwiegend immer eine der beiden Figuren anwesend. Die eingenommene ‚Distanz‘ gegenüber sämtlichen Figuren variiert auf einem Spektrum zwischen einer kommentierenden, teilweise sogar ironisierenden Außenperspektive auf dem einen Ende der

[49]Willy Riemer: Mathematik und Physik bei Herrmann Broch, In: Paul Michael Lützeler (Hg.): Herrmann Broch. Frankfurt am Main, 1986, S. 260.
[50]Ebd.
[51]Michael Roesler: Hermann Brochs Romanwerk. Ein Forschungsbericht. In: Vierteljahrsschrift für Literaturwissenschaft und Geistesgeschichte. 65, 1991, S. 505.

Skala bis zum ‚style indirect libre' am anderen Ende. Im Sinne Stanzels liegt ein auktorialer Erzähler vor.[52]

Der erzählte Zeitraum erstreckt sich über etwa neun bis zehn Monate. Zu Beginn des erzählten Vorgangs nähert man „sich den Weihnachtsferien" (UG 23), es ist also Dezember. Am Ende steht der Urlaub des Sternwarteassistenten Loßka, der im September stattfinden soll, noch bevor.[53] Der Text ist in fünf Teile segmentiert, wobei die ersten vier jeweils nochmals in sechs Abschnitte unterteilt sind. Der fünfte Teil entspricht umfangsmäßig einem solchen Abschnitt. Den Textsegmenten sind eindeutig Jahreszeiten zugeordnet: Winter, Frühjahr und Sommer für Teil eins bis drei, Herbst für Teil vier und fünf. Dies geschieht durch explizite Verweise, jeweils im ersten Abschnitt eines Teils: „Wintersonne" (UG 11), „astronomische[r] Frühjahrsbeginn" (UG 40), „Sommer" (UG 70), „von der Kühle des Herbstes bereits geschwängert" (UG 106), „scharfes Blau, wie es bloß der Herbst hervorbringt." (UG 138) Der Roman ist eindeutig in den Jahren 1926/27 situiert: „Die Poststempel tragen von heute an die Ziffer 27 und manche 1927." (UG 33) Bei den Textsegmenten fällt auf, dass der jeweils erste Abschnitt der ersten vier Teile der Universität zugeordnet ist, während der jeweils letzte Abschnitt eine Szene in der Hieckschen Wohnung beinhaltet.

Die Stadt der Handlung wird nicht spezifiziert. Es handelt sich auf jeden Fall um eine Universitätsstadt im deutschsprachigen Raum und kann jedenfalls nicht Berlin sein, da Emilie, Richards jüngere Schwester, sich dort aufhält; was als Außenraum stilisiert wird.[54] Zur geographischen Situierung lässt sich nur so viel sagen, dass die Stadt nicht allzu weit von einem Gebirge entfernt sein kann, da sich Kapperbrunn gelegentlich am Abend noch auf „die Kloberhütte" (UG 13) zum Skifahren begeben kann. Es muss sich jedenfalls nicht notwendigerweise um eines der Zentren – Berlin, Cambridge (England), Cambridge (Massachusetts), Göttingen, Kopenhagen, Leiden, Utrecht, Leipzig, München, Wien und Zü-

[52]Vgl. Franz. K. Stanzel: Theorie des Erzählens. Göttingen, 1979.

[53]Loßka beschwert sich angesichts seines bevorstehenden Urlaubs über den Wettersturz und „zehnmal wiederholt" er: „Dabei ist der September laut dem langjährigen Durchschnitt der stabilste Monat." (UG 129). Somit läßt sich aus dem letzten Satz des Textes schließen, daß es September ist: „Doktor Loßka wird einen guten Urlaub haben." (UG 142).

[54]Vgl. UG 17.

rich[55] – handeln, in denen die Quantentheorie entwickelt wurde, denn theoretische Überlegungen und Ideen zur Quantentheorie können ja an jedem denkbaren Ort entwickelt worden sein.[56] Die Frage ist nur, inwieweit sie bekannt wurden, d. h. ins kulturelle Wissen der Zeit übergingen bzw. popularisiert wurden. Das Fazit lautet: Der repräsentative Charakter scheint wichtiger als der konkrete Bezug.

2.2.2 Merkmalsverteilung in der Familie Hieck

2.2.2.1 Einfluss der Eltern- auf die Kindergeneration

Kern des Figureninventars bildet die Familie Hieck. Vielfach werden im Text Ähnlichkeiten und Unterschiede der Kinder untereinander, aber vor allem mit dem Vater auf der einen Seite und der Mutter auf der anderen Seite erwähnt und auch thematisiert. Die Familie stellt bezüglich der einzelnen Mitglieder und der sie charakterisierenden Merkmale ein komplexes Geflecht aus Korrespondenz- und Kontrastrelationen[57] dar. So finden sich bei allen Kindern Ähnlichkeiten zur Mutter:

> So verschieden die Kinder auch untereinander waren, sie erblickte doch in jedem von ihnen einen Teil ihres eigenen mütterlichen Seins [...] (UG 28)

Und auch der Vater, der „schon seit sieben Jahren tot" (UG 15) ist, hinterließ bei allen, auch der Mutter, seinen Einfluss:

> Und so war es immer, nichts war eindeutig, alles war ins Flackernde gezogen, und sogar die Mutter, die ihrer Natur und ihrer bäuerlichen Abstammung gemäß sicherlich einem weniger verwobenen Leben zugekehrt gewesen wäre, sie hatte etwas Schattenhaftes unter dem Einfluß dieses Mannes bekommen, dieses schattenhaften Mannes, unter dessen Blick sich das Gefüge aller Beziehungen auflöste, so daß man schließlich nicht mehr wußte, was diese Familie zusammenhielt, warum man überhaupt das Kind dieser Eltern, Geschwister dieser Geschwister, ja ob man überhaupt war. (UG 16f.)

---

[55]Für diese Auswahl vgl. u. a.: Friedrich Hund: Geschichte der Quantentheorie. 2. Aufl., Mannheim/ Wien/ Zürich, 1975, S. 246ff.

[56]Könneker erkennt in dem Roman als Handlunsgort Wien, allerdings ohne dies genauer zu begründen. Vgl.: Carsten Könneker: Hermann Brochs Rezeption der modernen Physik. Quantenmechanik und ‚Unbekannte Größe'. In: Norbert Oellers/ Hartmut Steinecke: Zeitschrift für deutsche Philologie. Bd. 118, 1999. Sonderheft: Zur deutschen Literatur im ersten Drittel des 20. Jahrhunderts, S. 213.

[57]Diese Begrifflichkeit ist entnommen aus: Manfred Pfister: Das Drama. 8. Aufl., München, 1994, vgl. v. a. S. 220–264.

> So eigentümlich verschattet war diese Jugend gewesen, und wenn es sich auch bei den verschiedenen Kindern verschieden ausgewirkt hatte, es trug ein jedes der Geschwister Stücke dieses Schattens mit sich. (UG 17)

> [...] das Bedrückende und Unsägliche dieser Jugend lag in dem eigentümlich Flackernden, das vom Vater ausging, etwas, das sich dem ganzen Hause mitteilte und alles, was geschah, in eine Atmosphäre unfaßbarer Unsicherheit brachte. (UG 15)

Die Jugend der Kinder wird somit als eine problematische Sozialisationsgeschichte dargestellt, eine „schwere Jugend" (UG 15), deren Ursachen dem Vater zugeschrieben werden, der selber nahezu unbestimmt bleibt, und der sich eigentlich nur über den Einfluss definiert, den er auf die Familienmitglieder ausübte und der noch fortwirkt: das „Bedrückende" (UG 15), „eigentümlich Flackernde" (UG 15), der „unsichtbare und unheimliche Feuerschein" (UG 15), der sogar nach sieben Jahren noch so präsent ist, dass Richard „niemals das Gruseln gänzlich" (UG 15) verliert, „das ihn als Kind stets verfolgt hat" (UG 15), und somit „immer wieder [...] von dieser pochenden Angst erfasst" (UG 15) wird. Aber nicht nur auf die Kinder wirkt dieser Einfluss, auch auf Katharine Hieck, die „etwas Schattenhaftes unter dem Einfluss dieses Mannes bekommen" (UG 17) hatte, und die ihren Mann retrospektiv als „menschliche[s] Phantom" (UG 27) wahrnimmt.
Viele zentrale Daten über den Vater bleiben Nullposition: warum er schon so früh verstarb, welchen Beruf er ausübte, wie er aussah. Die Familie scheint sich auf ein kollektives Schweigen bzw. eine Tabuisierung des Themas ‚Vater' geeinigt zu haben: „Niemals wurde im Hause vom Vater gesprochen, und als er gestorben war, erinnerte kein Bild an ihn [...]." (UG 17) Auch sein Vorname wird nie erwähnt. Ungewöhnlich mutet desgleichen sein Beruf an, „den man niemals hatte ergründen können, und der nur das Amt hieß." (UG 15) Selbst dieser Umstand wird noch in Frage gestellt, denn „Amtsstunden konnte dieses Amt kaum gehabt haben." (UG 15) Somit wird in der Charakterisierung um den Vater eine Aura des Mysteriösen aufgebaut, seine wahre Qualität bleibt nahezu unbestimmt. Nur weniges erfährt man über ihn selbst: Er „war ein stiller Mann gewesen, beinahe zart, mit einem kurzen dunklen Vollbart um das asketische Gesicht." (UG 15) Die meisten anderen Textdaten beschreiben jedoch nur seine Wirkung auf die Familie, auf die im Abschnitt 2.4 noch genauer eingegangen wird.

2.2.2.2 Distribution der physischen Merkmale

Einige der wenigen bekannten physischen Merkmale des Vaters finden sich bei zwei Kindern, bei Susanne und Richard, wenn auch in leicht verfremdeter Form, wieder. So etwa das „asketische Gesicht" (UG 15):

> [...] der starkknochige Schädel [Richards war] vorn mit einem Gesicht versehen, an dessen Fettlosigkeit und Schärfe man erkennen konnte, daß es sich mit der Zeit – entsprechenden Lebenswandel vorausgesetzt – in die asketische Härte eines Antlitzes spanischer Prägnanz verwandeln würde. (UG 11)

> Die zweite Schwester dagegen, Susanne, in ihrem Äußeren Richard am ähnlichsten, ein schweres Mädchen mit hartem Gesicht Gesicht, bereitete sich seit Jahren auf den Eintritt ins Kloster vor und ließ sich durch nichts von diesem Vorhaben abbringen. (UG 17)

Jedoch deutet der Einwurf „entsprechenden Lebenswandel vorausgesetzt" an, dass es sich nur um eine partielle Entsprechung handelt. Die asketische Härte wird denn auch bei beiden Geschwistern an späteren Textstellen durch die Lexeme ‚weich' und ‚gelb' (letzteres wiederum mit „gelbem Körperfett" korreliert) relativiert:

> Ein ungeschicktes, ein wenig höhnisches und doch weiches Lächeln lag über dem gelben Asketengesicht [Richards]. (UG 45)

> [...] deren [Susannes] weiches gelbliches Gesicht nicht die Spuren der verflossenen, sondern aller kommenden Jahre aufwies. (UG 33)

> Da saßen sie [Richard und Susanne] einander gegenüber, zwei junge, dennoch schwerfällige und unschöne Menschen, behaftet mit zu viel gelbem Fett auf ihren Körpern [...] (UG 30)

Doch das „asketische Gesicht" ist nicht die einzige Entsprechung Richards und Susannes mit dem Vater. Sie haben, im Gegensatz zum Rest der Familie, dunkle Haare[58] und „die gleichen Augen" (UG 49) wie der Vater. Es ist wichtig festzuhalten, dass es sich bei den Entsprechungen um solche handelt, die auf den Kopf bezogen sind, während der Körper des Vaters deutlich in Kontrast zu Richards und Susannes Körpern steht,

[58]So hat Susanne „beinahe schwarz[e] Haare" (UG 83), der Vater den erwähnten „dunklen Vollbart" (UG 15), und Richard zählt laut Katharine ebenso zu den „dunklen Geschöpfen" (UG 101).

handelt es sich bei ihnen doch um „schwerfällige und unschöne Menschen, behaftet mit zu viel gelbem Fett auf ihren Körpern“ (UG 30), während der Vater eher als „schön“, „schlank“ und „zart“ (UG 15, 17) attribuiert wird. So wird auch gleich zu Anfang des Textes die Beschaffenheit von Richards „Schädel“ (UG 11) als seinem Körper „geradezu [...] widersprechend“ (UG 11) bezeichnet. Die Funktionalisierung dieser Opposition Kopf vs Körper wird weiter unten noch genauer ausgeführt.
In Bezug auf den Kopf bestehen zwischen Richard, Susanne und dem Vater also Äquivalenzrelationen, während man hinsichtlich des Körpers von Oppositionsrelationen[59] sprechen muss. Richard und Susanne übernehmen nur eine Teilmenge der väterlichen Merkmale. Rudolf und Emilie, „in die Ferne getrieben“ (UG 30), weisen bezüglich ihrer Augen hingegen eine Äquivalenzrelation zur Mutter auf, denn sie haben „ihre eigenen blauen Augen mitbekommen.“ (UG 37) Zudem sehen sie der Mutter „ähnlich“ (UG 37), während Richard und Susanne „fremde Züge“ (UG 37) aufweisen, also der Mutter in physiognomischer Hinsicht ‚unähnlich‘ sind.
Bei Otto, dem Bruder der beiden, verhält es sich versetzt zu Richard und Susanne: er weist körperliche Ähnlichkeit zum Vater auf, die auch an mehreren Stellen des Textes erwähnt wird:

> [...] die Mutter sagte, daß der schöne, schlanke Knabe dem Vater gliche [...]. (UG 17)

> Es war die gleiche Haut, die gleiche haarlose knochige Jünglingsbrust, wie sie der tote Vater gehabt hatte[...]. (UG 21)

> [...] Otto, trotz aller äußeren Ähnlichkeit mit dem Vater [...]. (UG 19)

Doch die Haarfarbe Ottos entspricht der Haarfarbe seiner Mutter, er ist blond. Otto nimmt somit zwischen den beiden Gruppen – Katharine, Emilie und Rudolf auf der einen Seite, dem Vater, Richard und Susanne auf der anderen Seite – eine Sonderstellung ein und hat physiognomische und physische Merkmale beider Eltern. Mit anderen Worten: Er übernimmt als einziges Kind jeweils eine Teilmenge der Merkmale beider Eltern. Diese semantische Relation kommt im Text auch explizit-

---

[59]Für die Herkunft und Erläuterung der beiden Termini „Äquivalenzrelation“ und „Oppositionsrelation“ vgl. Michael Titzmann: Strukturale Textanalyse, S. 112–148.

lexikalisch in Bezug auf Ottos Auge als „Kreuzungsprodukt“ zum Ausdruck:

> Ottos Malerauge war zweifelsohne ein Kreuzungsprodukt aus dem Unwirklichkeitssinn seines Vaters mit dem auf die Tatsachen des Lebens gerichteten und an den Tatsachen sentimental werdenden Geist der Mutter. (UG 61)

Diese physischen Merkmale erfüllen in der Logik des Textes eine Funktion, die über ihre eigentliche Bedeutung hinausgeht, d. h. sie werden im semantischen Sinne funktionalisiert. Dies kann man schon an dem obenstehenden Zitat erkennen, wo anhand des körperlichen Merkmals der Augen eine Opposition zwischen dem „Unwirklichkeitssinn“ des Vaters und dem – sinngemäßen – Wirklichkeitssinn der Mutter aufgebaut wird. Wie genetische Merkmale vererbt werden können, etwa Haarfarbe, Gesichtszüge, Augen und Statur, so unterstellt diese Passage auch eine Vererbung der *Wesensmerkmale* der Eltern. In folgender Textstelle findet sich auch prompt ein expliziter Hinweis zur genetischen Vererbung, bezogen auf Otto und Richard:

> Sie waren Brüder, dennoch jeder in sich verschlossen, und jeder für sich mußte mit der Aufgabe fertig werden, das in ihn versenkte Erbgut zum eigenen Sein umzugestalten. (UG 19)

Eine Hypothese hierzu könnte lauten: Der Text gibt sich deshalb auf der Textoberfläche so viel Mühe, Rekurrenzen in Bezug auf die physischen Merkmale seiner Figuren herzustellen, weil diese in einem größeren Sinnzusammenhang stehen und systematisiert sind. Dies wird sich noch beim übrigen Figureninventar bestätigen. So finden sich beispielsweise die Haarfarben auf einer graduellen Skala von „aschblond“ (UG 24), „blond“ (UG 52, 61, 76, 77, 101, 117, 133), über „noch blond“ (UG 33), „angegrautes blond“ (UG 41), „rötlichblond“ (UG 83), bis „braun“ (UG 63, 79), „dunkel“ (UG 15, 37, 44, 83, 101), „beinahe schwarz“ (UG 83) und „schwarz“. (UG 77) Ebenso fällt bei den Augenfarben eine Ordnung auf, und auch auf die Körperlichkeit der Figuren, insbesondere ihren „Schlankheitsgrad“, wird häufig verwiesen. Es gilt nun zu überprüfen, welche Bedeutung diese Kodierung transportiert und in welcher Verbindung sie zu den anderen stark rekurrenten Oppositionen steht:

Helligkeit vs Dunkelheit, Tag vs Nacht. Doch zunächst sollen die bisher erzielten Ergebnisse in einem Überblicksschema[60] festgehalten werden.

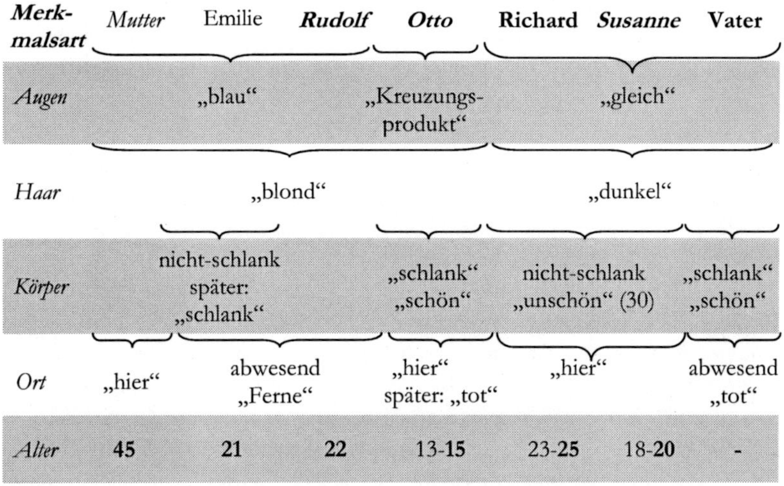

Abbildung 1: Psychische Merkmale in der Familie Hieck

[60]Zu den ermittelten Alterszahlen von Otto, Richard und Susanne: a) Richard ist der Älteste (Vgl. UG 16). b) Richard war fünf Jahre alt, als Susanne geboren wurde (Vgl. UG 68). c) Emilie war bei der Geburt Susannes schon vorhanden (Vgl. UG 68). d) Susanne ist fünf Jahre älter als Otto (Vgl. UG 69). e) Rudolf ist 22 Jahre, Emilie 21 Jahre alt (Vgl. UG 17). Aus a) und e) folgt: f) Richard ist mindestens 23 Jahre alt. Aus c) und e) folgt: g) Susanne ist höchstens 20 Jahre alt. Aus b), d), f) und g) folgt der Spielraum für Richards, Susannes und Ottos Alter. Angesichts der Tatsachen, daß Richard bereits promoviert, Susanne Handarbeitslehrerin und geprüfte Kindergärtnerin ist und sich bereits „seit Jahren auf den Eintritt ins Kloster“ (UG 17) vorbereitet, Otto eine Ausbildung absolviert und sein Freund Karl „im gleichen Alter“ (UG 61) ist und bereits „in die zweite Mannschaft übernommen wurde“ (UG 86) – eine Erwachsenenmannschaft also – zudem Otto sich mit erwachsenen Frauen vergnügt (vgl. UG 46f.) und auch Louise Grubicht bereits 16 Jahre alt ist (vgl. UG 63), kann man wohl eher davon ausgehen, daß Otto 15, Susanne 20 und Richard 25 Jahre alt sind.

2.2.3 Korrelation der physischen mit der sekundären Merkmalsebene

2.2.3.1 Wandel der Figurenmerkmale

Bisher wurde nur auf die physischen Merkmale der Familienmitglieder eingegangen. Es stellt sich die Frage, mit welchen Charaktereigenschaften die physischen Merkmale zu Textbeginn in Verbindung stehen. Da viele Figuren einen Wandlungsprozess bezüglich ihrer Eigenschaften durchlaufen, muss die Untersuchung sich zunächst auf den Textbeginn konzentrieren, und somit die dynamische Stellung der Figuren im System der Eigenschaften berücksichtigen. Dieser Wandlungsprozess betrifft sowohl physische als auch psychische Merkmale der Figuren. Hier sollen einige Beispiele zur Veranschaulichung dienen. Zunächst für den physischen Wandel: Katharine durchläuft einen „fortschreitenden Prozess der Verweltlichung und Verjüngung" (UG 18), der „Veränderung" (UG 18), wird „immer hübscher" (UG 18) und am Neujahrstag sieht sie bereits „beinahe jünger aus als ihre Tochter" (UG 33) Susanne. Emilies „Abmagerungsprozess" (UG 138), der während ihrer Abwesenheit stattfand, wird als „Wunder" (UG 138) bezeichnet und ruft bei der Mutter solches „Erstaunen" (UG 138) hervor, dass sie „fast vom Stuhle" (UG 138) fällt. Aber nicht nur die physischen Merkmale der Figuren unterliegen einem Wandel, der zudem nur zeichenhaft für einen psychischen Wandel steht, sondern auch die ‚Innenwelt' der Figuren unterliegt klar einer Transformation. Drei Beispiele der expliziten Textebene folgen hier:

> [...] es hatte sich etwas in seinem [Richards] Innern gelöst, und er gab sich dem Gefühle hin. (UG 22)

> [...] da nun die Nacht in ihn [Richard] einströmte und seine Lungen füllte, einen Engel darin erweckend, der anatomisch zwar nicht feststellbare, immer jedoch vorhanden gewesene, geduckte und beleidigte Engel des Kindes, der vor lauter Geducktheit sentimental und schüchtern geworden war. (UG 45)

> Die Mutter freilich hatte seit dem Tode des Vaters eine langsame, dennoch merkliche Wandlung durchgemacht, eine Rückwandlung sozusagen zu ihrem eigenen Selbst. (UG 18)

Auf der impliziten Ebene des Textes finden sich freilich noch viel mehr eindeutige Beispiele. Da dies aber im Abschnitt zur Figurenpsychologie unter 2.4 noch besprochen wird, soll hier nur ein Beispiel genügen: Richards „Lebensplan" für das „mathematische Lehramt", der zu Textbeginn noch als „eindeutig" (UG 18) bezeichnet wird, fällt bald unter den

Tisch. Als er sich beim astronomischen Institut als wissenschaftlicher Hilfsarbeiter bewirbt, wird ihm bewusst, dass er „sonderbarerweise niemals an eine solche Karriere gedacht" hatte, was er sich mit „des Vaters Liebe zum Nachthimmel" (UG 25) erklärt: Dies führt zur Reinterpretation des eigenen Lebenslaufs: „fast dünkte ihn sein Leben verfehlt." (UG 25) Konsequenterweise ändert er auch dann seine zuvor noch so „eindeutigen" Berufspläne, ohne dies weiter zu erörtern oder zu problematisieren.

2.2.3.2 Askese und Genussfreude

Die wohl am eindeutigsten festgelegte Figur im Familienensemble ist Susanne. Bei ihr scheint während des Textverlaufs kein Wandlungsprozess stattzufinden, sie ist statisch[61] konzipiert. Sie verfolgt, anders als ihre Geschwister, ein „klares Ziel" (UG 30) und bereitet sich auf den Eintritt in ein Kloster vor, ein Ziel, das sie mit Vehemenz und Unbeirrbarkeit verfolgt, und sie lässt sich – wiederum anders als Richard und Otto[62] – „durch nichts von diesem Vorhaben abbringen." (UG 17) Dies geht sogar so weit, dass sie ihren Privatraum „zu einer Art Kapelle umgewandelt" (UG 27) hat. Sie benutzt das einzige Bett nicht, das für den „Himmelsbräutigam" (UG 27) reserviert ist, sondern nimmt lieber mit dem Kanapee vorlieb. Ihre „große Ruhe und Sicherheit" (UG 65) stammt aus der Eindeutigkeit, die ihre religiöse Weltsicht liefert. In dieser Eindeutigkeit liegt der deutliche Kontrast zur Vaterfigur, der mit den Begriffen der Unsicherheit und Nicht-Eindeutigkeit korreliert ist. Susannes befremdliches Treiben wird von den anderen Familienmitgliedern nicht ernst genommen, es bestehen aber auch graduelle Äquivalenzen: „So machte sich jedes von ihnen, von der Mutter angefangen, über Susannens Tun lustig und war ihm doch nicht völlig fremd." (UG 29) Susanne selbst, die „nicht ganz vollwertig zu nehmen war" (UG 31), erscheint ihnen jedoch manchmal als „leicht idiotisch". (UG 31)

[61]Auch zu dieser Terminologie vgl. Pfister: „Eine statisch konzipierte Figur bleibt sich während des ganzen Textverlaufs gleich; sie verändert sich nicht, wenn sich auch das Bild des Rezipienten von dieser Figur durch das notwendige Nacheinander der Informationsvergabe erst allmählich entwickeln, vervollständigen und dabei eventuell verändern kann." Manfred Pfister: Das Drama. München, 1994, S. 241f.

[62]Richards Beispiel wurde ja soeben erwähnt. Ottos „Resignation" (UG 17) begründet sich auch aus dem Nicht-Entsprechen seines Berufswunsches „Kunstmaler" (UG 17) mit der Lehrstelle in „einer graphischen Werkstätte" (UG 17).

Der Mutter steht Emilie mit „ihrem männersüchtigen Treiben" (UG 28), in dem die Mutter „die Erfüllung einstiger und noch immer schlummernder Wünsche" (UG 28) bejaht, „zweifelsohne viel näher" (UG 18) als Susanne und ihre Askese. So wird auch die Relation zu Emilie als „Strom irdischer Bejahung" (UG 28) bezeichnet, zu Susanne aber als „schmales Bächlein". (UG 28) Die Einstellung bezüglich des Sexualverhaltens eröffnet in der Familie eine Polarität zwischen Susannes Askese auf der einen Seite und den erotischen Umtrieben Emilies auf der anderen. Katharine wird klar Emilies Seite angenähert, wenn es heißt, sie schaue „beinahe neiderfüllt" (UG 18) auf die „Lebensweise" (UG 18) ihrer Tochter.

Otto und Richard sind auf dieser Skala in der Mitte situiert, Richard in Nähe zu Susanne, Otto in Nähe zu Emilie. Zwar wird Richard, ebenso wie Susanne, häufig mit dem Stichwort der „Askese" in Verbindung gebracht, und es ist auch initial, zumindest bis zur entscheidenden Nachhilfe durch Erna Magnus[63], kein erotisches Interesse bei ihm vorhanden. Doch er nimmt nicht die gleiche extreme Position wie Susanne ein. Denn er muß trotz aller Unterdrückung des Themas Sexualität erotische Erfahrungen gesammelt haben, und das erwähnt der Text nur beiläufig und spät, aber signifikanterweise aus Richard Hiecks Perspektive:

> Undeutlich entsann er sich menschlicher Paarungen, entsann sich noch dunkler, daß er selber schon bei Derartigem mittätig gewesen war, gleichzeitig fiel ihm Susanne ein, die aller Liebe abgeschworen hatte – das war wenigstens deutlich vorstellbar. (UG 98)

> Er bemühte sich, an seine einstigen niedrigen Liebesabenteuer zu denken, deren er sich kaum mehr entsann. (UG 116)

> Breithüftig, breithinterteilig, breitbusig saß Susanne da. So sahen die Frauen aus, mit denen er sich bisher abgegeben hatte, nur daß sie auch breite träge Gesichter hatten, während das Susannens scharf und streng war. (UG 66)

Gedanklich lässt ihn das Thema nicht los, wenn es ihm auch unmöglich erscheint, „dass je eine Frau liebend den Arm um seinen ungefügen Körper legen könnte." (UG 44) Auch hat er gelegentlich und unvermittelt „unzüchtige Gedanken" (UG 20), die er aber sogleich als „nicht in

---

[63]Auf Erna Magnus Rolle als „Katalysator" (UG 106) wird später noch ausführlicher eingegangen. Die dafür entscheidende Szene findet sich im dritten Abschnitt des dritten Teils der *Unbekannten Größe.*

Ordnung“ (UG 20) ablehnt. Im Institut begegnet er zwar regelmäßig Frauen, aber am Textanfang vermeidet er in seiner scheuen Art noch unnötigen Kontakt zu ihnen, und lieber stellt „er sich in sichtbarer Entfernung auf“ (UG 24), als mit ihnen zu reden. Kolleginnen gelten seiner Ansicht nach nicht als „wirkliche Frauen“. (UG 20) Auch in anderer Hinsicht ist Richard Asket: Er ist „gegen jeglichen Alkohol“ (UG 33) und hat wie Susanne „wenig Sinn für irdische Feierlichkeit.“ (UG 33) Deutlich sieht er sich als Gegensatz zu Otto, der eine „von der Mutter stammende irdische Genusssucht“ (UG 19) aufweist.[64]
Während sich für Richards „erotische Vorgeschichte“ nur diese wenigen Textdaten finden, die aber somit wenigstens präsupponiert wird, ist Otto in dieser Hinsicht weitaus deutlicher festgelegt, oder zumindest dem Anschein nach aktiver.[65] So ist der Stadtweiher „eine für Otto wichtige Gegend“ (UG 57), „weil den Ufern des Stadtweihers traditionsgemäß eine bedeutende Rolle im erotischen Leben der Stadt“ (UG 57) zukommt. Man erfährt, dass er schon erotische Erfahrungen mit Frauen gesammelt hat, die trotz des jungen Alters schon weiter zurück liegen[66]. Auch die Frauen im Café nehmen „sich seiner an, gerührt ob seiner frechen Zartheit und seiner Neigung zu einer sanften Verlotterung“ (UG 46), womit Otto „sehr zufrieden“ (UG 46) ist. Im Gegensatz zum Richard des Textanfangs trifft sich Otto mit Frauen, teils mit älteren Frauen, wenn deren Körper auch „unbekannt“ und „mütterlich“ (UG 47) riechen mag, was ein „plötzliche[s] Erlahmen seines Begehrens“ zur Folge haben kann,[67] teils mit gleichaltrigen Mädchen.[68] Dass ein Kontrast bezüglich des erotischen Verhaltens zugleich mit der oben untersuchten Physiognomie der beiden Brüder korreliert, verdeutlicht folgende Textstelle:

> [...] hätten sie ihre beiden nebeneinander über den Tisch gebeugten Gesichter sehen können, es wäre ihnen aufgefallen, wie ähnlich sie einander waren, beide leidenschaftlich, das eine bereits männlich, schwer und inquisitorisch, das des Jun-

---

[64]Zu Brochs Umgang mit der Verdrängung von Sexuellem vgl. auch: Wolfgang Rothe: Gescheiterte Liebhaber. Erotismus und Sexualneurose im Werk Hermann Brochs. In: Joseph P. Strelka (Hg.): Broch heute. Bern, 1978, S. 101–131.
[65]Auf diese Frage wird noch im Abschnitt zur Figurenpsychologie (2.4) genauer eingegangen.
[66]Hierzu folgende Textstelle, die sexuelle Erfahrungen Ottos präsupponiert: „[...] damals, als er [Otto] zum ersten Male zu einer Frau gegangen war [...]“ (UG 75).
[67]Auch hierzu noch mehr im Abschnitt zur Figurenpsychologie (2.4).
[68]Vgl. das Treffen mit der sechzehnjährigen Louise Grubicht. (UG 62f.).

gen aber zart und von einer gewissermaßen aufgelockerten und beinahe lasziven Glut. (UG 22)

Somit wird wiederum unterstellt, dass sich das „Wesen“ oder der Charakter der Figuren in physischen Merkmalen niederschlägt. Nicht umsonst wird dem eigentlich unreligiösen[69] Richard ein kirchengeschichtliches Lexem zugeordnet, um seine scheinbar rigide asketische Grundeinstellung zu kennzeichnen, die dennoch „leidenschaftlich“ ist, da sie in den Dienst der Erkenntnis gestellt wird. Ottos „beinahe laszive Glut“ hingegen verweist die Verwendung der zur Verfügung stehenden Leidenschaft deutlich in eine andere Richtung, nämlich zur Intensivierung sinnlicher Erfahrungen.
Als Zwischenergebnis kann hier festgehalten werden: Alle Familienmitglieder, die sexuelle Erfahrungen aufweisen und deren Einstellung diesbezüglich klar bejahend ist, haben blonde Haare, während alle Figuren, die realisierter Sexualität ablehnend beziehungsweise sogar missbilligend gegenüberstehen, dunkle Haare haben. Diese erste Beobachtung bezüglich der Haarfarbe lässt sich noch am restlichen Figureninventar bestätigen.

2.2.3.3 Die Subjektivierung des Realitätsbegriffs

Das Lexem ‚Auge‘ tritt im Text in signifikanter Häufigkeit auf.[70] Am Beispiel Ottos wurde schon gezeigt, dass es zeichenhaft für seine Realitätswahrnehmung steht, seinen „realitätsbesessene[n] Unwirklichkeitssinn“ (UG 62), der als „Kreuzungsprodukt“ (UG 61) zwischen dem „Unwirklichkeitssinn“ (UG 61) des Vaters und dem Wirklichkeitssinn der Mutter steht. Auch in dieser Hinsicht zerfällt die Familie in zwei Lager. Der Vater ist diesbezüglich am ‚unwirklichen‘ Ende einer antonymischen Skala situiert. Seine „Unwirklichkeit“ lässt sich zumindest anhand dreier Aspekte beschreiben:

a) Seine *Existenz und Realität* als Person wird schon insofern in Frage gestellt, als dass sein Leben als ein „Scheinleben“ (UG 17) und sein Tod als ein „Scheintod“ (UG 17), als „ein Gestorbensein, das bloß einen graduellen Unterschied bedeutete“ (UG 17) bezeichnet wird. Damit wird der

[69]Vgl. UG 28.
[70]Es finden sich im Gesamttext nicht weniger als 56 Stellen.

Begriff der Nicht-Eindeutigkeit korreliert, „weil dieser Tod ebensowenig eindeutig war wie das Leben dieses Menschen." (UG 17)

b) Nicht nur die Figur des Vaters selber erhält dadurch einen partiell unwirklichen Status, auch seine *Wirkung* auf andere Figuren, seine Umgebung und somit die fiktionale Realität der dargestellten Welt ist eine die Realität verunsichernde und beeinflussende. Er ist eine Figur, „unter dessen Blick sich das Gefüge aller Beziehungen auflöst" (UG 17), durch die andere Figuren eine *Verunsicherung* erfahren, „so dass man schließlich nicht mehr wußte, was diese Familie zusammenhielt, warum man überhaupt das Kind dieser Eltern, Geschwister dieser Geschwister, ja ob man überhaupt war." (UG 17) Der Vater negiert also eher die traditionelle Rolle des Familienvaters, die darauf bedacht wäre, einen Zusammenhalt im Familienverbund zu bewirken. Hingegen wirkt seine Gegenwart eher *desintegrierend*, sogar soweit, dass die Kinder selber ihre eigene Existenz in Frage stellen. Diese Beeinflussung und Verunsicherung ist eine erhebliche Wirkgröße, die bei weiterem Fortbestand vermutlich noch gravierendere Auswirkungen auf die Kinder gehabt hätte:

> In der vom Vater ausgehenden Auflockerung alles Seins wären die Kinder wahrscheinlich beruflos geblieben. (UG 17)

Es ist vor allem diese beschriebene *desintegrierende, verunsichernde Wirkung* des Vaters, die weitreichende Folgen in der Psyche seiner Kinder hinterlässt, wie sich noch in Kapitel 2.4 zeigen wird.

c) Zudem differiert die *Wahrnehmung und Interpretation der Realität* durch den Vater von der Realitätskonzeption anderer Figuren. Auf die Aufforderung der Mutter zu einem Spaziergang mit den Kindern, lehnt der Vater mit der Begründung ab: „Die Welt brennt in uns, nicht außer uns." (UG 16) Die Realität des Vaters ist somit nicht die sichtbare, für alle wahrnehmbare Welt, sondern eine vom denkenden Subjekt zu eruierende bzw. zu generierende. Seine Wahrnehmung und Interpretation der Realität negiert und transformiert, er hat den „Blick und das Auge[71] eines Nachtmenschen" (UG 16), „der jeden Gegenstand, auf den er fiel, ablehnte, dennoch ihn seltsam verändernd." (UG 16) Als Ersatz für den Spaziergang am Sonntagnachmittag nimmt er Richard in einer „verdeck-

[71] Auch hier die metaphorische Verwendung der körperlichen Merkmale.

ten Mondnacht" (UG 16) mit und nennt ins Wasser geworfene Blumen „Sterne im Wasser" (UG 16), das heißt er konfrontiert den Knaben mit einer uneigentlichen und abweichenden Weltsicht.
Hier schließt sich ein weiterer Bedeutungsaspekt an. Dass der Vater als ein „Nachtmensch" (UG 16) bezeichnet wird und ausgerechnet immer nachts aktiv wird, hängt zusammen mit der Opposition zwischen Figuren wie Richard, der „in der Nacht arbeiten" (UG 21) kann und Otto, dem dies nicht möglich ist. Der Hintergrund, der diesen Sachverhalt erklärt, wird von der Erzählinstanz für Otto, der es nicht selber formulieren kann[72], folgendermaßen geklärt:

> [...] das Unsichtbare in der Welt manifestiert sich in der Nacht, in der Nacht ergreift das Denken Besitz von der Welt, doch wer die Welt mit den Augen bewältigen will, der ist auf die Sonne angewiesen [...]. (UG 21)

Wiederum zeigt sich die Größe der „Augen" auf der Tiefenebene des Textes als signifikant für eine wichtige Unterscheidung. Es gibt zwei Möglichkeiten, die Realität zu erfassen: entweder durch *sinnliche Wahrnehmung des Offenkundigen* oder durch *intellektuelle Tätigkeit, die auf das Verborgene und Nicht-Wahrnehmbare* gerichtet ist. Mit der sinnlichen Wahrnehmung stehen die Lexeme des „Sichtbaren", „Konkreten", „Menschlichen" und „Irdischen" in Korrelation, allesamt Begriffe, die bisher mit der Mutter, Emilie und Otto in Verbindung gebracht wurden. Von der *vorwiegend durch Sinneseindrücke strukturierten Realitätskonzeption* dieser drei Figuren[73] werden Susanne und Richard klar abgegrenzt:

> Nein, Susanne und Richard hatten wenig Sinn für irdische Feierlichkeit. Das Irdische und Konkrete und Sichtbare, das war ihnen bloß zufälliges Merkmal für ungeheuerliche Geschehnisse, deren Gewalt sie ahnten; und beinahe mit Haß nahmen sie es auf, wenn sie merkten, daß ein irdisches Fest um seiner selbst willen gefeiert werden sollte. Und obgleich auch sie menschliche Liebe und menschli-

---

[72]„Otto dachte angestrengt nach, er konnte es nicht ausdrücken, es war zu schwierig [...]". (UG 21) Daß Otto die im folgenden beschriebene Trennung in intellektuelle und sinnliche Realitätsbewältigung nicht selber formulieren kann, liegt in der Logik des Textes, denn für ihn ist dieser Metakommentar als eine Figur, welche die sinnlich-konkrete Realität nicht hinterfragt, nicht denkbar. Nur Figuren wie Richard, der sich um eine integrative und intellektuelle Wirklichkeitsbewältigung bemüht, wäre diese Erkenntnis zuzutrauen.

[73]Wie es sich bei Otto in dieser Hinsicht genau verhält, wird in Abschnitt 2.4.1 geklärt.

> ches Beisammensein ersehnten, ihr nächtliches Sein trieb ihre Wünsche zu übermächtigen Gebilden, die kaum mehr die Züge des Menschlichen trugen [...]. (UG 33)

Sie sind auf der Suche nach einer „zweiten Bedeutung der Welt" (UG 97), als eine von der sinnlich wahrnehmbaren Realität abweichende, sie überlagernde Realität, mit der sie versuchen, die Gegebenheiten der dargestellten Welt intellektuell zu bewältigen und zu erklären. Das „Konkrete" lehnen sie emotional massiv ab („Haß"), wenn es nur für sich selbst steht, da es „bloß zufälliges Merkmal für ungeheuerliche Geschehnisse" ist, sprich eben eine „Wirklichkeit zweiter Ordnung" (UG 97), die hinter der sichtbaren Realität verborgen liegt und die intellektuell zu ermitteln ist. Deutlich tritt das Konstrukt dieser „Wirklichkeit zweiter Ordnung" in folgendem Abschnitt hervor (Hervorhebungen vom Verfasser):

> Aber über all der Furchtbarkeit des Gedankens schwebte noch furchtbarer die *zweite Bedeutung der Welt*, kaum mehr zu begreifen, weder mit mathematischen Formeln noch mit irgendeinem Wort ausdrückbar, dennoch über alle Furchtbarkeit emporgehoben, eine auffallende Kühle und Freibeweglichkeit des Gehirns, eine erregende Transposition in eine *Wirklichkeit zweiter Ordnung*, die sich mit nichts mehr deckte und trotzdem die Evidenz vollkommener Wahrheit in sich trug. (UG 97)

Festzuhalten bleibt aber noch ein wesentlicher Aspekt, der in der Sonderrolle Ottos bezüglich eines Systems liegt, das in Figuren mit „Wirklichkeitssinn" und „Unwirklichkeitssinn" unterscheidet. Ottos „realitätsbesessener Unwirklichkeitssinn" (UG 62) wurde in diesem Zusammenhang bereits erwähnt. Der Vater hatte durch die „Welt in uns" auf eine intrapersonelle Wirklichkeit verwiesen, die von einer extrapersonellen differiert und diese sogar substituieren soll. Es bestehen nun zwei Varianten, um eine solche intrapersonelle (quasi „zu erdenkende") Wirklichkeit, die von der sinnlich wahrnehmbaren Realität differiert, zu erzeugen:

a) Sie kann *analytisch* aus gegebenen (extrapersonalen) Realitätsdaten rekonstruiert werden: etwa indem man wie Richard versucht, alles „im Zusammenhang des Gesamtsystems zu sehen und von diesem aus zu begreifen." (UG 80) Oder:

b) Sie kann aus einem *kreativen Akt* der „Phantasie" (UG 58, 59, 61, 85) heraus erfunden werden: wie dies beispielsweise Otto mit dem „soliden

Grundstock an Phantasien“ (UG 58) tut, der in Zusammenhang mit den imaginierten Rettungsaktionen am Mühlweiher steht.
Die erste Variante kommt für Otto nicht in Frage. Das zeigt sich schon allein an der Tatsache, dass die Erzählinstanz für ihn den Unterschied zwischen Richards und Ottos Realitätsbewältigung formulieren muss, da er selber nicht analytisch vorgehen kann und ihm die Fähigkeit fehlt, die Metaperspektive einzunehmen.
Die zweite Variante kommt wiederum für Richard nicht in Frage: „Natürlich wußte er [Richard], dass man mit Phantasien in der Wissenschaft nichts erreicht.“ (UG 20) Dies ist freilich eine Aussage, der Weitprecht widersprechen würde, aber darauf wird im Abschnitt zu den Wissenschaftskonzeptionen unter 2.3.1 noch genauer eingegangen. Welche der beiden Varianten der Vater favorisierte, kann anhand der Textdaten nicht eindeutig geklärt werden, nur sprechen sie dafür, dass er ebenfalls die zweite Variante bevorzugt hatte. Katharine jedenfalls, die eine Wirklichkeit zweiter Ordnung in jeder Form ablehnt, die sich „keine Illusionen mehr“ (UG 37, 85, 86, 139) macht, kompensiert durch eine klare Ausgrenzung einer abweichenden Realität die Defizite und Verunsicherungen, die sie durch ihren Mann erfahren hat, der im folgenden Abschnitt eher der zweiten Variante zugerechnet wird:

> Wenn Katharine Hieck heute gern den Satz verwendete: „Ich mache mir keine Illusionen mehr“, so ist dies wohl als Reaktion auf eine Überbeanspruchung der Illusionen und der Phantasie zu betrachten, auf eine Überbeanspruchung, die sich zweifelsohne in der Ehe mit Hieck ergeben hatte. (UG 85)

Mit Argwohn beobachtet sie deshalb auch Susanne und ihren „kultische[n] Apparat“ (UG 29), weil diese aus Katharines Sicht durch ihren christlichen Glauben eine Wirklichkeit zweiter Ordnung realisiert, an die Katharine nicht glauben kann und will. Susanne entzieht sich nämlich ihrer irdischen „Bestimmung“, obwohl sie sich „programmgemäß zu einer richtigen und kräftigen Frau mit mütterlichen Brüsten und mütterlichem Schoß entwickelt hatte, ausgestattet mit allen monatlichen Unzulänglichkeiten einer Frau“. (UG 27) Dies ist ein Grund für Katharine, „immerzu beleidigt“ (UG 27) zu sein. Sie vergleicht den Vater mit Susannes „Himmelsbräutigam“ (UG 27), die sie beide als „Phantom“ (UG 27) wahrnimmt und somit aus ihrer Perspektive als unwirklich interpretiert. Für Susanne gilt diese Einstufung freilich nicht:

> [...] vielmehr bewegte sie sich in einer Welt völliger Konkretheit, und die Verwandlung des Weins in das Blut Christi war ihr von ebenso einwandfreier und konkreter Kausalität wie der Satz, der die Erfahrung „Wenn es regnet, ist es naß" festlegt. (UG 28)

Somit handelt es sich aus Susannes Perspektive bei ihrer „Gotteswelt" (UG 31) nicht um eine Wirklichkeit zweiter Ordnung, sondern um eine Realität „völliger Konkretheit", die somit – aus Susannes Verständnis – objektiv verifizierbar und nachvollziehbar ist. Doch die Erzählinstanz und somit die Textperspektive rechnet Susanne eher dem Lager des „Unwirklichkeitssinns" zu. Ihre Vorstellungswelt, das religiöse Sinnstiftungsmodell, trägt laut der Erzählinstanz „kaum mehr die Züge des Menschlichen" (UG 33), und ihr metaphorisches „nächtliches Sein" nähert sie dem des Vaters, des „Nachtmenschen", an. Die Realität zweiter Ordnung Susannes entstammt aber weder einem analytischen Akt, wie bei Richards rationaler Logik, noch einem kreativem Akt, wie bei Ottos „Grundstock an Phantasien" (UG 58), sondern ist „lediglich" die Übernahme eines bereits bestehenden, kollektiven und religiösen Modells. Somit musste Susanne es nicht, im Gegensatz zu Otto und Richard, aus sich heraus entwickeln.

2.2.3.4 Der Umgang der Figuren mit dem Körper

Eine weitere relevante Merkmalskategorie, bezüglich derer alle Familienmitglieder vom Text eingeordnet werden, ist der Umgang mit und die Präsentation von Körperlichkeit. Bei den physischen Merkmalen wurde schon erwähnt, dass bei Richard und Susanne ein starker Kontrast zwischen Kopf und Rumpf besteht, der „Unterschied zwischen der asketenhaften Schärfe ihres Kopfes und der Massigkeit ihres Rumpfes". (UG118) Letzteren wollen auch beide verbergen, unter anderem Richard unter einem „soutanenhaft bis zum Halse zugeknöpft[en]" (UG 11) Laborantenkittel, Susanne in einem „soutanenhaft hochgeschlossenen Kleid". (UG 33) Der Körper erscheint Richard als etwas Hemmendes, Negatives und das Ich verbergende. Als er einmal, entgegen seiner Gewohnheit, einer Phantasie nachgibt, sieht er „sein Ich durch das eklige Fett seines körperlichen Daseins hindurchleuchten". (UG 20) An vier Stellen im Text, an denen er sich der „Diskrepanz" (UG 118) zwischen Kopf und Körper bewusst wird, denkt er an eine Trennung der beiden Teile:

> [...] [da] schien es ihm am vorteilshaftesten und wünschenswertesten, daß solcher Kopf mit einem glatten Schnitt von dem ungebärdigen Körper getrennt werden sollte. (UG 118f.)

> Wäre jemand entgegengekommen, der ihm den Kopf vom Rumpfe hätte spalten wollen, er hätte ihn als Freund begrüßt. (UG 122)

> [...] so bleibt nur scharfe Trennung der beiden Teile übrig [...]. (UG 129)

> [...] der Wunsch, das denkende Haupt vom tierischen Rumpf getrennt zu erhalten [...]. (UG 135)

Aus der Sicht Richards sind die beiden Teile klar semantisiert:

> Freilich, was im Kopf vor sich geht, das ist berechenbar, das ist hell und erstrebenswert, und was unterhalb des Kopfes geschieht, ist dunkel und nächtlich in seiner Unberechenbarkeit. (UG 129)

Hieran lässt sich klar Richards negative Einstellung gegenüber seinem Körper und die positive Wertung seines Kopfes, der metonymisch für den Ort des Denkens steht, erkennen. Der Anschluss über die Lexeme „dunkel" und „nächtlich" an die Figur des Vaters ist nicht zu übersehen. Das Verbergen seines Körpers wird ihm fast zum Zwang, als er sich vor Erna Magnus „ins Wasser plumpsen" (UG 83) lässt, weil er sich seiner Blöße schämt und später „nachdem er seine Füße eingegraben" (UG 83) hat, „sich weniger nackt" (UG 83) fühlt. Hier lässt sich auch eine Korrelation mit seiner Kontaktscheu, vor allem gegenüber weiblichen Wesen, erkennen.

Bisher war die Rede von Richards perspektivengesteuerter Semantisierung der Körperteile. Um der Bedeutung auf der Textebene gerecht zu werden, muss noch erwähnt werden, dass der Kopf der Ort ist, an dem sich intellektuelles Handeln vollzieht, wo eine Bewältigung der Welt durch eine Wirklichkeit zweiter Ordnung versucht wird, sei es nun im Sinne Katharines, Ottos, Richards oder Susannes. Der Körper hingegen ist mit der zuvor schon erwähnten Äquivalenzreihe des „Irdischen", „Konkreten", „Sichtbaren" korreliert, wie beispielsweise Katharine sich ärgert, dass Susanne sich ihrer irdischen „Bestimmung" (UG 27), dem Kinderkriegen, entzieht, obwohl sie „sich programmgemäß zu einer richtigen und kräftigen Frau mit mütterlichen Brüsten und mütterlichem Schoß entwickelt hatte". (UG 27) Auch Susanne ignoriert insofern ihr körperliches Sein. Diese Äquivalenzreihe muss aus der Perspektive Richards – aber nur aus seiner – noch um eine Position erweitert werden, nämlich um die des „Unberechenbaren“, wie der zuvor zitierte Abschnitt (UG 129) zeigt.

> Ottos Bewertung des Körperlichen steht wiederum in klarem Kontrast zu Richards und Susannes. Er ist „eitel“ (UG 21), legt Wert auf seine Kleidung, verdeckt aber nie seinen Körper zur Gänze, und oft läßt er seinen Körper durch die offene Kleidung sehen.[74] Er weist gelegentlich sogar leicht narzißtische Züge auf, was beispielsweise in der Duschszene klar hervortritt, als er sich selber küßt, und seinen eigenen Körper mit dem Richters vergleicht.[75] Otto thematisiert im Gegensatz zu Richard nie eine Diskrepanz zwischen Kopf und Körper, sie ist bei ihm nicht existent.

Im folgenden Schema findet sich ein Überblick der sekundären Merkmale, die bei den vier noch anwesenden Familienmitgliedern abgeleitet werden können.

---

[74]Vgl. etwa folgende Textstellen (Hervorhebungen vom Verfasser): „[...] die *offenstehende Jacke* ließ die braun-elfenbeinerne Haut auf der Brust des Knaben sehen [...]“ (UG 21); „Mit ausgestrecktem Finger berührte er [Richard Hieck] vorsichtig die *nackte Brust des Knaben* [...]“ (UG 22); „Mit seinen weiten Hosen, Gürtel um den Hosenbund, *ohne Weste, mit offener Jacke* und einem schwarzen Künstlerschlips im weichen Kragen des Hemdes, verwegene Mütze auf dem kunstvoll heraushängenden Schopf [...]“ (UG 46); „Laukühl floß das Wasser über seinen braunen schlanken Körper“ (UG 59); „er hatte die *nackten Füße* zum Bett hinausgestreckt“ (UG 100); „[...] ein *nackter brauner* Körper [...].“ (UG 134)

[75]Vgl. etwa: „Seine [Ritters] Haut stank nach zoologischem Garten, seine Fußballerfüße waren merkwürdige und gewalttätige Gewächse, wie zwei selbständige Wurzelgnome, die ihn spazierentrugen. Otto schauderte, daß seine eigene glatte Frauenhaut auch einmal zu solch rauhem stinkenden Leder werden könnte“ (UG 59f.) und „Otto hätte gerne gesagt: ich habe keine mit Haaren bewachsene Reibeisenhaut wie Ritter, ich bin unter meinem Hemd ganz glatt.“ (UG 63)

Katharine	**Otto**	**Richard**	**Susanne**
„Genußsucht“ ≈ kontaktfreudig		„Askese“ ≈ kontaktscheu	
Wirklichkeitssinn	„realitätsbesessener Unwirklichkeitssinn“	„Unwirklichkeitssinn“	
„keine Illusionen mehr“ ≈ Resignation	„Phantasie“ ≈ Kreativität	Logik ≈ Analytisches Denken	Religiöses System ≈ Übernahme
„Rückwandlung“	Wandlungsprozeß		Statik
Akzeptanz des: Körperlichen ≈ „Irdischen“ ≈ „Sichtbaren“ ≈ „Konkreten“		Unterdrückung des: Körperlichen ≈ „Irdischen“ ≈ „Sichtbaren“ ≈ „Konkreten“	

2.2.4 Nacht und Tag – Hell und Dunkel

Eine ebenso komplexe wie zentrale Rolle spielen die Oppositionen Nacht vs Tag und hell vs dunkel im Text. Die Korrelationen sind vielschichtig und bereiten teils Probleme bei ihrer Rekonstruktion, da viele Faktoren in diesen Merkmalskomplex eingreifen. Es ist auf jeden Fall zwischen einer wörtlichen und metaphorischen Bedeutungsebene der beiden Gegensatzpaare zu unterscheiden. Weiterhin ist zu beachten, ob Aussagen zu diesen Gegensatzpaaren und deren Relationen von der Erzählinstanz oder von Richard Hieck kommen.

Auf der wörtlichen Ebene bereitet die Opposition Nacht vs Tag freilich noch keine Verständnisprobleme. Der Vater wurde schon mit dem wörtlichen Bedeutungsaspekt der Nacht in Verbindung gebracht, als jemand, den der Nachthimmel faszinierte, der mit Richard nachts einen Ersatzspaziergang unternahm, nachts arbeitete, „manchmal ganz spät nachts nach Hause“ (UG 15) kam. Die Korrelation des Vaters mit der wörtlichen Bedeutung von Nacht deutet auf sein sozial abweichendes Verhalten hin. Er entspricht mit Sicherheit nicht den üblichen Rollenerwartungen eines Familienvaters und wird vom Text auch zu diesen mit Hilfe „normaler Beispiele“ in Opposition gesetzt: „Es geschah nie, dass er wie andere Väter einen Spaziergang mit seinen Kindern machte [...].“ (UG 16) Auch in Bezug auf seine Berufsausübung entspricht er nicht den Erwartungen der *Normalität*: „Amtsstunden konnte dieses Amt kaum gehabt haben, denn manchmal kam er ganz spät nachts nach Hause [...].“ (UG 15)

Auf dieser ersten wörtlichen Ebene bestehen eindeutige Äquivalenzrelationen zwischen Tag und Helligkeit und zwischen Nacht und Dunkelheit. Auf der metaphorischen Ebene gestalten sich die Verhältnisse etwas komplizierter und es strikt zwischen der wörtlichen und metaphorischen Bedeutungsebene zu unterscheiden. Auf der letzteren besteht eine asymmetrische Opposition[76] zwischen dem metaphorischen Begriff der „Nacht“, der inhaltlich aufgefüllt wird, und dem metaphorischen Begriff der „Helligkeit“, da auf der metaphorischen Bedeutungsebene „Tag“ nicht mehr erwähnt wird, geschweige denn semantisch aufgefüllt. Hinzu kommt, dass die metaphorische Verwendung dieses Gegensatzpaars ausschließlich aus der Figurenperspektive Richards erfolgt, d. h. es handelt sich um ein innerpsychisches Kategorisierungssystem. Alles, was im restlichen Teil dieses Abschnitts nun folgt, ist also ein Ordnungssystem, das der Innenperspektive der Figur Richard Hieck zugeordnet ist. Aus dem folgenden Textauszug lassen sich erste Kennzeichen der Opposition Nacht vs Helligkeit ableiten:

> [...] und immer noch bewirkte sein [des Vaters] unheilschwangerer Einfluß, daß das Zwiespältige nicht durch das Eindeutige ersetzt werden durfte, die Tiefe der nächtlichen Sphäre und ihr dunkles Licht nicht durch die Helle der Erkenntnis. (UG 25)

Für die metaphorische Bedeutungsebene von „Nacht“, der „nächtlichen Sphäre“, gilt somit, dass sie „zwiespältig“ (Nicht-Eindeutigkeit) ist, mit

---

[76]Zur Erläuterung des Begriffs der asymmetrischen Opposition vgl. Michael Titzmann: Strukturale Textanalyse, v. a. S. 133–146.

„dunklem Licht" (Dunkelheit) korreliert wird und einen tiefen Raum darstellt. Eine klare Negativwertung des Zustands „Nacht" wird durch den „unheilschwangeren Einfluss" des Vaters hergestellt. Zur zeitlichen Ordnung informiert folgender Ausschnitt:

> Aus dem mütterlichen Schoß der Nacht dringt alle Erkenntnis, aus ihr entspringt alle Wirklichkeit der Welt, alle Helligkeit wird im Dunklen vorgeformt. (UG 40)

Der semantische Raum der Nacht ist somit ein Herkunftsraum, im zeitlichen wie logischen Sinne, der als Präsupposition der „Wirklichkeit", „Erkenntnis" und „Helligkeit" gilt: „alle Helligkeit wird im Dunklen vorgeformt." Die Geburtsmetaphorik des „mütterlichen Schoßes" eröffnet die Analogie zu einem menschlichen Lebenszyklus, der mit der Geburt beginnt. Der Zustand, in dem sich ein Subjekt bei der Geburt befindet, ist somit einer der „Nacht", respektive der „Dunkelheit". Eine weitere Textstelle stützt diese Lesart:

> Wir alle kommen aus den Niederungen des Lebens, aus der Nacht des Mutterleibes, aus der unbegreiflichen zuckenden Nacht der Eltern, was wir mitbekommen, ist Nacht und Düsternis, und wir wollen alle zur Helle und zur Heiterkeit. Ja, so ist es. (UG 31)

Wiederum wird die „Nacht" durch die Geburtsmetaphorik mit dem „Mutterleib" als Herkunftsort in Verbindung gebracht. Der geborene Mensch beginnt sein Leben dementsprechend im Zustand der „Nacht" und „Dunkelheit". Da er diesen Zustand aber als negativ und unbefriedigend empfindet, entwickelt er ein Bestreben, diesen zu überwinden und in den semantischen Raum der „Helligkeit" überzutreten. Somit kommt es zu einem dreistufigen Geschichtsmodell (neg --> pos --> neg). Doch der semantische Raum „Nacht" ist nicht nur ein Herkunfts-, sondern auch ein Zielraum. So heißt es exemplarisch: „Aus der Nacht kamen sie, in die Nacht gingen sie." (UG 66)[77] Auch hier bleibt der Text im Bild der Zyklik eines menschlichen Lebens, wenn er die „Nacht" nicht nur mit der Geburt, sondern auch mit dem Tod gleichsetzt:

---

[77]Und ähnlich zuvor schon: „Aus den feuchten Wolken wehte mild und sanft die Einsamkeit alles Menschlichen, die Nacht, aus der sie kamen und in die sie gingen." (UG 63)

> [...] der Vater hatte gleichfalls vom Tode gesprochen, er hatte den Tod gemeint, als er die Nacht liebte. (UG 129)

sR_1	vs	**sR_2**
„Nacht"		[Tag]
≈		≈
„Dunkelheit“		„Helligkeit“
≈		≈
Unbestimmtheit		„Eindeutigkeit“
Nicht-Erkenntnis		„Erkenntnis“
Nicht-Heiterkeit		„Heiterkeit“
Herkunfts- und Zielraum		[Zwischenraum]
Vor Geburt bis nach Tod		[Leben]
Negativ bewertet		Positiv bewertet
Unsicherheit im ideologischen Sinn		Sicherheit im ideologischen Sinn
≈		≈
Präsuppostion		Nachordnung
Umgrenzung		Eingegrenztes
stets existent		zu realisieren

Abbildung 2: Semantische Räume: „Hell“ und „Dunkel“

Auf einer temporalen Achse nimmt der Zustand der „Nacht“ also die Anfangs- und Endposition ein, während in der Mitte ein Zustand der „Helligkeit“ und „Heiterkeit“ liegen kann, aber nicht muss. Im Falle Susannes etwa existiert dieser Zustand der „Heiterkeit“ als ein stabiler und nicht bedrohter, der durch ihr religiöses System bereitgestellt wird:

> Sie war von unerhörter Emsigkeit, denn da sie außer ihrer Arbeitskraft dem Kloster nur wenig mitbringen konnte, mußte sie diese Arbeitskraft zum äußersten anspannen. Sie war Handarbeitslehrerin, geprüfte Kindergärtnerin und bereitete sich jetzt auch auf die Krankenpflege vor. Sie tat es mit der professionellen Heiterkeit dessen, der durch die Art seines Tuns alle Möglichkeiten der ganzen reichen Gotteswelt bereits ausgeschöpft zu haben glaubt, mit jener Heiterkeit, die ebendeswegen auch zu ihrem erwählten religiösen Dasein gehörte. (UG 31)

Auf die „Heiterkeitsunterschied[e]“ (UG 31) zwischen den Geschwistern und deren Bedeutung wird noch in Kapitel 2.4 eingegangen. In Abbildung 2 zur metaphorischen Bedeutungsebene werden die ermittelten Merkmale dem semantischem Raum der „Nacht“ (sR_1) und dem semantischem Raum[78] der „Helle" (sR2) zugeordnet. Abbildung 3 veranschaulicht den Zusammenhang zwischen der temporalen Komponente (Herkunfts- und Zielraum) und der logisch-relationalen Komponente (Vorformung der Helligkeit im Dunklen, welches somit als Präsupposition gilt):

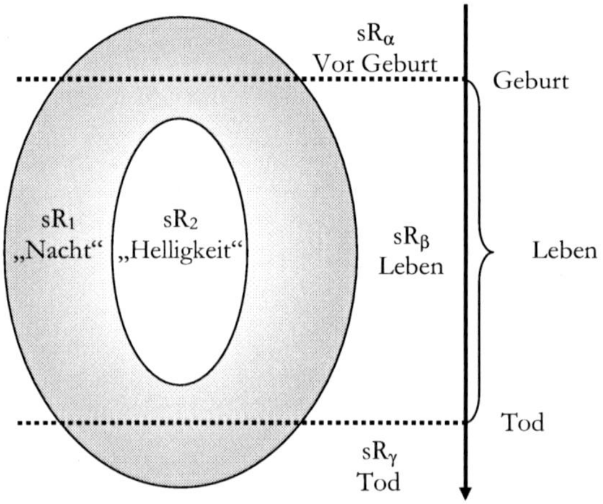

Abbildung 3: Temporale und logische Situierung der semantischen Räume „Nacht" und „Helligkeit"

Es ist festzustellen, dass sR2 für eine Figur während der Lebensspanne nur betreten werden *kann*, aber nicht immer betreten *wird*, sie aber immer aus sR1 kommt und nach sR1 geht.[79]

Ergänzend zu dem, was weiter oben schon zum Körperschema der Figuren und der Opposition Kopf vs Rumpf gesagt wurde, lassen sich hier

[78]Zum Konzept der „semantischen Räume" sei hingewiesen auf: Jurij M Lotman.: Die Struktur literarischer Texte, Kapitel 8. Eine logische Präzisierung zu diesem Modell findet sich bei Karl N. Renner: Der Findling. Eine Erzählung von Heinrich von Kleist und ein Film von George Moorse. München, 1983. Vgl. v. a. Teil I und II.

[79]Susanne, der es durch ihr religiöses Sinnstiftungsmodell gelingt, dauerhaft in sR2 zu verweilen, gilt nicht als die Regel für andere Figuren. Darauf wird noch im Abschnitt 2.4 zur Textpsychologie eingegangen.

noch neue Erkenntnisse gewinnen. Die Vorgänge im Raum „Körper", die als „nächtlich", „dunkel" und „unberechenbar" (UG 129) charakterisiert werden, sind dem semantischen Raum sR_1 zugeordnet, wohingegen die Vorgänge im Kopf, die als „hell", „erstrebenswert" und „berechenbar" (129) bezeichnet werden, dem semantischen Raum sR_2 zugeordnet sind.[80] Auch hierin bestätigt sich die eingangs formulierte Hypothese, dass die Körpermerkmale der Figuren zeichenhaft für etwas jenseits ihrer eigenen Bedeutung stehen, dass sie also semantisiert sind. Kopf und Körper gelten somit als zeichenhafte Repräsentanten verschiedener menschlicher Qualitäten, wobei der Kopf als Ort des Denkens und der intellektuellen Auseinandersetzung mit der Wirklichkeit jene Voraussetzungen erfüllen kann, die zur Erlangung der „Erkenntnis" und der damit in sR_2 korrelierten Merkmale führt. Somit erklärt sich auch Richards positive Bewertung des „Kopfs" als Instrument der Strukturierung und intellektuellen Wirklichkeitsbewältigung gegenüber dem „Rumpf" als Repräsentant des unstrukturiert-amorphen sR_1. Für ihn gilt es, die „Welt" – sprich die Wirklichkeit – zu strukturieren und dechiffrieren: „ein Geflecht, das man auflösen musste, um der Wirklichkeit habhaft zu werden." (UG 39)

2.2.5 Der Begriff des „Lebens"

Ebenso wie beim Begriff der „Nacht" ist auch im Lexem des „Lebens" eine klärende Spezifizierung nötig. Neben dem rein biologischen „Leben" im wörtlichen Sinne findet sich im Text eine relevante metaphorische Bedeutung des „Lebens". Dieses metaphorische „Leben" wird eigentlich ausschließlich in expliziten oder impliziten Metaphern des Amorphen und Unstrukturierten wiedergegeben, meistens als ein „Bach" oder „Strom".[81] Häufig wird es als etwas „Rauschendes"[82] gedacht, hier drei von vielen Beispielen:

> Groß und saftig rauscht draußen das Leben. (UG 37)

---

[80]Vgl. hierzu nochmals diese Stelle: „Freilich, was im Kopf vor sich geht, das ist berechenbar, das ist hell und erstrebenswert, und was unterhalb des Kopfes geschieht, ist dunkel und nächtlich in seiner Unberechenbarkeit." (UG 129)

[81]Vgl. UG 36, 37, 45, 68, 91, 104, 107, 136, 141, 142.

[82]Vgl. UG 36, 37, 91, 104, 107, 136, 142.

> Dunkel rauscht irgendwo das Leben, unendlich, unerreichbar, unerfaßlich. (UG 107)

> [Das] Leben, das in den Gebirgsbächen da draußen unerfaßlich rauschte. (UG 104)

Der Ort dieses Lebens ist nicht genauer spezifiziert bzw. unbekannt: „wo ist das Leben, das vorüberrauscht?" (UG 91) Es ist jedenfalls nicht präsent, sondern „draußen irgendwo" (UG 36), „fernab". (UG 142) Dieses „metaphorische Leben" ist keinem der Familienmitglieder initial gegeben, aber alle wollen daran partizipieren:

> Draußen irgendwo rauschte saftig und groß das Leben, und jeder von ihnen wollte einen Zipfel davon erhaschen, aber sie wußten nicht welchen, und sicherlich war es für jeden ein anderer. (UG 36)

Dieses vorindividuelle metaphorische Leben bildet also einen Anreiz für alle Figuren, auch wenn sie nicht wissen, wie genau dieses metaphorische Leben zu erlangen ist. Auf jeden Fall umfasst dieser Zustand des Lebens disjunkte Untervarianten („für jeden ein anderer"), die subjektspezifisch relevante Ausprägungen dieses Erstrebenswerten bilden. Figuren können an dem vorindividuellen „Strom" (UG 107) nur partiell teilhaben und somit ihre individuelle Realisation von „Leben" im metaphorischen Sinne wählen. Gemeinsam haben diese individuellen Realisationen, dass sie ein intensiviertes, gesteigertes und erfülltes Leben bedeuten, eben ein Leben ohne Defizienzerfahrungen. Richard Hieck versucht dieses Ziel durch seine rational-logische Erkenntnistätigkeit zu erreichen – zumindest vor seinem noch zu beschreibenden Wandlungsprozess:

> [...] je mehr er sich klarmachte, daß es sein Ziel sein müsse, alle Lebenserscheinungen zu umfassen, mathematisch und berechenbar zu umfassen, weil er durch diese Fülle mathematisierter Welterkenntnis zur Totalität des eigenen Lebens gelangen werde, je klarer ihm dies wurde, desto größer und heller wurde auch das Fenster der Erinnerung. (UG 48)

Richards initiale Defizienzerfahrung besteht darin, dass er es noch nicht geschafft hat, eine „mathematisierte Welterkenntnis" zu schaffen. Die Behebung dieser Defizienzerfahrung sieht er – wie sich noch zeigen wird irrtümlicherweise – als Voraussetzung für die Erlangung eines Zustands, den er als „Totalität des eigenen Lebens" bezeichnet, eben ein Zustand ohne Defizite. Die ursprüngliche Quelle dieses Defizits ist der bereits erwähnte Einfluss seines Vaters, der Mangel an „Sicherheit“ und „Eindeutigkeit“. Ebenso wie Richard versuchen die anderen Familienmitglieder dieses ihnen gemeinsame Defizit zu überwinden, wenn auch jeder auf seine individuelle Art und Weise.

> *Die unbekannte Größe* ist nur einer von „unzähligen Texten der Epoche“[83] der Frühen Moderne, die eine solche metaphorische Bedeutungsebene des Begriffs „Leben“ eröffnen. In Anlehnung an zahlreiche Vorarbeiten wird im Folgenden von „emphatischem Leben“[84] gesprochen, wenn die oben beschriebene metaphorische Bedeutung von Leben gemeint ist.

Die Situierung eines semantischen Raumes „Leben im emphatischen Sinne“ in der bisher entworfenen Skizze der semantischen Räume erfordert wiederum die subjektspezifische Sichtweise. Denn zum einen wird das „emphatische Leben“ über das Lexem „dunkel“ mit sR_1 („Nacht“) korreliert: „Dunkel rauscht irgendwo das Leben, unendlich, unerreichbar, unerfasslich.“ (UG 107) Doch es mit dem semantischen Raum der „Nacht“ gleichzusetzen, verbietet sich aufgrund der positiven und erstrebenswerten Qualität des „emphatischen Lebens“, die in Opposition zu der Negativbewertung des sR_1 steht. Die subjektspezifische Sichtweise kann hier in zwei Varianten unterschieden werden:
Variante I: Figuren, denen das Merkmal der „Genussfreude“ zugeschrieben werden kann, und die sich eher am „Irdischen“, „Konkreten“,

---

[83]Michael Titzmann: Normenkrise und Psychologie in der Frühen Moderne. Zur Interpretation von Arthur Schnitzlers Frau Beate und ihr Sohn. In: Recherches Germaniques. Numéro 28 (1998), S. 104.

[84]Der Begriff des „emphatischen Lebens“ wird präzisiert in: Marianne Wünsch: Das Modell der „Wiedergeburt“ zu „neuem Leben“ in erzählender Literatur 1890–1930. In: Karl Richter und Jörg Schönert (Hg.): Klassik und Moderne. Stuttgart, 1983, S. 379–408. Und auch bei: Martin Lindner: Leben in der Krise. Zeitromane der neuen Sachlichkeit und die intellektuelle Mentalität der klassischen Moderne. Stuttgart, 1994. Vgl. auch: Marianne Wünsch: Die Fantastische Literatur der Frühen Moderne (1890–1930). Definition, Denkgeschichtlicher Kontext, Strukturen. München, 1991. Hierin ist vor allem das Kapitel 4.4 zu erwähnen: „Das ‚Ich‘ und sein ‚Weg‘: Zur Konzeption der ‚Person‘.“ (S. 227–251). Für die im folgenden noch wichtige Korrelation der psychischen Operationen „Selbstfindung“ und „Selbstverwirklichung“ sei zunächst auf folgenden Beitrag verwiesen: Michael Titzmann: Das Konzept der „Person“ und ihrer „Identität“ in der deutschen Literatur um 1900. In: Manfred Pfister (Hg.): Die Modernisierung des Ich. Passau, 1989. S. 39.

„Sichtbaren", also am (sinnlich) Wahrnehmbaren, orientieren, werden versuchen, den Wert des „emphatischen Lebens" in ihrem „irdischen" Realitätsbereich zu erlangen.
Ein Beispiel für diese Variante ist Katharine Hieck. Ihre „Rückwandlung" macht sie immer „heiterer" und „hübscher" (18), und „beinahe neiderfüllt" (18) sieht sie auf Emilie. Ihr Realisationswunsch vom emphatischen Leben orientiert sich an der Möglichkeit einer neuen Liebesbeziehung:

> All dies verdichtete sich plötzlich zum Bilde eines Hochzeitmahls, bei dem sie sich selber mit einem neuen Gatten sitzen sah. Ihr gesundes Blut[85] wallte auf, und sie wurde rot. (UG 34)

Sie erhofft sich noch ein „Wunder der Liebe", „die Erfüllung, die sich jetzt sozusagen in letzter Minute doch noch einstellen sollte" (UG 37), womit klar auf das eingeführte Konzept des „emphatischen Lebens" als erstrebenswertem Zustand Bezug genommen wird. Ihre Defizienzerfahrung resultiert aus der unbefriedigenden Ehe mit Hieck.
Variante II: Figuren, denen hingegen das Merkmal der „Askese" attribuiert wird, und die mit Hilfe einer ideologisch-intellektuellen „Wirklichkeit zweiter Ordnung" versuchen, ihre Defizienzerfahrung zu überwinden, werden eher über den Umweg der ideologischen Suche bzw. über das Abstrakte und Theoretische nach dem „emphatischen Leben" suchen, da sie das „Irdische", „Konkrete" und „Sichtbare" ablehnen. Es ist die Suche nach einer abstrakten, Orientierung gewährenden, dennoch subjektivierten Wahrheit.
Auch die Ergebnisse zum Begriff des Lebens werden in einem Überblick festgehalten und semantischen Räumen zugeordnet. Es gibt einen semantischen Raum des Lebens im wörtlichen Sinne (sR_{β}), der einen semantischen Raum des Lebens im emphatischen Sinne (sR_{B}) einschließt.

---

[85] „Blut" gehört zu den „Kollektivsymbolen" der Frühen Moderne. Dieser Begriff ist entnommen Jürgen Link: Literaturwissenschaftliche Grundbegriffe. Eine programmierte Einführung auf strukturalistischer Basis. 2., überarb. und erg. Aufl. München, 1979 (= UTB 305). „Blut" transportiert in der Epoche eine Bedeutung des Biologisch-Vitalen im Subjekt, „zu dem die Sexualantriebe gerechnet werden." Es stellt zudem „etwas Über- bzw. Nicht-Individuelles" dar. (Vgl. Titzmann: Normenkrise und Psychologie in der Frühen Moderne, S. 101f.) Insofern besteht hier wiederum eine Verbindung zum „emphathischen Leben".

Für alle Figuren im Text ist die Grenzüberschreitung von sR_β nach sR_B wünschenswert und anzustreben. Jedoch gibt es zwei verschiedenartige Formen des emphatischen Lebens (sR_B), die sich danach richten, ob Figuren der oben beschriebenen Variante I oder der Variante II angehören. Variante I wird nun einem semantischen Raum sR_I zugeordnet, Variante II dem semantischen Raum sR_{II}. Der semantische Raum des emphatischen Lebens ist demnach auch sinngemäß in sR_{BI} und sR_{BII} unterteilt. Diese neu eingeführten semantischen Räume ergeben folgendes Zuordnungsschema:

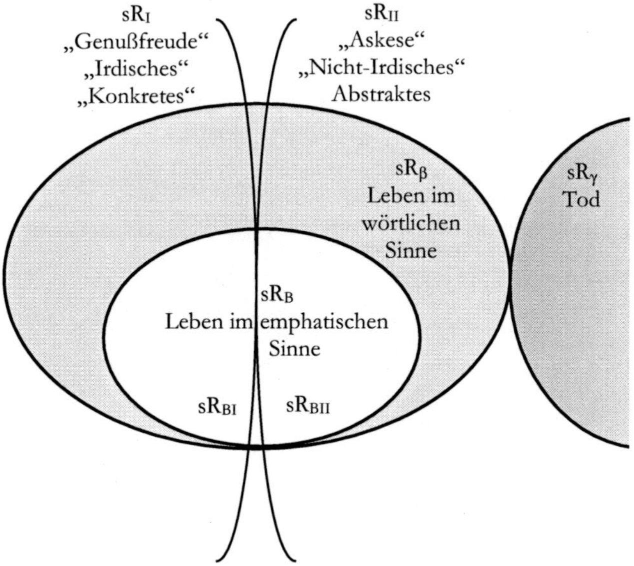

Abbildung 4: Unterteilung und Situierung des emphatischen Lebens

Für Richard Hieck kommt zu Beginn des erzählten Ablaufs nur die zweite Variante in Frage (sR_{BII}), um dem Zustand des „emphatischen Lebens“, einem „Zipfel des fernen und unsäglichen Lebens“ (UG 37) näher zu kommen:

> Richard dachte plötzlich an die Gruppentheorie. Und dieses abstrakte und theoretische Gebilde, das war nun mit einem Male wie ein Zipfel des fernen und unsäglichen Lebens. (UG 37)

Die Rolle des Diskurses, in welchem die erwähnte Gruppentheorie als Hilfsmittel wissenschaftlichen Fortschritts fungiert, und welcher den Roman auf der expliziten Textebene dominiert, ist Thema des nächsten Abschnitts.

2.3 Explizite Ebene des Diskurssystems: Physik und Mathematik

In der *Unbekannten Größe* findet sich eine auffällige Vielzahl an heterogenen Diskursen. Der Begriff „Diskurs" und die damit verbunden Begriffe „Diskursgruppe", „Diskurstyp", „Diskurssystem", „Disziplin", „Denksystem" werden im folgenden im Verständnis der präzisierenden Ausführungen von Richter, Schönert und Titzmann verwendet.[86]
Bei der Rekonstruktion des textinternen Diskurssystems[87] wird sowohl die explizite als auch die implizite Textebene berücksichtigt, wobei zunächst die jeweils dominant erscheinenden Diskurse der beiden Ebenen

---

[86]Vgl. Karl Richter/ Jörg Schönert/ Michael Titzmann: Literatur-Wissen-Wissenschaft. Überlegungen zu einer komplexen Relation. In: Dies. (Hg.): Die Literatur und die Wissenschaften 1770–1930. Stuttgart, 1997, S. 9–36. Michael Titzmann: Skizze einer integrativen Literaturgeschichte und ihres Ortes in einer Systematik der Literaturwissenschaft. In: Ders. (Hg.): Modelle des literarischen Strukturwandels. Tübingen, 1991. (= Studien und Texte zur Sozialgeschichte der Literatur, 33), S. 395–438.
Die angeführten Begriffe werden fortlaufend in den Fußnoten erläutert. Zunächst zum Begriff ‚Diskurs': Er bezeichnet „ein in einem sozialen Raumzeitsegment relevantes System des Denkens und Argumentierens, also der Wissensproduktion (inklusive der Wissensbestätigung und Wissensverwerfung), abstrahiert von einer Textmenge – definiert erstens durch einen *gemeinsamen Redegegenstand*, also einen im kulturellen Wissen schon konstituierten oder sich konstituierenden ‚Objektbereich', zweitens durch *Regularitäten der Rede über diesen Objektbereich*, also zum einen *durch explizite oder implizite ontologische und epistemologische Basisprämissen*, zum dritten durch Formulierungsregeln, d. h. Regeln der Versprachlichung, von Propositionen." Richter/ Schönert/ Titzmann: Literatur-Wissen-Wissenschaft, S. 20.
[87]Das ‚Diskurssystem' stellt die Gesamtmenge der Diskurse/ Diskursgruppen/ Diskurstypen dar, die nach ihren systeminternen ontologischen, logischen, hierarchischen Relationen geordnet sind. Vgl. Richter/ Schönert/Titzmann: Literatur-Wissen-Wissenschaft, S. 21.

rekonstruiert werden. Für die explizite Ebene ist dies die Diskursgruppe[88] der Physik und Mathematik, für die implizite Ebene der Diskurs „Psychologie".[89] Unter der expliziten Textebene wird hier jene Textebene verstanden, an der die Äußerungen ein Maximum an Explizitheit aufweisen, d. h. dass möglichst viele der aus ihr ableitbaren Propositionen explizit semiotisch an der Textoberfläche repräsentiert sind.[90]

2.3.1 Drei Wissenschaftskonzeptionen – differierende Einstellungen

Der Text beginnt und endet im Weitprechtschen Universitätsinstitut für Physik. Die drei bestimmenden männlichen Figuren in diesem Umfeld werden gleich zu Beginn eingeführt: der Promotionsstudent Hieck, der mathematische Assistent Kapperbrunn und der physikalische Professor Weitprecht. Sie arbeiten allesamt (unter anderem) an einer *Präzisierung bzw. Bestätigung* einer physikalischen Theorie, die teils durch empirische Beobachtungen angeregt wird bzw. verifiziert werden soll. Diese Theorie stellt eine „Revolution der Physik" (UG 13) dar, sollte sie sich bewahrheiten. Dieser erwähnte Paradigmawechsel lässt sich anhand der Textdaten und dem kulturellen Wissen zweifelsfrei als der Entwicklung der Quantentheorie zugehörig identifizieren, worauf in Abschnitt 2.3.3 noch detaillierter eingegangen wird.[91]

---

[88]Mathematik und Physik stellen in der *Unbekannten Größe* eine Diskursgruppe dar, da sie sich einen Gegenstand teilen (in dem Fall die beobachteten quantentheoretischen Phänomene), aber sich in ihren Rederegeln (partiell) unterscheiden (so bedauert der Physiker Weitprecht, nicht schon früher mathematisches Wissen erworben zu haben, da er mit seinem physikalischen Apparat bei der Lösung theoretischer Probleme nicht weiterkommt – vgl. (UG 56)). Zur ‚Diskursgruppe' vgl. Richter/ Schönert/ Titzmann: Literatur-Wissen-Wissenschaft, S. 20.

[89]Zur Begründung hierfür siehe Kapitel 2.4.

[90]Titzmann definiert die Unterscheidung zwischen expliziten und impliziten Propositionen folgendermaßen: „*Explizite Propositionen* eines Textes sollen die Aussagen heißen, für die es ein semantisches Äquivalent in einer Zeichenfolge an der Textoberfläche gibt, *implizite Propositionen* hingegen solche, die kein solches Äquivalent an der Textoberfläche haben und also unausgesprochene Voraussetzungen (darunter die Präsuppositionen im logisch-linguistischen Sinne) oder unausgesprochene Folgerungen der Zeichenmenge (des Teilsatzes, des Satzes, der Satzmenge) darstellen." Michael Titzmann: Skizze einer integrativen Literaturgeschichte und ihres Ortes in einer Systematik der Literaturwissenschaft, S. 402. Zur terminologischen Abgrenzung des Begriffs „Proposition" von „Satz" vgl. ebenfalls S. 402.

[91]Hier soll nur folgender kurzer Hinweis genügen: Der Text erwähnt unter zahlreichen anderen Bezugnahmen „Weitprechts Theorie von den Quanteninterferenzen"

Die drei erwähnten Figuren repräsentieren allesamt unterschiedliche Konzeptionen, Wertungen und Einstellungen gegenüber dem Diskurs „Wissenschaft". Kapperbrunn formuliert dies folgendermaßen:

> ‚In der Wissenschaft gibt es zwei Wege, etwas zu erreichen: entweder den Weg des hysterischen Fortschritts und der hochfliegenden Gedanken, Typus Weitprecht, oder den der gesunden Reaktion. Ich, für meinen Teil, ich habe mich für den letzteren entschieden. Ich bin jederzeit bereit, mich bis auf Newton, ja, wenn Sie wollen, bis auf Descartes zurückzuziehen und alles, was nachher kam, als hysterisches Hirngespinst abzutun.' Er lachte schlau: ‚Überdies auch ein Weg zum Ordinariat.' (UG 38)

Hier spielt Kapperbrunn auf den ideologischen Umgang mit wissenschaftlichen Neuerungen an und setzt seine Auffassung klar in Opposition zu der Weitprechts. Kapperbrunn, der weniger an einem wissenschaftlichen Ideal des Erkenntniszuwachses interessiert ist, sondern mehr in der ihm eigenen pragmatischen Weise an seine Karriere denkt, ist willens, am tradierten Paradigma der klassischen Physik festzuhalten, auf die hier durch Newton Bezug genommen wird. Dass dieser Weg in einem „Wissenschaftsbetrieb" (UG 142), in dem konkurrierende Theorien für einen gewissen Zeitraum koexistieren und in dem einige Wissenschaftler zunächst an der konventionellen Variante der klassischen Physik festhalten werden, auch beruflich zum Erfolg führen kann, zeigt sich in Kapperbrunns zynischer abschließender Bemerkung. Kapperbrunns Einstellung gegenüber dem bestehenden Wissenschaftsbetrieb ist jedenfalls von „Skepsis" (UG 38, 40, 49, 123) geprägt.

Weitprechts Leben hingegen ist eines der Aufopferung und des Idealismus für den wissenschaftlichen Fortschritt, den er mit „Eifer" (UG 124) vertritt. Ihm ist „jeder Ferientag eine unangenehme Leerstelle des Lebens" (UG 23), und er arbeitet nahezu ausschließlich an der Präzisierung seiner theoretischen Arbeiten. Dies führt sogar bis zu einer chronischen physischen Erschöpfung und einem „Herzbad" (UG 123), aufgrund dessen Weitprechts Frau auf eine Unterbrechung der Forschungstätigkeit besteht, der Weitprecht nur widerstrebend einwilligt. Weitprecht ist zu einem hohen Grad in der wissenschaftlichen Tätigkeit involviert, während Kapperbrunn ihr eher distanziert, sogar „gleichgültig" (UG 23) ge-

(UG 20), auch „eine neue Mitteilung von Bohr", der maßgeblich an der Interpretation der Quantentheorie beteiligt war, zudem ist der Text in den Jahren 1926/ 27 situiert (vgl. Kapitel 2.3.3.2).

genübersteht. Während Weitprechts und Hiecks „große[ ] Leidenschaft" (UG 121) dem wissenschaftlichen Erkenntnisgewinn gewidmet ist und sie sich entschließen, „ein den Wissenschaften hingegebenes Dasein zu leben" (UG 121), ist es „Kapperbrunns Leidenschaft" (UG 38), „die Leute durch überpointierte Skepsis zu verblüffen" (UG 38), indem er beispielsweise „die Wissenschaft ein infantiles Gesellschaftsspiel für Zurückgebliebene" (UG 42) nennt. Dem asketischen Idealismus Hiecks und Weitprechts konfrontiert er sein genussfreudiges, „fröhliches" (UG 12) und „joviales" (UG 14) Wesen, das Hieck lieber zum Skifahren überreden würde, als ihn seinem erkenntnisfreudigen Streben zu überlassen.[92] Auch bei den Figuren der Universität herrscht eine Korrelation zwischen körperlichen Merkmalen mit sekundären Merkmalen. Weitprecht hat ein „scharfe[s] Vogelgesicht" (UG 13), während Kapperbrunn ein „fröhliches und unwissenschaftliches Gesicht" (UG 12) hat. Über einige sekundäre Merkmale wird Weitprecht denn auch Hieck, der wie oben erwähnt auch ein „Asketengesicht"[93] (UG 15, 45, 64, 84) hat, angenähert. Beide teilen das Merkmal der „Askese", beide sind kontaktscheu[94] und verhalten sich in sozialen Interaktionsverhältnissen inkompetenter als Kapperbrunn. So wird Hieck beispielsweise von Kapperbrunn tatkräftig unterstützt, als er sich für die vakante Stelle in der Sternwarte interessiert, indem Kapperbrunn seine „vielfältigen akademischen Beziehungen" (UG 26) spielen lässt. Wie die impliziten menschlichen Spielregeln im „Wissenschaftsbetrieb" funktionieren, kann Hieck nicht immer nachvollziehen: „In menschlichen Dingen begriff Richard langsam." (UG 56) Als Kapperbrunn beispielsweise zusagt, mit dem Sternwartendirektor Maier wegen der offenen Stelle zu reden, bedauert er, dass er Maier dann aus Regeln der Höflichkeit „bei seinem nächsten Abend nicht absagen" (UG 26) könne. Hinzu kommt, dass Maier zwei unverheiratete Töchter

[92]Vgl. etwa folgende Textstelle: „‚Nehmen Sie sich ein Mädel da draußen, sofern es eine hübsche gibt, und schnallen Sie sich für zwei Tage die Bretteln an. Seien Sie froh, solange Sie keine Respektsperson sind, man wird es nur allzubald.' ‚Ja', sagte Hieck und dachte an die Bibliothek, in die er jetzt gehen mußte." (UG 15) Kapperbrunns Bemühungen diesbezüglich sind allerdings nicht sehr erfolgreich, denn Hieck ist „nicht der Mensch, der so leicht auf eine andere Gedankenbahn zu bringen" (UG 14) ist.

[93]Das Gesicht Hiecks ist zudem auch mit „Schärfe" (UG 11) attribuiert.

[94]Weder Weitprecht noch Hieck (bevor er Ilse Nydhalm kennenlernt) unterhalten private Beziehungen. Weitprecht ist „freundlos" (UG 56), „eingesponnen in sich selbst" (56), von „scheuer Fahrigkeit" (UG 13).

hat. Die Ironie der Situation ist nicht zu übersehen, aber Richard erkennt den Zusammenhang nicht: „Das war ein Gedankengang, auf dem Hieck nicht mehr folgen konnte. Er sah hilflos und ohne Verständnis drein." (UG 27) Kapperbrunn erweist sich „in menschlichen Dingen" nicht nur kompetenter als Hieck, sondern auch als Weitprecht, den er manchmal regelrecht gekonnt zu seinem eigenen Vorteil manipuliert.[95]

Was die sozialen Beziehungen der drei Figuren angeht, kann man auch sagen, dass Kapperbrunn der einzige ist, der private soziale Kontakte aufrechterhält. Sein Leben ist keineswegs ‚nur' „ein den Wissenschaften hingegebenes Dasein" (UG 121), wie bei Hieck und Weitprecht.[96] Weitprechts Kontaktunfähigkeit wird stellenweise fast bis zur Groteske gesteigert, wenn er sich mehrmals nicht an seinen Doktoranden und ideologischen Mitstreiter Hieck erinnern kann.[97] Ebenso werden Kapperbrunn und Hieck kontrastiert, was die Vermittlung ihres gruppenspezifischen Wissens an Lernende angeht: Hieck ist, „das hatte er bereits einsehen gelernt, in seiner Unduldsamkeit kein guter Lehrer." (UG 18) Kapperbrunn hingegen hat „ein natürliches pädagogisches Geschick, und er ließ es gerne glänzen." (UG 23)

Das Verhältnis der Figuren zu den Teildisziplinen[98] „Physik" und „Mathematik" und der Grad, wie sie einzelnen Diskursen verhaftet sind bzw.

---

[95]Nur zwei Beispiele: „Aber wir wollen auch Weitprecht einspannen. Nur muß man dem vorgaukeln, daß Sie seiner gruppentheoretischen Illusion auf der Spur sind. Dann geht er für Sie durchs Feuer." (UG 27) Ebenso hilft Kapperbrunn Hieck bezüglich der Sortierarbeiten im Institut weiter, indem er Weitprecht heimlich eine studentische Sortierkraft unterschmuggelt: „Kapperbrunn war in diesen Dingen unersetzlich." (UG 72)

[96]Daß Kapperbrunn nicht nur dem wissenschaftlichen Diskurs verhaftet ist, beweist unter anderem, daß „er sich auch immer rühmte, daß er in Ski und Tennis mindestens ebensoviel leiste wie in der Mathematik" und „wo immer es anging, den in allen Sätteln gerechten Mann mimte." (UG 24)

[97]So meint Hieck: „Er vergißt mich ja doch von einem Mal aufs andere." Worauf Kapperbrunn erwidert: „Bloß Ihr Gesicht ... von den übrigen Körperteilen ganz zu schweigen." (UG 53) Und prompt erkennt Weitprecht Hieck bei dessen Dankesvisite nicht. (Vgl. UG 55)

[98]Zum Begriff der ‚Disziplinen': „Als ‚*Disziplin*' sei nun ein Diskurs benannt, der für sich erstens ‚Wissenschaftlichkeit' beansprucht, über (definierte) ‚Terminologien', rationale ‚Me- thodologien', explizite oder implizite ‚Metatheorien'/‚Wissenschaftstheorien' usw. verfügt, und der zweitens *sozial institutionalisiert* ist: als ‚Fach', als spezialisierte ‚Einzelwissenschaft' mit ‚Fachvertretern' in Akademien, Universitäten oder ähnlichen Institutionen und/ oder mit spezifischen

versuchen, diese zu einem Modell zu integrieren, lässt erkennen, dass der Text über die Figuren drei divergierende Varianten des Umgangs mit dem Diskurssystem vorführt:

2.3.1.1 Innovativ-intuitive Konzeption

Weitprecht war lange Zeit seiner *Einzeldisziplin* „Physik“[99] *verhaftet* und bedauert dies in der Retrospektive:

> Hätte ich noch Zeit vor mir, ich würde mich mit mengentheoretischen Funktionen befassen... sagten Sie nicht, daß Sie dies getan hätten?“ „Ja“, sagte Richard, „das habe ich getan. Arbeiten Sie weiter, ehe es zu spät ist, wir Physiker dürfen uns nicht mehr auf unser Gebiet beschränken, man bewältigt es sonst nicht [...]. (UG 56)

Anhand der Grenzprobleme, die in Zusammenhang mit seiner Theoriebildung auftreten, erkennt er, dass die Physik immer mehr auf die Hilfs-/Nachbars-/Meta-Disziplin Mathematik angewiesen ist. Es kommt zu einer *Neubewertung der Dominanzrelationen zwischen den Disziplinen* Mathematik und Physik derart, dass in der *hierarchischen Strukturierung des Diskurssystems* die Mathematik die dominante Rolle gegenüber der Physik einnimmt. So Weitprecht:

> Sie kennen wohl Kapperbrunns Ausspruch, die Mathematik sei nicht die Magd der Physik, sondern ihre Königin... da hat er eigentlich recht. (UG 56)

Weitprecht vertritt zudem das Postulat eines Erkenntnisfortschritts, einer Wissensvermehrung, einer Notwendigkeit der Modifikation des bestehenden (physikalischen) Wissens.

Jedoch wird seine Vorgehensweise *als unsystematisch, intuitiv, nicht rational, unüberlegt* ausgewiesen. Sie widerspricht dabei partiell den „diskursspezifischen epistemologischen Basisprämissen.“[100] Weitprechts „eigensinnig

---

Publikationsorganen usw.“ Richter/ Schönert/ Titzmann: Literatur-Wissen-Wissenschaft, S. 23f.

[99] Es ist wieder Könneneker, der Weitprecht dem „Institut für Experimentalphysik der Universität Wien“ zuordnet. Stützende Textdaten lassen sich dafür aber nicht finden. Vgl. Carsten Könneker: Hermann Brochs Rezeption der modernen Physik, S. 221.

[100] Michael Titzmann: Skizze einer integrativen Literaturgeschichte und ihres Ortes in einer Systematik der Literaturwissenschaft, S. 407. Die diskursspezifischen epistemologischen Basisprämissen legen fest, „auf welche Weise im Diskurs über den

regellose und phantastische Forschungsmethoden" (UG 52), seine „antilogische Irrationalität" (UG 52) auf dem „Weg des hysterischen Fortschritts und der hochfliegenden Gedanken" (UG 38), „der ans Unberechenbare grenzende Wunderglaube des Ordinarius" (UG 49) bedingen diese Interpretation. Seine Umwertung der Rolle der Mathematik gilt primär dem Vorankommen seiner eigenen Forschungsinteressen, entstammt also eher pragmatisch-‚egoistischen'[101] Absichten als abstrakt-theoretischen, wie dies etwa bei Hieck der Fall ist.

Weitprecht *integriert* – wie auch Hieck – die *wissenschaftliche Arbeit in* seine *Lebensideologie*, während Kapperbrunn die wissenschaftliche Arbeit klar daraus ausschließt.[102] Man könnte sagen, dass Weitprecht seine Lebensideologie ausschließlich mit seiner wissenschaftlichen Arbeit gleichsetzt.[103] Jedoch relativiert er diese Einstellung wiederum in der Retrospektive aufgrund seiner Krankheit: „[...] die subjektive Wichtigkeit hat nachgelassen." (UG 123)

2.3.1.2 Integrativ-logische Konzeption

Im Gegensatz zu Weitprecht und Kapperbrunn ist Hieck keiner Disziplin verhaftet. In der Vorgeschichte hat er bereits einen *Disziplinwechsel* von der Mathematik zur Physik vorgenommen[104], und unternimmt einen

---

Gegenstand gedacht und gesprochen werden soll." (S. 407) Weitprecht widerspricht diesen diskurspezifischen epistemologischen Basisprämissen nur partiell, da seine Ergebnisse noch intersubjektiv nachvollziehbar sind, ansonsten könnte Hieck gar nicht an einer mengen- bzw. gruppentheoretischen Lösung arbeiten.

[101]Vgl. etwa: „Wir müssen uns beeilen", sagte Weitprecht, „[...] ich habe nämlich nicht mehr viel Zeit." (UG 55f.) Daß Hieck Weitprechts pragmatisch-egoistische Einstellung als Theoretiker nicht akzeptieren kann, belegt folgende Stelle: „Weitprecht fuhr sich durch die Haare, die noch immer spröd und wirr um seine Glatze standen: ‚Vorläufer zu sein, ist eine tragische Angelegenheit, Herr Doktor Hieck, das habe ich erfahren, und ebendas wünsche ich Ihnen nicht. ‚Aber er hatte einen empfindlichen Punkt bei Richard getroffen, und es war nun Richard, der sich ereiferte: ‚Aber das ist doch nicht das Wesentliche, ob zu früh oder zur rechten Zeit, das Wesentliche ist doch die Erkenntnis.'" (UG 124f.)

[102]Kapperbrunn erhofft jetzt schon das Ende seiner beruflichen Tätigkeit: „[...] ach, Hieck, was sind wir für arme Luder, ich wollte, ich wäre schon in Pension." (UG 41)

[103]Vgl. das schon weiter oben Zitierte: „ein den Wissenschaften hingegebenes Dasein zu leben" (UG 121).

[104]Was ihm Kapperbrunn als überzeugter Mathematiker übelnimmt: „Als reiner Mathematiker verachtete er den physikalischen Betrieb. Und weil Hieck von der reinen

weiteren von der Physik zur Astronomie – aus ursprünglich ökonomischen, nicht aber ideologischen Gründen.[105] Trotz dieses Wechsels verlässt er die Physik aber nicht: „Soweit es ihm der Dienst an der Sternwarte erlaubte, arbeitete Hieck im Institut weiter." (UG 70) Des weiteren interessiert er sich auch fortlaufend für den religiösen Diskurs Susannes:

> Es geschah häufig genug, daß Richard sich zu der Schwester setzte, ihre Gebetbücher zur Hand nahm und darin nach einem logischen Zusammenhang zu suchen begann, der sich mit dem seiner mathematischen Bücher eigentlich hätte decken müssen, sofern man überhaupt an der Einheitlichkeit alles Logischen festhalten wollte. (UG 29)

Während Weitprecht den Fortschritt seiner Einzeldisziplin im Auge hatte, bemüht sich Richard um eine *zusammenhangsstiftende Systematisierung/Theoretisierung der heterogenen Diskurse.* Er versucht mittels einer *Meta-Theorie*, die er mit Logik und Mathematik bewerkstelligen will, eine Integration teils inhomogener, teils sich überschneidender Wissensmengen. Neben der oben zitierten Stelle, die als Beispiel für die Integration des Diskurses Religion steht, folgen hier drei von einer Vielzahl anführbarer Textstellen:
Eben weil er in seiner ganzen Denkstruktur ein Antipode Kapperbrunns war, hatte er es noch niemals über sich gebracht, eine Aufgabe um ihrer selbst willen zu lösen, ja, es erschien ihm geradezu unmoralisch, eine Aufgabe anders als im Zusammenhang des Gesamtsystems zu sehen und von diesem aus zu begreifen. (UG 80)

> „Überall ist die Mathematik drin", sagte er schließlich, und zur Überraschung Kapperbrunns wurde er pathetisch: „schon daß ich die Dinge zählen kann, ist ein Stück Mathematik, das in der Wirklichkeit steckt." (UG39)

> „Alles, was geschieht, vollzieht sich nach logisch gebauten Gesetzen..."
> „So?" sagte Kapperbrunn, „das habe ich noch nicht gefunden."

Mathematik zur Physik abgeschwenkt war, bedachte er ihn mit besonderem Hohn." (UG 25)

[105]Vgl. hierzu: „An der Sternwarte sollte angeblich die Stelle eines wissenschaftlichen Hilfsarbeiters ausgeschrieben werden, und ein solcher Posten hätte bei aller Bescheidenheit des Salärs für Richard und seine prekären Vermögensverhältnisse immerhin etwas bedeutet; außerdem gab es künftige Avancementsmöglichkeiten." (UG 25)

„Immer ist es das Gesetz, mögen Sie es nun Kausalgesetz oder sonstwie nennen..."
„Das Kausalgesetz ist unser modernstes altes Eisen."
„Das ist ja gleichgültig... wenn das Kausalgesetz nicht mehr gilt, so ist es, weil die Logik dawider ist... wenn wir die Logistik erst richtig ausgebaut haben werden, dann haben wir die Wirklichkeit in der Hand."
Mit düsterm Triumph schaute er auf Kapperbrunn; er hatte zum ersten Male formuliert, was so lange in ihm rumorte. Kapperbrunn nickte. Und in der Erleuchtung dessen, der viel mehr weiß, als er auszusprechen vermag, schloß Richard Hieck ab:
„Logik und Mathematik aber sind identisch." (UG 40)

Es ist unübersehbar, dass sich Hieck bezüglich seiner „Denkstruktur" in Opposition zu Kapperbrunn sieht, den er als „Antipoden" empfindet. Er setzt sich für die Erweiterung und Revision der Logistik ein, die als *integrative Meta-Theorie* momentan noch unvereinbare Wissensmengen wieder zusammenführen soll. Das „Kausalgesetz", das durch den Paradigmawechsel, den die Quantentheorie herbeigeführt hat, in Frage gestellt wird, ist dem tradierten Wissen der klassischen Physik zuzurechnen. Die „physikalische Revolution" generiert nun aber ein neues Wissen, das dem tradierten Wissen partiell widerspricht. Diese konkurrierenden Wissensmengen und die daraus erwachsenden theoretischen Probleme will Hieck nun auf einer abstrakten Meta-Ebene lösen. Dabei setzt er Logik und Mathematik gleich.[106]
Hiecks Methodik steht klar in Opposition zu der Weitprechts. Er geht „logisch-rational" (UG 52) vor und besitzt einen „scharfen und kritischen Verstand" (UG 52), seine Vorgehensweise entspricht den logischen Argumentations- und Folgerungsregeln des physikalisch-mathematischen Diskurses. Wenn er versucht, diese Regeln zu modifizieren, entspringt dies nicht einem aktuell-singulären Forschungsproblem wie bei Weitprecht, sondern dem Bedürfnis nach einer Optimierung des Denksystems[107] als Ganzheit.

---

[106]Vgl. das oben Zitierte: „Logik und Mathematik aber sind identisch." (UG 40)
[107]Zum Begriff des ‚Denksystems': „Mit dem Begriff des ‚*Denksystems*' sei demnach die Menge aller elementaren ontologischen Basisprämissen und aller zulässigen Denkoperationen des kulturellen/ epochalen Systems, also die geordnete Gesamtmenge aller – diskursspezifischen und diskursunspezifischen – Regularitäten bezeichnet, die die Produktion von Wissen regeln, und das heißt immer auch: begrenzen." Richter/ Schönert/ Titzmann: Literatur-Wissen-Wissenschaft, S. 24.

2.3.1.3 Konservativ-ironisierende Konzeption

Kapperbrunn ist ganz *eindeutig* dem mathematischen *Diskurs zugeordnet*, auch wenn er an einem physikalischen Institut arbeitet. Seine Häme für Hiecks Wechsel von der Mathematik zur Physik wurde schon erwähnt. Er beschreibt die für ihn exzeptionelle Stellung der Mathematik im Diskurssystem mit einer metaphorischen Wendung als „Insel der Anständigkeit“ (UG 14) und bezeichnet Hiecks Abtrünnigkeit – freilich ironisch – als „Sündenfall“. (UG 13) Trotz aller ironischen Färbung, die in Kapperbrunns Reden mitschwingt, ist ihm die *Abgrenzung* der „reine[n] Mathematik“ (UG 14) *von anderen Disziplinen* äußerst ernst.
Mit Hilfe dieser „reinen Mathematik“ differenziert er zwei Klassen von Wissenschaft:

> „In der Wissenschaft werden plötzlich die absurdesten Dinge ernst.“ Kapperbrunn hatte die Hände in den Hosentaschen und schaute auf den Schnee hinaus. „Zumindest in aller Wissenschaft, die nicht reine Mathematik ist... in der Mathematik geht es immerhin noch am reinlichsten zu.“ (UG 14)

Die eine Klasse von Wissenschaft würde „absurdeste Dinge“ zulassen, d. h. Wissensmengen, die sich nach den tradierten Denkstrukturen nicht vereinbaren ließen, sich widersprechen würden. Die zweite und für Kapperbrunn einzig akzeptable Klasse von Wissenschaft ist hingegen diejenige, die nach den Regeln der „reinen Mathematik“ funktioniert. Somit gibt es für Kapperbrunn zunächst klar und explizit nur den *Ausschluss der neuen Wissensmenge*, wie sie vom Paradigma der neuen Physik hervorgebracht wird. Hieck erscheint dies suspekt: „Kapperbrunn übte Verrat an irgend etwas, doch man wußte nicht, was er verriet. Die Mathematik?“ (UG 14) Den rhetorischen Trick, den Kapperbrunn hier ausübt, kann Hieck noch nicht ganz durchschauen: Kapperbrunn benutzt den Begriff der „reinen Mathematik“, um ein ihm nicht genehmes, fortschrittliches Wissensgebiet aus seiner *subjektspezifischen Definition von Wissenschaft* auszugrenzen. Dies ist der oben bereits zitierte Weg „der gesunden Reaktion.“ (UG 38)
Kapperbrunn legt eine generelle Skepsis[108] als Grundhaltung gegenüber dem Wissenschaftsbetrieb an den Tag, er hat diesen Diskurs sicherlich

[108]Vgl. UG 38, 40, 49, 123.

nicht in seine Lebensideologie integriert. Sein „Privatleben“[109] ist ihm weit wichtiger. Nichtsdestotrotz ist er ein fähiger Vertreter seines Faches[110] und arbeitet wie Hieck nach den logisch-rationalen Argumentations- und Folgeregeln der naturwissenschaftlichen Diskursgruppe. Jedoch ist er kein Mann des Fortschritts, hier nimmt er eine subjektspezifische Grenzziehung vor und verweigert sich den neuen Erkenntnissen der Quantentheorie. Hieck bezeichnet denn auch Kapperbrunns *anti-fortschrittliche Grundhaltung* als „pessimistisch“ (UG 67), während er sich selbst als „Optimisten“ (UG 67) sieht.

> Kapperbrunns distanziert-ironischer Standpunkt kommt auch in seiner rhetorischen Gewandtheit zum Ausdruck.[111] Lediglich auf dieser *rhetorischen Ebene kombiniert* er verschiedenartige *Diskurse*, meist zum Zweck des Spotts.[112]

Die ermittelten Ergebnisse finden sich auf der folgenden Seite nochmals in überblicksartiger Darstellung:

---

[109]Es wurde ja schon erwähnt, „daß er in Ski und Tennis mindestens ebensoviel leiste wie in der Mathematik“ (UG 24). Er sieht in seiner wissenschaftlichen Arbeit mehr einen Brotverdienst als die „Fron einer Erkenntnis“ (UG 66), wie Hieck. Dies bringt er auch explizit zum Ausdruck: „Lieber Gott, eine Arbeit, die uns freut... es ist ein Handwerk wie jedes... überschätzen Sie es nur nicht, sonst werden Sie auch noch so ein Narr wie unser armer alter Weitprecht.“ (UG 140)
Richard Hieck hingegen kann mit dem „Privatleben“ Kapperbrunns nichts anfangen, es ist ihm ein fremdes Konzept: „Wie immer wenn Kapperbrunn sein Privatleben in den Vordergrund brachte, wurde es Hieck unbehaglich zu Mute.“ (UG 41)
Denn für Richard Hieck ist auch eine wissenschaftliche Tätigkeit unvereinbar mit einem Privatleben: „‚Glauben Sie, daß Gauß ein guter Skiläufer gewesen ist?‘ Er war für gewöhnlich nicht halb so schlagfertig, aber es war ein Einwand, den er gegen Kapperbrunn innerlich schon oft genug vorbereitet hatte, um ihn bei der Hand zu haben.“ (UG 84).

[110]Vgl.: „[...] eine gute Portion zwar nicht schöpferischen, sicherlich aber echten Könnens“ (UG 24).

[111]Vgl.: „Kapperbrunn machte eine ironische Pause, er, dessen Gewandtheit auch mit der Logistik fertig wurde und sich in ihr leichthin tummelte.“ (UG 40)

[112]Diese rhetorische Integration soll hier angedeutet werden: „Sündenfall“ (UG 13) für Hiecks Wechsel zur Physik, „perverse Jugend“ (UG 24) für pflichtbewußte Studenten, „mathematischer Tank“ (UG 26) – im Sinne eines Panzers – für Hieck, „Entbindung“ (UG 51) für Hiecks Promotion, „höhere Mathematik“ (UG 27) für einen menschlichen Zusammenhang.

Weitprecht	**Hieck**	**Kapperbrunn**
„scharfes Vogelgesicht“	„Schärfe/ Asketengesicht“	„fröhliches und unwissenschaftliches Gesicht“
≈	≈	≈
Askese sozial inkompetent kontaktscheu	Askese sozial inkompetent kontaktscheu	Genußfreude sozial kompetent kontaktfreudig
≈	≈	≈
involviert in/ Aufopferung für Wissenschaft	involviert in/ Aufopferung für Wissenschaft	distanziert zu/ „gleichgültig“ gegenüber Wissenschaft
Umwertung der Dominanzrelation: Physik > Mathematik Mathematik > Physik	Integrationsversuch der Diskurse in *ein* kohärenzstiftendes Meta-System: „Logik“	Betonen der Dominanzrelation: Mathematik > Physik
Postulat: Erkenntnisfortschritt Wissensvermehrung Notwendigkeit der Modifikation des bestehenden Wissens „Optimismus“ „Fortschritt“ neues Paradigma	Postulat: Erkenntnisfortschritt Wissensvermehrung Notwendigkeit der Modifikation des bestehenden Wissens „Optimismus“ „Fortschritt“ neues Paradigma	Ignorieren/ Leugnen: Erkenntnisfortschritt Wissensvermehrung Notwendigkeit der Modifikation des bestehenden Wissens „Pessimismus“ „Reaktion“ altes Paradigma
Vorgehensweise: unsystematisch, nicht rational, intuitiv	Vorgehensweise: systematisch, rational, logisch	Vorgehensweise: systematisch, rational, logisch
tendenziell pragmatisch-egoistische Interessen	abstrakt-theoretische, selbstlose Interessen	pragmatisch-egoistische Interessen
Integration der Wissenschaft in Lebensideologie	Integration der Wissenschaft in Lebensideologie	Exklusion der Wissenschaft aus Lebensideologie
Umwertung des „Privatlebens“:	geringe Wichtigkeit des „Privatlebens“	große Wichtigkeit des „Privatlebens“

Abbildung 5: Der „Wissenschaftsbetrieb“

2.3.1.4 Zur Funktionalisierung des idealtypischen Konstrukts des Wissenschaftlers

Der Text eröffnet nun höchst interessante Relationen, was die erwähnte Transformation des Realitätsbegriffs und die implizite Subjekttheorie der Figuren anbelangt. Hieck erfährt während des Erzählverlaufs einen deutlichen Wandel, was seine personale „Identität" und seine sozialen Identitätsentwürfe anbelangt. Zu Textbeginn trägt er stark neurotische Züge. Er grenzt in seiner Wahrnehmung Sexualität und Frauen, die von ihm mit ‚Nicht-Eindeutigkeit' und ‚Nicht-Ordnung' korreliert werden, aus seiner Person aus. Die ihm unweigerlich an der Universität begegnenden Frauen semantisiert er in Abwehr als Nicht-Frauen, was teils absurde Züge annimmt, so zum Beispiel, wenn er im Text wiederholt der stark erotisierten Erna Magnus begegnet:

> Er hatte plötzlich unzüchtige Gedanken. Auch hier war etwas nicht in Ordnung, auch hier war es nicht eindeutig. Frauen waren Nachtmenschen, wenn es wirkliche Frauen waren oder sie als Frauen gelten sollten, denn die Kolleginnen in den lichten Hörsälen konnten nicht als solche gelten. (UG 20)

> Sie erhob sich. Ihr Gang schwang weiblich in den Hüften. Er bemühte sich, das Geschehene umzudeuten, es zu retuschieren: Erna Magnus gehörte zu den Physikstudentinnen, ihre Geschlechtsmerkmale hatten also von ihr abzufallen. (UG 84)

Was darüber hinaus bei diesen und weiteren Textstellen ersichtlich wird, ist folgendes: Die Wahrnehmung der Realitätsdaten ist bei Hieck stark durch seine typologienbildende Einstellung beeinflußt.[113] Er stellt beispielsweise den „kollektiven" Identitätsentwurf „Wissenschaftler" klar über den der Einzelindividuen, man könnte fast sagen, die personalen Identitäten sind für ihn nicht existent. Störende Daten, die eine Schnittmengenbildung unter den Figuren behindern, hier die „Geschlechtsmerkmale" einer Kollegin, werden von ihm nicht nur als nichtrelevant, sondern sogar als nicht-adäquat interpretiert. So ordnet Hieck fortlaufend im Text Figuren in Gruppen ein und tilgt dabei die individualisierenden Merkmale derselben. Dies gilt jedoch nicht nur in bezug auf die verdrängte weibliche Sexualität, sondern auch andere individualisierende Merkmale. Sobald es in den Bereich der personalen Identität anderer Figuren geht, wird es Hieck unangenehm. So etwa bei seinem ersten Besuch bei Weitprecht, wo „er das Tasten nach einem persönlichen Kontakt [...] als unheimlich" (UG 56)[114] empfindet.

---

[113]Auf dieses Phänomen wird unter 2.4.2 noch ausführlich eingegangen.

[114]Zwei weitere Beispiele seien genannt: „Wie immer wenn Kapperbrunn sein Privatleben in den Vordergrund brachte, wurde es Hieck unbehaglich zu Mute." (UG

Als Gegenentwurf zum Bereich der von ihm als biologisch-non-personal gedachten, verdrängten Sexualität konstruiert sich Hieck einen emphatischen Raum der „Wissenschaft“, der die von ihm als höchst problematisch empfundenen Bereiche (Sexualität, ‚Nicht-Eindeutigkeit‘ und ‚Nicht-Ordnung‘) aus dem Selbstbild exkludieren helfen soll. Dies geschieht über ein sekundäre Strategie: Hieck identifiziert sich maximal mit dem vermeintlich intersubjektiven, *sozialen Identitätsentwurf* des prototypischen „Wissenschaftlers“. Von diesem, nur vermeintlich *sozialen, Identitätsentwurf* wären denn aus Hiecks Perspektive auch „Frauen“ ausgeschlossen. Denn die „Luft der Wissenschaft“ sei „streng[ ] und männlich“ (UG 67), wie der „Wissenschaftler“ auch ablehne, „die objektiven Ziele der Wissenschaft mit subjektiven Empfindungen zu verquicken.“ (UG 82) Dies würde bei Hieck schließlich die Exklusion von Affektivität und Emotionalität aus der realisierten Person als Wunschzustand bedeuten. Die Reinform der Wissenschaft wäre zudem maximal rationalisiert: „Natürlich wußte er, dass man mit Phantasien in der Wissenschaft nichts erreicht.“ (UG 20)

Die Mathematik hätte in diesem Hieckschen Konstrukt nochmals eine Sonderstellung, sie wäre als Meta-Disziplin die „Königin“ (UG 56) aller Wissenschaften, in der es „am reinlichsten“ (UG 14) zuginge. Eine dem moralischen Diskurs entnommene Ausdrucksweise findet bei Hieck rekurrent Verwendung, wenn es um die „mathematische Wel“ geht. Gegenüber Kapperbrunn empfindet er konsequent in jenen Momenten starke Sympathie, wenn dieser die Mathematik als „eine Art Insel der Anständigkeit“ (UG 14) bezeichnet, jedoch massive Ablehnung, wenn ihm Kapperbrunn vorschlägt, er solle sich ein „Mädel da draußen“ nehmen und ihn somit implizit ermutigt, sich am „oftmals nicht sündefreie[n] Treiben“ (UG 64) zu beteiligen. In diesen Momenten spricht Hieck Kapperbrunn „die letzte mathematische Würde“ ab und ihm erscheint „das Mathematische als Rettung vor der Sünde“. (UG 65) Die Mathematik steht in der Wahrnehmung Hiecks also für etwas, das über die eigentliche Funktion im Diskurssystem hinausgeht. Sie bildet eine Schutzfunktion vor einem als persongefährdend, non-personal empfundenen Bereich, den Hieck bewusst in toto ablehnt: „Was aber die üb-

41) „Manche Studenten grüßten dieses Stück Privatleben ihres Lehrers [Weitprechts Ehefrau]; Richard tat dies nie, ihm war es unangenehm.“ (UG 42)

rige und nicht mathematische Welt anlangte, so war seine Verachtung für diese vollständig und maßlos.“ (UG 65)
Es kommt zu einer visionären, metaphorischen Gleichsetzung von Hiecks ‚Selbst‘ mit einem rein mathematischen Realitätsbegriff, der gewisse, spezifisch zwischenmenschliche Phänomene, ausgrenzen würde:

> [...] es wird sein Ich durch das eklige Fett seines körperlichen Daseins hindurchleuchten, rein und klar und licht gleich der mathematisch durchleuchteten Welt, und ledig aller Vorstellungen von den Nachtfrauen und ihren idiotischen verschlossenen Gesichtern [...]. “ (UG 20)

Interessant ist an dieser Stelle, dass die Tilgung personaler Identitätsmerkmale bei Hieck so weit reicht, dass auch das Körperschema als nicht mehr zum Ich gehörig begriffen wird. Dies geschieht an vielen Stellen im Text und ist höchst auffällig.[115] Letztendlich kommt es zu einer vollständigen ‚Identifizierung‘ Hiecks – im Freudschen Sinne – mit dem von ihm entworfenen Identitätskonstrukt. Seine ‚Selbstverwirklichung‘ besteht – aus seiner Perspektive – darin, ein rein auf abstrakte Erkenntnistätigkeit ausgerichtetes Leben zu führen.

> [...] je mehr Richard [Hieck] von den Absichten wußte, in deren Verwirklichung sein Leben bestehen sollte, je mehr er sich klarmachte, daß es sein Ziel sein müsse, *alle Lebenserscheinungen* zu umfassen, *mathematisch und berechenbar zu umfassen*, weil er durch diese Fülle *mathematisierter Welterkenntnis zur Totalität des eigenen Lebens* gelangen werde, je klarer ihm dies wurde, desto größer und heller wurde auch das Fenster der Erinnerung. (UG 48, Hervorhebungen vom Verfasser)

---

[115]Auf subtile und sehr ironische Art und Weise kommt dies in der Schwimmbadszene zum Ausdruck. Hieck begegnet dort unfreiwillig der erotisierten Erna Magnus. Zunächst erkennt er sie nicht, sondern nur die relevanten Körpermerkmale: „Von oben gesehen, war am Busenausschnitt mit Sicherheit festzustellen, daß es sich um ein weibliches Wesen handelte.“ Als Erna Magnus sich identifiziert – „Das Wesen gab sich zu erkennen: ‚Zerbrechen Sie sich nicht den Kopf, ich heiße Erna Magnus.‘“ – kommt es zur Fluchtreaktion Hiecks: er tilgt zeichenhaft seine Körperlichkeit: „Richard schämte sich seiner Blöße und ließ sich neben der Stiege ins Wasser plumpsen.“ Aus Höflichkeit kann er jedoch ein Gespräch außerhalb des Beckens nicht ausschlagen. Doch auch dort versucht er seine Körperlichkeit zu kaschieren: „Verdrossen kam Richard heraus und setzte sich neben sie in den Sand. Nachdem er seine Füße eingegraben hatte, fühlte er sich weniger nackt.“ (UG 82f.)

Mathematisierung bedeutet hier die maximale Intersubjektivierung, Rationalisierung und Einordnung in ein logisches System.[116] Eine subjektivierte Sinnstiftung ist in dieser Logik nicht mehr nötig, da das kollektivierte Erkenntnisideal alle Lebenserscheinungen zu umfassen vermag, eine Erkenntnis, die ohne jegliche Metaphysik auskommt. Um den epochenrelevanten Zentralwert des ‚emphatischen Lebens'[117] zu erreichen scheint hier der Umweg über das entpersönlichende Erkenntnisideal zu führen: „dem Ziel, das ihn bewegte: die ganze Welt im Spiegel der Mathematik zu erfassen". (UG 98)

Das skizzierte soziale Identitätskonstrukt hat nun aber ein Problem: es wird auf Ebene der Figurenperspektive Richard Hiecks entworfen. Auf der Ebene der Textperspektive spricht jedoch einiges gegen die Faktizität einer solchen sozialen Identität. Die drei oberflächlich betrachtet prototypischen Wissenschaftler erweisen sich bei genauerem Hinsehen als systematisch angeordnete Repräsentanten differierender Konzeptionen, Wertungen und Einstellungen gegenüber dem Diskurs der „Wissenschaft" und seinen vermeintlich kollektiven Identitätsentwürfen. Diese Systematik ist eine Textstrategie und funktioniert über die Tiefenebene des Textes, d. h. es bleibt der Rekonstruktionsarbeit des Lesers überlassen, die Widersprüche zu identifizieren.

So erscheint der Umgang mit wissenschaftlichen Neuerungen nicht immer nur von Erkenntnisinteressen geleitet wie Hieck sich das vorstellt, sondern häufig auch von ideologischen Einstellungen und egoistischen Interessen, der jeweiligen personalen Identität zugehörig. Kapperbrunns Auffassung vom idealen Wissenschaftler steht klar in Opposition zu jener von Weitprecht und Hieck, ihm erscheint der „Weg zum Ordinariat" (UG 38) letztlich wichtiger als eine gruppentheoretische Lösung quan-

---

[116]An anderer Stelle nimmt Hieck die explizite, nicht-selbstverständliche Gleichsetzung von Logik und Mathematik vor: „Logik und Mathematik aber sind identisch." (UG 40). Ebenso wird die Logik als adäquates und einziges Mittel zur Interpretation der Realität gedacht: „[...] wenn wir die Logistik erst richtig ausgebaut haben werden, dann haben wir die Wirklichkeit in der Hand." (UG 40)

[117]„Die unbekannte Größe" ist nur einer von unzähligen Texten der Epoche der Frühen Moderne, die eine solche metaphorische Bedeutungsebene des Begriffs „Leben" eröffnen. Er wird u. a. präzisiert in: Martin Lindner: Leben in der Krise. Zeitromane der neuen Sachlichkeit und die intellektuelle Mentalität der klassischen Moderne. Stuttgart, 1994. Und: Marianne Wünsch: Das Modell der „Wiedergeburt" zu „neuem Leben" in erzählender Literatur 1890–1930. In: Karl Richter/ Jörg Schönert (Hg.): Klassik und Moderne. Stuttgart 1983. S. 379–408.

tenphysikalischer Probleme. So ist Kapperbrunn gegen besseren Wissens entschlossen, an der widerlegten ‚klassischen Physik' festzuhalten, um seine Karriere zu befördern.[118] Im „Wissenschaftsbetrieb" der dargestellten Welt, auf der Textebene, führt dies zum Erfolg – im Gegensatz zur Konstruktion Hiecks.

Wo Kapperbrunn der wissenschaftlichen Tätigkeit eher distanziert, sogar „gleichgültig" (UG 23) gegenübersteht, ist Weitprecht zu einem hohen Grad involviert. Weitprechts Aufopferung und Hingabe für den wissenschaftlichen Fortschritt und seine asketische Auffassung von Wissenschaft steht in klarer Opposition zu jener Kapperbrunns, der die Wissenschaft zynisch als „ein infantiles Gesellschaftsspiel für Zurückgebliebene" (UG 42) bezeichnet. Und auch Hieck und Weitprecht stehen bezüglich ihrer methodischen Vorgehensweise in Opposition, ersterer hält am Kollektivideal des rational-logisch agierenden Wissenschaftlers fest, während Weitprechts Arbeitsweise eben unsystematisch, intuitiv, nicht rational und ungeplant ist. Hier kollidiert wiederum ein personales Merkmal mit dem Hieckschen Kollektivideal des rational-logisch agierenden Wissenschaftlers, was trotz seiner Zuneigung zu Weitprechts Prioritätensetzung zugunsten wissenschaftlicher Tätigkeit zu Abwehrreaktionen Hiecks führt:

> [...] und so hatte er trotz seiner geheimen, man konnte beinahe sagen sündigen Neigung einiges von Kapperbrunns Verachtung für den Ordinarius übernommen, zu der freilich dessen Gehaben immer wieder herausforderte. (UG 52)

Die *Vereinigungsmenge* (Abb. 7), die aus den Merkmalskatalogen der wissenschaftlichen Figuren abstrahiert werden kann, erweist sich als weit heterogener als Hiecks Identitäts*entwurf*. Eine *Schnittmengenbildung* würde eine leere Menge ergeben: zu systematisch sind die Merkmale über die wissenschaftlichen Figuren distribuiert, als dass sich auch nur *ein* gemeinsames Merkmal aus dem Text rekonstruieren lassen könnte. Schon allein bei den drei zentralen Figuren Hieck, Weitprecht und Kapperbrunn – die drei Punkte in Abb. 7 deuten weitere, weibliche Nebenfiguren der wis-

---

[118] „,[...] Ich bin jederzeit bereit, mich bis auf Newton, ja, wenn Sie wollen, bis auf Descartes zurückzuziehen und alles, was nachher kam, als hysterisches Hirngespinst abzutun.' Er lachte schlau.: ‚Überdies auch ein Weg zum Ordinariat.'" (UG 38) Newton steht hier metonymisch für die klassische Physik, die von der neuen physikalischen Theorien „revolutioniert" wurde.

senschaftlichen Umgebung an – scheitert dieses Unterfangen, abgesehen von dem Geschlechtsmerkmal. Einzige Gemeinsamkeit der Figuren im Wissenschaftskontext wäre die Zugehörigkeit zum Universitätsinstitut für Physik. Diese Beobachtung widerspricht Hiecks anfänglicher Neigung zur Komplexitätsreduzierung durch vereinfachende bzw. verfälschende Typologienbildung[119]. Durch idealtypische Konstruktionen versucht er die Abweichungen unter den Figuren zu schmälern, weshalb er auch logischerweise eine Abneigung gegenüber privaten Angelegenheiten empfindet. Er grenzt diese abweichenden Merkmale aus seiner Wahrnehmung aus, da sie nicht mit seiner Vorstellung kompatibel sind.[120]

[119]Hierzu vgl. vor allem Abschnitt 2.4.2 weiter unten.

[120]Zur psychologischen Motivation dieses Bedürfnisses Hiecks nach Komplexitätsreduzierung, nach „Eindeutigkeit", nach „Sicherheit" wird unter 2.4.2 Näheres gesagt.

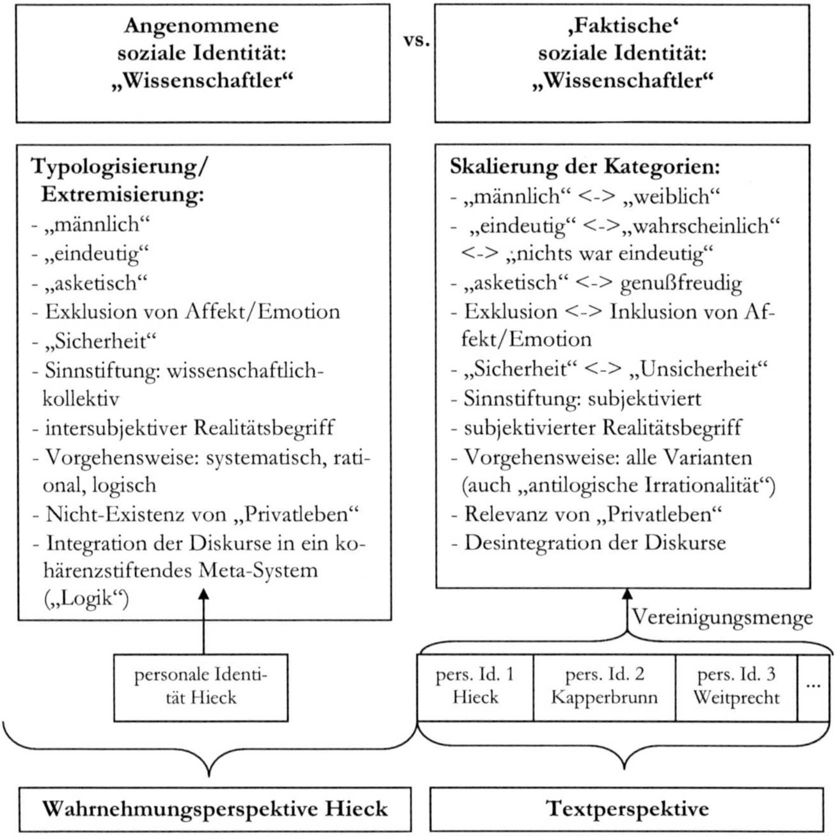

Abbildung 6: Angenommene und faktische Identität des „Wissenschaftlers“

2.3.2 Die Auswirkungen des neuen Paradigmas auf den Realitätsbegriff

Die Entwicklung der neuen physikalischen Theorie geht einher mit einem Wandel des Realitätsbegriffs[121]. Es handelt sich also bei der erwähn-

[121]Der Realitätsbegriff wird hier im Sinne Titzmanns verstanden: „*Die Basispostulate über die Struktur der Realität* (die fundamentalen ontologischen Annahmen der Kultur) bilden den *Realitätsbegriff* der Kultur. Der Realitätsbegriff ist also die Menge von Annahmen, mit der die Kultur festlegt, was sie überhaupt für möglich oder unmöglich hält.“ Michael Titzmann: Skizze einer integrativen Literaturgeschichte und ihres Ortes in einer Systematik der Literaturwissenschaft, S. 408.

ten „Revolution der Physik" (UG 13) nicht um einen Wandel, der lediglich eine wissenschaftliche Einzeldisziplin betrifft, sondern um auch um einen Wandel, der die Wahrnehmung und Interpretation der Realität durch (zumindest eine der) Figuren grundlegend ändert. Der veränderte Realitätsbegriff wirkt sich auf verschiedenen, teils ineinander gebetteten Ebenen des Textes aus.

Richard Hieck wird als diejenige Figur, die am „Gesamtsystem" (UG 80) interessiert ist, mit der Veränderung des Realitätsbegriffs explizit in Verbindung gebracht:

> [...] daß das Bild der Welt unzuverlässig und jederzeit abänderbar sei, erschien ihm als reine Folge seiner wissenschaftlichen Kenntnisse und seiner präzisen physikalischen Einsichten. (UG 48)

Hier wird eine interessante Beziehung zwischen dem wissenschaftlichen Spezialwissen Hiecks und dem „Bild der Welt", sprich der Wahrnehmung und Interpretation der Wirklichkeit, hergestellt:

Der Realitätsbegriff soll hier nicht weiter problematisiert werden, nicht nur aus Gründen des Umfangs. Titzmann weist beispielsweise darauf hin, daß „der Begriff der ‚Realität' selbst [...] ein kulturelles Konstrukt" (Michael Titzmann: Strukturale Textanalyse, S. 31) ist, was allein schon eine genaue Beschreibung desselben erschwert. Vgl. auch Wünsch: Die Fantastische Literatur der Frühen Moderne, v. a. S.17 ff., wo der Realitätsbegriff als „Historizitätsvariable" (S.18) beschrieben wird, dessen wichtigste Annahmen als „fundamental-ontologische Basispostulate" (S.19) rekonstruiert werden können. Marianne Wünsch koppelt sich hier auch an den, von Michael Titzmann eingeführten, Begriff des „kulturellen Wissens" (vgl. Michael Titzmann: Strukturale Textanalyse, v.a. S. 263-322 und Skizze einer integrativen Literaturgeschichte, S. 402ff). Ferner regelt das *Denksystem* – zusammengesetzt aus Denkstruktur und Wissenssystem – einer kulturellen Gruppe die Wahrnehmung und Interpretation der ‚Realität' (vgl. Michael Titzmann: Skizze einer integrativen Literaturgeschichte, S. 408ff). Erschwerend kommt noch hinzu, daß das Realitätskonzept in der *Unbekannten Größe* ein subjektiviertes Konstrukt darstellt (ein an die Figurenwahrnehmung gebundenes und somit von der Figurenperspektive abhängiges Konstrukt), wie dies als allgemeine Tendenz für die Erzählliteratur der Frühen Moderne von Marianne Wünsch bereits postuliert wurde (vgl. beispielsweise Marianne Wünsch: Vom späten „Realismus" zur „Frühen Moderne": Versuch eines Modells des literarischen Strukturwandels. In: Michael Titzmann (Hg.): Modelle des literarischen Strukturwandels. Tübingen, 1991. (= Studien und Texte zur Sozialgeschichte der Literatur, 33), S. 187–203. Und Marianne Wünsch: Wege der ‚Person' und ihrer ‚Selbstfindung' in der fantastischen Literatur nach 1900. In: M. Pfister (Hg.): Die Modernisierung des Ich. Passau, 1989, S. 168–179.

1) Zunächst wird durch die Attribute „unzuverlässig“ und „jederzeit abänderbar“, die auf das „Bild der Welt“ als Realitätsbegriff bezogen sind, impliziert, dass es *keinen* in der Zeit konstanten, *invarianten Realitätsbegriff* gibt.

2) Diese Erkenntnis erscheint Hieck als „Folge“ seines „wissenschaftlichen“ Wissens und der damit verbundenen Erkenntnisse, d. h. *der veränderte Realitätsbegriff ist vom (erneuerten) physikalischen Denksystem her bedingt.* Dies mag zunächst noch kein großes Erstaunen hervorrufen, sind doch schon viele Annahmen über die Realität von physikalischen Revolutionen grundlegend verändert bzw. sogar getilgt worden.[122]

3) Doch das Verb „erscheinen“ relativiert den Wahrheitsmodus dieses Zusammenhangs auf der Ebene der Erzählinstanz. Die Punkte 1 und 2 treffen demnach nur aus der *subjektiven Sichtweise* Hiecks zu, während der Text einen anderen Zusammenhang sieht:
Dies ist der Zustand der Welt, und er war Richard seit jeher bewusst gewesen, und es hatten an die zwanzig Jahre vergehen müssen, ehe die Physik ihm die theoretische Bestätigung dessen brachte, was er einstens am eigenen Leibe erfahren hatte. Heute freilich hatte er seine Jugendeindrücke vergessen, und die stolze Befriedigung, mit der er konstatierte, dass das Bild der Welt unzuverlässig und jederzeit abänderbar sei, erschien ihm als reine Folge seiner wissenschaftlichen Kenntnisse und seiner präzisen physikalischen Einsichten. (UG 48)
Somit findet sich nämlich die Verunsicherung der Realitätserfahrung nicht als *Folge* des physikalischen Wissens Hiecks, d. h. das physikalische Denksystem bedingt nicht den veränderten Realitätsbegriff. Die zeitliche Ordnung, die Hieck konstruiert, und die ‚wahre‘ zeitliche Ordnung des Textes weichen voneinander ab: Hieck sieht die physikalische Theorie als ein Vorher und den veränderlichen Realitätsbegriff als ein Nachher. Jedoch war zuerst die verunsichernde Realitätserfahrung („Dies ist der Zustand der Welt, und er war Richard seit jeher bewusst gewesen“) vorhan-

[122] Als banales Beispiel sei nur der Wechsel vom ptolemäischen zum kopernikanischen Weltbild genannt, der sich erst nach den Arbeiten von Galilei und Kepler gegen die alte Lehre durchsetzen konnte.

den, und dann folgten erst die physikalischen Theorien.[123] Die Rolle der Physik ist somit vielmehr eine „theoretische Bestätigung" dessen, was Hieck schon in seiner Kindheit erfahren hat, nämlich der verunsichernde Einfluss seines Vaters auf die Realität, der im Abschnitt 2.2.2.1 bereits beschrieben wurde. Doch dieser Zusammenhang ist Hieck nicht bewusst, denn er hat „seine Jugendeindrücke vergessen". Auf diese wichtige Rolle der Wissenschaften in der Psyche Richard Hiecks wird noch im Abschnitt zur Psychologie (2.4) genauer eingegangen.
Was wird nun aber vor dem oben zitierten Abschnitt in Bezug auf den „Zustand der Welt" gesagt?

> Daß die Temperatur in einem Raume stets zu einem Gleichmäßigkeitszustand hinstrebt, daß nicht ein Punkt des Raumes glühend heiß, der andere weltallskalt ist, daß der zweite Hauptsatz der Wärmelehre gilt, daß die Welt nicht plötzlich explodiert, daß die Sonne morgen wieder aufgehen wird, daß uns das Fleisch nicht mit einem Male grundlos von den Knochen fällt, daß unser Gehirn heute noch nach Gesetzen arbeitet, die immerhin als normal zu bezeichnen sind (soferne wir uns ein Urteil darüber erlauben dürfen): dies alles ist Ergebnis eines ungeheuren Zufalls, dies alles ist nicht sicher, sondern bloß nach dem Gesetz der großen Zahlen halbwegs wahrscheinlich, wobei das Gesetz der großen Zahlen auch nur wahrscheinlich ist und jederzeit von einem andern Gesetz abgelöst werden könnte, denn auch dieser Satz ist bloß von Menschenhirnen entdeckt worden, über deren Normalität nichts Sicheres auszusagen ist. (UG 47f.)

Dieser Abschnitt eröffnet eine *abweichende Interpretation der Wirklichkeit*, der einige bisher bestehende *Basispostulate*[124] *über die Struktur der Realität revidiert.* Die erwähnten Phänomene der gleichmäßigen Temperaturverteilung in einem Raum, der Konstanz der physischen Weltbeschaffenheit, der kosmologischen Ordnung, des Fortbestehens eines menschlichen Körpers in der Zeit und des menschlichen Denkvermögens werden als nicht-selbstverständlich, als „nicht sicher", sondern als „halbwegs wahrscheinlich" und als „Ergebnis eines ungeheuren Zufalls" ausgewiesen. Das heißt, dass die erfahrene Beschaffenheit der Realität nicht selbstver-

---

[123]„[...] und es hatten an die zwanzig Jahre vergehen müssen, ehe die Physik ihm die theoretische Bestätigung dessen brachte, was er einstens am eigenen Leibe erfahren hatte." (UG 47)

[124]„Basispostulate über die Struktur der Realität" legen fest, was „die Kultur für möglich oder unmöglich hält." Michael Titzmann: Kulturelles Wissen-Diskurs-Denksystem. Zu einigen Grundbegriffen der Literaturgeschichtsschreibung. In: Zeitschrift für französische Sprache und Literatur. 99 (1989), S. 50.

ständlich ist, sondern nur *ein* möglicher Zustand, aber auch, dass die Naturgesetze, welche bisher immer als absolut galten, in ihrer Gültigkeit *relativiert* werden. Die durch das menschliche Subjekt erfahrene Stabilität der Welt ist somit keine absolute und außerzeitlich gültige, sondern eine *temporär begrenzte und statistischen Gesetzen*, wie dem „Gesetz der großen Zahlen", *unterworfene*.

Doch nicht nur der „Zustand der Welt" ist diesen statistischen Gesetzen unterworfen, sondern auch die *Annahmen und Erklärungsmodelle zur Wirklichkeit* selbst: „wobei das Gesetz der großen Zahlen auch nur halbwegs wahrscheinlich ist und jederzeit von einem andern Gesetz abgelöst werden könnte". Dies ist ein interessanter zweiter Schritt in dem neuen Denksystem: Nicht nur die Beschaffenheit der Wirklichkeit ist statistischen Gesetzen unterworfen, sondern auch die *Denkstrukturen*. Die bestehende Denkstruktur kann zu jedem Zeitpunkt von einer neuen abgelöst werden, denn auch sie ist nur ein Produkt intellektueller Tätigkeit: „denn auch dieser Satz ist bloß von Menschenhirnen entdeckt worden, über deren Normalität nichts Sicheres auszusagen ist." Dies ist ein zentraler Aspekt in der Realitätsbewältigung und revidiert die bestehenden Denkstrukturen fundamental. Die Ergebnisse der physikalischen Forschungstätigkeit, die hervorbringen, dass es „eben bloß statistische Naturgesetze" (UG 129) gibt, wirken sich nicht nur in der Abgeschlossenheit des physikalischen Diskurses aus, sondern haben auch Auswirkungen auf das bestehende, *allen Diskursen zugrundeliegende* Denksystem. Die Wahrnehmung und Interpretation der Realität hat sich seit der Entwicklung der Quantentheorie grundlegend geändert. Zudem unterliegt das erkennende und denkende Subjekt selber dem statistischen Charakter des neuen Paradigmas, wie das Stichwort der „Normalität" andeutet.

Die Auswirkungen auf das Denksystem werden auch an anderen Textdaten deutlich. Es wurde bereits auf die divergierenden Einstellungen Kapperbrunns und Hiecks zum Paradigmenwechsel eingegangen. Kapperbrunn, der das neue Paradigma der Physik ablehnt, lehnt auch dessen Konsequenzen für das Denksystem ab. Dies wird an einer der Stellen im Text besonders deutlich, an denen sich Hieck und Kapperbrunn ideologisch auseinandersetzen, nämlich zu Beginn des zweiten Teils. Als Kapperbrunn Hieck provozierend eröffnet, er für seinen Teil könne sich ohne weiteres bis auf Newton (altes Paradigma) zurückziehen, ruft dies „Empörung" (UG 38) bei Hieck hervor. Er akzeptiert Kapperbrunns „überpointierte Skepsis" (UG 38) nicht, sondern be-

tont die Auswirkungen des neuen Paradigmas auch für Kapperbrunn: „[...] es handelt sich nämlich auch für Sie um die Wirklichkeit." (UG 39) Nach Hiecks Logik, der die Konsequenzen der revolutionären Theorien für das Denksystem bereits angenommen hat, haben die revolutionären Theorien auch Auswirkungen für Leute wie Kapperbrunn, die nicht daran glauben (wollen): „er wollte Kapperbrunns Mitarbeit an seinen Gedankengängen erzwingen." (UG 39f.) Als Kapperbrunn sich aber weiterhin auf seine ironische Art und Weise dagegen sperrt, Hiecks Erkenntnisse zu akzeptieren, fühlt sich Hieck „entsetzlich vereinsamt" (UG 40), denn anders als Kapperbrunn hat er die wissenschaftlichen Erkenntnisse bereits in seine Lebensideologie integriert.
Der neue Realitätsbegriff wirkt sich somit nur auf diejenigen aus, die bereit sind, die Radikalität der neuen Erkenntnisse nachzuvollziehen und zu akzeptieren. Es wird auch auf dieser Ebene der Realitätsbegriff subjektiviert. Hieck, der sich mit seinem Realitätsbegriff alleine und unverstanden wähnt, fühlt sich aufgrund dessen wiederholt „vereinsamt". (UG 40) Die *Verunsicherung seiner Wirklichkeitskonzeption* wirkt sich an vielen Stellen im Text aus, hier seien nur zwei Beispiele genannt:

> Nein, er glich nicht Kapperbrunn, der sich spielerisch in sein Ignorabismus zurückzog, sondern er war von diesem Ignorabismus zu immer neuen Vorstößen angestachelt, tief erregt und beunruhigt von der schwankenden Unsicherheit, in die er sich hineinbewegte, und stets gewärtig, auf Überraschungen zu stoßen, die aller Wahrscheinlichkeit widersprechen würden. Allerdings hatten die erwarteten Überraschungen für ihn stets den Charakter mehr oder minder bedrohlicher Katastrophen, und dieses konstante Auf-der-Hut-Sein vor Katastrophen begleitete ihn nicht nur in der wissenschaftlichen Forschung, sondern überall im Leben; er wartete gewissermaßen bei jedem entgegenkommenden Menschen auf einen aggressiven Irrsinnsanfall, aber nirgends war dieses Gefühl stärker als auf dem täglichen Heimweg zur elterlichen Wohnung, und sooft er die Treppe hinaufstieg, zweifelte er ein wenig daran, ob er die Wohnung droben überhaupt vorfinden würde. (UG 49)

Hier tritt noch einmal explizit die ideologische Opposition zu Kapperbrunn zutage. Hieck erwartet in seiner eigenen Lebenswirklichkeit („überall im Leben") Auswirkungen seiner theoretischen Erkenntnisse, „Überraschungen", „die aller Wahrscheinlichkeit widersprechen würden". Ein Ort, der stark mit solchen Erwartungen korreliert ist, ist die „elterliche Wohnung", wofür der Grund wiederum in der Psyche des Protagonisten zu suchen ist: die Nachwirkungen der Verunsicherung, die er durch seinen Vater erfahren hat. Auch nach der Verleihung des Doktordiploms findet sich eine ähnliche Verunsicherung der Wirklichkeitserwartung:

> Es gibt Punkte des Zufalls, bei denen jede statische Berechnung versagt. Wenn die Stiege einstürzte, sie purzelten alle in ein ungeheures barockales Gefäß, in eine Sparbüchse des Teufels fielen sie, kunterbunt durcheinander, die Mutter und er und Susanne und Kapperbrunn. Ein Gespenstertopf. Nun war er Doktor. Wo ist die Wirklichkeit? (UG 52)

Wieder handelt es sich um die *subjektspezifischen* Überlegungen Hiecks zum Problem der statistischen Relativierung der Naturgesetze, doch deren Konsequenzen würden für *alle* Figuren gelten. Wenn der (äußerst unwahrscheinliche) Zufall – der statistische Sonderfall – eintreten würde, bei dem der zweite Hauptsatz der Wärmelehre[125] nicht mehr gilt, könnte tatsächlich etwas absolut Unerwartetes wie eben das Einstürzen einer Treppe geschehen. Jedoch ist ein solches Eintreten eben extrem unwahrscheinlich und eher im mikrophysikalischen Bereich von Relevanz. Wichtig ist jedoch, dass die Quantentheorie Annahmen der klassischen Physik revidierte, wozu auch die Einführung eines „Wahrscheinlichkeitsbegriffs“ (durch Einstein erstmals 1916) gehörte, der mit „zur Grundlage der eigentlichen Quantentheorie“[126] wurde.

2.3.3 Einordnung der physikalischen Geschehnisse in das kulturelle Wissen

In der *Unbekannten Größe* werden Voraussetzungen eines physikalischen Wissenssystems[127] gemacht, ohne dessen Kenntnis eine Interpretation des Realitätsbegriffs lückenhaft bleiben wird. So ist beispielsweise die statistische Interpretation der Entropie im Zusammenhang mit dem

---

[125]Der zweite Hauptsatz der Wärmelehre in seiner ursprünglichen Version, und nicht in seiner statistischen Interpretationsvariante. Doch dazu Genaueres in einem Exkurs im folgenden Abschnitt 2.3.3.

[126]John Gribbin: Auf der Suche nach Schrödingers Katze. Quantenphysik und Wirklichkeit. 5. Aufl., München, 1999, S. 74f.

[127]Zu diesem Begriff: Unter einem Wissenssystem wird hier verstanden „die systematisch geordnete Menge der Wissenselemente“; jede Proposition, „die die Mitglieder einer Kultur für wahr halten bzw. die eine hinreichende Anzahl von Texten als wahr setzt“ stellt hinwieder ein solches Wissenselement dar. Vgl. hierzu den präzisierenden Aufsatz von Michael Titzmann: Kulturelles Wissen-Diskurs-Denksystem, S. 48.

zweiten Hauptsatz der Thermodynamik eine solche wichtige Voraussetzung, was in dem folgenden Exkurs gezeigt werden soll. Dieser Exkurs steht dabei exemplarisch für eine Vielzahl von Exkursen, die eingeschoben werden könnten und auf die aus Gründen des Umfangs verzichtet werden muss.[128]

2.3.3.1 Exkurs zur statistischen Interpretation des Zweiten Hauptsatzes der Thermodynamik

Die Newtonschen Gesetze, die einfachen Gesetze der Mechanik, sind in zeitlicher Hinsicht vollkommen umkehrbar, doch die reale Welt entspricht diesem Gesetz nicht immer. Ein Beispiel: Wird ein Stein fallen gelassen, wird seine Bewegungsenergie beim Aufprall in Wärmeenergie umgewandelt. Wird hingegen einem auf dem Boden liegenden Stein Wärme zugeführt, wird sie (in der Regel) nicht in Bewegungsenergie umgewandelt.

Dieses Phänomen erklärt der *Zweite Hauptsatz der Thermodynamik*, welcher besagt, dass natürliche Prozesse *stets* in der Richtung zunehmender Unordnung ablaufen. Nun geht beim fallenden Stein eine geordnete Form der Bewegung (alle Atome und Moleküle fallen in die gleiche Richtung) in eine ungeordnete Form der Bewegung über (alle Atome und Moleküle prallen in zufälliger Weise – nach den Gesetzen der Wärmelehre – aufeinander). Unordnung in diesem Sinne wird mit dem Begriff der *Entropie* gleichgesetzt.

[128]Viele der erwähnten Phänomene in der *Unbekannten Größe* bedürften einer physikalischen Hintergrunderklärung. Als Beispiel sei nur die Rolle der Gruppen- und Mengentheorie bei der mathematischen Lösung quantentheoretischer Probleme genannt. Zu diesem Thema sind Bücher geschrieben worden, und hier kann nur auf die im Literaturverzeichnis erwähnten naturwissenschaftlichen Arbeiten verwiesen werden. Broch, der selber Physik studiert hatte, hatte ein fundiertes und detailliertes Verständnis der Quantentheorie, wie schon mehrfach nachgewiesen wurde. Vgl. etwa: Ernestine Schlant: Hermann Broch and Modern Physics. In: The Germanic Review, Vol. 53, 1978, S. 69–75; Willy Riemer: Mathematik und Physik bei Hermann Broch. In: Paul Michael Lützeler: Herrmann Broch, 1986, S. 260–271; Carsten Könneker: Moderne Wissenschaft und moderne Dichtung. Hermann Brochs Beitrag zur Beilegung der „Grundlagenkrise" der Mathematik. In: DVjs 73, 1999, S. 319–351; Ders.: Hermann Brochs Rezeption der modernen Physik. Quantenmechanik und „Unbekannte Größe", 1999, S. 205–239; Theodore Ziolkowski: Hermann Broch und die Relativität im Roman. In: Manfred Durzak (Hg.): Hermann Broch. Perspektiven der Forschung. 1972, S. 315–327.

Nun kommt die statistische Interpretation Boltzmanns ins Spiel: Sie besagt – auf das oben eingeführte Beispiel bezogen – dass der auf dem Boden liegende Stein nach Wärmezufuhr zwar in die Luft springen *könnte*, dies aber äußerst *unwahrscheinlich* ist. Ebenso *könne* es vorkommen – und hier wird die Parallele zu Hiecks Passage (UG 47f.) am deutlichsten[129] – dass aufgrund der *zufälligen* Bewegung der Luftmoleküle die gesamte Luft in einem Raum sich plötzlich an einer Stelle konzentriert, doch auch diese Möglichkeit ist so *unwahrscheinlich*, dass sie praktisch vernachlässigt werden kann.

Planck wandte sich (zunächst) gegen diese statistische Interpretation des Zweiten Hauptsatzes der Thermodynamik, da er für ihn etwas *Absolutes* darstellte und die Entropie in allen Fällen zunehmen *musste*.[130] *Wahrscheinlichkeiten* durften bei Planck keine Rolle spielen. Die Ironie der Geschichte ist, dass Planck letztendlich die Boltzmannsche statistische Interpretation des Zweiten Hauptsatzes der Thermodynamik in seine Berechnungen zum Spektrum des schwarzen Körpers einzubeziehen versuchte, mit dem Ergebnis, dass er auf die Lösung seines physikalischen Problems kam. Somit stellte sich heraus, dass Boltzmanns *statistische Interpretation der Entropiezunahme* die beste Beschreibung der Realität ist.

Eine zweite Folgerung aus dieser statistischen Deutung – und somit eine weitere Parallele zu Hiecks Passage (UG 47f.)[131] – ist folgende: Je größer das Gebiet ist, mit dem es der Physiker zu tun hat, desto größer ist die *Wahrscheinlichkeit*, dass darin zu irgendeinem Zeitpunkt, an irgendeinem Ort *unwahrscheinliche* Dinge geschehen. Hier endet der Exkurs, der gezeigt hat, inwiefern gewisse Phänomene, die in der *Unbekannten Größe* eine Rolle spielen, auf einem komplexen naturwissenschaftlichen Wissen gründen.

Der folgende Abschnitt wird den physikalischen Diskurs in der *Unbekannten Größe* mit Hilfe des physikalischen Diskurses der Quantentheorie

---

[129] Zur Erinnerung: „Daß die Temperatur in einem Raume stets zu einem Gleichmäßigkeitszustand hinstrebt, daß nicht ein Punkt des Raumes glühend heiß, der andere weltallskalt ist [...].“ (UG 47)

[130] Für die physikalischen und historischen Hintergründe vgl. Gribbin: Auf der Suche nach Schrödingers Katze, S. 49–60.

[131] „[...] daß die Welt nicht plötzlich explodiert, daß die Sonne morgen wieder aufgehen wird [...] dies alles ist Ergebnis eines *ungeheuren Zufalls*, dies alles ist nicht sicher, sondern bloß nach dem Gesetz der großen Zahlen halbwegs *wahrscheinlich* [...].“ (UG 47f., Hervorhebungen vom Verfasser.)

erhellen. Dass die Darstellung der Quantentheorie dabei zum einen extrem lückenhaft, zum anderen extrem simplifizierend sein muss, erklärt sich aus ihrer Komplexität. Dieser Abschnitt teilt sich wiederum in zwei Unterabschnitte: in einen ersten mit einem (sehr) kurzen Abriss zur Entwicklung der Quantentheorie – und somit der Vorgeschichte der Jahre 1926/27 – und in einen zweiten, mit einer Einordnung der Romanhandlung in das real-historische Geschehen der Zeit, wiederum mit (sehr) knappen inhaltlichen Bemerkungen zur Quantentheorie *inner- und außerhalb* des Textes.

2.3.3.2 Vorgeschichte der Jahre 1926/27

Eine geschichtliche Darstellung zur Entwicklung der Quantentheorie kann hier freilich nicht geleistet werden. Dennoch scheint eine zeitliche Einordnung der Geschehnisse in der *Unbekannten Größe* in den zeitlichen Rahmen der Jahre 1926/27 sinnvoll. Wichtige Schritte auf dem Wege zur Quantentheorie finden sich in tabellarischer Form (in stark selektiver Auswahl) im Anhang dieser Arbeit (7), der dem Zwecke eines Überblicks dient.[132]

Ein wichtiger Schritte auf dem Weg zur Quantentheorie führt über die oben erwähnte Teildisziplin der Physik, die Thermodynamik. Bereits 1900 kommt es in diesem Zusammenhang zu einem ersten radikalen Bruch mit traditionellen Denkkategorien, als *Planck* erstmalig den Gedanken von *Energiequanten* in die Physik einführt. Planck versucht damit gewisse Phänomene zu deuten, die im Zusammenhang mit der Energieverteilung eines schwarzen Körpers stehen. Für seine Lösung muss Planck die im Exkurs erläuterte Boltzmannsche statistische Version der Thermodynamik einbeziehen, auf die in der *Unbekannten Größe* über den „Zweiten Hauptsatz der Wärmelehre" (UG 47) Bezug genommen wird. Planck leitet „eine neue Ära der Physik"[133] ein, indem er mit seiner Ar-

[132]Die folgende stark raffende, auf die Erfordernisse der Textanalyse abgestimmte Darstellung der Zusammenhänge bei der Entwicklung der Quantenmechanik folgt einschlägigen Darstellungen: Albert Einstein/ Leopold Infeld: Die Evolution der Physik. Reinbek bei Hamburg, 1998. Friedrich Hund: Geschichte der Quantentheorie. Mannheim, 1975. John Gribbin: Auf der Suche nach Schrödingers Katze. München, 1999. Hanns Günther: Ins Innere des Atoms. Eine gemeinverständliche Darstellung der Elektronen- und der Quantentheorie. Autorisierte deutsche Bearbeitung nach John Mills: Within the Atom. Leipzig, 1928.

[133]Gribbin: Auf der Suche nach Schrödingers Katze, S. 59.

beit eine Beschränkung der klassischen Physik[134] aufzeigt. Es waren nämlich gewisse Phänomene im Bereich der schwarzen Körper aufgetreten, die nicht mehr alleine mit der Hilfe der „auf dem Werk Newtons aufbauenden Ideen“[135] erklärt werden konnten. Hier vollzog sich also bereits ein erster Wechsel, der die spätere „Revolution der Physik“ (UG 13) vorbereitete.

Einstein war es dann, der 1905 die *Theorie der Lichtquanten* einführte, womit er auf Plancks Theorie aufbaute. Zu dieser Theorie gelangte er über die Untersuchung des photoelektrischen Effekts, bei der er Plancks berühmte Formel $\boldsymbol{E = h\, v}$ auf die elektromagnetische Strahlung statt auf die kleinen Oszillatoren innerhalb des Atoms anwendete. Die Quantennatur des Lichts konnte jedoch erst 1923 zweifelsfrei bewiesen werden, „was wiederum eine neue Debatte über Teilchen und Wellen auslöste, die dazu beitrug, die Quantentheorie zu verändern und die moderne Version dieser Theorie, die Quantenmechanik, in die Wege zu leiten.“[136]

Es ist *Bohr*, der 1913 das Rutherfordsche *Atommodell* (von 1911) *modifiziert* und mit der Theorie der Quanten in Einklang bringt. Seine Lösung für das Rutherfordsche Atommodell besteht darin, das Verhalten der Elektronen innerhalb der Atome mit Hilfe von Quantenregeln zu beschreiben. Rutherford hatte bereits die Vorstellung des Atoms als eines von Elektronen umkreisten Kerns eingeführt. Bohr deklariert die Elektronenbahnen nun als gequantelt, d. h. die „stabilen“ Bahnen der Elektronen entsprechen bestimmten, festgelegten Energiebeträgen, die jeweils ein Vielfaches des elementaren Quantums sind. Zwischenbahnen sind somit nicht erlaubt, denn sie würden gebrochene Energiebeträge erfordern. Mit dieser Darstellung des Atombaus kann die rechnerische Ableitung der Spektren verschiedener Elemente, allerdings nur in einfachen Fällen, wie etwa beim Wasserstoff, geleistet werden.

Die von Bohr postulierten diskreten Umlaufbahnen der Elektronen führen jedoch zu weiteren theoretischen Problemen, und sein Modell erweist sich als nicht vollständig. So entstehen in der Folgezeit einige theoretische Konstrukte, die versuchen, Bohrs Atommodell zu vervollständi-

---

[134]Eine terminologische Trennung in Quantenphysik und klassische Physik ist eine weitläufig akzeptierte. Einstein und Infeld meinen in diesem Zusammenhang: „[Es] läßt sich feststellen, daß klassische Physik und Quantenphysik zwei grundverschiedene Dinge sind.“ Einstein/ Infeld: Die Evolution der Physik, S. 273.

[135]Gribbin: Auf der Suche nach Schrödingers Katze, S. 59.

[136]Gribbin: Auf der Suche nach Schrödingers Katze, S. 63f..

gen. So führt *Einstein* beispielsweise 1916 den (statistischen) *Wahrscheinlichkeitsbegriff* in die Atomtheorie ein.
In den Jahren 1923/24 folgt *de Broglies* wichtiges Postulat der *Elektronenwellen*. Er überträgt im Prinzip Einsteins Teilchen-Welle-Dualismus von den Protonen (siehe oben) auf die Elektronen. Mit diesem Modell der Materiewellen liefert de Broglie die physikalische Erklärung für Bohrs Postulat der diskreten Umlaufbahnen. Von 1928 an sind „die experimentellen Beweise für de Broglies Welle-Teilchen-Dualismus erdrückend."[137]
Der vollständige Bruch mit der klassischen Physik tritt mit dieser Erkenntnis ein.
Allerdings fehlt bis 1925 noch eine komplette, autonome, logische und wohlbegründete Quantentheorie. Man ist in formeller Hinsicht noch nicht vollständig von der klassischen Physik abgekommen. Jedes Problem, das in der Quantenphysik auftaucht, wird zunächst mit Hilfe der klassischen Physik gelöst, und erst anschließend wird „die Lösung durch vorsichtiges Einführen der Quantenzahlen überarbeitet, wobei man sich mehr auf begnadete Vermutungen als auf kühle Überlegungen"[138] stützt.
Die Ausdifferenzierung in zunächst unvereinbar scheinende Theoriegebäude zu Beginn des Jahres 1925 beschreibt Max Jammer treffend als „einen beklagenswerten Mischmasch von Hypothesen, Prinzipien, Theoremen und Berechnungsvorschriften."[139]
Die Lösung für diese Situation wurde dann überraschenderweise in doppelter Form gefunden:

1) Zum einen in der von Werner Heisenberg, Pascual Jordan und Max Born entwickelten Quanten- oder Matrizenmechanik. (1925)
2) Zum anderen in *Erwin Schrödingers Wellenmechanik*, in der Schrödinger de Broglies oben erwähntes Postulat der Materiewellen weiterführte. (1926)

Die beiden Lösungen unterscheiden sich dabei fundamental in ihrer Methodik und stellen beim Zeitpunkt ihrer Veröffentlichung auch zunächst

---

137Ebd., S. 105.
138Gribbin: Auf der Suche nach Schrödingers Katze, S. 115.
139Max Jammer: The Conceptual Development of Quantum Mechanics. New York, 1966, S. 196. Die Übersetzung aus dem Englischen nach Friedrich Griese in Gribbin: Auf der Suche nach Schrödingers Katze, S. 115.

noch *konkurrierende Theorien* dar.[140] Im Nachhinein stellen sie sich jedoch als mathematisch äquivalent heraus.[141] Schrödingers Wellenmechanik ist als Konzeption ein Rückgriff auf Vorstellungen des 19. Jahrhunderts und der klassischen Physik, indem er die Quantenphysik im Sinne von Wellen beschreibt, welche in der Physik vertraute Erscheinungen darstellten. Heisenberg/ Jordan/ Born lösen sich hingegen von gewohnten physikalischen Vorstellungen und geben der Quantentheorie mit ihren Überlegungen einen weit abstrakteren Charakter als Schrödinger, der eindeutig von der physikalischen Vorstellung ausgeht, dass das Atom etwas „Reales" sei, und dessen Theorie letzten Endes auf der Vorstellung beruht, dass Elektronen Wellen seien. Heisenberg lässt indessen jede Vorstellung vom Atom bewusst beiseite und bezieht sich nur auf Größen, die experimentell gemessen werden können. Trotz der unterschiedlichen Herangehensweise der beiden Forschergruppen führen beide Ansätze letztendlich zu „Gleichungen, die exakt das Verhalten von Dingen beschrieben, die in der Welt der Quanten gemessen werden"[142] können.

Am Ende des Jahres 1926 war die Äquivalenz der beiden zunächst konkurrierenden Theorien formal erwiesen. Dies ist der Zeitpunkt, an dem die Handlung der *Unbekannten Größe* einsetzt.

---

[140]Arthur Haas, ein Wiener Physiker, der sich in den Jahren um 1927 um eine Vereinigung von Relativitäts- und Quantentheorie in einem umfassenden Gedankengebäude bemühte, meinte bezüglich der beiden Forschergruppen: „Während diese beiden Forscher [Schrödinger/ de Broglie] bestrebt waren, das atomare Geschehen mittels der Methoden der klassischen Physik zu erklären und die Kluft zu überbrücken, die die ‚quantisierte' Atomphysik von der klassischen Physik trennte, ging Heisenberg von der entgegengesetzten Auffassung aus: daß nämlich nur ein endgültiger Verzicht auf die hergebrachten klassischen Vorstellungen ein wirkliches Verständnis der atomaren Gesetzmäßigkeiten erschließen könne. Heisenbergs Überzeugung war es, daß in der Atomphysik jeder Versuch einer Anschaulichkeit als sinnlos und zwecklos von vornherein vermieden werden müsse [...]." Arthur Haas: Materiewellen und Quantenmechanik. 2. Auflage, Leipzig, 1929, S. 65. Vgl. dazu auch: Werner Heisenberg: Die physikalischen Prinzipien der Quantentheorie. 4. Aufl., Leipzig, 1944. Und: Werner Heisenberg: Quantentheorie und Philosophie. Vorlesungen und Aufsätze. Hrsg. von Jürgen Busche, Stuttgart, 1979.

[141]Es waren Johann von Neumann und David Hilbert, die die mathematische Vereinigung der beiden Theorien gegen Jahresende 1926 leisteten. Vgl. dazu die mathematischen Darlegungen zur Transformationstheorie in Friedrich Hund: Geschichte der Quantentheorie, S. 153-156.

[142]Gribbin: Auf der Suche nach Schrödingers Katze, S. 129.

2.3.3.3 Die Quantenmechanik und ihre Implikationen

Trotz der bewiesenen mathematischen Äquivalenz zwischen der *Quantenmechanik* Heisernbergs/ Jordans/ Borns einerseits und der *Wellenmechanik* Schrödingers andererseits werfen die beiden Ansätze Fragen physikalischer Natur auf, die über die Anwendung des mathematischen Formalismus hinausgehen. Das unter Abschnitt 2.3.3 erwähnte *Kausalgesetz*, auf das sich Kapperbrunn und Hieck beziehen, ist ein Beispiel für eines dieser Kernthemen in der wissenschaftlichen Auseinandersetzung. Schrödinger selbst hat die theoretischen Divergenzen der beiden Theorien in seinem Aufsatz „Über das Verhältnis der Heisenberg-Born-Jordanschen Quantenmechanik zu der meinen"[143] noch 1926 aus seiner Sichtweise der Dinge festgehalten:

Bei der außerordentlichen Verschiedenheit der Ausgangspunkte und Vorstellungskreise der Heisenbergschen Quantenmechanik einerseits und der neulich hier in ihren Grundzügen dargelegten und als ‚undulatorische' oder ‚physikalische' Mechanik bezeichneten Theorie anderseits, ist es recht seltsam, dass diese beiden neuen Quantentheorien hinsichtlich der bisher bekannt gewordenen speziellen Ergebnisse *miteinander* auch dort übereinstimmen, wo sie von der alten Quantentheorie abweichen. [...] Das ist wirklich sehr merkwürdig, denn Ausgangspunkt, Vorstellungen, Methode, der ganze mathematische Apparat scheinen in der Tat grundverschieden.[144]

Auch Heisenberg teilte diese historisierende Auffassung:

> Trotz der [...] außerordentlichen Fortschritte auf dem Gebiete der quantentheoretischen Mathematik war man bis zum Ende des Jahres 1926 kaum über die intuitiv richtige Anwendung des Formalismus hinausgekommen. Über die physikalische Grundlagen herrschte noch keine Klarheit.[145]

Schröder versucht zur Lösung dieses Problems im folgenden einen mathematischen Beweis, wobei der „sehr intime *innere Zusammenhang* der

---

[143]Erwin Schrödinger: Über das Verhältnis der Heisenberg-Born-Jordanschen Quantenmechanik zu der meinen. Zuerst erschienen in: Annalen der Physik, (4), 79, (1926). Hier zitiert nach Erwin Schrödinger: Gesammelte Abhandlungen. Band 3. Beiträge zur Quantentheorie. Hrsg. v. d. Österreichischen Akademie der Wissenschaften, Wien, 1984, S. 734-756.

[144]Ebd., S. 734.

[145]Werner Heisenberg: Die Entwicklung der Quantentheorie 1918–28. In: Naturwissenschaften 17 (1929), S. 490–496. Hier: S. 494.

Heisenbergschen Quantenmechanik und [s]einer Undulationsmechanik aufgedeckt werden"[146] sollen. Dies entspricht auch der Tätigkeit Weitprechts im Roman, bei der er aufgrund seines Kuraufenthaltes unterbrochen wird. Als er Hieck mit den Papierstößen vertraut macht, verwendet er folgende Worte:

> Es ist alles chronologisch bezeichnet. Die wellenmechanischen Arbeiten tragen außerdem in der rechten Ecke ein W. Und die quantentheoretischen tragen ein Qu... da, sehen Sie, es ist ganz einfach... alles übrige ist analog, man muß nur manchmal auf den innern Zusammenhang achten... es ist ganz einfach. (UG 71)

Die „quantentheoretischen" Arbeiten Weitprechts entsprechen der Heisenbergschen Quantenmechanik, während die „wellenmechanischen Arbeiten" der Undulationsmechanik Schrödingers entspricht. Und auch Weitprecht verweist – wie Schrödinger – auf den „innern Zusammenhang", der die beiden Theorien verbindet: „‚Die zugehörigen mathematischen Arbeiten sind in jenem Schrank', gab Weitprecht als Draufgabe dazu und wies schüchtern auf die offenstehenden Fächer eines Schrankes." (UG 71) Somit ist Weitprechts theoretische Tätigkeit klar als die Suche nach der Verbindung zwischen den beiden Formen der Quantentheorie zu erkennen, die „Theorie der Quanteninterferenzen". (UG 20)
Doch neben dieser theoretischen Tätigkeit Weitprechts gibt es auch eine experimental-physikalische. Zu Beginn der Romanhandlung wird Hieck zur Auswertung einer Versuchsreihe herangezogen (vgl. UG 12, 18), später wird Erna Magnus mit einer weiteren beauftragt. Carsten Könneker glaubt in diesen Versuchsreihen die Bemühungen eines „experimentellen Nachweises der Existenz von Materiewellen"[147] zu erkennen. Die historische Entwicklung legt diese Vermutung zwar nahe – bis Herbst 1927 war der experimentelle Beweis gefunden – jedoch werden die Versuchsreihen in der *Unbekannten Größe* nicht ausreichend genug beschrieben, um zu diesem Schluss zu kommen.
Weitprecht hat jedoch keinen Erfolg mit seinen Bemühungen – ihm hat das nötige „Glück des Genies" (UG 124) gefehlt, nämlich „zur richtigen Zeit am richtigen Ort" (UG 124) zu sein. Obwohl er sich beeilt hat, ist Bohr ihm zuvorgekommen, er selber bezeichnet sich nur noch als „Vor-

[146]Erwin Schrödinger: Über das Verhältnis der Heisenberg-Born-Jordanschen Quantenmechanik zu der meinen, S. 735.
[147]Carsten Könneker: Hermann Brochs Rezeption der modernen Physik, S. 216.

läufer". (UG 124) Die erwähnte „Mitteilung von Bohr" (UG 55) ist im zweiten Teil des Romans situiert, im Frühjahr 1927. Es lässt sich auf das von Bohr entwickelte Komplementaritätsprinzip schließen, welches die Theorien Schrödingers und Heisenbergs zufriedenstellend miteinander verband.[148] Vereinfacht ausgedrückt besagt Bohrs Theorie, dass beide theoretischen Vorstellungen, die der Teilchenphysik und die der Wellenphysik, gleichermaßen gültig seien, als „komplementäre Beschreibungen einer und derselben Realität."[149]

Neben Bohrs Komplementaritätsprinzip ist noch Heisenbergs Unschärferelation zu nennen, die zusammen den Kern der „Kopenhagener Deutung" der Quantenmechanik abgeben. Mit ihr war die „widerspruchsfreie Theorie der Quantenmechanik in einer Form abgeschlossen, in der sie von jedem fähigen Physiker benutzt werden konnte."[150] Die Unschärferelation besagt – wiederum stark vereinfachend gesprochen –, dass es prinzipiell unmöglich ist, bestimmte Merkmalspaare, darunter auch Ort und Impuls eines Elektrons, gleichzeitig genau zu messen. Gribbin drückt dies folgendermaßen aus: „Auf der Quantenebene gibt es keine absolute Wahrheit."[151] Allerdings gilt dieses Gesetz nur auf der Ebene der Mikrophysik, für die Alltagswelt kann der Einfluss der Unschärferelation vernachlässigt werden, da die makroskopischen Eigenschaften hier überwiegen. Die Quanteneffekte sind nur dann von Bedeutung, wenn es sich um Größen handelt, die in etwa der Planckschen Konstante entsprechen.

Die Quantentheorie bringt nun einige verändernde Folgerungen für das bestehende Denksystem mit sich, die auch in der *Unbekannten Größe* thematisiert werden. Oder wie Einstein/ Infeld es ausdrücken: „Die Quantentheorie arbeitete dann wieder neue, grundlegende Züge unserer Reali-

---

[148]Bohr trug das Konzept zwar erstmals im September 1927 auf einer Konferenz in Como vor, doch Dugald Murdoch belegt, daß Bohrs Konzept einer Vereinigung von Quanten- und Wellenmechanik bereits im März 1927 vorlag. Vgl. Dugald Murdoch: Niels Bohr's Philosophy of Physics. Cambridge, Massachusetts, 1987, S. 54. Auch weist Murdoch nach, daß Heisenberg bereits bis spätestens Mitte März 1927 vom Konzept der Komplementarität unterrichtet war. Erster Abdruck der Rede: Niels Bohr: Das Quantenpostulat und die neuere Entwicklung der Atomistik. In: Naturwissenschaften 16, 1928, S. 245–257. Vgl. auch: Nils Bohr/ Werner Heisenberg: Die Kopenhagener Deutung der Quantentheorie. Stuttgart, 1963.

[149]John Gribbin: Auf der Suche nach Schrödingers Katze, S. 133.

[150]Ebd., S. 136.

[151]Ebd., S. 135.

tät heraus. [...] Das Weltbild der modernen Physik hat mit den Vorstellungen von einst wahrhaftig nicht mehr viel zu tun."[152] Für den Begriff des kulturellen Wissens ist es zunächst noch irrelevant, wann sich die letzten experimentellen Bestätigungen finden, denn: „Was das System für *‚Realität'* hält und seine *soziosemiotische Kategorisierung dieser ‚Realität' in (Klassen von) ‚Objekte(n)'*, gehört selbst wiederum zum kulturellen Wissen."[153] Hier die zentralen Aspekte:

1) Eine dieser Folgen der Quantenmechanik ist die *Infragestellung des Kausalgesetzes*, wie auch Kapperbrunn meint: „Das Kausalgesetz ist unser modernstes altes Eisen." (40) In der Tat gibt es keine Kausalität mehr im Bereich der Quanten. Bohr betonte im oben erwähnten Vortrag[154] den Gegensatz zwischen Beschreibungen der Welt, die sich auf eindeutige Raum-Zeit-Koordinaten und auf eine absolute Kausalität stützen, und der quantentheoretischen Vorstellung, in dem der Beobachter mit dem beobachteten System interferiert und ein Teil von ihm ist.[155]

2) Eine weitere Folgerung, die mit der ersten in Verbindung steht, ist der *statistische Charakter der Naturgesetze, die wahrscheinlichkeitstheoretische Deutung der Quantenmechanik*, auf die auch in der *Unbekannten Größe* Bezug genommen wird und die weiter oben schon interpretiert wurde: „[...] dies alles ist Ergebnis eines ungeheuren Zufalls, dies alles ist nicht sicher, sondern bloß nach dem Gesetz der großen Zahlen halbwegs wahrscheinlich [...]." (UG 48) Dies ist eine eindeutige Bezugnahme auf das Bernoullische *Gesetz der großen Zahlen.*[156] Mit der Quantentheorie werden die Ge-

---

[152]Albert Einstein/ Leopold Infeld: Die Evolution der Physik, S. 277.

[153]Richter/ Schönert/ Titzmann: Literatur-Wissen-Wissenschaft, S. 12.

[154]Vgl. : Nils Bohr: Das Quantenpostulat und die neuere Entwicklung der Atomistik.

[155]Vgl. etwa folgende Stelle: „[...] so ist der Natur der Sache nach eine eindeutige Definition des Zustandes des Systems nicht mehr möglich, und es kann von Kausalität im gewöhnlichen Sinne keine Rede sein." Niels Bohr: Das Quantenpostulat und die neuere Entwicklung der Atomistik, S. 246. Vgl. auch John Gribbin: Auf der Suche nach Schrödingers Katze, S. 80: „Eine solche direkte Kausalität beginnt jedoch in der Welt des Quants zu verschwinden, sobald wir den radioaktiven Zerfall und die atomaren Übergänge betrachten."

[156]Dies ist ein Gesetz, „[...] nach dem die relative Häufigkeit eines bestimmten Experimentausgangs sich bei steigender Versuchszahl immer weiter einem festen Grenzwert annähert, der im Idealfall unendlich vieler Messungen als die Wahrscheinlich-

setze für einzelne Teilchen abgelöst durch Wahrscheinlichkeitsgesetze. Einstein und Infeld bringen es wiederum auf den Punkt:

> Die Quantenphysik bringt Gesetze, die für Kollektive und nicht mehr für deren Individuen gelten. Nicht Eigenschaften, sondern Wahrscheinlichkeiten werden beschrieben; nicht für die zukünftige Entwicklung von Systemen werden Gesetze aufgestellt, sondern für Veränderungen der Wahrscheinlichkeiten in der Zeit, Gesetze, die für große Ansammlungen von Individuen gelten.[157]

Die Implikationen dieser Wahrscheinlichkeitsgesetze brachten „eine verunsichernde Wirkung auf die breite Öffentlichkeit“[158] mit sich, die auch Hieck häufig thematisiert, vgl. etwa die unter Abschnitt 2.3.2 besprochenen Passagen (UG 47ff.).[159]

3) Eine sekundäre Folge der Kopenhagener Deutung und ihrer Implikationen ist die Spaltung der Wissenschaftler in zwei Lager: Gegner und Anhänger der Quantentheorie. Zu den (prominenten) Gegnern gehörten Albert Einstein, Max Planck, Paul Ehrenfest, Erwin Schrödinger und Louis de Broglie, obwohl sie an der Ausarbeitung der Grundlagen der Quantenmechanik maßgeblich beteiligt gewesen waren. Laut Elisabeth Emter waren sich diese Gegner einig, „dass sie die Überzeugung von einer unabhängig existierenden Außenwelt, die objektiv und kausal beschreibbar ist, nicht aufgeben wollten.“[160] Zu den Anhängern der Quantenmechanik gehörten Niels Bohr, Werner Heisenberg, Arnold Sommerfeld, Max Born, Wolfgang Pauli, Pascual Jordan und Paul Dirac. Auch in der *Unbekannten Größe* findet sich die Aufteilung in zwei Lager: Kapperbrunn als Gegner, Hieck und Weitprecht als Anhänger der neuen

keit für das Meßresultat interpretiert werden kann.“ Carsten Könneker: Hermann Brochs Rezeption der modernen Physik, S. 218.

[157]Albert Einstein/ Leopold Infeld: Die Evolution der Physik, S. 278.

[158]Könneker, S. 218.

[159]Ein weiterer expliziter Hinweis: „Es gibt eben bloß statistische Naturgesetze“, sagte Richard und dachte an die Unberechenbarkeit der Welt [...].“ (UG 129)

[160]Elisabeth Emter: Literatur und Quantentheorie. Die Rezeption der modernen Physik. In: Schriften zur Literatur und Philosophie deutschsprachiger Autoren (1925–1970). Berlin/ New York, 1995. [Quellen und Forschungen zur Literatur- und Kulturgeschichte; 2 = (236)], S. 60.

Theorie, wie dies bereits in 2.3.1 besprochen wurde. Diese Aufteilung wird im Filmskript *Das Unbekannte X* noch bis zur Groteske gesteigert.[161]
4) Die Gesetze, die bisher versuchten, das physikalische Weltgeschehen zu theoretisieren, werden durch den physikalischen Paradigmawechsel relativiert, d. h. den Wissenschaftlern wird *bewusst*, dass die Naturgesetze *nicht mehr absolut gültig* sind, sondern Hilfskonstruktionen zur Erfassung der Realität. Als solche sind sie vom denkenden Subjekt geschaffene, konstruierte *Gesetze* und unterliegen ebenfalls dem *Wandel der Zeit.* Nach der Quantentheorie scheint ein theoretischer Abschluss des phyikalischen Gedankengebäudes weiter entfernt als je zuvor. Hieck thematisiert dies wiederholt, so auch in dem schon zuvor bemühten Abschnitt:

> [...] wobei das Gesetz der großen Zahlen auch nur wahrscheinlich ist und jederzeit von einem andern Gesetz abgelöst werden könnte, denn auch dieser Satz ist bloß von Menschenhirnen entdeckt worden, über deren Normalität nichts Sicheres auszusagen ist. (UG 48)

Hieck kommt somit zu dem Schluss, dass „das Bild der Welt unzuverlässig und jederzeit abänderbar sei" (UG 48), der *Realitätsbegriff* also immer einem *Wandel* unterliegen kann, eine Einschätzung, die er mit vielen Physikern der Zeit teilt, sogar mit einigen der oben erwähnten Gegner der Kopenhagener Deutung der Quantenmechanik, wie etwa Einstein:

> Die Naturwissenschaft ist nicht bloß eine Sammlung von Gesetzen, ein Katalog zusammenhangloser Fakten. Sie ist eine Schöpfung des Menschengeistes mit all den frei erfundenen Ideen und Begriffen, wie sie derartigen Gedankengebäuden eigen sind. Physikalische Theorien sind Versuche zur Ausbildung eines Weltbildes und zur Herstellung eines Zusammenhanges zwischen diesem und dem weiten Reich der sinnlichen Wahrnehmungen. [...] Wir haben gesehen, wie die Physik auf ihrem Vormarsch immer wieder neue Realitäten schuf.[162]

---

[161]Auch hier handelt es sich um einen ideologischen Streit bezüglich konkurrierender Wissensmengen, allerdings in bezug auf die Relativitätstheorie. Die Gegner der Relativitätstheorie werden persifliert, an manchen Stellen verwandelt sich ihr Gespräch in Gegacker, „die Gesichter der Anwesenden in Hühnergesichter [...]" (UG 159), bis dann zum Bild einer Hühnerfarm die Worte „Gesunder Menschenverstand, gesunder Menschenverstand" (UG 159) vernommen werden sollen.
[162]Albert Einstein/ Leopold Infeld: Die Evolution der Physik, S. 275.

Der hier thematisierte *Wandel des Realitätsbegriffs* ist auch Hieck bewusst, und immer wieder versucht er, mit Hilfe eines zufriedenstellenden Meta-Systems (vgl. 2.3.1.2) diesen Wandel zu negieren, und ein unabänderliches, beständiges Erklärungsmodell zur Wirklichkeit zu schaffen, das alle widersprüchlichen Annahmen der heterogenen Diskurse in sich integrieren kann. So meint er zu Kapperbrunn, der auf die Überholung des Kausalgesetzes hingewiesen hatte: „[...] wenn das Kausalgesetz nicht mehr gilt, so ist es, weil die Logik dawider ist... wenn wir die Logistik erst richtig ausgebaut haben werden, dann haben wir die Wirklichkeit in der Hand.“ (UG 40)[163] Inwiefern dieses idealisierte Meta-System der Logik in der Psyche Hiecks als Mechanismus fungiert, wird im nächsten Abschnitt untersucht.

[163]Ein weiterer Auszug bietet sich zu einer Entsprechung des Protagonisten Hieck mit Konzepten des kulturellen Wissens seiner Zeit an: „Im Zuge unserer Bemühungen, die Wirklichkeit zu begreifen, sehen wir uns immer wieder genötigt, unsere Ansichten zu ändern, doch stets bleibt die Entscheidung darüber, ob wir den einzig möglichen Ausweg aus dem jeweiligen Dilemma gewählt haben oder ob sich eine bessere Lösung hätte finden lassen, der Zukunft überlassen.“ Albert Einstein/ Leopold Infeld: Die Evolution der Physik, S. 269.

2.4 Implizite Ebene: Das Konzept der Person und ihrer Psychologie

Im Gegensatz zum physikalischen Diskurs ist ein psychologischer nur eingeschränkt auf der *expliziten* Textebene vorzufinden, jedenfalls kommt es nie zu einer expliziten Thematisierung einer psychologischen Wissensmenge, wie dies bei den naturwissenschaftlichen Diskursen mit deren spezialisierten Wissensmengen der Fall ist. Nichtsdestoweniger wirft der Text durch Figurencharakterisierung und Figurenverhalten eine Vielzahl von Fragen auf, die sich an das Konzept der Person und ihre Psychologie richten.[164]

So scheint beispielsweise das Verhalten Ottos an manchen Stellen – zumindest für seine Verwandten – erklärungsbedürftig,[165] die Motivation für seinen Selbstmord rätselhaft. Die eigentümliche Rolle des Vaters in der Familie, seine desintegrierende und verunsichernde Wirkung, wurde schon im ersten Teil der Arbeit angedeutet. Allein die verschiedenen Reaktionen seiner Kinder eröffnen schon eine Vielzahl von Fragen, die sich auf ihre Psyche richten: „[...] und sie alle flüchteten aus der Nacht des Vaters, und gleich ihm flüchteten sie wieder in die Nacht." (UG 30) Da der Vater nicht mehr lebt, mag es zumindest verwundern, dass ‚seine

[164]Es ist wohl überflüssig zu erwähnen, daß jeder literarische Text über eine zumindest implizierte „Psychologie" verfügt: „Denn mindestens insoweit (literarische) Texte ihre dargestellte Welt mit anthropomorphen Figuren bevölkern, machen sie – explizit oder implizit – auch Aussagen über ‚Psychisches'." Michael Titzmann: Psychoanalytisches Wissen und literarische Darstellungsformen des Unbewußten in der Frühen Moderne. In: Thomas Anz/ Christine Kanz (Hg.): Psychoanalyse in der modernen Literatur. Kooperation und Konkurrenz. Würzburg, 1999, S. 184.

[165]Titzmann spricht in diesem Zusammenhang von einer „Psychologisierung", die neben der obligatorisch immer gegebenen „Psychologie" in Texten fakultativ auftreten kann: „Von einer *Psychologisierung* soll genau dann die Rede sein, wenn ein Figurencharakter – zum Beispiel wenn der Text einer Figur Merkmale zuschriebt, die als unvereinbar gelten – oder ein Figurenverhalten – zum Beispiel wenn der Text eine Figur Handlungen begehen läßt, die als unverstehbar erscheinen – als ‚erklärungsbedürftig' erscheinen." Titzmann koppelt dabei den Begriff des ‚Erklärungsbedürftigen' an den der „Normalität": „‚Erklärungsbedürftig' ist, was textuell oder kulturell als „nicht-normal" erscheint, textuell, wenn es nicht mit einer vom Text selbst explizit oder implizit aufgebauten ‚Psychologie' übereinstimmt, kulturell, wenn es von den zeitgenössischen psychologischen Annahmen über ‚Normalität' unvereinbar ist." Zu weiteren terminologischen und gedanklichen Präzisierungen vgl.: Michael Titzmann: Psychoanalytisches Wissen und literarische Darstellungsformen. Zitate: S. 188.

Nacht' als sein zeichenhafter Fortbestand noch einen solch schwerwiegenden Einfluss ausübt, dass seine Kinder davor flüchten müssen. Bei Zweien kann die ‚Flucht' wörtlich, als eine Flucht nach Außen gelesen werden: Rudolf und Emilie. Bei den verbleibenden Kindern stellt sich die Frage, inwiefern sie ihre Flucht verwirklichen. Richard stellt hierzu folgende Überlegungen in Bezug auf ihn und Susanne an:

> Rudolf war in Südamerika, Emilie in Berlin oder vielleicht schon wieder woanders, – sie aber, die anscheinend so ähnlich und einträchtig hier beisammensaßen, wurden sie nicht ebenso in die Ferne getrieben? Denn weniger sinnfällig sicherlich, doch nicht minder wirklich, gingen sie zwei Wege, die immer weiter auseinanderstrebten, und sie alle flüchteten aus der Nacht des Vaters, und gleich ihm flüchteten sie wieder in die Nacht. (UG 30)

Auch hier ist einmal wieder die metaphorische Lesart („weniger sinnfällig") zu denken, wenn von „Ferne" und „Weg" die Rede ist. Auf entgegengesetzten metaphorischen Wegen versuchen also Richard und Susanne, den defizitären Zustand, den sie durch ihren Vater erfahren haben, zu überwinden. Dieser „Weg" stellt sich als ein psychischer Prozess dar, der ebenso in eine metaphorische „Ferne" führt.
Die folgenden beiden Unterabschnitte rekonstruieren die Psyche zweier Figuren, auf denen der Fokus der Erzählinstanz über längere Strecken liegt: Otto und Richard Hieck. Anschließend wird die dem Text zugrundeliegende Psychologie anhand weiterer Figuren ermittelt. Dabei werden nur die textinternen Daten interpretiert, eine Heranziehung zeitgenössischer psychologischer Theorien wird zunächst (bewusst) vermieden.

2.4.1 Selbstverlust: Otto

2.4.1.1 „Realitätsbesessener Unwirklichkeitssinn" und Konzept der Person

Einen Schlüssel zur Rekonstruktion der Beschaffenheit von Ottos Psyche stellt der bereits in Abschnitt 2.2.3.3 erwähnte „realitätsbesessene Unwirklichkeitssinn" (UG 62) Ottos dar, der als eine Verbindung der beiden elterlichen Realitätskonzeptionen interpretiert worden war. Zur weiteren Erhellung dieses Konzeptes trägt der folgende zitierte Abschnitt bei, der Ottos Reaktion auf Karls Idee „eines Fußballwettbüros" (UG 61) darstellt:

> Ottos realitätsbesessener Unwirklichkeitssinn war durchaus bereit, auf den anrüchigen Handel einzugehen. Er hatte kein Gefühl für Gut oder Schlecht. Wenn er einen Vorteil für sich witterte, war ihm jedes Argument recht; es war ihm gege-

> ben, in jedes moralische System, und mochte es auch das des Satans selber sein, hineinzuschlüpfen, und er tat es, ohne es zu bemerken. Das Widersprechendste fand in seiner Seele Platz, man konnte sagen, daß er seit seiner Geburt ein Doppelleben führte, mehr noch, ein dreifaches, ein vierfaches Leben, das ungeachtet seiner praktischen Nüchternheit dennoch zum Objekt der Realität wurde, untertan allen Realitätsfakten, wie immer sie sich darboten, und mit ihnen nur deshalb so sehr vertraut, weil sie in ihm zur Unwirklichkeit und zum Phantastischen umgeschmolzen wurden. (UG 62)

Diese Passage entwirft ein interessantes und komplexes Konzept von Ottos Person. Otto besitzt demnach in seiner Person (eigentlich) unvereinbare Inhalte („das Widersprechendste"), doch es bleibt nicht bei deren bloßer Präsenz, sondern diese widersprüchlichen Inhalte werden sogar realisiert („Doppelleben", „ein dreifaches, ein vierfaches Leben"). Der Wechsel zwischen diesen verschiedenen „Leben" oder ‚realisierten Personen'[166] wird durch das *Fehlen von Wertvorstellungen* bzw. einer ethischen Gesinnung („kein Gefühl für Gut oder Schlecht") bei Otto ermöglicht. Diese *Absenz eines verbindlichen Wertesystems* ermöglicht Otto nun, zur Realisation seiner widersprechenden Personanteile „in jedes moralische System" zu wechseln. Doch dieser Wechsel – und das ist ein zentraler Aspekt in Ottos Psyche – dieser Wechsel ist ihm als solcher *nicht bewusst*: „[...] und er tat es, ohne es zu bemerken." Otto verschiebt also die Grenze seiner realisierten Person im Bereich seiner potentiellen Person(en), sobald er bemerkt, dass er sich dadurch einen „Vorteil" verschaffen kann.

Diese verschiedenen realisierten Personen sind nun aber für Otto nicht bloße Rollen, zwischen denen er nach Belieben wechseln kann und deren Verschiedenartigkeit er sich bewusst wäre. Er reflektiert die Koexistenz seiner widersprechenden „Leben" niemals, sondern sie werden ihm zum „Objekt der Realität". Und hier kommt ein weiterer wichtiger Aspekt ins Spiel: Die jeweils realisierte Person Ottos richtet sich nach der momentanen Beschaffenheit der Wirklichkeit, d. h. die Psyche Ottos wird maßgeblich von den jeweiligen Umständen seiner Lebenswelt *determiniert*. Seine realisierte Person ist stets „[...] untertan allen Realitätsfakten, wie immer sie sich darboten [...]". Diese Realitätsfakten selber werden nun

[166]Dies ist wiederum an Titzmann angelehnt, der ein Kategoriensystem zur Beschreibung der Probleme des Konzepts der „Person" in der deutschen Literatur der Frühen Moderne entworfen hat. Vgl. Michael Titzmann: Das Konzept der ‚Person' und ihrer ‚Identität' in der deutschen Literatur um 1900.

aber ebenfalls innerpsychisch umgewertet, sie erhalten aus der Sicht Ottos den Status des Irrealen – eine psychische Operation, die es ihm ermöglicht, mit den wechselnden Zuständen der Wirklichkeit zu einem hohen Grad „vertraut" zu sein: „[...] und mit ihnen nur deshalb so sehr vertraut, weil sie in ihm zur Unwirklichkeit und zum Phantastischen umgeschmolzen wurden." (UG 62)
Und mit Hilfe dieser letzten Beobachtung lässt sich auch der Begriff des „realitätsbesessenen Unwirklichkeitssinns" präzisieren. Otto vollzieht meist einen zweistufigen psychischen Prozess, wenn ihm Daten der Wirklichkeit angeboten werden:

1) Zunächst *determiniert* die gerade gegebene Sachlage der Wirklichkeit, welche der potentiellen Personen Ottos realisiert werden soll. Dies wäre also die „realitätsbesessene" Komponente.
2) Dann erst *reinterpretiert* Otto die gegebene Realität mit Hilfe seiner „Phantasie" (UG 58), d. h. er schafft eine alternative Realität, die sich partiell mit der bestehenden Realität decken kann. Dies wäre die Komponente des „Unwirklichkeitssinns".
Diese These kann auch an weiteren Textstellen belegt werden. Die von Susanne und Emilie geschilderten „düsteren Vorstellungen und Erzählungen vom Stadtweiher" (UG 58) finden „in Otto ein herrlich begeistertes Publikum". (UG 58) Es handelt sich um „eine für Otto wichtige Gegend" (UG 57), einesteils wegen des Fußballplatzes,

> [...] andernteils weil den Ufern des Stadtweihers traditionsgemäß eine bedeutende Rolle im erotischen Leben der Stadt zukam, verklärt von der romantischen Erinnerung an Selbstmörderinnen, welche die feststehende Drohung, in den Stadtweiher zu gehen, wahrgemacht hatten. (UG 57)

Darüber hinaus hatte sich sogar eine jährliche Routine von Otto und Emilie entwickelt, die darin bestand, dass die beiden jährlich zur Teichkehrung (im Herbst)[167] kamen, „lüsterner Erwartungen voll, es würde aus dem grünen Schlamm und gelben Lehm der Arm oder das Bein einer vergessenen Selbstmörderin herausragen." (UG 58) Otto behält die „Gepflogenheit solch erwartungsvoller Teichinspektion" (UG 58) sogar noch bei, als „Emilie schon längst die Stadt verlassen" (UG 58) hat. Diese von seinen Schwestern gelieferten „Realitätsdaten" – die „rea-

[167]Die Jahreszeit, in der Otto Selbstmord begehen wird.

litätsbesessene" Komponente – bilden für Otto einen „primitiven, aber soliden Grundstock an Phantasien" (UG 58), den er mit seiner Art von „Unwirklichkeitssinn" nun in verschiedene alternative Varianten[168] von Selbstmordversuchen (reicher Mädchen oder Witwen) ausbaut. Dabei gestaltet er diese meist so, dass die Lebensmüden dabei umkommen. Dies hat nach Ottos Logik den Sinn, dass er in den Besitz des Geldes kommen kann, ohne die Reichen heiraten zu müssen, „da Otto sogar in seinen Phantasien solch eheliche Eindeutigkeit scheute." (UG 58) Auf jeden Fall gestalten sich diese alternativen Wirklichkeitsentwürfe stets zu Ottos Vorteil.

In noch einer Hinsicht kann die spezielle Form des Unwirklichkeitssinns Ottos präzisiert werden, und dies steht in Zusammenhang mit der in Abschnitt 2.2.3 besprochenen Realitätskonzeption der Figuren. Dort wurde gesagt, dass Otto zu jenen Figuren zu rechnen sei, deren Wahrnehmung der Realität sich stets auf das „Sichtbare", „Konkrete", „Irdische" richtet. Otto kann nachts nicht arbeiten, da sich in der Nacht „das Unsichtbare in der Welt manifestiert" (UG 21) und er „die Welt mit den Augen bewältigen will". (UG 21) Dies zeigt, dass er Daten aus der real erfahrbaren Welt braucht (erste Stufe des oben beschriebenen Prozess), um daraus seine abweichenden, variierenden Wirklichkeitsentwürfe zu bilden (zweite Stufe des oben beschriebenen Prozess). Insofern entwirft er nicht wie Richard oder Susanne eine „Wirklichkeit zweiter Ordnung" (UG 97), die – mit dem Bestreben diese zu erklären – von einer Wirklichkeit erster Ordnung abstrahiert, sondern er entwirft eine *alternative ‚Wirklichkeit erster Ordnung'*, die nicht versucht, die bestehende Wirklichkeit intellektuell zu durchleuchten bzw. zu erklären, sondern diese nur (zu seinem Vorteil) zu variieren.

Auch in dieser Hinsicht macht es Sinn, dass Otto den Unterschied zwischen sich und Richard nicht ausdrücken kann, sondern die Erzählinstanz dies für ihn übernehmen muss: „Otto dachte angestrengt nach, er konnte es nicht ausdrücken, es war zu schwierig [...]" (UG 21) Dies liegt in der Logik des Textes, denn für Otto ist die Unterscheidung in eine Wirklichkeit erster und zweiter Ordnung nicht denkbar, als eine Figur, welche die sinnlich-konkrete Realität nicht hinterfragt, sondern nur variiert. Nur Figuren wie Richard, der sich um eine abstrahierende, intellek-

[168] Der Text nennt dies „üppigere Träume" (UG 58).

tuelle Wirklichkeitsbewältigung bemüht, wäre diese Erkenntnis zuzutrauen.

2.4.1.2 Der väterliche Einfluss

Diese psychische Besonderheiten Ottos bestehen nun aber „seit seiner Geburt“ (UG 62), und dies mag zunächst Erstaunen hervorrufen, handelt es sich doch um eine von kulturellen Vorstellungen der (statistischen) Normalität stark abweichende Organisation der Psyche. Diese spezielle Qualität von Ottos Psyche ist somit nicht durch soziale Interaktion geformt, sondern bereits erblich gegeben. Eine weitere, bereits in Abschnitt 2.2.2.2 zitierte Textstelle, die sich auf Richard und Otto bezieht, stützt diese Lesart.[169]

Unter Abschnitt 2.2.2 und 2.2.3 wurde bereits gezeigt, wie die physischen Merkmale der Eltern an die Kinder weitergegeben worden sind, und dass auch Annahmen der Vererbung von ‚Wesensmerkmalen‘ bestehen. Außerdem wurde erwähnt, dass eine Art Tabuisierung des Themas Vater in der Familie Hieck besteht. Der retrospektive Umgang der Mutter mit ihrer Ehe und Andeutungen, die sich auf den Tod des Vaters beziehen, kreieren eine Aura des Geheimnisvollen um den Vater. So gibt es nur eine Stelle im Text, an welcher der Vater im Gespräch der Figuren erwähnt wird und zwar von der Mutter am Neujahrstag:

> [Sie tat] etwas, was in diesem Kreise fast noch niemals geschehen war, sie erwähnte den Vater:
> „Wenn Vater noch bei uns wäre“, sagte sie.
> Das sagte sie, und so senkte sich im sanften Bogen des Meteors jenes Bild des Todes auf sie herab, das sie doch keinen Augenblick verlassen hatte. Und der Gast, den sie in mancherlei Gestalt für das nächste Neujahr erwarteten, er trug in den Falten seines Mantels den Hauch des Todes.
> Katharine hatte keine Vorstellung mehr von dem dahingegangenen Gatten, aber unauslöschbar in ihrer Erinnerung war das Leben, das sie empfangen und empfangend weitergegeben hatte, und sie klammerte sich daran. Wohin war sie geraten? wohin wird sie noch geraten? Die Kinder, die hier saßen, waren dunkel und hatten fremde Züge, und die Kinder, die ihr ähnlich sahen, die ihre eigenen blauen Augen mitbekommen hatten, die waren weit fort. Und so sagte sie:
> „Ich mache mir keine Illusionen mehr.“ (UG 37)

[169] „Sie waren Brüder, dennoch jeder in sich verschlossen, und jeder für sich mußte mit der Aufgabe fertig werden, das in ihn versenkte Erbgut zum eigenen Sein umzugestalten.“ (UG 19)

Die Art und Weise, wie die Erwähnung des Vaters hier mit einem Konzept des Todes in Zusammenhang gebracht wird, mag Verwunderung hervorrufen. Zum einen gibt es ein „Bild des Todes", das für alle Hiecks stets präsent war, obwohl sie „fast noch niemals" darüber gesprochen haben – bei der bloßen Erwähnung des Vaters durch die Mutter ist dieses „Bild des Todes" wieder allen bewusst. Zum anderen hat diese Erwähnung eine fast mystifizierende, prophezeiende Funktion für die individuellen Zukunftserwartungen, noch dazu wenn man an Ottos späteren Selbstmord denkt. Auf jeden Fall sind es keine angenehmen Erinnerungen, die mit dem Vater verbunden scheinen und seine Erwähnung durch die Mutter mündet auch nicht in ein Gespräch, wie dies wohl zu erwarten wäre. Zudem ist der Tod das einzige, was alle mit dem Vater in Verbindung bringen.

Katharine Hieck hat zudem „keine Vorstellung mehr" von ihrem Mann, was schon fast seltsam anmuten mag und was wiederum für den unwirklichen Realitätsstatus des Vaters spricht. Aber der ‚genetische Fortbestand' des Vaters („das Leben, das sie empfangen und empfangend weitergegeben hatte") ist eine Art Ersatz für diese fehlende „Erinnerung", an die sie sich emotional bindet („und sie klammerte sich daran"). Die Teilung der Kinder in zwei Gruppen wurde schon ausführlich besprochen. Jedenfalls sind die anwesenden Kinder aus der Perspektive Katharines eher „fremd", während jene, „die ihr ähnlich" sehen, weg sind; mit anderen Worten: Otto, Susanne und Richard scheinen eher eine zeichenhafte Repräsentation des Vaters als der Mutter zu sein. Dass Katharines Ausspruch („Ich mache mir keine Illusionen mehr") als eine Absage an das väterliche Realitätskonzept gelesen werden kann, wurde schon in Abschnitt 2.2.3 erwähnt. Sie verdrängt jedwede Erinnerung an den Vater, was sogar so weit geht, dass sie seinen Anteil an der Zeugung ihrer gemeinsamen Kinder durch eine psychische Operation verdrängt bzw. leugnet: Es ist „[...] die Umdeutung der Geburten zu Resultaten unbefleckter Empfängnis" (UG 28), die ihr dies ermöglicht. Diese Tilgung des väterlichen Anteils an den Kindern in der Psyche Katharines ist ein Anzeichen, wie sehr sie die Ehe im Nachhinein aus ihrer Erinnerung verdrängt. Ob „dieser an der eigenen Person erlebte mystische Prozess" (UG 28) bewusst von Katharine wahrgenommen wird, lässt der Text offen.

Da das Verhältnis Katharines zum Vater einen Schlüssel zum Verständnis für die psychischen Besonderheiten der ganzen Familie darstellt, soll

Katharines „Umdeutung“ anhand folgender Passage noch genauer interpretiert werden:

> Denn als sie heiratete, da standen die Begriffe von Erwünschtem und Unerwünschtem, von Lobens- und Tadelnswertem, von Richtigem und Unrichtigem, Erlaubtem und Unerlaubtem in Katharine Hieck bereits fest, sie waren von ihrer ländlichen Kindheit bestimmt, waren sicherlich älter als ihr bewußtes Denken, und an ihnen war nicht mehr zu rütteln: als sie sich aber für Hieck entschlossen hatte – noch immer verstand sie nicht, wie dies geschehen -, da war es dieses völlig andersartige Wesen, das sie zu ihren eigenen Idealen umdeuten mußte und das sie trotzdem zwang, sich von all den festgewurzelten Begriffen loszureißen. Dies hatte eine ungeheuere, kaum zu bewältigende Phantasiearbeit gekostet, die zwar niemals ins Bewußtsein gedrungen, dennoch so quälend war, daß Katharine Hieck die Wirrnis und Dunkelheit ihres Ehelebens als Strafe für den Verrat an ihren eigenen feststehenden Idealen zu begreifen trachtete, um so mehr, als die gerechte Verteilung von Schuld und Sühne gleichfalls zu diesen Idealen gehörte. Und eine solche Gedankenreihe pflegte sie mit einem »Jetzt mache ich mir keine Illusionen mehr« zu beschließen. (UG 84f.)

Bevor Katharine also ihren Mann ehelichte hatte sie ein *klar definiertes, feststehendes Normen- und Wertesystem* verinnerlicht, das ihr selbstverständlich und nicht zu hinterfragen war. Dieses Normen- und Wertesystem stammte aus ihrer „ländlichen“ Sozialisation. Die Ehe mit Hieck gleicht nun aber einem radikalen *Umwertungsprozess* für Katharine und bringt sie in einen *inneren Konflikt.* Zum einen verlangt ihr verinnerlichtes Wertesystem, ihren Ehemann zu „ihren eigenen Idealen um[zu]deuten“, andererseits zwingt dieser sie zur Aufgabe dieses Wertesystems, „sich von all den festgewurzelten Begriffen loszureißen.“ Diesen inneren Konflikt versucht Katharine nun durch einen psychischen Prozess zu lösen, den sie „Phantasiearbeit“ nennt, der sich im Nicht-Bewussten abspielt („niemals in Bewusstsein gedrungen“), und der für sie belastend („quälend“) wirkt. Sie interpretiert die Belastung, den defizitären und unbefriedigenden Zustand („Wirrnis und Dunkelheit ihres Ehelebens“) aber interessanterweise nach ihrem ursprünglichen Wertesystem, nämlich als „Strafe“ für einen „Verrat“ an diesem. Somit hat sie sich nie vollständig ihres ursprünglich verinnerlichten Wertesystems entledigt, sondern benützt dieses in einer psychischen Strategie, bei der sie ihr unbefriedigendes Eheleben als selbstverschuldet erklären kann: Wer gegen dieses Wertesystem handelt, wird von ihm bestraft.

Otto wird nun auch in dieser Hinsicht dem Vater angenähert. Wie oben gezeigt wurde, hat auch er kein verbindliches Wertesystem, ihm ist es vielmehr gegeben, „in jedes moralische System [...] hineinzuschlüpfen" (UG 62), wobei es keine Grenzen gibt: „[...] und mochte es auch des Satans selber sein." (UG 62) Der Vater und er werden außerdem auch fortlaufend im Text mit dem Tod in Verbindung gebracht, was sehr auffällige Ausmaße annimmt, und auch darüber wird Otto dem Vater angenähert. So wird etwa Ottos Haut nicht mit dem lebenden Exemplar des Vaters, sondern mit dem toten, dem „Leichnam" verglichen:

> Es war die gleiche Haut, die gleiche haarlose knochige Jünglingsbrust, wie sie der *tote* Vater gehabt hatte, als man seinen Leichnam wusch. (UG 21)

Dieser Vergleich ist wohl nicht gerade die konventionelle Art, zwischen Vater und Sohn Parallelen zu ziehen. Weiter oben war schon die Stelle zitiert worden, als die Mutter den Vater erwähnt, und aufgrund dessen „sich im sanften Bogen des Meteors jenes Bild des Todes" (UG 37) auf die Familie herabsenkt. Das Lexem „Meteor" taucht an späterer Stelle nochmals in Zusammenhang mit Otto – und mit dem Tod – auf, als seine Mutter wissen will, warum Otto so aufgeregt ist:

> „Du hast keine Rechenschaft von mir zu fordern, du nicht", fauchte Otto seine Mutter an.
> Unvermittelt gleich dem Wunder ist das Böse, ist das Irrsinnige in der Welt vorhanden, meteorgleich stürzt es ins Leben und trägt den Tod in sich, unerfaßbar allem Denken. (UG 101f.)

Auf das Stichwort des Irrsinnigen, welches den Tod in sich trägt, wird gleich noch näher eingegangen, doch zuerst sollen weitere Parallelisierungen von Vater und Sohn zusammenfassend wiedergeben werden. Wie Otto alleine Selbstmord begeht, so ist auch der Vater alleine gestorben: „[...] niemand war bei dem Vater gewesen, nicht einmal die Mutter, als er starb." (UG 56) Wie der Vater ums Leben kam, wird allerdings weder erzählt, noch von den Figuren besprochen. Ottos Affinität zu den Selbstmordgeschichten im Stadtweiher wird noch ergänzt durch weitere Stellen, an denen er sich Todesphantasien hingibt. Beispielsweise fragt er Karl:

> „Weißt du, was der schönste Tod ist?"
> „Ja, gehenkt werden... du weißt schon warum." Karl lachte dreckig.

> Otto hatte was anderes gemeint, obwohl es irgendwie ähnlich war, nur etwas weniger mörderisch, sondern mehr dahinschmelzend in einem Ewigkeitskuß. Aber wahrscheinlich ist es das nämliche, und deshalb schwieg er. (UG 61)

Otto kommuniziert seine wahre Vorstellung vom „schönsten Tod“ nicht an Karl, sondern behält diese für sich, obwohl Karl eindeutig eine andere Idee davon hat. Und auch der Vater hat des öfteren vom Tod gesprochen, wie Richard einmal auf dem Weg zur Sternwarte einfällt:

> Und plötzlich fiel ihm der Vater ein: der Vater hatte gleichfalls vom Tode gesprochen, er hatte den Tod gemeint, als er die Nacht liebte. (UG 129)

Somit wird die atypische Anziehungskraft des Nächtlichen mit einer Anziehungskraft des Todes gleichgesetzt, die auf den Vater gewirkt habe. Und als Otto tot ist, heißt es schließlich: „Otto hatte zu seinen Vätern heimgefunden.“ (UG 134) Dies ist eine Wendung, die zumindest seltsam klingt und die in Verbindung mit all den zuvor erwähnten Parallelisierungen eine Lesart zumindest ermöglicht, die an die Analogien zwischen Otto und Vater anschließt.[170]

Es wurde gezeigt, dass Otto sich auf seine Art und Weise mit dem Thema Tod bereits viel früher auseinandersetzt, als es für seine Verwandten den Anschein haben mag. Nun gilt es, den ‚Weg‘ zu Ottos Selbstmord zu rekonstruieren.

2.4.1.3 Der ‚Weg‘ zum psychischen Selbstverlust und zum Selbstmord

Otto ist von Anfang an mit seiner Lebenssituation unzufrieden und fühlt sich gegenüber Richard und Susanne benachteiligt.[171] Diese Unzufrie-

[170]Eine – zugegebenermaßen sehr gewagte – Hypothese betrefflich des Plural „Väter“ wäre denkbar: Wenn Otto eine Vielzahl alternativer Wirklichkeiten aufgebaut hat, die seinen verschiedenen realisierten Personen zugeordnet sind, dann würde auch der Plural Sinn machen, wäre doch jeder dieser Wirklichkeiten ein Vater zugeordnet. Diese Hypothese ist nicht weiter verifizierbar, aber sie wäre ein Angebot, den Plural zu erklären.

[171]Dies merkt man beispielsweise an seiner beruflichen Enttäuschung, die nur eine Facette von Ottos Frustration darstellt „wenn er mit übertriebener Resignation darauf hinwies, daß er wegen des mangelnden Geldes gezwungen gewesen sei, auf den ersehnten Beruf eines Kunstmalers zu verzichten und statt dessen die Stellung eines Lehrlings in einer graphischen Werkstätte anzutreten.“ (UG 17)

denheit steigert sich immer mehr im Verlaufe seiner Geschichte.[172] Zum einen würde er gerne sein künstlerisches Potential[173] ausleben, wozu der Familie das Geld fehlt. Zum anderen hätte er überhaupt gerne mehr Geld zur Verfügung, um sich spezielle Wünsche, wie etwa ein Motorrad, mit dem er Mädchen beeindrucken kann,[174] zu erfüllen. Ihm fehlt ferner die soziale Anerkennung, die er sich erwartet.[175] Diese Frustrationserfahrungen Ottos können als Absenz des Wertes „Leben im emphatischen Sinn" beschrieben werden, der bereits in Kapitel 2.2.5 eingeführt wurde.[176]

Dieses erfahrene Defizit versucht er auf verschiedene Art und Weise zu überwinden. Es können dabei wenigstens drei Varianten unterschieden werden:

Typ A: Die erste wird ihm durch Richards Nachtdienst ermöglicht, was ihm die Gelegenheit für nächtliche Ausflüge eröffnet:[177] Bei diesen Ausflügen besucht er ein Café, in dem er als „Schnellkarikaturenzeichner"

---

[172]Auf das Beispiel des Berufs bezogen findet sich folgende Textstelle: „‚Wenn du nur schon in deinem Saukloster hocken würdest.' [...] ‚Du dicker Kerl', schrie Otto, ‚du hast leicht reden' [...] ‚Ihr,...ihr tut, was euch behagt...aber ich...habe ich Maler werden dürfen?...he?'" (UG 100f.)

[173]Daß Otto wirklich Talent hat, zeigt sich an der „Auszeichnung" an einer Kupfersticharbeit arbeiten zu dürfen, ebenso wie an Haubigls Einschätzung: „Du wirst noch ein besserer Maler als die Gimpel von der Akademie." (UG 109)

[174]„Wenn man ein Motorrad hätte, könnte man am Fluß hinunter in die Gleuringer Au fahren; da käme jede gerne mit." (UG 75)

[175]Drei Beispiele hierfür: Als Otto erzählt: „Ich lerne jetzt Kupferstechen", antwortet Richard: „Das braucht doch kein Mensch mehr." Worauf der Text kommentiert: „Das war eine etwas grausame Antwort [...]" (UG 21). An anderer Stelle verwehrt ihm Karl die Anerkennung auf seine Zukunftspläne: „Ein Maler verdient nichts", worauf Otto verletzt entgegnet: „So?... fast jeder Maler fährt im eigenen Auto." (UG 75) Gegenüber Haubigl kommt Otto zu der „theatralischen" Einsicht: „Aus mir wird nichts mehr." (UG 110)

[176]Wobei Otto der ersten beschriebenen Variante des emphatischen Leben zuzurechnen ist, die sich am ‚Irdischen' und direkt Wahrnehmbaren orientiert. Als Beleg nur diese Textstelle: „[...] seine Welt war von menschlichen Dimensionen, seine Wünsche, seine Liebe, seine Freuden, seine Feste waren im Kreise des Erreichbaren eingeschlossen." (UG 34)

[177]„Der Nachtdienst Richards war für ihn ein richtiges Gottesgeschenk geworden. Kaum daß es im Hause ruhig wurde, entschlüpfte er und verfügte sich in ein Café [...]." (UG 46)

(UG 46) einen Teil der Anerkennung findet, die ihm ansonsten fehlt. Darüber hinaus eröffnet sich ihm auch die Möglichkeit zu erotischen Abenteuern.[178] Dieses nächtliche Leben empfindet Otto zunächst als befriedigend.[179] Jedoch wird dies durch eine Szene in Frage gestellt, bei der Otto „zum Heulen zumute" (UG 47) ist, als er sich auf ein solches Abenteuer einlässt. Obwohl er die „unbekannte", „mütterliche" (UG 47) Frau anfangs begehrt, erlahmt dieses Begehren „plötzlich" (UG 47), um dann zu Hause wieder zurückzukehren. Sein körperliches Begehren entbehrt einer emotionalen Grundlage, er liebt die Frau nicht. Seine inneren Befindlichkeiten werden an dieser Stelle nicht wiedergegeben. Warum ihn letztlich „lautloses, hemmungsloses, hoffnungsloses Schluchzen" (UG 47) durchschüttelt, bleibt offen. Nur kann gesagt werden, dass diese Art von Realisationsversuch des emphatischen Lebens (mittels erotischer Abenteuer) scheitert, wie seine „hoffnungslose" Stimmung zum Ausdruck bringt.

Typ B: Eine zweite Strategie, die Frustrationen seiner Lebenswirklichkeit zu beseitigen, sind die schon erwähnten „Träume" (UG 58), in denen er sämtliche Defizite der Realität überwinden kann: er bekommt die *soziale Anerkennung*, die „dem kühnen und edlen jungen Mann" (UG 58) zusteht; er kann das *künstlerische Potential* „des jungen und genialen Kunstmaler[s]" (UG 58) *verwirklichen*, indem „mit einem hinterlassenen Testament die Zukunft und die römische Ausbildung des jungen Genies" (UG 58) sichergestellt wird;[180] schließlich erlangt er den subjektiv wichtigen *Wert ‚Geld'*, indem er stets „in den Genuss des erstrebten Vermögens" (UG 58) kommt. Nur eine bindende Beziehung zur Erretteten kommt für ihn nicht in Frage, der Wert ‚Geld' ist dem einer möglichen Partnerschaft klar übergeordnet. Da diese erträumten Realisationsversuche jetzt

---

[178] „[...] die Frauen nahmen sich seiner an, gerührt ob seiner frechen Zartheit und seiner Neigung zu einer sanften Verlotterung." (UG 46)

[179] „Otto war mit alldem sehr zufrieden, und nur der Zwang, vor Richard daheim eintreffen zu müssen, ging ihm wider den Strich." (UG 46)

[180] Für den Kontext vgl.: „[...] da war zum Beispiel das reiche Mädchen, das zur Not auch eine reiche Witwe sein durfte und zu deren Obliegenheiten es gehörte, in rasendem Liebesschmerz um den jungen und genialen Kunstmaler Otto Hieck den unerbittlichen Weg in den Weiher anzutreten, auf daß sie mit einem hinterlassenen Testament die Zukunft und die römische Ausbildung des jungen Genies sicherstelle." (UG 58)

aber nur „häusliche Phantasien“ (UG 59) darstellen, eignen sie sich nicht zur dauerhaften Überwindung des Frustrationszustandes.

Typ C: Der Wert ‚Geld‘ ist in der Tat ein wichtiger Orientierungspunkt in Ottos Wirklichkeit, zumal er ja keinem „moralischem System“ angehört und somit dieser einzelne Wert um so stärker wiegt. Um an Geld zu kommen, greift er auch auf die Eigenschaften seiner Mutter zurück:

> [...] in allen praktischen Belangen, und gar dort, wo Geldinteressen auftraten, da wurde Otto, trotz aller äußeren Ähnlichkeit mit dem Vater, zum Sohn seiner Mutter, zupackend und nüchtern, jederzeit bereit, aus dem Gegebenen das Beste herauszuholen [...] (UG 19)

Diese Fähigkeit beweist er auch an Neujahr, als er trotz des Widerspruchs Susannes und Ottos von der Mutter Geld für Wein bekommt. (vgl. UG 33f.) Als er aber das „notwendige Kapital“ (UG 61) auftreiben will, um mit Karl ein Fußballwettbüro betreiben zu können, gestalten sich die Dinge etwas schwieriger. Auch dieser Realisationsversuch wird scheitern.
Zwei Prozesse überlagern sich in der Entwicklung Ottos, die aufeinander bezogen sind. Zum einen kommt es zu einer fortlaufenden *Verstärkung der soeben beschriebenen Frustrationserfahrungen*, zum anderen *verliert* Otto nach und nach *seine psychische Selbstkontrolle.* Es wird nun versucht, diese beiden Prozesse zu rekonstruieren.
Als Otto sich das Geld für das gemeinsame Projekt mit Karl beschaffen will, denkt er zunächst daran, es sich selber zu „klauen“. (UG 62) Doch als er mit Karl im Stadtweiher schwimmt, kommt ihm ein neuer Einfall:

> Er hatte plötzlich einen nicht zu bezähmenden Hunger nach dem Geld. Und gleichzeitig verlangte gebieterisch etwas in ihm, daß ein anderer es ihm verschaffen müsse, gebieterisch und spielerisch hatte es ihn gepackt, daß Karl derjenige sein müsse, der der Mutter das Geld abzugaunern hätte. Es beängstigte ihn und lockte ihn zugleich. (UG 75)

Hier setzt ein mit ambivalenten Gefühlen („beängstigte und lockte zugleich“) besetzter Prozess ein, den Otto nicht kontrollieren kann („nicht zu bezähmen[ ]“). Der Ursprung der treibenden psychischen Kraft wird dabei nicht genauer präzisiert, sondern nur als „etwas in ihm“ genannt. Auf jeden Fall ist diese treibende Instanz dem nicht-bewussten Teil der Psyche zuzurechnen. Als sich dieser Einfluss das erste Mal manifestiert, hat es sogar solche Auswirkungen auf Otto, dass er fast im Stadtweiher ertrinkt.[181] Als Otto Karl mit dem Hintergedanken zu sich nach Hause einlädt, dass Karl später das Geld stehlen könne, manifestiert sich diese nicht-bewusste Kraft wieder:

> Es war nicht anders als damals, als er zum ersten Male zu einer Frau gegangen war, und er wußte nicht, was ihn jetzt überkommen hatte. Es war ja über nichts geredet worden, und nichts war geschehen. Doch es war ein Wissen von etwas da, das ihn lockte und würgte und das er nicht benennen konnte. Und obwohl er sich nichts anmerken ließ, war es ihm wie das Geständnis eines Verbrechens, als er seiner Mutter von dem bevorstehenden Besuch Mitteilung machte. (UG 75f.)

Wiederum stellt sich diese Kraft als etwas dar, das mit *ambivalenten Gefühlen* verbunden ist („lockte und würgte") und von Otto gedanklich weder erfasst noch identifiziert werden kann („das er nicht benennen konnte"). Zudem unterliegt diese Kraft nicht dem kontrollierenden Einfluss seines Willens, sondern stellt eine Größe dar, die sich seiner bemächtigt („was ihn jetzt überkommen hatte"). Aus diesen beiden Beobachtungen lässt sich schließen, dass es sich also um eine (zunächst) *nicht bewusstseinsfähige Kraft* handelt, die sich nur über *unerklärliche Einflüsse im Bewusstsein Ottos manifestiert.* Hinzu kommt – und das wird sich noch als rekurrentes Phänomen erweisen –, dass Otto *weder* diese psychische Erfahrung *noch* seine Handlungsabsichten *kommuniziert* („es war ja über nichts geredet worden" – „er sich nichts anmerken ließ"). Interessant ist noch die Beobachtung, dass Otto seine erfahrenen *körperlichen und psychischen Symptome* mit jenen gleichsetzt, die er bei einer ersten erotischen Begegnung hatte. Dies lässt an die nächtliche Szene im Stadtpark denken.

Ottos Plan, Karl das Geld stehlen zu lassen, scheitert schon, bevor er Karl überhaupt in diesen Plan einweiht.[182] Karl entwickelt offenkundig ein erotisches Interesse für die Mutter,[183] diese wiederum nach einer ers-

[181]Wiederum entspricht es einer dem Text zugrundeliegenden Logik, daß sich Otto zu Beginn seines psychischen Desintegrationsprozesses am Ort seines späteren Selbstmordes befindet, zudem sich im Wasser befindet und dabei nahezu ertrinkt.

[182]Erst als die Mutter Karl schon längst in ihre Gunst aufgenommen hat, erwähnt Otto fast beiläufig den Wäscheschrank, wo die Mutter das Geld aufbewahrt. (vgl. UG 89)

[183]Nach der – in der nächsten Fußnote beschriebenen – ersten Begegnung zwischen Katharine und Karl dauert zumindest bei Karl das erotische Interesse an: „Aber es

ten (nur *latent*) erotisierten Begegnung[184] eine „zusätzliche Mütterlichkeit“ zu dem ihr sympathischen Karl, die sie als unbelasteter und freier empfindet, als jene zu Otto.[185] Anstatt einen Schritt in seinem Plan weiterge-

---

nützte nichts, es war stärker als er: am nächsten schulfreien Nachmittag war Karl in der Hieckschen Wohnung, noch ehe Otto von der Arbeit kam.“ (UG 78)

[184]Es baut sich bei der ersten Begegnungsszene förmlich eine erotische Spannung zwischen Katharine und Karl auf, die schließlich von Susanne unterbrochen wird. Zunächst sind die Jalousien geschlossen, „das Zimmer dunkel“ (UG 76). Karl nimmt sofort Katharines Körper war: „Karl starrte auf ihre weißen Arme.“ (UG 76) Als Katharine erwähnt, sie müsse Karl ob seiner Körpergröße eigentlich mit „Sie“ anreden, errötet dieser „bis unter die blonden (!) Haare“ (UG 76), worauf sich ein universelles Schweigen im Raum ausbreitet. (Auf die Korrelation zwischen der blonden Haarfarbe und der bejahenden Einstellung gegenüber Sexualität wurde schon unter Abschnitt 2.2 eingegangen.) Katharine schweigt, „weil sie den Blick des Jungen auf ihren Armen und Brüsten spürte und nicht geistesgegenwärtig genug war, um von Belanglosem sprechen zu können.“ (UG 76) Schließlich wird Katharine noch nahezu idealisierend mit einer „Rubensfrau“ verglichen, „zeitlos weltlich [...] ohne Alter [...] ewige Gebärerin, dennoch kinderlos, da nur ihr Geliebter ihr Kind sein kann.“ (UG 77) Susanne öffnet die Fenster, worauf Karl Schweißperlen „auf dem blonden (!) Nacken“ (UG 77) Katharines wahrnimmt und gehen will, da die intime Idealisierung gestört wurde.

[185]Ob sich tatsächlich ein erotisches Verhältnis zwischen Karl und Katharine entwickelt, wird im Text nie restlos bestätigt oder verworfen. Es bleibt bei absichtlich versteckten, unklaren Andeutungen. Daß Katharine in Karl einen ihr wesensnäheren Sohn sieht, geht aus dem folgenden Abschnitt hervor: „Und seitdem Karl Wohlfahrt ins Haus kam, schwiegen sogar ihre Heiratsillusionen. Sie hatte eine gewissermaßen zusätzliche Mütterlichkeit gefunden, unbelastet von dunkler Herkunft war dieses Gefühl, eine gewissermaßen leichter disponible und freiere Mütterlichkeit als jene, die sie etwa Otto gegenüber aufbrachte. Mag sein, daß das bäuerliche Blut, das in Karls Adern rollte, die Wahlverwandtschaft bedingte, mag sein, daß dieser vom Lande stammende, zu den städtischen Großeltern verbannte Knabe ihr als Spiegelbild eigenen Schicksals diente, genug an dem, sie fütterte ihn mit Kaffee und Kuchen.“ (UG 86) Wenn nun aber „nur ihr Geliebter ihr Kind sein kann“ (UG 77) und Karl sozusagen ein ideales Kind darstellte, dann spielt der Text zumindest mit dieser Zweideutigkeit. Zwar scheinen Ottos Verdächtigungen eines erotischen Verhältnisses, die sich am Schluß immer mehr häufen, zum Großteil unberechtigt, dennoch läßt der Text die Frage bewußt offen. Als Otto das letzte Mal panisch die Wohnung verläßt, weil er vermutet, Karl habe der Mutter einen nächtlichen Besuch abgestattet, wundert sich Richard, daß die Mutter schon wach und angezogen ist: „Er konnte sich's nicht zusammenreimen, daß sie plötzlich dastand, sogar schon im Schlafrock, und er war so überrascht, daß er bloß hervorbrachte: ‚Du bist schon angezo-

kommen zu sein, schafft Otto sich somit noch ein zusätzliches Defizit: er verliert die Aufmerksamkeit der Mutter an Karl, zu dem sie eine „Wahlverwandtschaft“ (UG 86) entwickelt. Dies ruft wiederum einen negativen Gemütszustand bei Otto hervor und er empfindet Karl fortan als Konkurrenten: „Otto, welcher all dies beobachtete, stand den Dingen mit Eifersucht und Unbehagen und Angst gegenüber, aber er schwieg.“ (UG 86) Wiederum zeigt sich Ottos typische Reaktion, nämlich dass er den Zustand seiner Innenwelt nicht kommuniziert, sondern eher noch überspielt: „Im Gegenteil: Karl war avanciert.“ (UG 86) Er nimmt die Mutter mit zu einem Fußballspiel und preist den Konkurrenten an: „Hast du den Karl jetzt gesehen...tadellos?“ (UG 88)
Ottos Haltung gegenüber seinen Verwandten wird immer aggressiver und er grenzt sich nach und nach aus der Familie aus, deren integrative Funktion ohnehin nie vollständig gegeben war, was noch auf die Nachwirkungen des väterlichen Einflusses zurückzuführen ist. Er befindet sich in einem Prozess der zunehmenden *sozialen Isolierung*:

> Im übrigen trieb er es jetzt ärger als je. Jeden Abend entwischte er. Unausgeschlafen, mit Ringen unter den Augen, schlich er tagsüber umher, gereizt gegen jedermann und in steter Abwehr. (UG 89)

Otto zieht sich immer mehr in sich zurück und beginnt die *Idee einer Verschwörung* aufzubauen, nach der Karl das Geld von der Mutter geschenkt bekommen hätte und ihm dies verschwiege.[186] Bei verschiedenen Gelegenheiten stürmt er überraschend in Zimmer der Wohnung, um Beweise für seine Theorie zu finden und Mutter und Karl durch detektivische Fangfragen zu überführen.[187] Er hat damit keinen Erfolg und sein Gefühl der *sozialen Ausgrenzung* verstärkt sich: „Otto stand

---

gen?‘“ (UG 131) Hier wird die Richtigkeit von Ottos Annahme also zumindest als möglicherweise richtig angedeutet.

[186] „Der Verdacht wuchs, daß sie es dem Karl geschenkt hat und daß ihm dies von den beiden verheimlicht wurde. Was war zwischen den beiden vorgefallen?“ (UG 111)

[187] Hier sollen zwei Beispiele von vielen genügen: „Otto holte sein Rad aus dem Fahrradständer im Hofe und fuhr gehetzt davon. Zu Hause schlich er die Stiege hinauf, schlich in die Wohnstube und stürmte dann überfallsmäßig in das Zimmer seiner Mutter: ‚Ist Karl da?‘ ‚Nein‘, gab sie ruhig zurück [...] Das war Enttäuschung und Erleichterung zugleich.“ (UG 110)
„[Karl] wurde von Otto hinterlistig begrüßt: ‚Du hast mich schon gesucht, sagt die Mutter.‘ Er prüft Karls Augen, ob sie einen besonders glückhaften liebebefriedigten Ausdruck trugen.“ (UG 111)

> vor einer Mauer und hatte das Gefühl, sich an ihr den Schädel einrennen zu müssen." (UG 111)

Allmählich ist ein Stadium in der Entwicklung Ottos erreicht, in dem ihm die Abläufe als *vorbestimmt* und *irreversibel* erscheinen:

> Während er aß, war ihm wieder einmal zum Weinen. Warum gab es kein Zurück? Warum mußte er sich den Kopf an einer Mauer einrennen, die zu errichten ihm niemand befohlen hatte? Etwas hatte ihn erfaßt, das er nicht benennen konnte [...]. (UG 112)

Wieder wird eine Wirkgröße gedacht, die für Otto *nicht bewusstseinsfähig* ist und die bewirkt, dass er einem *zwanghaft* scheinenden *Prozess* („Warum gab es kein Zurück?) unterliegt. Zudem ist nach dieser Einsicht die Isolation, in die sich Otto begibt, eine von ihm herbeigeführte („die zu errichten ihm niemand befohlen hatte"). Die für Otto nicht erfassbare und artikulierbare Wirkgröße kann nur *ex negativo* beschrieben werden:

> Etwas hatte ihn erfaßt, das er nicht benennen konnte, aber er ahnte, daß es das Gegenteil alles dessen war, was er hier sah, ja, man konnte wohl sagen, was er nun zum erstenmal sah: die langsam und gleichmäßig schälenden Arme seiner Mutter, die Aprikosen, die gleichmäßig in das Gefäß fielen, er sah zum erstenmal diese Küche, die Geräte an dem Wandregal, jedes einzelne wollte er benennen, den Quirl, den Schaumschläger, die Reihe der hölzernen Kochlöffel, und indem er sich gleichzeitig wunderte, daß er all dies noch nicht abgezeichnet hatte, befiel ihn ungeheures Mitleid mit sich selbst und ungeheure Bangigkeit. Welch grausame furchtbare Macht hatte ihn erfaßt und stand all dem feindlich gegenüber? (UG 112)

Der Anklang an die Passage, die den Vater als jemand charakterisiert, der die realen Objekte der Wirklichkeit ablehnt, ist nicht zu übersehen.[188] Unter dem Einfluss der „grausamen furchtbaren Macht" nimmt Otto „nun zum erstenmal" die realen Objekte seiner vertrauten Lebenswirklichkeit wahr. Diese Objekte kann er benennen, im Gegensatz zu der

---

[188]Vgl.: „[...] der jeden Gegenstand, auf den er fiel, ablehnte, dennoch ihn seltsam verändernd; es war ein Ablehnen alles dessen, was zutage lag, und es war der Blick und das Auge eines Nachtmenschen, von dem man nicht wußte, wann er eigentlich schlief, wunderte man sich doch stets aufs neue, daß er Speisen zu sich nahm." (UG 16)

ihm unbekannten, *ich-dystonen*[189] *Wirkgröße*, die seine *psychische Selbstbestimmung gefährdet* und seiner Lebenswirklichkeit „feindlich gegenüber" steht. Es ist Otto nicht möglich, die ihn unterwerfende „Macht" zu *versprachlichen.*

Das Selbstmitleid Ottos, das hier zum ersten Mal explizit benannt wird („ein ungeheures Mitleid mit sich selbst"), verstärkt sich in der Folge weiterhin. Auch die oben erwähnte *Idee der Verschwörung* taucht in einer weiteren Passage explizit auf:

Otto hatte das Gefühl, als hätten sich alle gegen ihn verschworen. Wo es anging, hielten sie gegen ihn zusammen. Er war ausgestoßen. Welche Sprache redeten sie? sie bewegten die Lippen, und sie verständigten sich mit etwas, das aus ihren Mündern herauskam. Aber er, er vermochte nicht mehr, sich ihnen verständlich zu machen. Sahen sie nicht, was vorging? (UG 113)

Die Isolation Ottos hat sich nun bis auf eine fundamentale Ebene erweitert: Es fehlt ein gemeinsames Verständigungsmittel zwischen ihm und seiner Umwelt. Weder kann er entschlüsseln, was die anderen kommunizieren, noch kann er sich in deren semiotischem System ausdrücken. Zu all den verstärkten Frustrationserfahrungen Ottos gesellt sich nun noch die der *sprachlichen Isolation.*[190]

---

[189]Vgl. Michael Titzmann: Das Konzept der ‚Person', S. 37: „Die Erfahrungen des Ich mit sich untergliedern sich in dieser Literatur in solche, die das Ich als nicht zu sich gehörig, und solche, die es als zu sich gehörig empfindet: *ich-synton (icheigen) vs ich-dyston (ichfremd).*"

[190]Dies stellt freilich nur den Endpunkt in einer Entwicklung dar. Otto hat stets Schwierigkeiten, seine Gedanken in Worte zu fassen und häufig unterläßt er es aufgrund dessen gänzlich sich mitzuteilen. Es folgen drei Beispiele (von vielen): „Otto dachte angestrengt nach, er konnte es nicht ausdrücken, es war zu schwierig, denn es war der Bruch in der Seele dieses verhinderten oder künftigen Malers [...]" (UG 21); Als Karl Otto auf die Frage nach dem schönsten Tod „gehenkt werden" zur Antwort gibt, heißt es: „Otto hatte was anderes gemeint, obwohl es irgendwie ähnlich war, nur etwas weniger mörderisch, sondern mehr dahinschmelzend in einem Ewigkeitskuß. Aber wahrscheinlich ist es das nämliche, und deshalb schwieg er." (UG 61); Es ist Haubigl, der einen der wenigen einfühlsamen Versuche startet, Otto zum Reden zu bringen. Doch Otto schweigt, obwohl er gerne reden würde: „Stumm ging Otto zum Wandbrunnen, entledigte sich seiner blauen Arbeitsbluse, wusch sich, zog seine Jacke an. Er hätte gerne gesprochen, doch es würgte ihn im Halse." (UG 110)

Otto verliert sich immer mehr in seiner *Idee der Verschwörung* und seine Fixierung darauf scheint *zwanghaft*. Dies geht sogar so weit, dass er sich Sachen einredet, die gar nicht stimmen. So sucht er beispielsweise im Zustand „voller Angst“ (UG 128) den Dietrich, den er für Karl gebastelt hat, weil er annimmt, dass Karl ihn heimlich weggenommen hat. (vgl. UG 128) Als die Mutter aber nach Ottos Tod dessen Sachen aufräumt, fällt der Dietrich „aus einer Hosentasche“ (UG 132), womit klar ist, dass er stets in dessen Besitz gewesen sein war.
All die beschriebenen Phänomene in ihrer Gemeinsamkeit bewirken schließlich den psychischen Selbstverlust[191] Ottos, der sich als Endresultat eines als zwanghaft und unvermeidlich gedachten Prozesses der Verunsicherung darstellt und dessen verursachende Größe sprachlich nicht mehr ausgedrückt werden kann. Ottos Selbstmord ist nur der Schlusspunkt dieser Entwicklung. Auf der folgenden Seite findet sich dieser Prozess nochmals in überblicksartiger Darstellung:

---

[191] Zum Begriff des „Selbstverlusts“ vgl. Michael Titzmann: Das Konzept der Person, S. 39.

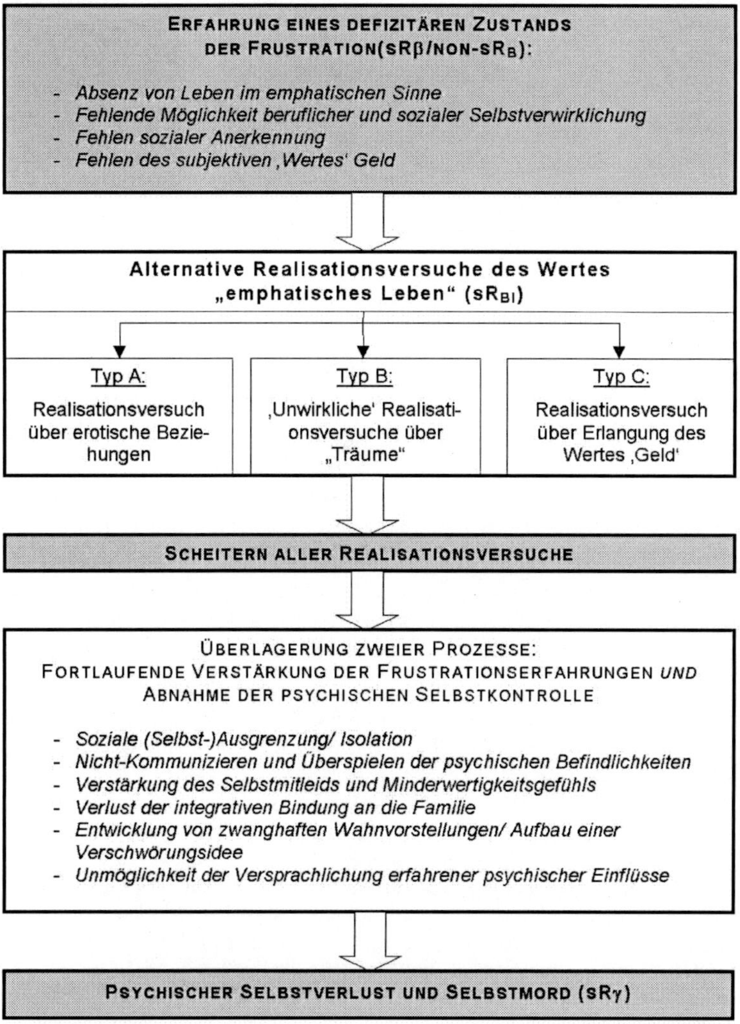

Abbildung 7: Der „Weg“ zu Ottos psychischem Selbstverlust

2.4.1.4 Die Beurteilung von Ottos Verhalten durch andere Figuren

Da Otto seine innere Erlebniswelt nie erfolgreich mitteilt, nimmt seine Umwelt erst spät anhand seiner resignativ-depressiven Äußerungen[192] oder seiner äußeren Aufgeregtheit von seiner besorgniserregenden Veränderung Kenntnis. Es ist aber eigentlich nur Haubigl, der zu ergründen versucht, was Otto bewegt. Selbst als Otto sich tot wünscht (vgl. UG 101), wird er nicht ernst genommen. Richard kommentiert es als „kindische [ ] Wichtigtuerei" (UG 101) und beschimpft ihn als „Idiot, Kretin". (UG 101) Auch Susanne ist nicht aus ihrer „Gotteswelt" herauszulocken, selbst als Otto sich den Spielregeln ihres Diskurses anpassen und „beichten" (UG 113) will. Otto bringt seine diesbezügliche Frustration rabiat zum Ausdruck: „[...] die faselte immer von der christlichen Nächstenliebe und saß trotzdem da und fraß genau so stumpf das Futter in sich hinein wie die anderen." (UG 113) Otto ist auch in seinem eigenen Zimmer nicht immer erwünscht. Richard ist diesbezüglich nicht gerade feinfühlig. Ihn beschäftigen andere Dinge: „Kein Zweifel, Ottos Verhalten war lästig, im Grunde wünschte er ihn zum Teufel – ja, das hatte er schon einige Male getan; irgendwie hing das mit Ilse zusammen [...]." (UG 128)

Es stellt sich nun aber die Frage, ob das Verhalten Ottos aus der *Figurensperspektive* als *pathologisch* eingestuft wird. Obwohl zwar in seinem Zusammenhang die Stichworte „irr" (UG 101f.), „verrückt" (UG 114, 118, 130), „wahnsinnig" (UG 88) und „hysterisch"[193] (UG 101) fallen, scheint dies nicht der Fall zu sein. Es wird zwar von Ottos Umwelt er-

---

[192]Vgl. etwa: „Alles geht schief... ich wollte, ich wäre tot." (UG 101); „‚Aus mir wird nichts mehr', sagte er theatralisch." (UG 110)

[193]Elisabeth Bronfen gibt einen guten geschichtlichen Überblick, was die Einordnung der Vokabel „Hysterie" in den medizinischen Diskurs betrifft. Zumindest läßt sich daraus erkennen, daß der Begriff im kulturellen Wissen der Moderne sowohl pathologisch als auch nicht-pathologisch verstanden wurde. Sie kommt zu folgendem Schluß: „Letztlich veranschaulicht die anhaltende Unfähigkeit der Medizin, eine universelle, systematische Definition für die Hysterie zu finden, daß der medizinische Gegenstand der Hysterie keine autonome und ursprüngliche Identität außerhalb seiner eigenen diskursiven Formationen haben kann. Vielmehr bedingen die Hysterie und ihr medizinischer Diskurs einander gegenseitig. Die Hysterie existiert nur als Resultat eines vorgegebenen Geflechts medizinischer, übernatürlicher, religiöser und ästhetischer Diskurse, und sie existiert genau deswegen, weil sie den blinden Fleck oder Unmöglichkeit des ärztlichen Repräsentationsaktes markiert." Elisabeth Bronfen: Das verknotete Subjekt. Hysterie in der Moderne. Berlin, 1998, S. 111.

kannt, dass er sich verändert, aber meist sind es zum einen nicht Familienmitglieder, die dies feststellen. So etwa Ilse: „Otto, mit dir ist was los..." (UG 128) und Haubigl: „Hör mal, solches Gerede passt dem Papa Haubigl durchaus nicht, überhaupt gefällst du mir schon die längste Zeit nicht mehr, mein Sohn." (UG 110) Zum anderen scheinen die Veränderungen Ottos nicht besorgniserregend genug, um seine Verwandten zu Handlungsschritten zu bewegen. Freilich mag dies auch mit daran liegen, dass diese zu sehr mit sich selbst beschäftigt sind. Dennoch scheint das Problem noch tiefer zu gründen, und dies soll anhand von vier Textstellen erörtert werden.

Es scheint so etwas wie ein kollektiver *Verdrängungsprozess* bei allen Hiecks vorzuliegen, was *abweichendes psychisches Verhalten* angeht. Richard hat wiederholt Angst, er könne etwas Unerwartetes vorfinden, wenn er nach Hause kommt. Dies ist ein Gefühl, welches wiederum in dem verunsichernden Einfluss des Vaters begründet liegt:

> Und sogar jetzt noch, wo er nun schon seit sieben Jahren tot war, wirkte dieser unsichtbare und unheimliche Feuerschein noch so sehr nach, daß Richard Hieck niemals das Gruseln gänzlich verlor, das ihn als Kind stets verfolgt hatte; immer wieder wurde er von dieser pochenden Angst erfaßt, und besonders, wenn er vor der Tür der elterlichen Wohnung in der Kramerstraße stand. (UG 15)

Die Wohnung ist für Richard in einem besonders hohem Maße mit furchterregenden Erwartungen korreliert. Es wird niemals thematisiert, worin der Ursprung dieser Angst liegt, nur einmal wird in bekannt rätselhafter Weise auf ein Ereignis angespielt, das sich seiner Erinnerung entzieht. Jedenfalls steht dieses Ereignis wiederum mit dem Vater in Verbindung. Nachdem er sich an einen Traum, in dem der Vater erblindet, erinnert hat, stellt er folgende aufschlussreiche Überlegungen an:

> Und all dies brachte er in einen Zusammenhang mit dem hassenswerten Nachtleben des Vaters. Aber er erinnerte sich nicht des Ereignisses, das ihm die Unsicherheit der Welt dargetan hatte, ehe er noch von der Existenz der Physik etwas wußte, jenes Ereignisses, das eine unauslöschliche Skepsis in ihn eingepflanzt hatte. (UG 49)

Wie auch der Vater, der vor allem über seine *Wirkung* charakterisiert wurde, so lässt sich hier in Bezug auf das angespielte Ereignis zwar nicht ermitteln, was es war, aber *wie* es sich *auswirkt*:

> [...] er wartete gewissermaßen bei jedem entgegenkommenden Menschen auf einen aggressiven Irrsinnsanfall, aber nirgends war dieses Gefühl stärker als auf dem täglichen Heimweg zur elterlichen Wohnung, und sooft er die Treppe hinaufstieg, zweifelte er ein wenig daran, ob er die Wohnung droben überhaupt vorfinden würde. (UG 49)

Wenn man nun die so ermittelten Erkenntnisse zusammenfasst, kommt man zu dem Schluss, dass in der Vergangenheit Richards ein *Ereignis* stattgefunden haben muss, welches sich stark *verunsichernd* auf ihn auswirkte, das er mit dem *Vater* in Verbindung bringt, dessen verunsichernde Wirkung stark mit der *elterlichen Wohnung* korreliert ist und das er unter anderem mit der Erwartung eines „*aggressiven Irrsinnsanfall[s]*“ verbindet. Als Otto nun das letzte Mal zu Hause ist, überträgt Richard die Befürchtungen auf Otto:

> Er kam früh heim. Vor dem Hause verstärkte sich das Unbehagen in üblicher Weise, wurde zur Angst vor dem Unerwarteten. Doch das Unerwartete bestand darin, daß Otto bereits im Bette lag und fest schlief. Das war schon lange nicht vorgekommen. (UG 130)

Somit hat Richard – zumindest unbewusst – Ottos psychischen Prozess wahrgenommen und vermutet nun Folgen, die er mit den Befürchtungen bezüglich eines zurückliegenden Ereignisses verbindet. Aber die Auseinandersetzungen mit diesen Befürchtungen geschieht nie offen, was angesichts des besorgniserregenden Verhaltens Ottos – man denke an die Selbstmordgedanken – angemessen wäre. Die Verdrängung dieser Befürchtungen, die Otto betreffen, teilt er mit der Mutter, was in ihrer beider „Angst, es könne diese Undeutlichkeit jeden Augenblick zur krassen Deutlichkeit durchbrechen“ (131) zum Ausdruck kommt. Der Frage, wie der Text generell mit der Taxierung psychischen Verhaltens umgeht, wird im Abschnitt zur Textpsychologie (2.4.3) nachgegangen. Doch zunächst stehen Richards Konzept der Person und seine Psyche noch zur Diskussion.

2.4.2 Selbstfindung: Richard

2.4.2.1 Kurze Zusammenfassung bisher ermittelter Ergebnisse

Richard Hiecks Konzept der Person und seine Einstellungen zur Wirklichkeit lassen einen kontaktscheuen Asketen der Wissenschaft erkennen, ausgestattet mit einem abstrahierenden und erkenntnishungrigen „Unwirklichkeitssinn“, auf der Suche nach dem alle Zusammenhänge erklärenden logischen Schlüssel zur Wirklichkeitsbewältigung. Er lehnt eine Wirklichkeit erster Ordnung ab und besetzt alles Körperliche/ „Irdische"/ „Sichtbare"/ „Konkrete" mit negativen Affekten, solange es nur für sich selbst steht und nicht (s)einem Erkenntniszweck dient. Er entwirft ein komplexes innerpsychisches Kategorisierungssystem um den metaphorischen Begriff der „Nacht", der als semantischer Raum (sR_1) der Unbestimmtheit, Nicht-Erkenntnis, Nicht-Heiterkeit und ideologischen Unsicherheit zu dem semantischen Raum der „Helligkeit" (sR_2) in Opposition steht, da dieser mit „Eindeutigkeit", „Erkenntnis", „Heiterkeit" und ideologischer Sicherheit korreliert ist. Im Gegensatz zu Susanne fehlt im initial ein klar definiertes „Lebensziel" (48), das einem abstrakten Konzept des emphatischen Lebens entspricht.[194] Jedenfalls versucht er diesen Zustand zu erreichen, indem er eine Grenzüberschreitung von sR_1 nach sR_2 anstrebt.[195]

Richards Denkweise ist systematisch, rational und folgt ausschließlich logischen Grundregeln, jede andere Art des Denkens ist ihm fremd und nicht akzeptabel. Sein Realitätsbegriff ist ein sehr komplexes Konstrukt.[196] Es wird in Richards Denken auf komplizierte Art und Weise – durch eine *psychische Strategie* – als Folge des erneuerten physikalischen Denksystems ausgewiesen, obwohl der Text es auf eine Erfahrung in Hiecks Kindheit zurückführt.[197] Nur, diese Erfahrung ist Richard Hieck nicht mehr bewusst – er hat „seine Jugendeindrücke vergessen". (UG 48) Dies gilt freilich nur für den Anfangszustand eines Entwicklungsprozesses, den er durchläuft, zu dem auch eine zunehmende Erinnerung an in Vergessenheit geratenes Wissens gehört, was unter anderem in folgender

---

194 Vgl. Kapitel 2.2.5 dieser Arbeit.

195 Diese Absicht formuliert er als allgemeingültiges Gesetz für alle Figuren: „Wir alle kommen aus den Niederungen des Lebens, aus der Nacht des Mutterleibes, aus der unbegreiflichen zuckenden Nacht der Eltern, was wir mitbekommen, ist Nacht und Düsternis, und wir wollen alle zur Helle und zur Heiterkeit." (UG 31)

196 Vgl. hierzu v. a. Kapitel 2.3.2 dieser Arbeit.

197 Vgl. dazu das bereits Zitierte: „Das ist der Zustand der Welt und es hatten an die zwanzig Jahre vergehen müssen, ehe die Physik ihm die theoretische Bestätigung dessen brachte, was er einstens am eigenen Leibe erfahren hatte." (UG 45) Nach dieser Rechnung hätte Hieck im Alter von drei Jahren (!) bereits die Einsichten gehabt, die er auf S. 47f. formuliert. Aufgrund dessen muß wohl abstrahiert werden und der damals erfahrene Zustand der Welt als einer der Unsicherheit benannt werden.

Metapher zum Ausdruck kommt: „Doch in diesem Frühling brach die Scholle der Erinnerung auf." (UG 48) In der Tat lässt sich Richards Entwicklung als ein mehrstufiger Bewusstwerdungsprozess beschreiben, bei der eine Abfolge katalysatorischer Ereignisse jeweils ein verdrängtes psychisches Wissen bewusst machen bzw. eine Neubewertung seiner Lebenseinstellung bewirken.[198]

2.4.2.2 Der Anfangszustand: Verdrängung und latente Krise

Richard Hiecks Einstellungen zu Beginn der erzählten Geschichte werden als Reaktion auf eine durch den Vater erfahrene Verunsicherung beschrieben, sie stellen den Versuch einer Negation der „Nacht des Vaters" (UG 30) dar:

> Und es war gewissermaßen eine Umkehrung seines [des Vaters] Einflusses und des väterlichen Wesens, daß sich Richard so verbissen an die Schule und an das Studium geklammert hatte: in der Schule und ihrer Regelmäßigkeit hatte er wenigstens einen Teil der Eindeutigkeit gefunden, die ihm als Kind genommen worden war. (UG 16f.)

Richards Bestrebungen in der Gegenwart werden also als Reaktion auf einen in der Kindheit erfahrenen, unbefriedigend empfundenen Zustand beschrieben, der vom Text nicht erzählt, sondern nur präsupponiert wird. Dieser präsupponierte Zustand war schon mehrfach als ein Defizit an Eindeutigkeit, Sicherheit und (bürgerlicher) „Normalität" beschrieben worden, als ein Zustand, in dem das Subjekt das Fehlen einer ideologischen Absicherung bzw. Wahrheit als Verunsicherung erfährt und unter

---

198 Gisela Roethke veranlasst der Entwicklungsprozeß Richard Hiecks sogar dazu, die *Unbekannte Größe* als „Bildungsroman nach platonischem Modell" einzuordnen. Diese Einstufung scheint fragwürdig. (Zur Klärung des Begriffs ‚Bildungsroman' vgl.: Michael Titzmann: Die „Bildungs"-/Initiationsgeschichte der Goethe-Zeit und das System der Altersklassen im anthropologischen Diskurs der Epoche. In: Lutz Danneberg/ Friedrich Vollhardt u.a. (Hg.): Wissen und Literatur im 19. Jahrhundert. Tübingen, 2002, S. 7–64.) Hiecks Vater gleicht demnach einem „Charakter wie aus einer E.T.A. Hoffmannschen Novelle" (S. 45), die Familienmitglieder sind „Gefangene" (S. 46) in einer „Höhle" (siehe Platons Höhlengleichnis), Otto „kämpft mit einem unbewältigten Ödipuskomplex und ist deshalb impotent" (S. 50), wird „wie von Dämonen gejagt", weil darin die „Verdammung des Künstlers" (S. 51) zum Ausdruck kommt. Vgl. Gisela Roethke: Zur Symbolik in Hermann Brochs Werken. Platons Höhlengleichnis als Subtext. Tübingen, 1992. [Edition Orpheus; 4].

dem Strukturverlust, den die väterliche Auflösung aller Beziehung bedeutet, leidet.

Mit dem Tod des Vaters beginnt ein psychischer Ablösungsprozess Richards, eine Flucht[199] vor diesem präsupponierten Zustand. Er exkludiert gewisse Personanteile teils bewusst, teils unbewusst aus seiner Psyche. Den verdrängten, nicht zugelassenen Teil seiner Psyche denkt er sich zeichenhaft durch seinen „Rumpf" repräsentiert, den erwünschenswerten, zu realisierenden Teil als „Kopf". In dieser Anfangsphase denkt er sich den „Rumpf" als mit dem semantischen Raum der „Nacht" (sR1) korreliert, den „Kopf" als Ort, an dem der anstrebenswerte Zustand „Helligkeit" (sR2) zu erreichen ist. Diese seltsam anmutende Semantisierung des Körpers äußert sich auch in seinem realen Umgang mit diesem Körper, wie bereits gezeigt wurde (vgl. Kapitel 2.2.3.4). Der Körper ist zudem eine hemmende Größe in einem Prozess der *Selbstverwirklichung*[200], der hier skizziert wird:

> [...] es wird sein Ich durch das eklige Fett seines körperlichen Daseins hindurchleuchten, rein und klar und licht gleich der mathematisch durchleuchteten Welt, und ledig aller Vorstellungen von den Nachtfrauen und ihren idiotischen verschlossenen Gesichtern [...]. (UG 20)

Dieser erwünschte Prozess der Selbstverwirklichung wird gedacht als eine *Realisation eines Personpotentials*, das die Wirklichkeit „mathematisch" „durchleuchtet", eben jenes intellektuelle Potential, das eine sinnstiftende Struktur zweiter Ordnung offenlegen kann. Zugleich sollen bei diesem Prozess der Selbstverwirklichung zumindest zwei störende Größen getilgt werden: das (innerpsychische) Konstrukt „von den Nachtfrauen" und der das „Ich" verbergende „Körper". Dieses „Ich" ist anfangs noch nicht realisiert, sondern stellt nur ein gedachtes Ziel dar, dessen genauere Konturen noch nicht feststehen, was beispielsweise in dem Begriff „das Phantom seines Ichs" (UG 42) zum Ausdruck kommt.

Ein Phänomen, das für Richards Wahrnehmung der Wirklichkeit konstitutiv scheint, ist seine Neigung zur *Komplexitätsreduzierung durch vereinfa-*

---

[199]Nochmals zum Beleg: „[...] und sie alle flüchteten aus der Nacht des Vaters [...]." (UG 30)

[200]Für diesen Begriff vgl. wiederum: Michael Titzmann: Das Konzept der Person, S. 39.

chende bzw. verfälschende Typologiebildungen. So unterscheidet er beispielsweise in zwei strikt zu trennende Klassen von Frau:

> Richard machte sich wieder an die Arbeit. Er hatte plötzlich unzüchtige Gedanken. Auch hier war etwas nicht in Ordnung, auch hier war es nicht eindeutig. Frauen waren Nachtmenschen, wenn es wirkliche Frauen waren oder sie als Frauen gelten sollten, denn die Kolleginnen in den lichten Hörsälen konnten nicht als solche gelten. (UG 20)

Dieser Abschnitt steht exemplarisch für eine Vielzahl anderer. Immer wenn Richard eines der angesprochenen Defizite empfindet – in diesem Fall die Nicht-Eindeutigkeit – versucht er, die sich ihm mitteilende Wirklichkeit zu kategorisieren und auf simplifizierende Strukturen zu reduzieren. In diesem Fall handelt es sich um eine disjunkte Trennung in „wirkliche Frauen" und „Kolleginnen", die „nicht als Frauen gelten". (UG 93) Er scheut dabei auch nicht davor zurück, mathematische Sachverhalte auf menschliche Beziehungen zu übertragen.[201] Dies entspricht seinem „Bedürfnis nach Theorienbildung" (UG 106), er will „alles vom mathematischen Denken her bewältigen". (UG 56) Der Rückgriff auf mathematisches Wissen dient ihm oft auch als Strategie, wenn er vor „einem persönlichen Kontakt" (UG 56) zurückschreckt. So etwa bei seinem ersten Besuch bei Weitprecht, wo „er das Tasten nach einem persönlichen Kontakt [...] als unheimlich" (UG 56) empfindet:

> Er wollte ins gewohnte Gleis zurück, und so sagte es sich gewissermaßen ganz von selbst: „Die Gruppentheorie zum Beispiel..." (UG 56f.)

Selbst als sich die Liebesbeziehung mit Ilse anbahnt, äußert sich dieses Phänomen noch manchmal darin, „dass er mit einer gewissen Gewalttätigkeit [...] im mathematischen und physikalischen Gebiet" (UG 115) verharrt und „keine Abschweifung vom wissenschaftlichen Thema" (UG 115) duldet.

---

[201] Vgl. etwa folgende Stelle: „Was ging in Susanne vor? Zwischen ihm und ihr bestand der gleiche Altersunterschied wie zwischen ihr und Otto, fünf Jahre, so alt war sie, als Otto zur Welt kam. Er war geneigt, sein Verhältnis zu ihr auf das ihrige zu Otto zu übertragen: Ähnlichkeit geometrischer Figuren, mußte er denken [...]." (UG 68)

2.4.2.3 Die Zwischenphase: Bewusstwerden und manifeste Krise

Richard Hieck durchläuft nun eine Phase von Bewusstwerdungsprozessen, die seine psychischen Einstellungen verändern. Dieser Wandel kommt auf der Textoberfläche durch solche und ähnliche Wendungen zum Ausdruck:

> Richard fand nicht gleich in seine Berechnungen zurück, es hatte sich etwas in seinem Innern gelöst, und er gab sich dem Gefühle hin. (UG 22)

> [...] da nun die Nacht in ihn einströmte und seine Lungen füllte, einen Engel darin erweckend, der anatomisch zwar nicht feststellbare, immer jedoch vorhanden gewesene, geduckte und beleidigte Engel des Kindes, der vor lauter Geducktheit sentimental und schüchtern geworden war. (UG 45)

> Doch in diesem Frühling brach die Scholle der Erinnerung auf. (UG 48)

> [...] das war wie eine Befreiung von dem, was hinter ihm lag, es war wie ein beginnendes Aufatmen und wie die Verheißung eines Lichtes [...]. (UG 81)

Diese Prozesse der „Erinnerung", der „Erweckung" und „Befreiung" vollziehen sich rein *innerpsychisch*, das heißt, dass alles hier Entdeckte bereits in Richards nicht-bewusstem Bereich der Psyche vorhanden war. Jedoch lässt sich eine *Serie äußerer Begebenheiten* im Text finden, welche die Bewusstwerdungsprozesse auslösen und denen somit der Status katalysatorischer *Größen*[202] beikommt.
Fünf wesentliche katalysatorische Größen werden hier näher betrachtet: der Wechsel zur Astronomie, Erna Magnus, der Sternwartebesuch mit Ilse Nydhalm, die Krankheit Weitprechts und schließlich, als zentrales Ereignis, der Tod Ottos.[203]

1) Der Wechsel zur Astronomie
Als sich für Richard die Möglichkeit eröffnet, die Stelle eines wissenschaftlichen Mitarbeiters an der Sternwarte anzutreten, wird ihm zum

---

[202]Zu dem Begriff der *katalysatorischen Größe* vgl. beispielsweise Marianne Wünsch: Wege der Person und ihrer ‚Selbstfindung' sowie Michael Titzmann: Das Konzept der Person.
[203]Es ist noch zu erwähnen, daß die im folgenden geschilderten Bewußtwerdungsprozesse und Realisationsversuche nicht als ein zeitliches Nacheinander erfolgen, sondern sich größtenteils überlagern. Der gewählten Reihenfolge katalysatorischer Größen unterliegt also nur eine rudimentäre chronologische Ordnung.

ersten Mal bewusst, dass es der Einfluss des Vaters war, der ihn unbewusst davon abhielt, sich mit dieser Disziplin zu beschäftigen:

> Fast dünkte ihn sein Leben verfehlt, und klar wurde ihm, man könnte wohl sagen, schreckhaft klar, daß es eben des Vaters Liebe zum Nachthimmel gewesen war, die ihn von der Astronomie wie von einem verbotenen Land ferngehalten hatte […]. (UG 25)

Ihm wird also eine *unbewusste Ursache* für sein Verhalten zum ersten Mal bewusst: es bestand eine Art innerpsychische Zensur, die ihn davon abhielt, auch nur das astronomische Praktikum zu absolvieren, da es über das Objekt „Nachthimmel" mit dem Vater in Verbindung steht. Es kommt zu einer *Neubewertung* der Funktion von Mathematik: „[...] jetzt schien ihm gerade die Astronomie der tiefere Sinn seines mathematischen Studiums gewesen zu sein." (UG 25) Dies impliziert wiederum eine nicht-bewusste teleologische Struktur, nach der sich Richard für die Mathematik entschieden hätte, um zur Astronomie zu gelangen. Mit anderen Worten: das Ziel ‚Mathematik' wäre nur ein uneigentliches Zwischenziel gewesen auf dem Weg zur ‚Astronomie'. Es unterliegt der Logik dieser Denkweise, dass Richard seinen „Lebensplan" (UG 18) des mathematischen Lehramts, der ihm zuvor noch „eindeutig" (UG 18) schien, stillschweigend fallen lässt.

2) Der „Katalysator" (UG 105) Erna Magnus

Erna Magnus erfüllt für die Liebesbeziehung zwischen Ilse und Richard eine vorbereitende Funktion, die Richard in der Retrospektive explizit mit der eines Katalysators vergleicht:

> Ihr Lachen stand plötzlich isoliert im Raum, und Richard mußte an einen chemischen oder physikalischen Katalysator denken, der bei gewissen Reaktionen selber unbeteiligt bleibt, dessen Anwesenheit aber unbedingt notwendig ist, damit die Reaktionen vor sich gehen können. (UG 105)

Erna Magnus bewirkt zumindest zweierlei. Zum einen bringt sie Richard bei ihrer Begegnung im Schwimmbad auf die „Idee des Sternwartenbesuchs" (UG 89), bei dem es zur ersten Manifestation der „Liebe" (UG 98) als „Wahrheit" (UG 98) kommt. Zum anderen bewirkt sie die *Aufgabe seiner inadäquaten Typologiebildung*, da sie dieser nicht entspricht. Die entscheidende Szene hierfür findet im Strandbad statt, wo selbst Richard nicht umhin kann, Erna Magnus' Weiblichkeit wahrzunehmen.[204] Zunächst wehrt er sich noch dagegen:

> Er bemühte sich, das Geschehene umzudeuten, es zu retuschieren: Erna Magnus gehörte zu den Physikstudentinnen, ihre Geschlechtsmerkmale hatten also von ihr abzufallen. Sie taten es aber nicht. (UG 84)

Unter der Annahme der Richtigkeit seiner Typologiebildung erwartet Richard also, dass die Wirklichkeit sich danach ausrichten müsse. Wenn es ihm auch nicht gleich ad hoc gelingt, sein Frauenbild zu revidieren, dann doch etwas später, anlässlich der Abreise von Erna Magnus.[205] Dies wirkt sich auch auf seine Wahrnehmung Ilse Nydhalms aus, die er von dann ab auch als „wirkliche" Frau wahrnimmt – von vereinzelten Momenten der Verunsicherung und des Rückgriffs auf seine alte Kategorisierung abgesehen.
Die Infragestellung der Typologiebildung Richards durch Erna Magnus wird im übrigen auch in der Tiefenstruktur des Textes transportiert. So trägt Erna Magnus im Schwimmbad zwar einen *schwarzen* Badeanzug, der – aus der Perspektive Richards – zeichenhaft sR_1 („Nacht") repräsentiert,[206] aber auch eine *weiße* Badekappe, die für sR_2 („Helligkeit") steht. Zu dieser Zeit besteht Richards strikte typologische Trennung noch, die *keine Mischformen* zulässt. Als er sie aber bereits revidiert hat – bei Erna Magnus' Abreise – trägt sie „nicht mehr den gewohnten Laboratoriumskittel [...], sondern ein rotes und, wie ihm schien, duftiges

---

[204]Vgl.: „Das Trikot glänzte schwarzfeucht, scharf hoben sich die Busenknospen ab, leichtgewölbt das frauliche Dreieck zwischen den Schenkeln." (UG 83)
[205]Hierzu folgender Abschnitt, in dem Hieck Erna Magnus den Verdienst zurechnet, daß die Studentinnen von nun an als Frauen gelten: „Natürlich ärgerten ihn diese gewissermaßen geradlinigen Anspielungen, aber sie schmeichelten ihm auch, ja, von irgendeiner Seite her, von der er eigentlich nichts wissen wollte, waren sie ihm geradezu wichtig, denn sie verliehen Ilse Nydhalm eine Weiblichkeit, die zu sehen erst Erna Magnus ihn gelehrt hatte. Manchmal schien es wirklich, als ob durch die Anwesenheit Erna Magnus' eine neue Note in das Institut hineingetragen worden wäre, eine durchaus weibliche Note, die den Kreis der Studentinnen in eine Art Schwesternschaft verwandelte und aus der Starrheit der Geschlechtslosigkeit hob. Eine Art schwesterlicher Gleichberechtigung, die auch Ilse Nydhalm zugute kam." (UG 105)
[206]Vgl. hierzu folgende Textstelle: „[...] und der Nachthimmel leuchtete schwarz wie ein feuchter Badeanzug." (UG 98)

Sommerkleid." (UG 104)[207] Hinzu kommt die Tatsache, dass Erna Magnus „rötlichblonde Haare" (UG 83) hat. Was hier zeichenhaft zum Ausdruck kommt ist Erna Magnus' Situierung im Mittelbereich zwischen zwei Extremwerten, sozusagen eine Mischform. Für diese These findet sich ebenfalls ein Beleg im Text:

> Und zwischen dem Leben, das in den Gebirgsbächen da draußen unerfaßlich rauschte, und dem abstrakten Leben innerhalb des Instituts wurde durch Erna Magnus ein merkwürdiger Zusammenhang hergestellt, ein sehr merkwürdiger Zusammenhang, der sich sogar bis zu Susannens Stube hin erstreckte. (UG 104)

Erna Magnus stellt gewissermaßen eine ideale Verbindung zweier Bereiche dar, die Richard Hieck bisher unvereinbar schienen: **sR_{BI}** (als Teilraum des emphatischen Lebens innerhalb von sR_{I} (des „Irdischen" und „Konkreten")) **und sR_{II}** („dem abstrakten Leben"). Hier deutet sich bereits die Restrukturierung der Lebensideologie an, die Richard aber erst nach dem Tode Ottos vollständig vornehmen wird.[208]

3) Der Sternwartebesuch mit Ilse Nydhalm

Richard empfindet es zwar als „Rechtsbruch" (UG 89) gegenüber Erna Magnus, doch er lädt nur Ilse Nydhalm zur Sternwarte ein. Dieser Besuch wird von Anfang an intimisiert, und es entsteht der Eindruck, es ginge beiden weniger um die Besichtigung der Sternwarte, als darum, sich gegenseitig näher zu kommen. Sie grenzen sich beispielsweise in der Straßenbahn klar von ihrer Umwelt ab, unterhalten „sich in einer Art Geheimsprache" (UG 89) und genießen die „Isolierung ihrer eigenen Verstandesgemeinschaft". (UG 89) Ein interessanter Sachverhalt tritt auf, der sich in der Folge noch verstärken wird: Obwohl der Redegegenstand der beiden fast ausschließlich Astronomisches darstellt, verbinden beide damit Gefühlszustände, die diesem Redegegenstand nicht entspre-

---

[207]Dies bleibt übrigens Erna Magnus vorbehalten. Niemand sonst trägt jemals ein rotes Kleidungsstück, obwohl sich eine Fülle von weißen und schwarzen Kleidungsstücken findet. (Lediglich Otto trägt einen „grellgelbe[n] rotgeränderte[n] Pullover" (UG 60).

[208]Eine weitere Andeutung der Vereinbarkeit der „abstrakten" Erkenntnistätigkeit und dem „Irdischen/ Menschlichen" stellt Richard Hiecks Gedanke an das Ehepaar Curie in bezug auf ihn und Ilse dar: „[Es] fiel Richard plötzlich das Ehepaar Curie ein und die Möglichkeit gemeinsamer wissenschaftlicher Entdeckungen." (UG 120)

chen. Sie benutzen in einem *uneigentlichen Redeakt* den astronomischen Diskurs, um sich damit *anderes* mitzuteilen. Richard erwähnt beispielsweise Loßka gegenüber den astronomischen Berufswunsch Ilses, worauf diese errötet: „[...] von irgendwo dämmerte es ihr, dass Richard da etwas verraten hatte, das für ihn ganz allein bestimmt gewesen war.“ (UG 92f.) Als Richard später bei seinen theoretischen Ausführungen unterbrochen wird, heißt es:

> Er liebte keine Unterbrechungen. Auch wenn er mit seinen Darlegungen etwas anderes meinte. Oder ebendeshalb. Er sprach weiter. (UG 97)

Ilse ist die Diskrepanz zwischen *Redegegenstand* und *Mitzuteilendem* freilich bewusst:

> Ein wenig gerührt lächelte sie über seinen Eifer, beinahe dankbar, daß er sich nicht aufhalten ließ, daß er auf dieser Form der Mitteilung bestand und daß es unentschieden blieb, ob die Mehrsinnigkeit der Welt in den Dingen selber lag oder in der Art, wie er sie vorbrachte, oder in der, wie man sie hörte. (UG 97)

Richard braucht etwas länger, bis ihm die Uneigentlichkeit des Redeakts bewusst wird. Doch als dies der Fall ist, unterbricht er abrupt und „schämt[ ] sich seines Vortrags.“ (UG 98) Er kommt zu einer der zentralen Einsichten: „Das Wesentliche ist nicht ausdrückbar. Die letzte Wahrheit und die tiefste Sünde, Grenzen des Wortes.“ (UG 98) Auch hier findet sich bereits ein Anklang auf den *Erkenntnisschritt*, den er nach dem Tod Ottos vollzieht, als er auf eine *nicht beweisbare* „Wahrheit“ (UG 135) stößt, ein „Wissen, das in keinerlei System“ (UG 135) steht. Die „Wahrheit“, die ihm an der Sternwarte begegnet, ist die „Liebe“ (UG 98), die ebenfalls „isoliert“ (UG 98) bleibt, also in *kein System integriert* ist. Richard ist aber zu diesem Zeitpunkt noch nicht bereit, diese *bewusstgewordene* Wahrheit in seine Person zu integrieren, noch schreckt er davor zurück:

> Er sprach von sich, nur von sich, dennoch war es Flucht, Flucht vor dem blinden eigenen Sein in ein übergeordnetes, dennoch auch Flucht in dieses Sein zurück und in dessen hellsten Willenskern, es war in einem Ablehnung des Du und Hingabe des Ichs. (UG 98)

Die bewusstgewordene „Liebe“ ruft bei ihm zunächst eine (wohl bekannte) Reaktion der Flucht hervor. Er ist noch nicht bereit, dieses neue

Wissen zu realisieren. Er zieht sich zurück und will Ilse noch nicht an sich heranlassen („Ablehnung des Du"), denn dafür ist es noch zu früh in seiner psychischen Entwicklung. So erklärt es sich auch, dass es „ihm eine Beruhigung [ist]" (UG 106), als Ilse später wieder „ihren hygienisch weißen Kittel anhat". (UG 106) Er weiß noch nicht, wie er das *neue Wissen* mit seiner *bestehenden Lebenseinstellung* in Einklang bringen soll, weshalb sich von nun an auch der Wunsch häuft, Kopf und Rumpf zu trennen. (vgl. UG 118f., 122, 129)
Doch nicht nur der Redegegenstand der beiden Liebenden wird von ihnen sozusagen zweckentfremdet. Sie verbinden auch die Objekte, die sie in der Sternwarte vorfinden, mit erklärungsbedürftigen Emotionen. Zunächst heißt es beispielsweise nur: „Vor sich sah man schräg und glänzend die mächtige Röhre des Refraktors stehen [...]." (UG 92) Doch ein wenig später folgt Richard dem Gespräch nicht mehr:

> Er starrte nämlich das ragende Teleskop an, als hätte er es noch nie gesehen, es war ihm überraschend peinlich, und er bedauerte, Ilse hergeführt zu haben. (UG 93)

Da ein Teleskop eigentlich keinen Anlass zur Peinlichkeit darstellt, ist die Frage, was Richard mit dem Gegenstand verbindet, noch dazu, als es nach seiner Einstellung nicht erlaubt ist, „die objektiven Ziele der Wissenschaft mit subjektiven Empfindungen zu verquicken". (UG 82) Es muss jedenfalls etwas sein, das er *vorher noch nicht wahrgenommen hat* („als hätte er es noch nie gesehen"), eine *sekundäre Bedeutung*, die sich ihm das erste Mal aufdrängt. Das Folgende gibt Aufschluss darüber, dass es etwas mit Richards Frauenbild zu tun hat:

> Ein für alle Male, Studentinnen konnten nicht als Frauen gelten. Erna Magnus bildete eben eine Ausnahme. Richard starrte neuerdings auf den Refraktor. Wäre Erna Magnus an Ilses Stelle hier, so wäre es weniger peinlich. Das war freilich höchst befremdend. (UG 93)

Richards emotionale Reaktion ist also abhängig davon, welcher gedachter ‚Typ' von Frau gerade anwesend ist, und nicht unmittelbar vom beobachteten Gegenstand selber. Daraus lässt sich schließen, dass er Ilse Nydhalm noch immer nicht als eine „wirkliche" Frau wahrnimmt, dass er sie sR_{II} („Nicht-Irdisches"/ „Askese") zuordnet.[209] Es drängt sich also der Gedanke auf, dass Richard die „schräg und glänzend" (UG 92) aufragende, „mächtige Röhre des Refraktors" (UG 92) in seinen Gedanken sexuell konnotiert. Da aber eine sexuelle Verbindung zu Ilse für ihn undenkbar ist, verbindet er den somit erotisierten Raum mit ablehnenden Emotionen. Der so eröffnete *Konnotationsraum* wird nun aber bildlich fortgesetzt:

> Der Spalt in der Kuppel schob sich langsam und mit leisem Knirschen auseinander. Ein Streifen Nachthimmel.
> Der Refraktor war genau auf den Spalt gerichtet.
> Ilse blickte hinauf. Der Streifen Nachthimmel machte sie schaudern. Sie wußte nicht warum. (UG 94)

Nun ist es wiederum Ilse, die eine erklärungsbedürftige Reaktion zeigt, als sie ein rein astronomisches Objekt wahrnimmt. Sie kann sich die Ursache hierfür nicht erklären, zumindest ist sie ihr *nicht bewusst* („sie wußte nicht warum"). Jedoch ist ihre Reaktion nicht Ablehnung, sondern eher Faszination, wie sich zeigt, als Loßka sie auf den Beobachtersitz bittet:

> Ilse tat es mit Herzklopfen.
> „Sehen Sie etwas?" fragte Loßka.
> Ilse sah ein milchiges Etwas mit ungenauen Rändern, die sich leicht zu bewegen schienen.
> „Ja", sagte sie begeistert. (UG 95)

Eine sexuelle Konnotation ist hier freilich nicht zwingend zu lesen, dennoch bietet sie sich latent an.[210] Wichtiger scheint jedoch, dass Ilse, ob-

---

[209]Erst bei Erna Magnus' Abreise spricht Richard Hieck Ilse „eine durchaus weibliche Note" (UG 105) zu.

[210] Schlant entdeckt in der *Unbekannten Größe* eine Reihe teils plausibler, größtenteils jedoch nicht nachvollziehbarer ‚Sexualsymbole'. In dem milchigen „Etwas mit ungenauen Rändern, die sich leicht zu bewegen schienen", entdeckt sie jedenfalls „eine Andeutung von ejakuliertem Sperma" (S. 117), was eventuell – als „Andeutung" – noch nachzuvollziehen wäre. Wo die Phantasie jedoch etwas überstrapaziert wird, ist die Deutung der Eingangsszene: „Es bedarf keiner besonderen Spitzfindigkeiten, in diesem Abwaschen der Tafel einen sexuellen Akt, spezifisch einen onanistischen, beschrieben zu sehen." (S. 112). Ernestine Schlant: Brochs Roman *Die Unbekannte Größe* (1933). Mit Hinweisen zum Filmskript Das Unbekannte X (1935). In: Paul Michael Lützeler (Hg.): Hermann Broch. Franfurt am Main, 1986.

wohl sie die Sterne nicht präzise sehen kann – wie dies bei einer astronomischen Anlage zu erwarten wäre – , Begeisterung äußert. Dies ist wohl wiederum als Indiz zu werten, dass es ihr um andere Dinge geht als um astronomische Beobachtungen. Auch für sie tritt ein Erkenntnisfortschritt ein, „eine außerordentliche Einfachheit“ (UG 95) teilt sich ihr mit.

> Es war, als sei alle Undurchsichtigkeit des Geschehens mit einem Schlage aufgehoben worden, es war eine Wohlordnung eingetreten, die sie in ihrem einundzwanzigjährigen Dasein noch nicht erlebt hatte: es war, als ob alles Vorbereitung für diesen Augenblick gewesen wäre. Was war eigentlich geschehen? (UG 95)

Dies mag sich der Leser angesichts dieser Kommentare auch fragen, handelte es sich bis jetzt doch nur um einen scheinbar gewöhnlichen Besuch einer Sternwarte. Diese Passage ist so im Erzählstrang situiert, dass sie sowohl auf das Vorangegangene, als auch auf das Folgende bezogen werden kann. Dadurch wird nochmals der *uneigentliche Gebrauch des astronomischen Diskurses* unterstrichen, der für *sich* und gleichzeitig für etwas *über sich hinaus* steht. Dieses Phänomen wird dann auch von Ilse thematisiert:

> Der Zustand, in dem sie sich befand, war der einer Art mehrfachen Wissens: wenn Richard von den geometrischen Möglichkeiten und Schwierigkeiten dieser radikalsten Raumhypothese sprach, so erfaßte sie es mit weitgeöffnetem Verständnis und wußte dennoch, daß hier der Kosmos für etwas bemüht wurde, das mit der mathematischen Formulierung recht wenig zu tun hatte, für etwas, das überkosmisch, übermächtig hinter aller präzisen Ausdrückbarkeit stand und dessen Vorhandensein ihr womöglich noch klarer war als der exakte astronomische Raum. (UG 96)

Die Ereignisse an der Sternwarte haben sich also nicht nur für Richard als *Bewusstwerdungsprozess* dargestellt, sondern auch für Ilse als *Erkenntnisfortschritt.* Die *Uneigentlichkeit der Diskursverwendung* kommt hier explizit zum Ausdruck. Den Zustand „mehrfachen Wissens“, in den Ilse durch den Erkenntnisfortschritt gelangt ist, erreicht sie dadurch, dass sie Richards Konzept der „Wirklichkeit zweiter Ordnung“ (UG 97) nachvollziehen und verstehen kann. Mit anderen Worten: sie hat Richards *Realitätsbegriff* verstanden und erkennt, dass die Wirklichkeit nach diesem eine ihr bisher verborgene Struktur aufweist.

4) Der letzte Besuch bei Weitprecht

Weitprecht empfindet sich als gescheitert, da ihm nicht gelungen ist, seine „Theorie von den Quanteninterferenzen"[211] (UG 20) rechtzeitig zu vervollständigen und zu publizieren. Er war mit seinen „Annahmen" (UG 124) nicht „zur richtigen Zeit am richtigen Ort" (UG 124), weshalb er nicht Ruhm und Anerkennung ernten kann, sondern sich nur als „Vorläufer" (UG 124) sieht. Weitprecht ist verbittert, da er in einem schnellebigen wissenschaftlichen Diskursgebiet mit harten Wettbewerbsregeln unterlag. Aufgrund dessen hat er seine Lebensideologie überdacht und relativiert: „die subjektive Wichtigkeit" (UG 123) seiner wissenschaftlichen Tätigkeit hat nachgelassen. Weitprecht konfrontiert Hieck nun mit zwei unterschiedlichen Auffassungen von „Erkenntnis". (UG 125)

a) Auf der einen Seite steht die „*wissenschaftliche Erkenntnis*". So Weitprecht:

---

[211]Eine Theorie unter dem Namen ist in der Physik nicht bekannt und stellt wohl einen Neologismus dar. Es läßt sich aber aus den beiden Bestandteilen (Quanten und Interferenzen) folgendes schließen: a) „Quanten" spielen auf den Teilchencharakter an. b) „Interferenzen" sind Überlagerungen, die bei Wellen auftreten. Deshalb präsupponiert „Interferenzen" den Aspekt Wellencharakter. c) Diese Lesart wird von den Weitprechtschen Papierstapeln gestützt, wo von „quantentheoretischen" und „wellenmechanischen Arbeiten" (UG 71) die Rede ist. Aus all dem folgt, daß Weitprecht wohl daran gearbeitet hat, die beiden zunächst widersprüchlichen, konkurrierenden Wissensmengen der wellenmechanischen und quantentheoretischen Deutungen zusammenzuführen. In der Tat war der Wettbewerb um die Lösung dieser Probleme enorm. Wie Gribbin metaphernreich schildert: „Um 1925 befand [...] sich [die Quantentheorie] in einem heillosen Durcheinander. Der Fortschritt vollzog sich nicht auf einer breiten Straße, sondern viele einzelne Forscher schlugen sich auf getrennten Wegen durch den Dschungel." (Gribbin, John: Auf der Suche nach Schrödingers Katze. Quantenphysik und Wirklichkeit, S. 113.) Es mangelt denn auch nicht an historischen Beispielen für Weitprechts Schicksal. Born etwa war lange Zeit sehr verbittert, da der Nobelpreis 1932 nur an Heisenberg ging, obwohl er selber erheblich mit zur Ergebnisfindung beigetragen hatte. In einem Brief an Einstein schrieb er etwa: „[Heisenberg] hat die Ernte für gemeinsame Arbeit eingeheimst, soweit es äußeren Erfolg, wie Nobelpreis und solche Dinge, betrifft." Albert Einstein/ Hedwig und Max Born: Briefwechsel 1916–1955. Kommentiert von Max Born. München, 1969, S. 272. Ein ähnliches Schicksal wie Born ereilte auch andere namhafte Physiker, wie etwa Jordan und Pauli. Vgl. dazu auch: Gyeong Soon Im: Max Born und die Quantentheorie. Dissertation. Hamburg, 1991.

> Lassen Sie nicht ab in Ihrem Streben nach wissenschaftlicher Erkenntnis... auch sie ist heilig..., doch es ist die Heiligkeit des Lebens, und der Tod wird darüber vergessen... hören Sie, die Heiligkeit des Todes... wer an der wissenschaftlichen Erkenntnis arbeitet, arbeitet mit siebzig genau so, wie er mit dreißig gearbeitet hat... und schließlich wird er gefällt, mittendrin gefällt, aber an keinem Ende, weil er seines eigenen Todes vergessen hat... ein böser Mensch mit einem bösen Herzen... ja, ja, lieber Freund, mit einem bösen Herzen, das im Namen der Erkenntnis viel Unrecht geübt hat... (UG 125)

Die „wissenschaftliche" Erkenntnis stellt sich als *kollektiver Prozess* dar, zu dem eine Vielzahl von Menschen beitragen können und für den eine individuelle Lebensspanne nicht von Bedeutung ist. Er ist ein *nicht abschließbarer* Prozess, der stets Wissen vermehrt.[212] Laut Weitprecht ist aber das ausschließliche Arbeiten an einer „wissenschafltichen" Erkenntnis zu verurteilen, da man sonst als „böser Mensch" stirbt. Obwohl die wissenschaftliche Erkenntnistätigkeit zwar von Weitprecht noch idealisiert wird („auch sie ist heilig"), ordnet er sie klar einer zweiten Form von Erkenntnis unter:

b) Einer *subjektivierten Erkenntnis*. Die teilweise dem religiösen Diskurs entliehenen Worte Weitprechts, wie „gesündigt" und „Heiligkeit" (UG 125), veranlassen Richard zu der Frage, ob er auf „die Religion" (UG 126) anspiele. Weitprechts Antwort lautet folgendermaßen:

> „Das muß jeder mit sich selber abmachen...Gauß war gläubig, Kant war gläubig... alles in allem...", er dozierte ein wenig, wie er auf dem Katheder doziert hatte, „... wer alt wird, ohne den Sinn seines Todes zu erfassen, der stirbt als schlechter Mensch... ohne Erkenntnis... auch wenn er noch so viel erkannt und gearbeitet hat..." (UG 126)

Es handelt sich bei Weitprechts neuem Erkenntniskonzept um ein *subjektiviertes* Konstrukt, bei dem es um eine *individuelle Sinnfindung* geht. Diese Sinnfindung kann sich zwar eines kollektiven Sinnstiftungsmodells wie der Religion bedienen, muss es aber nicht. Sie muss aber auf jeden Fall *vor dem Tod abgeschlossen* sein, ansonsten stirbt der Mensch „als schlechter Mensch".

---

[212]Richard Hieck formuliert dies so: „[...] das Erreichte, es bliebe immer nur ein geringer und geringfügiger Teil des unbezwinglichen Erkenntnisgebirges [...]." (UG 63)

Die wissenschaftliche Tätigkeit ist demnach nur noch eine Nebentätigkeit, die einer *individuellen Sinnfindung* untergeordnet werden muss. Weitprechts Modell hat für Richard gegenüber Susannes Modell den Vorteil, dass es dem Subjekt selber überlassen bleibt, ob er sich eines kollektiven Sinnstiftungsmodells bedient oder nicht. Es ist sozusagen ein *integratives Modell*, das ein Abstraktionsniveau höher liegt – eine Tatsache, die Hiecks Abstraktionsbedürfnis gefällt: „Was Weitprecht gesagt hatte, schmeckte nach Susanne und war doch tröstlicher." (UG 126)

Richard versucht in der Folge, seinem Bedürfnis nach Theoriebildung nachzukommen und das von Weitprecht Angebrachte in seine Typologie einzuordnen, in der „Kopf" und „Rumpf", „Berechenbares" und „Unberechenbares", „oben" und „unten" klar getrennt sind, also disjunkte Klassen bilden.[213] Aus dieser strikten Trennung ergibt sich ein Problem: „Wie konnte man richtig handeln, wenn mittendurch die Trennungslinie ging." (UG 129) Zur Lösung dieses Problems greift er nun, ganz Mathematiker, auf ein geometrisches Modell zurück:

> Dann dachte er an Weitprechts sonderbare Rede vom Herzen, mit dem man sündigt und an dem man gestraft wird, dachte, daß das Herz wie eine Resultante in einem Kräfteparallelogramm zwischen oben und unten lag, und obwohl dies halbwegs plausibel war, konnte er sich doch nichts dazu vorstellen. Besser, die Kräfte separieren. Mit einem raschen glatten Schnitt. (UG 129)

Natürlich scheitert ein solch inadäquater Versuch, menschliche Sachverhalte in ein Schema zu pressen, welches nicht für diese vorgesehen ist. Weitprechts Rede hat Richard zwar ein *Defizit bewusst* werden lassen, jedoch hat er noch nicht verstanden, wie er Weitprechts *subjektiviertes Konzept der Sinnfindung* in sein Wertemodell integrieren kann. Wie Erna Magnus vorbereitend auf die Erfahrung der „Liebe" mit Ilse Nydhalm wirkte, so sind Weitprechts Ratschläge für Richard eine Vorbereitung auf seine Erfahrungen, die mit Ottos Tod verbunden sind.

2.4.2.4 Der zentrale Erkenntnisschritt

Richard ist derjenige aus der Familie, der nach Ottos Selbstmord seine Leiche identifiziert. Dabei werden bei ihm drei miteinander verbundene wesentliche Vorgänge ausgelöst. Richard *erinnert* sich der Leichenbeschau seines Vaters, er *spricht* sich von einer (ethischen) *Schuld* am Tode Ottos

---

[213] „[Es] bleibt nur scharfe Trennung der beiden Teile über." (UG 129)

frei und vollzieht einen letzten und *zentralen Erkenntnisschritt,* der seine Lebensideologie und Denkweise fundamental umformt.[214]
Angesichts des Anblicks des toten Bruders, entdeckt Richard einen weiteren Bereich seines *Nicht-Bewussten*, es vollzieht sich ein *Erinnerungsprozess*:

> [...] angesichts dieses Todes begann etwas in Richard zu leben. Es war das nämliche, das sich damals gemeldet hatte, als er den Vater tot vor sich hatte liegen sehen. (UG 134)

Wieder findet sich die Bildlichkeit, dass dieses „etwas" nicht außerhalb der Person existiert und mit ihr interagiert, sondern dieses „etwas" bereits „in" der Person angelegt ist und erneut („das nämliche, das sich damals gemeldet hatte") entdeckt wird. Dieses zunächst nicht artikulierbare „etwas" wird in einem nächsten Schritt identifiziert.[215] Es ist die Emotion,[216] die Hieck schon mit der elterlichen Wohnung in Verbindung gebracht hatte,[217] und deren Ursprung er auf die Auswirkungen des Vaters bezieht: die „Furcht". (UG 134) Diese Furcht, die Hieck beim Anblick seines toten Vaters empfand, diente als Auslöser für eine übergeordnete Frage:

> [...] und wie aus dieser Furcht, sie verstärkend und doch sie überdeckend, die Frage aufgekeimt war, ob er an der Unerbittlichkeit jenes nicht erfaßbaren Sterbens mitschuldtragend gewesen wäre, mitschuldig durch Gleichgültigkeit und Nichtwissenwollen, mitschuldig durch Verharren in der eigenen schlechten Ein-

---

[214]Auf die Rolle von Ottos Selbstmord auf dem „Weg zur Erkenntnis" geht Durusoy ein. Vgl. Gertrude Durusoy: Der Freitod als Weg zur Erkenntnis in Hermann Brochs Roman *Die Unbekannte Größe.* In: Michael Kessler/ Paul Michael Lützeler (Hg.): Hermann Broch: Das dichterische Werk. Neue Interpretationen. Akten des internationalen, interdisziplinären Hermann-Broch-Symposions 30. Okt. – 2. Nov. 1986, Akademie der Diözese Rottenburg-Stuttgart, Tübingen, 1987, S. 29–34.
[215]Vgl.: „Jetzt erinnerte er sich, wie er, noch ein Junge, sich vor dem entseelten Körper hatte fürchten müssen – zum Teil wohl auch, weil man ihn gelehrt hatte, daß man jeden Toten für alles angetane Unrecht um Verzeihung zu bitten habe [...]." (UG 134)
[216]„Emotion" wird hier im Sinne psychologischer Begrifflichkeit als „ein komplexes Muster von Veränderungen verstanden, das physiologische Erregung, Gefühle, kognitive Prozesse und Verhaltensweisen umfaßt. Diese treten als Reaktion auf eine Situation auf, die ein Individuum als persönlich bedeutsam wahrgenommen hat." Philip Zimbardo/ Richard Gerrig: Psychologie. 7. Aufl., Berlin, 1996.
[217]Vgl. folgende Stellen: „pochende Angst" (UG 15), „Gruseln" (UG 15);

> samkeit, und damals schon hatte ihn die lebendige Stimme in seinem Innern freigesprochen. (UG 134)

Also erst die ausgelöste Emotion eröffnet für Richard die Frage nach einer Mitschuld, sozusagen einer ethischen Verantwortung. Dies wiederum bedingt aber folgende Schlussfolgerung: Die Tatsache, dass Richard überhaupt eine Mitschuld am Tod des Vaters tragen könnte, präsupponiert, dass er durch sein *Handeln* diesen Tod *verhindern* hätte können. Dies legt wiederum nahe, dass der Vater *keines natürlichen Todes*[218] gestorben ist, außer man unterstellt Hieck Fähigkeiten, nach denen er durch Anteilnahme heilende Kräfte entwickeln könnte. Sein Verhalten damals war geprägt von „Gleichgültigkeit und Nichtwissenwollen“, was ihn dazu bewog, auf einen möglichen Einfluss auf den Vater zu verzichten, und „in der eigenen schlechten Einsamkeit“ zu verharren. Diese *Isolation der individuellen Lebenswelten* ergab sich aus der vom Vater bewirkten Beziehungslosigkeit[219] und wirkt bis in die Gegenwart fort. Die Frage einer möglichen Schuld löste sich für Hieck durch eine in ihm vorhandene psychische Instanz („die lebendige Stimme in seinem Innern“), die ihn davon freisprach.
Dieselbe „Stimme“, die sich seither nicht mehr manifestiert hatte, meldet sich nun angesichts der Schuldfrage beim Tod Ottos wieder:

> Und auch jetzt, da er sich fragte, ob er kein schlechter und verständnisloser Bruder gewesen sei, ein Bruder, der das Unglück hätte verhüten können, wenn er nur vorsorglicher gewesen wäre, auch jetzt meldete sich die Stimme des Lebens, vernehmlicher als in jener Jugendzeit, und sagte: ja, selbst wenn du ihm Unrecht getan hättest, Unrecht um der eigenen Erkenntnis willen, selbst wenn du um deiner eigenen Ziele willen ihm nicht jene Hilfe warst, die er vielleicht von dir verlangt hat, selbst dann wärst du frei von jeglicher Schuld. (UG 134)

---

[218]Alles in allem sprächen viele Indizien für einen Selbstmord des Vaters: sein früher Tod, daß bei seinem Tod niemand bei ihm war, die vielen Parallelisierungen zwischen Otto und Vater, die Vermeidung des Themas Vater in der Familie, daß sein Tod als „nicht erfaßbares Sterben“ bezeichnet wird, nie von einer Krankheit oder einem Unfall die Rede ist. Es läßt sich diese Interpretation jedoch nicht eindeutig gewinnen, somit bleibt die Todesursache letztlich offen.

[219]Zur Erinnerung: „[...] unter dessen Blick sich das Gefüge aller Beziehungen auflöste, so daß man schließlich nicht mehr wußte, was diese Familie zusammenhielt, warum man überhaupt das Kind dieser Eltern, Geschwister dieser Geschwister, ja ob man überhaupt war.“ (UG 17)

Und wieder spricht diese gedachte Instanz, die nicht zum „Ich" gehört, aber in der „Person"[220] integriert ist, ihn frei. Hieck vollzieht also eine psychische Strategie, bei der eine gedachte, von seinem Ich unterschiedene Instanz existiert, und da diese Instanz nicht zu seinem Ich gehört, hat sie die Befugnis, sozusagen über ihn zu „richten". Dass Hieck diese *halbbewusste* Instanz in seine Person *integriert*, ist nicht selbstverständlich, denkt man daran, dass andere *halbbewusste, unerwünschte* Inhalte seiner Psyche von ihm strikt ausgegrenzt werden.[221]
Hieck lässt sich von dieser Instanz freisprechen, und dieser Freispruch ist *unabhängig von seinem Handeln* gegenüber dem Bruder („selbst wenn du ihm Unrecht getan hättest, [...] selbst dann wärst du frei von jeglicher Schuld"). Der Sachverhalt, der dies erklärt, ist folgender:

> Denn gegen den Tod kann keinerlei menschliche Gewalt etwas ausrichten, und du kannst nicht die Tode der anderen sterben, ehe du mit deinem eigenen Tod ins Reine gekommen bist. (UG 134f.)

Diese *selbstzentrierte Wertsetzung*, dass zuerst *eine individuelle Sinnfindung* stattfinden müsse, bevor soziale Verantwortung übernommen werden könne, legitimiert nun in der Retrospektive das – ohne Wertung – ignorante Verhalten Richards gegenüber seinem jüngeren und hilfsbedürftigen Bruder. Diese Wertsetzung stellt sozusagen *eine rationalisierte Hilfskonstruktion* dar, einen *Abwehrmechanismus*, der Hieck davor schützen soll, sich emotional mit dem Tod seines Bruders auseinanderzusetzen. Doch diese Hilfskonstruktion erweist sich als unzureichend:

220Zu diesen beiden Begriffen: „Im Konstituierungsprozeß der Person ist das *bewußte Ich die dominante und integrative Instanz*: Nicht-Bewußtes wird genau insoweit relevant, als es sich diesem Ich als bewußtseinsfähig manifestiert, sei es auch als ein nur Halbbewußtes oder Kaumbewußtes. „Person" ist also ein *ich-abhängiges Konstrukt*: Folgen für die Person hat nur, was das Ich selbst als Teil der „Person" akzeptiert. Die „Person" konstituiert sich also als *Bewußtseinsfunktion*, und das bedeutet immer auch als *sprachlicher Sachverhalt*." Michael Titzmann: Das Konzept der Person, S. 50.

221Wenn sich halbbewußte Inhalte seiner Person manifestieren, die ihm nicht erwünscht sind, versucht er diese zu zensieren und aus seiner Person auszuschließen. Es sei daran erinnert, daß er beispielsweise zunächst die Astronomie ablehnte, weil er sie mit der metaphorischen „Nacht des Vaters" (sR1) in Verbindung brachte. Oder folgende Textstelle: „Er hatte plötzlich unzüchtige Gedanken. Auch hier war etwas nicht in Ordnung [..]" (UG 20).

> Als Richard aber dann hintrat und gewissermaßen aus Konvention die Hand des Toten ergriff, Abschied zu nehmen, Verzeihung zu tauschen, und als er diese erstarrte Hand in der seinen hielt, da stiegen aus den tierischen Urgründen des Seins die Tränen auf, und er schämte sich nicht, sondern ließ den Tränen ihren Lauf. Und wenn es seine tierische Existenz war, die solcherart aufschrie, lautlos und doch befreiend aufschreien durfte, so war der Wunsch, das denkende Haupt vom tierischen Rumpf getrennt zu erhalten, nun plötzlich erschwiegen, war nicht nur nicht vorhanden, sondern war befreiend weggehoben, ohne daß man wußte, was da weggehoben war, dennoch Befreiung von einem Alp. (UG 135)

Nun erst vollzieht sich der abschließende und zentrale Erkenntnisschritt Richards. Es ist der „tierische[ ] Rumpf", der bisher für das „Unberechenbare" (UG 129) in der Psyche stand, der schließlich diesen Erkenntnisschritt *auslöst.* Wie schon gezeigt wurde (vgl. 2.2.3.4 und 2.4.2.2) stand der Rumpf bisher für Inhalte der Psyche, die Richard mit Hilfe *rationaler* Strategien aus seiner Person ausgrenzen wollte, da er diesen irrationalen Bereich über abstrakte Merkmalsklassen („Unberechenbarkeit"/ „Nächtlichkeit"/ „Dunkelheit") mit sR_1 (Nicht-Erkenntnis) gleichsetzte.
Nun aber meldet sich dieses verdrängte Potential („seine tierische Existenz") anlässlich der schmerzlichen Erfahrung wieder, die der Tod Ottos bedeutet. Gleichzeitig kommt es zu einer Umwertung und Reintegration dieses irrationalen, „tierischen" Bereichs der Psyche in das Konzept der Person: „der Wunsch, das denkende Haupt vom tierischen Rumpf getrennt zu erhalten" ist *getilgt* worden („befreiend weggehoben"), d. h. es kommt zu einer *Anerkennung dieses Personpotentials* und es wird in das *Konzept der Person integriert.* Die *Restrukturierung des Personkonzepts* wird als „Befreiung von einem Alp" bezeichnet, was den vorherigen Zustand als nicht wünschenswerten und bedrückenden charakterisiert.
Doch neben der Restrukturierung des Personkonzepts findet ein davon zu unterscheidender, zweiter und wesentlicherer Schritt statt:

> Denn in dem Animalischen, das da aufgeschrien hatte, und in der Furcht, deren Schrei alles Animalische durchzittert, war ein Wissen durchgebrochen, vom Animalischen getragen und doch die Furcht überdeckend, ein sonderbares und einmaliges Wissen, das in keinerlei System stand und daher auch nicht beweisbar war, vollkommen isoliert, trotzdem Leben, trotzdem Erkenntnis, und in gleicher Weise vom Animalischen wie vom Erkennen gespeist. (UG 135)

Es manifestiert sich ein Wissen, das sich fundamental von den rationalisierten Wissensmengen unterscheidet, die bisher von Richard angestrebt wurde. Es ist in *keinem System integriert*, steht somit *isoliert* und ist, als Folge daraus, auch *nicht beweisbar*. Es ist in diesem Sinne also ein *absolut subjektiviertes Wissen*, das *nicht mitteilbar*, sondern nur *erlebbar* ist. Zudem ist dieses Wissen Produkt sowohl des rationalen („Erkennen") als auch des irrationalen („Animalischen") Personbestandteils. Dies widerspricht Richards bisheriger Norm, die verbot, „die objektiven Ziele der Wissenschaft mit subjektiven Empfindungen zu verquicken". (UG 82) Es kommt hier also zu einem Vollzug des Konzepts der *subjektivierten Erkenntnis* Weitprechts, wie sie oben erläutert wurde. Dieses exzeptionelle Wissen behebt die bisherigen Defizite der Wirklichkeitserfahrung Richards:

> [...] es war ein Wissen, das, über Otto und über Ottos Tod weit hinausreichend, die Ganzheit der Welt umfaßte und bei aller Unbeweisbarkeit, bei aller Isoliertheit eindeutig, hell und bestimmt war, befreit von aller Mehrsinnigkeit, befreit vom Flackern der brennenden Dunkelheit. (UG 135)

Es kommt also zu der angestrebten Grenzüberschreitung von sR_1 (metaphorische „Nacht") nach sR_2 (metaphorische „Helligkeit" – vgl. 2.2.4), nur dass der Weg der Grenzüberschreitung gänzlich von dem differiert, den Richard sich ursprünglich gedacht hatte. Wollte er einst noch durch „eine Fülle mathematisierter Welterkenntnis zur Totalität des eigenen Lebens gelangen" (UG 48), so hat sich diese „Ganzheit der Welt" (UG 135) erst durch die Manifestation und Integration des „Animalischen" herstellen lassen. Dieser emphatische Zustand des Erkennens dauert nun aber nicht an, sondern ist zeitlich begrenzt:

> Gewiß, die Erscheinung währte nicht lange, bald verschwand sie wieder – mag sein, daß sie bloß eine einzige Sekunde gewährt hatte –, aber sie war, wie jede Wahrheit, unabhängig von der Zeit, unabhängig von der Dauer, sie war unauslöschlich vorhanden, kein Traum, sondern unverlierbares Wissen [...]. (UG 135f.)

Nach der Manifestation des neuen Wissens, die Richard für kurze Zeit („nicht lange") in den ersehnten Zustand emphatischen Lebens (sR_B) versetzt hatte, besteht nun eine „Wahrheit" fort, die diesen Zustand zwar nicht konserviert, aber dafür ein „unverlierbares Wissen" hinterlässt. Dieses Wissen bewirkt nun eine fundamentale Restrukturierung von Richards Lebensideologie, deren grundlegender Erkenntnisbegriff hier formuliert wird:

> [...] es war eine Erkenntnis einsamsten Klanges, Erkenntnis, die auf nichts anderes sich berief als auf sich selbst, einsam im Klang des Todes wie der Tod selber, von dem sie ihren Ausgang nahm, und allumfassend wie der Tod, der abgeschieden ist von jeglichem Leben und doch das Ziel eines jeglichen Lebens ist, in seiner Ganzheit es umfassend: denn es ist die Evidenz an sich, die vom Tod ihren Ausgang nimmt, [...] denn es ist nicht mehr dieses oder jenes logische Wissen, [...] sondern es ist die einfältige und große Erkenntnis des Seins schlechthin, [...] allumfassend in ihrer Einfachheit und in der Einsamkeit des Gefühls, letzte Evidenz des Logischen, das erst von hier aus seine Rechtfertigung findet. (UG 136)

Wo zuvor noch der rein rational-logische Erkenntnisbegriff der Mathematik stand, die eine intersubjektiv zugängliche, nachvollziehbare und systematisierte Wissensmenge generierte, steht jetzt der *subjektivierte Erkenntnisbegriff* („einsamsten Klanges"), der vom „Tod" seinen Ausgang nimmt. Dieser subjektivierte Erkenntnisbegriff erfüllt nun eine paradox scheinende Funktion: zum einen ist er *isoliert*, außerhalb jedes Systems stehend, zum anderen ist er *allumfassend.* Dieses Paradox müsste sich aber folgendermaßen auflösen lassen: Der Erkenntnisbegriff ist deswegen eine *isolierte* Eigenschaft, weil er vom *Einzelsubjekt* gefunden werden muss. Doch für dieses Einzelsubjekt erfüllt er eine *allumfassende* Funktion, indem er zu einer *ganzheitlichen* Erkenntnis der Lebenswirklichkeit führt. Folglich wird dieser Erkenntnisbegriff auch von Person zu Person variieren. Diese Art der „Erkenntnis" wäre somit wohl als eine „intuitiv-identische" zu präzisieren.

Nun ist in diesem Konzept noch eine zweite Umwertung impliziert. Es war in Richards ursprünglichem Modell eine gedachte Funktion der Mathematik und Logik, alle „Lebensphänomene" (UG 20) zu umfassen und alle anderen Diskurse in sich zu integrieren, bzw. diese zu erklären. Als Beispiel sei an den schon erwähnten „logischen Zusammenhang" (UG 29) in Susannes Gebetbüchern erinnert. Diese Funktion des Logischen hat sich nun verschoben. Mit einfachen Worten gesagt: anstatt selbst integrativ zu wirken, wird *das Logische selbst nun als Bestandteil des neuen Modells in den erweiterten Erkenntnisbegriff integriert.* Denn das Logische findet „erst von hier aus seine Rechtfertigung". (UG 136) Und noch eine weitere bekannte Größe wird in das neue Modell der Gesamterkenntnis integriert, die Liebe:

> Und angesichts des toten Bruders und erfüllt von den aufsteigenden Tränen, wußte Richard, daß dieses Erkennen die Liebe sei und daß auch die Liebe nichts anderes ist als Erkennen. (UG 136)

So ist es Richard schließlich in einer Serie katalysatorischer Ereignisse gelungen, zuvor verdrängte Bereiche seiner Psyche in seine Person zu integrieren und seine Lebensideologie umzustrukturieren. Wo er nach dem Sternwartebesuch mit Ilse Nydhalm noch davor zurückschreckte, das erkannte Potential zu realisieren, da tut er es jetzt: „Richard erledigte noch die notwendigen Formalitäten, und dann ging er ohne Scheu zu Ilse. Es war nicht nur der Tod des Bruders, der ihm dazu die Legitimation gab.“ (UG 136) Und in der Tat handelt es sich dieses Mal nicht um einen *gefährdeten* Prozess der Selbstfindung und – zumindest partiell – einer Selbstverwirklichung, wie sich in der Folge zeigen wird, sondern um einen *gelungenen.*

Die Beziehungslosigkeit des Ausgangszustands wird überwunden, die Familie erweitert sich sozusagen sogar um zwei Mitglieder: Emilie, die vorerst gleich nach der Beerdigung wieder fahren wollte, „blieb noch.“ (UG 139) Zudem wird Ilse als zusätzliches Familienmitglied aufgenommen: „schwesterlicher denn je: es war gut, dass Emilie gekommen war.“ Richards Hemmungen, Ilse als Partnerin zu akzeptieren, die in der „Verachtung [...], die Susanne zur Schau trug“ (UG 115) begründet lagen, sind verschwunden: „Susanne war endgültig entthront.“ (UG 139) Zudem hat er die merkwürdige Typologiebildung, welche die Klassifikation von Frauen betrafen, aufgegeben: „[...] er sah das schmale Gesicht Ilses vor sich, und nicht mit geschlossenen Augen, nicht aus der Nacht tauchte es auf, sondern hell in kristallisch durchsichtiger Landschaft sah er die graue Helle ihrer Augensterne.“ (UG 139)

Weiterhin bewertet Richard die Rolle der wissenschaftlichen Erkenntnis neu. Aus dem absoluten Wert der wissenschaftlichen Erkenntnis wird ein *relativer*:

> Das Leben wird weitergehen. Und man wird mit Gruppentheorie und Mengentheorie und allerlei astronomischen Berechnungen beschäftigt sein. Und wenn das Glück es will, wird man in den erkenntnistheoretischen und logischen Grundlagen ein gutes Stück weitergegangen. Genügte das nicht? (UG 141)

Wo zuvor also das Postulat eines *absoluten* Erkenntnissprungs stand, der einen *qualtitativen* Schritt bedeuten würde und der unbedingt anzustreben war, da steht nun das Postulat eines *relativen* Erkenntniszuwachses, der eine rein *quantitative* Vermehrung von Wissen bedeutet und der nicht zu erzwingen, sondern günstigen Umständen zu verdanken ist. Logische

Folge hieraus ist auch, dass die Zweiteilung des Konzepts des emphatischen Lebens (sR_{BI} vs sR_{BII}) hinfällig geworden ist.

> Draußen rauscht das Leben, fernab, unerfaßbar, ungeheuer, unerschöpflich, aber es rauscht auch durch das Herz, unerfaßbar, ebenso ungeheuer, ebenso unerschöpflich. Ebenso furchtbar.
> Genügte das nicht? (UG 142)

Es besteht zwar weiterhin eine Form *vorindividuellen metaphorischen* Lebens (im emphatischen Sinne) fort, das aber in seiner absoluten Form nicht realisiert werden kann, sondern nur mehr einen relativierten Wert darstellt. Mit anderen Worten: Wo früher die Annahme zweier disjunkter Zustände Leben und Nicht-Leben im emphatischen Sinne stand, da ist nun ein gradueller Unterschied daraus geworden: ein mehr oder weniger. Auf der folgenden Seite findet sich in stark vereinfachender und abstrahierender Form nochmals ein Überblick zu Richard Hiecks Wandlungsprozess.

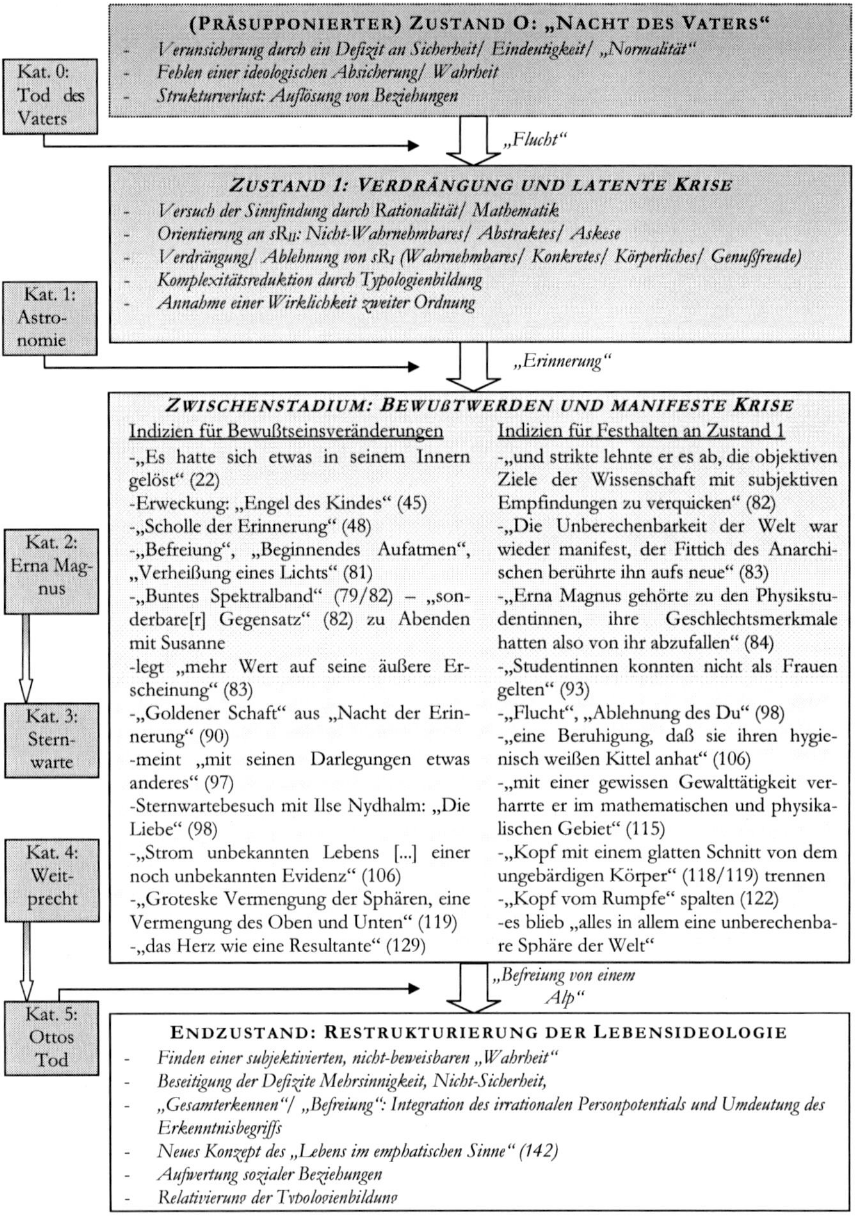

Abbildung 8: Selbstfindungsprozeß Richard Hiecks

2.4.3 Psychologie und Konzept der Person auf Textebene

Der Text zeichnet sich durch ein *hohes Maß an Komplexität* aus, was die Organisation der Psyche seiner Figuren anbelangt. Dies lässt sich in vielerlei Hinsicht verstehen. Einerseits werden *psychische Entwicklungen* sehr detailliert dargestellt, was sich beispielsweise in der Analyse von Richards zentralem Erkenntnisprozess gezeigt hat. Das Konzept der Person ist in eine Vielzahl von *Instanzen* zergliedert, die nicht immer eindeutig zuzuordnen sind. Dies liegt mit daran, dass die Figuren teils sehr *komplexe Strategien* im Umgang mit den Inhalten ihrer Psyche entwickeln, so z.B. Richards vielschichtige Rationalisierungsversuche im Umgang mit ungewollten Personanteilen.

Andererseits sind die psychischen Prozesse im Erzählablauf *nicht klar getrennt*, weder auf *discours*- noch auf *histoire-Ebene*. Dies ist eine Strategie, die auf Ebene der *Erzählinstanz* angesiedelt ist. Man vergleiche etwa im oben stehenden Schema zu Richards Wandlungsprozess die zwei sich überlagernden Ebenen: die *Bewusstseinsveränderungen* einerseits und das („regressive“) *Festhalten* an der selektiv-rationalisierenden Wirklichkeitsinterpretation andererseits. Ein Phänomen, das sich häufig wiederholt, ist folgendes: Wenn Richard durch ein katalysatorisches Ereignis nichtbewusste bzw. verdrängte Psycheinhalte entdeckt, dann akzeptiert er diese zwar für einen begrenzten Zeitraum, kehrt dann aber meist wieder zu seinem die (menschliche) Wirklichkeit verfremdenden Realitätsbegriff zurück. Ein Beispiel: Erna Magnus widerspricht seiner komplexitätsreduzierenden bzw. wirklichkeitsverfremdenden Typologiebildung, als sie ihm im Schwimmbad begegnet. Die Diskrepanz wird ihm auch bewusst. Nur kommt es nach dieser Bewusstwerdung zu einer „regressiven“ Phase, in der er versucht, sein Wirklichkeitsbild aufrechtzuerhalten, ohne auf seine einmal gefassten Annahmen verzichten zu müssen. Zwei Wochen (!) (vgl. UG 89) nach der Schwimmbadbegegnung sagt er sich: „Erna Magnus bildete eben eine Ausnahme.“ (UG 93) Eine Vielzahl solcher Beispiele wäre anzuführen. Eine denkbare Hypothese hierzu wäre, dass der Text „bewusst“ auf der Ebene der Erzählinstanz eine klare Strukturierung vermeidet, um die *Dechiffrierung zu erschweren*, was den Leser der Figurenperspektive annähern würde.

Zwar findet sich im Text viel *Erklärungsbedürftiges*, was Figurenverhalten, Familiensituation, innere Einstellungen, usw. angeht, doch äußerst selten wird dieser Erklärungsbedarf thematisiert. Der psychologische Diskurs wird somit fast ausschließlich auf die *implizite Textebene* verschoben. Dies mag angesichts der Ausdifferenzierung psychischer Phänomene und deren Komplexität überraschen. Es ist, als ob der Text einen *Redebedarf in expliziter Form* über psychische Sachverhalte *leugnen* würde. Ein häufiges Phänomen ist dann auch der Wechsel zwischen reflexiv-kommentierender Erzählerrede und erlebter Rede[222] an Stellen, wo sich ein Erklärungsbedarf ergibt. Die *Grenze zwischen Innen- und Außenperspektive* wird somit *verwischt.* Dies soll an folgender Textstelle belegt werden (Hervorhebungen vom Verfasser):

> Während er aß, war ihm wieder einmal zum Weinen. *Warum gab es kein Zurück? Warum mußte er sich den Kopf an einer Mauer einrennen, die zu errichten ihm niemand befohlen hatte?* Etwas hatte ihn erfaßt, das er nicht benennen konnte, aber er ahnte, daß es das Gegenteil alles dessen war, was er hier sah, ja, man konnte wohl sagen, was er nun zum erstenmal sah: [...] [es] befiel ihn ungeheures Mitleid mit sich selbst und ungeheure Bangigkeit. *Welch grausame furchtbare Macht hatte ihn erfaßt und stand all dem feindlich gegenüber? ach, es war das Leben schlechthin, es war das Leben an sich, diese furchtbarste Macht, der der Mensch ausgeliefert ist, und es hat gar keinen Sinn, darüber zu seufzen.* Aber das wußte Otto nicht, er ahnte es kaum, und so tat er sich leid und seufzte: „Ach." (UG 112)

Die non-personale „grausame furchtbare Macht" wurde schon als eine Instanz interpretiert, die Otto einem zwanghaft scheinenden Prozess unterwirft, welcher nicht mehr der Kontrolle seines bewussten Ich (als integrativer Instanz der Person) unterliegt. Der zitierte Abschnitt geriert sich nun bis zum letzten Satz als eine reine Wiedergabe der Bewusstseinsinhalte Ottos. Doch dieser relativiert in dem nach rückwärts gerichteten Kommentar das Gesagte als etwas, das Otto *nicht bewusst* ist („aber das wußte Otto nicht"), sondern eher *halb- oder kaumbewusst* („er ahnte es kaum"). Diese Relativierung bezieht sich auf die *Identifizierung der persongefährdenden Instanz*, die als „das Leben" (UG 112) benannt wird. Somit ist dieser persongefährdende und non-personale Einfluss einer, dem *jeder* unterliegt („der Mensch"), und der *zu akzeptieren* ist („und es hat gar keinen Sinn, darüber zu seufzen"). *Eine individualpsychologische Rele-*

---

[222]*Erlebte Rede* wird hier im Sinne Schönhaars als ein episches Stilmittel verstanden, das zwischen direkter und indirekter Rede, zwischen Selbstgepräch und Bericht steht. „Gedanken oder Bewußtseinsinhalte einer bestimmten Person werden statt in zu erwartender direkter Rede oder im zu erwartenden Konjunktiv der indirekten Rede im Indikativ der 3. Person und meist im sog. ep. Präteritum ausgedrückt, das damit atemporale Funktion annimmt." Rainer Schönhaar: Erlebte Rede. In: Günther u. Irmgard Schweikle (Hg.): Metzler Literatur Lexikon. Begriffe und Definitionen. 2., überarb. Aufl. Stuttgart, 1990, S. 136.

vanz der persongefährdenden Größe wird dadurch geleugnet. Auch stellt sich somit die Frage einer *Pathologisierung von Ottos Verhalten auf Textebene* nicht mehr. Auf die Beurteilung abweichenden Verhaltens durch Figuren wurde schon in Zusammenhang mit Otto eingegangen (vgl. 2.4.1.4). Als er seinen Todeswunsch vor der Familie ausspricht, wird er nicht ernstgenommen. Richard tut es als „kindische[ ] Wichtigtuerei" (UG 101) ab. Als Otto im Anschluss das Zimmer verlässt, findet sich folgender Kommentar der Erzählinstanz:

> Entsetzt, irr und bösartig starrte Otto seine Mutter an und rannte aus dem Zimmer.
> Die Erwachsenen blieben mit dem unbehaglichen Gefühl einer Verantwortung für ein Schicksal zurück, das – Teil ihres gemeinsamen Schicksals – aus den gleichen Quellen wie das ihre gespeist wurde und doch, von ihnen abgesondert, seine eigenen Wege und zu seinem eigenen Tod ging. Aber eben weil es die gleiche Dunkelheit war, fühlten sie sich beleidigt und gereizt. »So ein Narr«, sagte Richard und griff wieder nach der Diözesanzeitung. (UG 102)

Hier findet sich eine Weg-Ziel-Metaphorik, die im Text stark rekurrent ist. Der Weg zu dem Ziel, in diesem Fall der „eigene [ ] Tod", ist *individualisiert.* Jedoch ist der Herkunftsraum ein *kollektiver* („aus den gleichen Quellen", „die gleiche Dunkelheit"). Da aber der Herkunftsraum ein kollektiver ist, ist er für jede Figur *identisch*, und insofern ist eine Abweichung nur bezüglich des Wegs möglich, den die Figuren einschlagen. Otto wird also auch in Bezug auf den Herkunftsraum mit anderen Figuren gleichgesetzt, genauso wie dies bei der persongefährdenden, nonpersonalen Größe der Fall war.

Wenn eine *Taxierung abweichenden Figurenverhaltens* stattfindet, dann nur latent. Der Selbstmord eines höchstens Fünfzehnjährigen ist, zumindest nach den Maßstäben des kulturellen Wissens der Zeit, ein Fall der extremen Abweichung. Als Beleg soll eine Textstelle aus den Diskussionen des *Wiener psychoanalytischen Vereins* dienen, es spricht ein Schuldirektor (Hervorhebungen vom Verfasser):

Wenn der Selbstmord als die Verneinung des stärksten der menschlichen Triebe, des Triebes nach Selbsterhaltung, für unser Gefühl immer *normwidrig* ist, so gilt das *in noch höherem Grade von dem Kinderselbstmord*, da wir beim Kinde mit der unverbrauchten Lebenskraft auch unzerstörbaren Lebenswillen vereinigt glauben.

> Diese gefühlsmäßige Beurteilung findet ihre volle Bestätigung in den Zahlenreihen der *Statistik*. Hier zeigt sich, daß die erdrückende Überzahl der Selbstmörder in einem Alter von mehr als 15 Jahren aus dem Leben scheidet. *Unter den normwidrigen Lebensverächtern bilden also die unter 15 Jahren eine Abnormität 2. Ordnung.*[223]

Der Kontrast zwischen dieser Einschätzung und jener (nicht vorgenommenen) in der *Unbekannten Größe* könnte wohl nicht deutlicher ausfallen. Selbst nach dem Kriterium der statistischen Normalität handelt es sich demnach bei Ottos Selbstmord um „eine Abnormität 2. Ordnung", die somit Grund genug bietet für eine explizite Thematisierung, wie sie zumindest im *psychoanalytischen Diskurs* der Zeit zum Jugendselbstmord stattfand. Für einen Erklärungsversuch von Ottos Verhalten ist der Leser auf eine Rekonstruktion der komplexen Textpsychologie angewiesen, und selbst diese hinterlässt noch viele *Leerstellen*. Der Text weigert sich, kulturelle Wissensmengen zur Psychologie zu Rate zu ziehen, wohingegen er dies beim physikalischen Diskurs mehrfach explizit macht.
So wie sich die Erzählinstanz einer Thematisierung „abnormen" Verhaltens – ob nun im normativen oder statistischen Sinne – entzieht, so tun es auch die Figuren. Dies hängt zum einen mit dem schon besprochenen Phänomen der *Beziehungslosigkeiten* zusammen. Die Figuren sind größtenteils viel zu sehr mit ihrer eigenen Entwicklung beschäftigt, als dass sie das Verhalten anderer wahrnehmen und beurteilen könnten. Dies hängt wiederum partiell mit dem Konzept der Person zusammen: Die Person wird als ein geschlossenes System gedacht, das schon alle Potentialitäten in sich trägt, nichts kommt mehr von außen hinzu[224]:

> Sie waren Brüder, dennoch jeder in sich verschlossen, und jeder für sich mußte mit der Aufgabe fertig werden, das in ihn versenkte Erbgut zum eigenen Sein umzugestalten. (UG 19)

223Alfred Adler (Hg.): Diskussionen des Wiener psychoanalytischen Vereins. 1. Heft. Über den Selbstmord, insbesondere den Schüler-Selbstmord. Wiesbaden, 1910, S. 5f.. Der Verfasser des zitierten Abschnitts ist namentlich nicht erwähnt, es wird nur ersichtlich, daß es sich um einen Schuldirektor handelt. Die Ausgabe vermerkt nur „Unus multorum".

224Titzmann abstrahiert dies als generelles Phänomen in der frühen Moderne: Es „wird jede Potentialität der Person als etwas in ihr selbst schon Vorhandenes gedacht: nichts kommt von außen an Neuem in die Person hinein, alles ist schon in ihr, wenn auch eben noch nicht integriert und realisiert." Michael Titzmann: Das Konzept der Person, S. 50.

Richard, der das „Menschliche" zunächst ablehnt, versucht denn auch in rein auf sich selbst gestellter Denktätigkeit zum Ziel zu gelangen. Soziale Interaktion ist nach seiner Denkweise zur Sinnfindung nicht nötig. Auch Susanne, die eigentlich einem kollektiven Sinnstiftungsmodell angehört, führt durch die Kapelle in ihrem Zimmer, die quasi für nur eine Person angelegt ist, die *Vereinzelung der Lebenswirklichkeiten* raumsemantisch vor. Mit dieser sozialen Isolation geht eine ausgeprägte *Subjektivierung* in vielerlei Hinsicht einher:

1) Die Erfahrungen der Subjekte mit sich selbst sind teilweise nicht mehr sprachlich ausdrückbar, somit ist ihre *innerpsychische Erlebniswelt* eine partiell nicht mehr mitzuteilende: „Das Wesentliche ist nicht ausdrückbar. Die letzte Wahrheit und die tiefste Sünde, Grenzen des Wortes." (UG 98) An Otto (vgl. 2.4.1.3) wurde gezeigt, wie sich diese sprachliche Barriere bis zur absoluten Isolation ausweiten kann.

2) Auch der *Realitätsbegriff* unterliegt einer Subjektivierung (vgl. 2.2.3.3, 2.3.1, 2.3.2). Nicht nur die innerpsychische, sondern auch die extrapersonale Wirklichkeit unterliegt somit einer (partiellen) Subjektivierung. Ein Beispiel: Für Susanne ist „die Verwandlung des Weins in das Blut Christi [...] von ebenso einwandfreier und konkreter Kausalität wie der Satz, der die Erfahrung ‚Wenn es regnet, ist es naß' festlegt". (UG 28) Richard hingegen erfährt die wahrgenommene Realität als „Ergebnis eines ungeheuren Zufalls". (UG 48) Otto erträumt und phantasiert sich teilweise seine eigene Realität. Katharine macht sich „keine Illusionen mehr." (UG 37, 85, 86, 139) Kapperbrunn zieht sich „bis auf Newton" (UG 38) zurück, Weitprecht untersucht den Dualismus von Welle und Teilchen. *Heterogener* könnten die *Wirklichkeitsentwürfe* kaum gestaltet sein.

3) Ebenso gestaltet sich der *gesuchte Zentralwert* individuell. Das abstrakte Konstrukt vom rauschenden, saftigen, großen *Leben* (vgl. UG 18, 31, 36, 37, 45, 48, 68, 91, 104, 107, 136, 142) besteht zwar auf Textebene für alle Figuren, doch die jeweilige Ausgestaltung ist *subjektiviert*:: „Draußen irgendwo rauschte saftig und groß das Leben, und jeder von ihnen wollte einen Zipfel davon erhaschen, aber sie wußten nicht welchen, und sicherlich war es für jeden ein anderer." (UG 36)

4) Ebenso wird der „Weg" (UG 17, 22, 30, 38, 44, 49, 58, 81, 91, 102, 120) zu diesem „Ziel" (UG 29, 30, 48, 51, 55, 65, 81, 82, 98, 107, 120, 122, 134, 136, 142) des emphatischen Lebens als *subjektiviert* gedacht. Er kann *direkt* und *ohne Umwege* erreicht werden, wie prototypisch von Susanne vorgeführt: „Susanne hatte ein klares Ziel!" (30) *Entgegengesetzte* Wege zweier Figuren sind nicht selten[225] Der Weg kann über *Umwege*, wie etwa bei Richard, zum Ziel führen – auf der Textoberfläche findet sich dafür das Wort „Zickzackweg" (UG 44) als versteckte Andeutung. Der Weg kann auch *scheitern*, wie bei Otto – dafür bietet die Textoberfläche ebenfalls in anderem Zusammenhang die Wendung „Weg in den Weiher" (UG 58) an. Ein Weg kann abgebrochen werden, wie bei Katharine Hieck, die ihr (bewusstes) erotisches Potential nicht realisiert und – wohl aufgrund des Alters –[226] beispielsweise ihre Beziehung zu Karl Wohlfahrt zu einer idealisierten Mutter-Kind-Beziehung umdeutet. Manchen Figuren wird ein „falsches" Ziel retrospektiv *bewusst*, wie Weitprecht. Manchen Figuren wird ein *unbewusstes Ziel* im Nachhinein bewusst.[227] Es gibt *uneigentliche* Ziele; ein Beispiel: „Denn das Ziel der Erkenntnis liegt außerhalb der Erkenntnis." (UG 107) Ein Ziel kann auch temporär absent sein: „Wo war sein Ziel?" (UG 30) Kurzum, für einen Text dieses Umfangs bietet er eine erstaunliche Ausdifferenzierung und Systematisierung an *individualisierten Wegen*.[228]

[225]Richard und Susanne Hieck gehen „zwei Wege, die immer weiter auseinanderstrebten" (UG 30). Weitprecht und Kapperbrunn wurden schon erwähnt im Zusammenhang mit Fortschritt und Reaktion.

[226]Zu Beginn des neuen Jahres wird angedeutet, daß Katharine sich an der Grenze zu der Altersklasse befindet, in der erotische Bindungen nicht mehr möglich sind. Die Zeit wird sozusagen knapp für sie („in letzter Minute"): „Da aber alle Zukunftshoffnungen für das neue Jahr nicht über den fürchterlichen Zwang der entfliehenden Zeit und über die Angst vor dem kommenden Alter hinwegtäuschen konnten, mußte Katharine Hieck immerzu an das seit der Jugend erhoffte Wunder der Liebe denken und an die Erfüllung, die sich jetzt sozusagen in letzter Minute doch noch einstellen sollte. Und besessen von dieser angstvollen Hoffnung tat sie etwas, was in diesem Kreise fast noch niemals geschehen war, sie erwähnte den Vater." (UG 37)

[227]„[...] jetzt schien ihm gerade die Astronomie der tiefere Sinn seines mathematischen Studiums gewesen zu sein." (UG 25)

[228]Wünsch erläutert die Relevanz der ‚Weg'-,Ziel'-Metaphorik für die Epoche der Frühen Moderne und hat ein zugrundeliegendes Modell abstrahiert. Demnach herrscht in der Ausgangsphase der Verlaufsstruktur beim Subjekt eine nichtbewußte Defizienz, die durch ein auslösendes Ereignis bewußt gemacht wird, wo-

Wenn auch die Erzählinstanz eine Thematisierung psychologischer Sachverhalte auf der Textoberfläche vermeidet, so weist der Text bezüglich psychischer Größen in der *Tiefenstruktur* einen erstaunlich *hohen Organisationsgrad* auf. Abschnitt 2.2.3 wurde schon gezeigt, wie körperliche Merkmale in systematischer Beziehung mit psychischen Merkmalen stehen. Auch die Farben von Kleidungsstücken werden semantisiert, wie sich bei Erna Magnus zeigte: Durch schwarze und weiße Kleidungsstücke wird eingangs die (scheiternde) Typologiebildung Richards vorgeführt. Als er diese aufgibt, steht das rote Kleid für die teils schon vollzogene, teils noch bevorstehende Umdeutung, die *Mischformen* zulässt. Dies wird auch lexikalisch ausgedrückt, drei Beispiele sollen hier genügen: „Vermengung der Sphären, eine Vermengung des Oben und Unten" (UG 119); „Vermengung der Sphären" (UG 120); „Vereinigung der Sphären im Symbol". (UG 121) Ein weiteres Indiz findet sich für diese These: Als Richard Ilse Nydhalm das erste Mal im Institut begegnet, finden sich die Lichtverhältnisse einmal nicht in den sonst so typischen Hell-Dunkel Kontrasten: „Durch einen Vorhangspalt zeichnete die Sonne einen bunten Spektralstreifen an die Zimmerdecke." (UG 79) Und auch später bestätigt sich diese Beobachtung:

> Ein buntes Spektralband spielte auf der Zimmerdecke, und die Gespräche mit Ilse Nydhalm standen in sonderbarem Gegensatz zu den Abenden, die er in der Stube Susannens verbrachte. Es war ein sehr komplizierter und völlig undurchsichtiger Verrat, den er da beging, der ihn auf sehr verwickeltem Pfad ins Sündige und dunkel Anarchische zurückführte! O unhörbarer einsamer Klang im Weltall. Aber jeder unbefangene Beobachter hätte bemerken müssen, daß Richard Hieck seit einiger Zeit mehr Wert auf seine äußere Erscheinung legte. (UG 82)

---

rauf eine Menge der Zwischenphasen folgt. Dabei orientiert sich das Subjekt zunächst an (mindestens) einem falschen Wert C, bevor er seinen Weg beim eigentlichen Ziel B (Selbstfindung) oder uneigentlichen Ziel non-B (Selbstverlust) beendet. Auch an der *Unbekannten Größe* ließe sich dieses Modell mittels der Figuren bestätigen, wenn auch nicht alle Stufen von allen Figuren durchlaufen werden. Vgl.: Marianne Wünsch: Das Modell der „Wiedergeburt" zu „neuem Leben" in erzählender Literatur 1890–1930. Und: Wege der ‚Person' und ihrer ‚Selbstfindung' in der fantastischen Literatur nach 1900. Und: Die Fantastische Literatur der Frühen Moderne (1890–1930). (Daraus: Kap. 4.4: Das „Ich" und sein „Weg": Zur Konzeption der „Person", S. 227–251.) Ebenfalls: Marianne Wünsch: Regeln erotischer Beziehungen in Erzähltexten der Frühen Moderne und ihr theoretischer Status. In: Spiel 9 (1990), S. 131–172.

Das Spektralband als Kontinuum des Lichtspektrums löst hier den Schwarz-Weiß-Gegensatz ab, der sich seit der Eingangsszene immer wieder findet. Somit wird der *abstrakte Wechsel*, den Hiecks *Restrukturierung der Lebensideologie* bedeutet, auf der *Textoberfläche* über die Farben transportiert, auf der *Tiefenebene* über die abstrahierten Merkmale ‚*disjunkt*' und ‚*Kontinuum*'.
Exemplarisch für die anfänglich *Dominanz der disjunkten Klassenbildung* soll hier die (selektierte) Eingangsszene angeführt werden (Hervorhebungen vom Verfasser):

> Der Physiksaal mit seinen *weiß*lackierten Bankreihen und den *weißen* Fliesen an den Wänden erweckte einen hygienischen Eindruck. [...] [Krispin] war ein kleiner schlechtrasierter Mann, der *schwarze* Clothkittel hing fleckig und ungebügelt von seinen Schultern, [...] und jetzt, da er die [...] *schwarze* Tafel abwaschen wollte, mußte er sich auf die Zehenspitzen stellen. Einige Studenten saßen noch in den Bänken, sahen zu [...] wie das Kreidewasser *weißlich* heruntertropfte [...] Zum Beispiel wurde Richard Hieck durch die *schwarzglänzende* feuchte Tafel an den Samt des Nachthimmels gemahnt. Hieck [...] trug gleich dem Diener einen *schwarzen* Laborantenkittel [...]. (UG 11)[229]

Mit fortlaufender Wandlung Richards, die sich als gradueller Prozess mit singulären Sprüngen darstellt, häufen sich die ‚Zwischenfarben' an signifikanten Stellen. Als Richard mit Ilse zur Sternwarte geht, wechseln „einige Lichtreklamen von Gelb zu Rot". (UG 91) Bevor es zum ersten Kuss zwischen Ilse und Richard kommt, „nimmt sie den Rotstift verkehrt zur Hand". (UG 108) Zu Beginn des fünften Teils, als Richards Wandlungsprozess vollständig vollzogen ist, fällt auf, dass viele Farben vorhanden sind (Hervorhebungen vom Verfasser):

> [...] wenn man ortskundig war, erkannte man auch den *weißen* Fleck der Badeanstalt zwischen den Bäumen. *Aber* dort hinten auf dem Hügel waren die Kuppeln und die *roten* Mauern des Observatoriums deutlich wahrnehmbar, umrahmt von der *dunklen* Fläche des Tannenwaldes, in dem hier und da das lichtere *Grün* einiger Laubbäume leuchtete. Über den Bergen schwammen ruhig einige *weiße* Herbstwölkchen. Sonst *Blau*, scharfes *Blau*, wie es bloß der Herbst hervorbringt. (UG 138)[230]

[229]Hervorhebungen vom Verfasser.
[230]Hervorhebungen vom Verfasser.

Nicht die Beschreibung eines Stadtbildes ist hier das wesentliche, sondern die Wahrnehmung von ‚Zwischenfarben', die Richard zu Textbeginn nicht leisten kann und will.
Der Text geriert sich also einerseits in Bezug auf *psychische Sachverhalte* an der *Textoberfläche* als unauffällig, jedoch unterlegt er diese Ebene mit einem sekundären Bedeutungsstrang auf der *Tiefenebene*. Was er in der Figurenrede mit der *uneigentlichen Verwendung von Diskursen* vorgeführt hat, vollzieht er auf der Tiefenebene in der uneigentlichen Verwendung primärer Merkmalsklassen wie ‚Haare', ‚Kleidungstücke', ‚Farben', ‚Kopf', ‚Körperform' nach.

2.4.4 Die Relation Textpsychologie – kulturelles Wissen

Eine Relation zwischen der rekonstruierten Textpsychologie und dem kulturellen Wissen zu skizzieren, ist wohl ein Unterfangen, das für eine eigene Arbeit ausreichen würde. Denn wollte man eine solche Relation gewissenhaft darstellen, dann müsste zunächst einmal rekonstruiert werden, was in der *Frühen Moderne* an heterogenen, teilweise korrelierten, teilweise unabhängigen Theorien und Diskursen koexistiert, die über den Gegenstandsbereich ‚Psychologie' arbeiten.[231] Thomas Anz stellt fest, dass es „bis heute keine umfassende und systematische Darstellung des Themas"[232] gibt. Allenfalls Thomas Worbs ist seiner Meinung nach ein Teil einer solchen Darlegung gelungen.[233] Allerdings umfasst die Dissertation Worbs' die anfängliche Phase der Psychoanalyse-Rezeption und konzentriert sich auf Autoren wie Karl Kraus, Arthur Schnitzler und Hugo Hofmannsthal. Und auch Horst Thomés Arbeit zur Psychoanalyse

---

[231]Vgl. hierzu: „So koexistieren etwa, was Gegenstandsbereich bzw. Disziplin Psychologie betrifft, heterogene, untereinander nicht korrelierte, sich wenig für einander interessierende Theorien bzw. Diskurse, die sich durchaus auch in ihrem Verständnis von ‚Wissenschaftlichkeit' unterscheiden." Michael Titzmann: 1890–1930. Revolutionärer Wandel in Literatur und Wissenschaften. In: Karl Richter/ Jörg Schönert/ Michael Titzmann (Hg.): Die Literatur und die Wissenschaften 1770–1930. Stuttgart, 1997, S. 308.

[232]Thomas Anz: Psychoanalyse in der literarischen Moderne. Ein Forschungsbericht und Projektentwurf. In: Karl Richter/ Jörg Schönert/ Michael Titzmann (Hg.): Die Literatur und die Wissenschaften 1770–1930. Stuttgart, 1997, S. 380.

[233]Vgl. Michael Worbs: Nervenkunst. Literatur und Psychoanalyse im Wien der Jahrhundertwende. Frankfurt am Main, 1983.

und Psychiatrie in deutschen Erzähltexten umfasst „nur" den Zeitraum von 1848 bis 1914.[234]
In Zusammenhang mit Brochs Rezeption der Psychoanalyse und ihrer Umsetzung in seinem Werk finden sich nur magere Hinweise. Thomas Anz verweist in einer Fußnote auf Lützelers Biographie.[235] Dort finden sich zwar Andeutungen zu Brochs Kontakt mit Heyer, der verschiedene Richtungen der Psychologie (Freud, Adler, Jung) zu integrieren versuchte, aber über einen Biographismus gehen diese Andeutungen nicht hinaus. Dass Broch sich selber etliche Jahre lang in psychoanalytischer Behandlung befunden habe, mag zwar interessant sein, hilft in textanalytischer Hinsicht aber nicht weiter. Wenn sich die Forschung der psychischen Gestaltung in Hermann Brochs Werk widmet, dann mit der Tendenz, dass auf die Psyche des Autors geschlossen wird. So gilt das Interesse einer der emsigsten Broch-Forscherinnen, Ernestine Schlant, der Psyche Brochs, weniger aber seinen dargestellten Welten:

> In analyzing the novels of Hermann Broch, it becomes obvious that certain types, even traits or gestures, recur insistently. They are independent of character or situation and point to the assumption that we are here confronted not with necessities of plot or a protagonist's development, but with the dictates of the author's psyche.[236]

Aus der Perspektive der Literaturwissenschaft ist diese Beschäftigung mit der Autorenpsyche fachfremd,[237] und wird auch scharf von Lützeler kri-

---

[234]Vgl. Horst Thomé: Autonomes Ich und ‚Inneres Ausland'. Studien über Realismus, Tiefenpsychologie und Psychiatrie in deutschen Erzähltexten (1848–1914). Tübingen, 1993.
[235]Paul Michael Lützeler: Hermann Broch. Eine Biographie. Frankfurt am Main, 1985. Vgl. für das folgende S. 102f. und 159.
[236]Ernestine Schlant: Obsessive Patterns in the Novels of Hermann Broch. In: Stephen D. Dowden (Hg.): Hermann Broch: Literature, Philosophy, Politics. The Yale Broch Symposium 1986. Columbia,1988, S.153. Auch Watt läßt sich in dieser Hinsicht anführen, wenn er Richard Hieck mit Hermann Broch über Privatphotos des Autors gleichsetzt: "Those familiar with photographs of Broch in his later years will immediately recognize him in this description." Roderick H. Watt: Hermann Broch's *Die Unbekannte Grösse*: The Central Symbol of „Sterne im Wasser." In: Modern Language Notes, Vol 89. Baltimore, Maryland, 1974, S. 841.
[237]Vgl. hierzu Michael Titzmann: Psychoanalytisches Wissen und literarische Darstellungsformen.

tisiert.[238] Wenn eine Beschäftigung mit „psychischen“ Sachverhalten in der *Unbekannten Größe* stattfindet, dann meist in einem assoziativen Essayismus. Drei Beispiele seien gegeben. Es ist wiederum Ernestine Schlant, die zur Deutung der Eingangsszene meint: „Es bedarf keiner besonderen Spitzfindigkeiten, in diesem Abwaschen der Tafel einen sexuellen Akt, spezifisch einen onanistischen, beschrieben zu sehen.“[239] Hanson geht ebenso simplifizierend vor, wenn er Richards Einschübe, Kopf und Rumpf trennen zu wollen, folgendermaßen kommentiert und damit auf den Autor schließt: „These are comments that occur clearly outside the narrative line of the novel as intrusions by the author himself.“[240] Gisela Roethke schließt in Bezug auf Ottos erotische Neigungen – ohne dies an Textdaten noch argumentativ zu belegen – folgendes: „[Otto] kämpft mit einem unbewältigten Ödipuskomplex und ist deshalb impotent.“[241] Der Forschungsstand ist sehr dünn – zur *Unbekannten Größe* sind bis heute lediglich sechs direkte Forschungsbeiträge erschienen.

Da eine Rekonstruktion psychologischer Wissensmengen der Frühen Moderne hier nicht geleistet werden kann, beschränkt sich das folgende auf Andeutungen von Entsprechungen und Abweichungen der Textpsychologie gegenüber einzelnen psychologischen Theorien der Zeit. Um eine „Zerfaserung“ zu vermeiden, wird hier zunächst auf den Selbstmord Ottos eingegangen und damit korrelierte psychologische Annahmen kurz vorgestellt.

Es wurde schon gesagt, dass der Text keine expliziten Verweise auf psychologische Theorien enthält, aus den impliziten Textstrukturen aber auf einen (extratextuellen) Erklärungsbedarf bezüglich des Figurenverhaltens geschlossen werden muss. Als Beispiel wurde Otto als „normwidrige[r] Lebensverächter“ und die Taxierung seines Selbstmords als „Abnormität

---

[238]Vgl. Paul Michael Lützeler: Psychoanalyzing Broch’s Fiction. A Response to Ernestine Schlant. In: Stephen D. Dowden (Hg.): Hermann Broch: Literature, Philosophy, Politics. The Yale Broch Symposium 1986. Columbia, 1988, S. 173-175.

[239]Ernestine Schlant: Brochs Roman *Die Unbekannte Größe* (1933). Mit Hinweisen zum Filmskript Das Unbekannte X (1935). In: Paul Michael Lützeler (Hg.): Hermann Broch. Franfurt am Main, 1986, S. 112.

[240]W. P. Hanson: Hermann Broch’s *Unknown Quantity*. In: New German Studies, Nr. 2 (1974), S. 166.

[241]Gisela Roethke: Zur Symbolik in Hermann Brochs Werken. Tübingen, 1992, S. 50.

2. Ordnung"[242] referiert. In den bereits zitierten *Diskussionen des Wiener psychoanalytischen Vereins* wird das Problem als ein gesellschaftliches erörtert und unterliegt bereits statistischen Beobachtungen. Es wird dabei eine Untersuchung dokumentiert, die sich mit der Korrelation von Schülerselbstmorden mit psychischen Abweichungen beschäftigt. Dabei wird auf den Fall eines speziellen Schülerselbstmordes eingegangen, in dem „eine angeborene, mehr oder minder schwere neuropathische Belastung, eine konstitutionelle Veranlagung in Form von Inferiorität oder Minderwertigkeit"[243] vorlag. Diese Belastung war bereits fünf Jahre vor dem Selbstmord bekannt. Denkt man an Otto in Bezug auf die „angeborene Belastung" , so erinnert man sich an „das in ihn versenkte Erbgut" (UG 19), und „dass er seit seiner Geburt ein Doppelleben führt [ ]" (UG 62), auch, dass die Mutter ihre Geburten „zu Resultaten unbefleckter Empfängnis" (UG 29) umdeutet. Darin mag man eine Andeutung einer genetischen Vorbelastung (väterlicherseits) entdecken. Auch die Minderwertigkeit ist ein Gefühl, das Otto nicht fremd ist, denkt man an seine vielen zitierten, resignativen Äußerungen (vgl. 2.4.1). Bei dem besprochenen Fall kommt noch ein weiteres Merkmal hinzu:

> Hatte die geistige Abnormität schon bei einem oder gar einigen von den älteren Familienmitgliedern zum Selbstmorde geführt, so verstärkte sich die Macht der erblichen Belastung durch die suggestive Kraft des Vorbildes, über die wegen ihrer außerordentlichen Bedeutung später ausführlicher gehandelt werden soll. Hier aber verweisen wir auf die Entwicklungsstörungen, die der jugendliche Geist im Kreise einer abnorm gearteten Familie notwendig erleidet.[244]

Auch hier lassen sich unschwer Entsprechungen finden. In der bisherigen Interpretation des Vaters und den Umständen seines Todes wurde bereits auf die unterschwellige Andeutung eines Selbstmordes eingegangen. Auch die vielen Parallelisierungen zwischen Otto und Vater wurden

---

[242]Alfred Adler (Hg.): Diskussionen des Wiener psychoanalytischen Vereins. 1. Heft. Über den Selbstmord insbesondere den Schüler-Selbstmord. Wiesbaden, 1910, S. 5f..

[243]Ebd., S. 11. Es muß vielleicht noch betont werden, daß die referierten Passagen nicht als ‚wahre' Theorien verstanden werden dürfen, die das Verhalten Ottos befriedigend erklären könnten. Es handelt sich vielmehr um Annahmen, die ein Erklärungspotential unterstellen. Eine der inzwischen revidierten Annahmen der *Diskussionen* ist die der Vererbung einer „Trinkerkrankheit." Vgl. S. 11.

[244]Ebd., S. 11.

erwähnt (vgl. 2.4.1). Und sieht man nochmals im Text nach, dann finden sich auch Belege dafür, dass Richard und Susanne explizit als tendenziell ‚abnorm' gesetzt werden:

> Richard sah in Susannens Augen und erschrak, weil es die gleichen Augen wie die seinen waren – welch ein Blick! schräg aufwärts, der plötzlich den weißen Augapfel und rote Äderchen entblößte, ein Blick, der unheimlich war und etwas Irrsinniges an sich hatte. (UG 30)

> Und es war auch der Grund, der ihn immer wieder zu Susanne führte, obwohl ihm ihre Heiterkeit oftmals als leicht idiotisch erschien, es war wie ein von Jugend gewohntes Betreuen einer Schwester, die nicht ganz vollwertig zu nehmen war. (UG 31)

> Wenn er einen schrägen Blick aufwärts zum Dom hin warf, den Augapfel weiß und ein wenig irrsinnig herausgedreht [...]. (UG 32)

Richard und Susanne erscheinen insofern „etwas irrsinnig", „leicht idiotisch", „nicht ganz vollwertig". Und auch Otto erfährt derlei Charakterisierung. Nach seinem Todeswunsch heißt es:

> Unvermittelt gleich dem Wunder ist das Böse, ist das Irrsinnige in der Welt vorhanden, meteorgleich stürzt es ins Leben [. . .]. (UG 101)

Und als er in der Totenhalle liegt, wird er über seinen „Blick" an die oben zitierten Charakterisierungen angeschlossen:

> Noch nicht in offizieller Leichenpositur, war der Kopf ein wenig zur Seite gedreht, und aus den halbgeöffneten Augen blickte das Weiße schräg nach aufwärts. Der blinde Blick des Todes, den sie alle schon bei Lebzeiten besaßen. Otto hatte zu seinen Vätern heimgefunden. (UG 134)

> Viele weitere Entsprechungen Ottos mit den abstrahierten Merkmalen aus der Statistik lassen sich finden: die sprachliche Isolation der Opfer[245], daß für die Ätiologie der Selbstmorde das häusliche Leben entscheidende Momente liefert[246], daß die „wahre und letzte Ursache einer solchen Tat häufig gar nicht zu ermitteln

[245]Ebd., S. 14.
[246]Ebd., S. 14.

> ist“,[247] eine häufige „gute, mitunter hervorragende Begabung“,[248] eine oftmalige „Frühreife“.[249]

Auf die Vorstellung der ausgewerteten statistischen Daten folgen nun einige teils sich entsprechende, teils sich nur überschneidende, teils sich widersprechende Erklärungsangebote in Form psychischer Theorien von Reitler, Friedjung, Sadger, Stekel, Adler und Molitor. Nur Reitler soll hier vorgestellt werden.

Er spricht von „Zwang-Vorstellungen“, und dass die Selbstmordimpulse „ohne Zweifel zwanghaften Charakter“[250] hätten. Es handle sich dabei um „eine Angstform, die um so fürchterlicher empfunden wird, als sie sich eben auf nichts Reales, dem man entfliehen könnte, bezieht, nur auf ein unheimlich Unbekanntes, auf ein drohendes, unfassbares Etwas, dem man wehrlos preisgegeben ist.“[251] Damit ist das Phänomen der nonpersonalen „Macht“, das in Kapitel 2.4.1 beschrieben wurde, fast wörtlich wiedergegeben. Reitler referiert nun Freuds Annahme, dass diese „objektlose Angst“[252] am häufigsten auftrete, „wenn der nicht zur normalen Verwendung gelangte Geschlechtstrieb eine Verdrängung erleidet.“[253] Dies ist eine Erklärungshypothese, die alleine aus den Textdaten der *Unbekannten Größe* nicht zu folgern wäre. Aber sie bietet eine kulturell denkbare, im psychischen (Spezial-)Wissen der Zeit präsente Annahme zur Organisation der Psyche. Greift man nun auf den Text zurück, so wäre diese Annahme in der Tat eine, die *Leerstellen der Figurenmotivation* schließen könnte, findet sich im Text doch die Szene im Park, in welcher Otto bei einer erotischen Begegnung mit einer mütterlichen Frau ambivalente Gefühle aufweist, die zum Erlahmen seines Begehrens führen, welches dann zu Hause wieder aufkeimt.

Doch hiermit ist der Prozess, den Reitler skizziert, noch nicht abgeschlossen. Es kommt in der Folge zur „Weiterentwicklung der Psychoneurose“: „Und nun folgt eine weitere psychische Arbeitsleistung: Die Verschiebung des Angstaffektes vom ursprünglich sexuellen auf ein

---

[247] Ebd., S. 15.
[248] Ebd., S. 13.
[249] Ebd., S. 13.
[250] Ebd., S. 19.
[251] Ebd., S. 20.
[252] Ebd., S. 20.
[253] Ebd., S. 20.

harmloses, soziales Gebiet.“[254] Diese Theorie wird in der Folge nochmals bekräftigt: „Die Erkenntnis dieser im Leben der Kranken wie Gesunden allüberall nachweisbaren Affektverschiebungen gehört ja zu den festest begründeten Forschungsergebnissen, die wir der Psychoanalyse verdanken.“[255] Somit verschöbe Otto, wollte man die Theorie weiter anwenden, seinen Angstaffekt auf ein anderes Gebiet, in seinem Fall auf den geplanten Raub des Geldes. Und so lässt sich auch ein Textdatum einordnen, das zuvor noch zweifelhaft blieb und in Abschnitt 2.4.1.3 unter Typ C besprochen wurde.

> Es war nicht anders als damals, als er zum ersten Male zu einer Frau gegangen war, und er wußte nicht, was ihn jetzt überkommen hatte. (UG 75)

Unter Annahme der Richtigkeit der von Reitler referierten, psychoanalytischen Theorie macht dieses Textdatum auf einmal Sinn: Otto verschiebt den initialen Angstaffekt, den er im Park verspürte, auf ein neues Objekt. Reitler schildert mögliche psychische Strategien, durch die versucht wird, dem Angstaffekt zu entgehen und die in „ganz echte hysterische Funktionsstörungen resultieren können.“[256] (Man denke an das Stichwort „kindische[ ] und hysterische[ ] Seele“. (UG 101)) Diese hysterischen Funktionsstörungen, die *bewusst* eingeleitet werden, resultieren dann durch *unbewussten Zwang* in eine „festgehaltene Konversionshysterie.“[257] Auch hier macht die in der Textpsychologie erläuterte Strategie des Erzählers, von erlebter Rede auf Kommentar zu wechseln, Sinn (vgl. 2.4.3). Demnach würde sie auf der discours-Ebene einen psychischen Prozess abbilden, indem sie mit der erlebten Rede das Geschehene als *bewusst* markiert, um dann in einem zweiten Schritt durch Erzählerkommentar den Übergang zum *unbewussten* Zwang zu illustrieren: „Aber das wußte Otto nicht, er ahnte es kaum [...].“ (UG 112) Der letzte Schritt, den Reitler dann sieht, ist der Selbstmord.

---

[254]Ebd., S. 21.
[255]Ebd., S. 21.
[256]Ebd., S. 23.
[257]Ebd., S. 23. Unter dem Begriff der Konversionshysterie verstand man nach psychoanalytischer Deutung eine auf dem Wege der Umwandlung „verdrängter“ psychischer Regungen in körperliche Symptome (Konversion) entstandene spezielle Form der hysterischen Neurose. Vgl. hierfür: Sigmund Freud: Psychoanalyse. Ausgewählte Schriften zur Neurosenlehre, zur Persönlichkeitspsychologie, zur Kulturtheorie. Leipzig, 1984, S. 457.

Somit erweist diese eine Theorie, die von Reitler vorgestellt wurde, und die sich mit Annahmen Freuds deckt bzw. größtenteils überschneidet, als eine Erklärungsmöglichkeit für Ottos Verhalten. Zwingend ist sie nicht. Eine Vielzahl heterogener Theorien und Wissensmengen aus dem psychoanalytischen Diskurs könnten herangezogen werden, um Leerstellen in der Figurenpsychologie zu füllen. Doch um dies sinnvoll und systematisch zu gestalten, um zu brauchbaren und aussagekräftigen Ergebnissen zu kommen, müssten in einem vorbereitenden Schritt die konkurrierenden Theorien um die Objekte „Hysterie", „Neurose", „Psychose", „Zwang", „Minderwertigkeit/ Minderwertigkeitsgefühl", „Verdrängung", „Wahn/ Wahnbildung", „Kompensation", „Nervöse Prinzipien", ‚psychische Instanzen' usw. rekonstruiert werden.[258]
So bietet sich sicherlich auch für Richards Verhalten eine Vielzahl von psychoanalytischen Theorien an. Um ein Beispiel zu geben, wird hier kurz eine Erklärung seiner Typologiebildung skizziert, wie sie durch Adler geleistet wird. Adler beschreibt in seinem Werk *Über den nervösen Charakter* in einem Abschnitt über „Die psychische Kompensation und ihre Vorbereitung" folgendes:

> [Es] ist außerdem noch die scharfe schematische und stark abstrahierende Apperzeptionsweise des nervös Disponierten maßgebend, der innere sowie äußere Geschehnisse nach einem streng gegensätzlichen Schema, etwas wie nach dem Soll-Haben in der Buchhaltung, gruppiert und keine Übergänge gelten läßt. Dieser Fehler des neurotischen Denkens, identisch mit zu weit getriebener Abstraktion, ist gleichfalls durch die neurotische Sicherungstendenz verschuldet [...]. Dadurch entfremdet der Mensch sich der konkreten Wirklichkeit [...].[259]

Auf Richard trifft diese Einschätzung sicherlich partiell zu, wobei natürlich noch der theoretische Kontext des Adlerschen Neurosenbegriffs un-

---

[258]Für diese Auswahl vgl. die Terminologien Freuds und Adlers. Alfred Adler: Über den nervösen Charakter. Grundzüge einer vergleichenden Individual-Psychologie und Psychotherapie. Frankfurt am Main, 1972. Ders.: Wozu leben wir? Frankfurt am Main, 1979. Ders.: Der Sinn des Lebens. Frankfurt am Main, 1973. Breuer/ Sigmund Freud: Psychoanalyse. Ausgewählte Schriften zur Neurosenlehre, zur Persönlichkeitspsychologie, zur Kulturtheorie. Leipzig, 1984. Sigmund Freud: Abriß der Psychoanalyse. Franfurt am Main, 1956. Ders.: Zur Psychopathologie des Alltagslebens. Frankfurt am Main, 1954. Ders.: Studien über Hysterie. Wien, 1895. Für weiter Literaturangaben siehe das Literaturverzeichnis.
[259]Alfred Adler: Über den nervösen Charakter. Grundzüge einer vergleichenden Individual-Psychologie und Psychotherapie. Frankfurt am Main, 1972. S. 63.

tersucht werden müsste. Richard denkt zu Beginn wörtlich genommen in Schwarz-Weiß-Schemen und entfremdet sich dadurch der „konkreten Wirklichkeit", die er anfänglich ablehnt, wie schon eingangs gezeigt wurde (vgl. 2.2.3). Dass Erna Magnus' Geschlechtsmerkmale nicht „von ihr abfallen" (UG 84), will er erst sehr spät wahrhaben.

3 Die Schlafwandler (1930–32)

3.1 Grundlegendes zur Erzählsituation

Eine zentrale Frage, die gerade in Bezug auf *Die Schlafwandler* allen anderen interpretatorischen Fragen vorgelagert ist, ist die der Erzählsituation. Sie betrifft sämtliche Aspekte der Relation Einzeltexte – Roman – Gesamttext und die Hierarchisierung der einzelnen Textgruppen. Die Erzählsituation in den *Schlafwandlern* ist äußerst komplex, vor allem was den dritten Teil der Trilogie, *1918. Huguenau oder die Sachlichkeit*, angeht. In der Forschung existieren eine Reihe inkompatibler Thesen hinsichtlich der Identifizierung der Sprecher der diversen Einzeltexte. Theodore Ziolkowski hat bereits früh die These vertreten, Bertrand Müller, Sprecher der *Geschichte des Heilsarmeemädchens in Berlin*, sei auch Sprecher der theoretischen Exkurse und somit auch Sprecher der gesamten Trilogie. An Ziolkowskis Argumentation kristallisieren sich exemplarisch zwei Hauptprobleme der Frage nach der Erzählsituation:

> To make a long story short: by the end of volume three it becomes apparent to the reader that Bertrand Müller is also the author of the philosophical treatise. Since, in turn, the essay refers to incidents in the narrative strands and thus embraces them, Bertrand Müller becomes, by extension, the author of the entire novel – not only of volume three, but by implication of volumes one and two as well. As a result, the narrative of the first two volumes turns out to be subjectively colored by what we learn of the narrator toward the end of volume three. Broch has introduced the ‚narrator as idea' into the narrative in a form different from that of part one.[260]

Das erste Hauptproblem liegt bei der Frage, ob von der (logischen) Identität der Figur Bertrand Müller (evidenter **Sprecher der Heilsarmee-Geschichte**) mit dem **Sprecher der theoretischen Exkurse** ausgegangen werden kann (siehe untenstehende Skizze – Relation Nr. 1). Leider fehlt bei Ziolkowski ein expliziter Beleg für seine These, das diese identisch seien, doch führt er dieses Argument letztlich wie auch später Grimrath in seiner Dissertation[261] auf die spezifische Genese des dritten

---

[260]Theodore Ziolkowski: Hermann Broch and the relativity in fiction. In: Contemporary Literature 9 (1968). Madison, S. 373f..

[261]Hartmut Grimrath: Hermann Broch „Die Schlafwandler". Die Heilsarmee-Geschichte, der Zerfall der Werte und ihr Zusammenhang mit den erzählerischen Partien des Romans. Dissertation, Bonn, 1977.

Teils zurück – eine methodisch angreifbare Vorgehensweise, wenn textexterne Faktoren wie Entstehungsbedingungen zur Textanalyse herangezogen werden.
Das zweite Hauptproblem stellt die Frage nach dem **Gesamtsprecher des dritten Teils** der Trilogie und letztlich auch des **gesamten Romans** dar (Relationen Nr. 2 und Nr. 3 in der untenstehenden Skizze). In der Tat wird häufig die These aufgestellt, der Verfasser der theoretischen Exkurse sei implizit auch „Autor" (besser wohl: ranghöchste Erzählinstanz) der gesamten Trilogie, nimmt er doch auf Figuren des Romans Bezug und kommentiert deren Verhalten. So argumentiert etwa J. J. White:

> Therefore one might well deduce that whoever wrote the essays entitled ‚Zerfall der Werte' is probably the narrator of the whole of *Die Schlafwandler*, for the essays emerge as the theory behind the whole work.[262]

An dem einschränkenden ‚probably' wird eine weitere Schwierigkeit des Forschungsstandes zur Erzählsituation manifest: Die Komplexität verleitet zur Äußerung von Wahrscheinlichkeiten, *eindeutige* Zuordnungen werden vermieden bzw. scheinen nicht möglich. Die Bezüge der einzelnen Erzählstränge sind so vielschichtig und schwer zu ordnen, dass dieser „Dschungel" an Referenzen letztlich zum Anlass wird, im Modus des Glaubens zu argumentieren. Dies führt sogar so weit, dass die Identität zweier Figuren angenommen werden könne: Eduard von Bertrand aus Teil I und II sei identisch mit Dr. Bertrand Müller aus Teil III.[263] Diese Einschätzung wird in 3.2.2 näher beurteilt.
Die Frage nach der Erzählinstanz ist bei aller Komplexität und Uneindeutigkeit nun aber von zentraler Bedeutung für die Gesamtinterpretation des Textes. Es hat interpretatorische Folgen, welcher Sprechinstanz die Meta-Kommentare in den Exkursen des *Huguenau*-Teils zugerechnet werden. In der folgenden Skizze werden mögliche Relationen der verschiedenen Textteile und die diversen Sprechebenen innerhalb der Trilogie überblicksartig wiedergegeben:

---

[262] J. J White: The identity and function of Bertrand in Hermann Broch's *Die Schlafwandler*. In: German Life & Letters (XXIV), 1970–71, S. 137.
[263] Vgl. ebd.

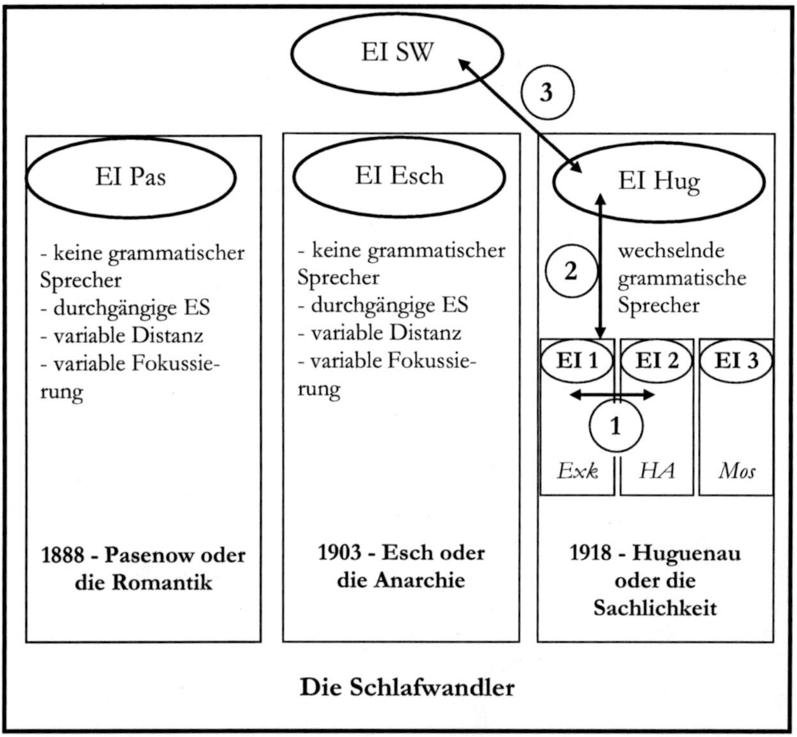

Abkürzungen: SW = Schlafwandler; EI = Erzählinstanz; Pas = 1888. Pasenow oder die Romantik.; Esch = 1903. Esch oder die Anarchie; Hug = 1918. Hugenau oder die Sachlichkeit; Exk = Textgruppe Theoretische Exkurse; HA = Textgruppe Heilsarmee-Episoden; Mos = Textgruppe Moselstädtchen;

Abbildung 10: Relationen der Textteile und Sprechebenen in den Schlafwandlern

Aus der Schachtelung und Hierarchisierung der diversen Erzählebenen ergeben sich unter anderem folgende Teilfragen:

1) Welche Textgruppen sind, vor allem in *1918. Huguenau oder die Sachlichkeit* mit seinen 88 einzelnen Textsegmenten, tatsächlich zusammenzufassen? Dank welcher Kriterien kann diese Gruppenbildung begründet werden? In der Abbildung stehen die Abkürzungen als Andeutung für

drei wichtige Textgruppen: die theoretischen Exkurse zum „Zerfall der Werte" (= Exk.), die „Geschichte des Heilsarmeemädchens in Berlin" (= HA) und die diversen in dem Moselstädtchen lokalisierten Erzählstränge (= Mos).
2) Sind der Sprecher der Heilsarmee-Episoden (= **EI 2**) und der Sprecher der theoretischen Exkurse (= **EI 1**) identisch?
3) Welchen Status hat der Sprecher der theoretischen Exkurse (**EI 1**) innerhalb des dritten Teils (*1918. Huguenau oder die Sachlichkeit*) – Relation **EI 1** zu **EI Hug** – und innerhalb der gesamten Trilogie – Relation **EI 1** zu **EI SW**?
4) Was spricht für/gegen die Identität der Figuren **Eduard v. Bertrand** (*Pasenow* und *Esch*) und **Dr. Bertrand Müller** (*Huguenau*)?
5) Was wäre eine adäquate Lösung für das unter 4 eröffnete Identitäts-Problem?
6) Welche interpretatorischen und methodischen Konsequenzen ergeben sich aus der Spezifik der beschriebenen Erzählsituation?

Fragen 4 mit 6 werden unter Kapitel 3.2.2 behandelt. Im Folgenden wird die These vertreten, dass die Komplexität der Korrespondenzen zwischen den Einzeltextgruppen nicht arbiträr ist, sondern sie vielmehr eine wichtige Textfunktion darstellt, die auf Ebene der Struktur angesiedelt ist. Ziel dieses ersten Abschnittes ist es nun, die verschiedenen Bezüge zu beschreiben und zu systematisieren. Es wird sich zeigen, das Fragen wie jene nach der Identität (Eduard von Bertrand = Dr. Bertrand Müller) nicht binär mit ja oder nein zu beantworten sind. Vielmehr wird sich herausstellen, dass die *Unentscheidbarkeit* gewisser Zuordnungen einen Teil der Textbedeutung darstellt und als solche intendiert ist, wird doch ein neues Konzept der Person entworfen, das sich konsequent bis in die Strukturierung der Erzählebenen auswirkt. Der Klärung dieser grundlegenden Frage widmet sich dieser erste Abschnitt zu den *Schlafwandlern*.
Voraussetzung für die Identifizierung von Sprechinstanzen ist zunächst eine Segmentierung des dritten Romans in homogene Textgruppen. Eine systematische Anordnung der einzelnen Erzählstränge in *1918. Huguenau oder die Sachlichkeit* zu Textgruppen wurde bislang noch nicht en detail vorgenommen, was bei der Komplexität des Romans nicht erstaunen

mag. Zwar ist immer wieder die Rede von „Parallelerzählungen“[264] innerhalb einer „multi-strand narrative“[265] mit „roughly half a dozen parallel plots“[266], doch eine genaue, d. h. eindeutige Zuordnung aller 88 Textsegmente zu narrativen Strängen liegt nicht vor. Exemplarisch für die Forschungsproblematik können die Schwierigkeiten bei Rolf Geissler eingesehen werden. Zunächst meint er zuversichtlich: „Deutlich lassen sich sieben verschieden Romanstränge unterscheiden.“[267] Er nennt:

1. Huguenau-Esch-Pasenow-Handlung.
2. Die Geschichte des Heilsarmeemädchens in Berlin.
3. Die theoretische Abhandlung über den Zerfall der Werte.
4. Die Kapitel, die von den Ärzten handeln.
5. Die Geschichte Jaretzkis.
6. Die Geschichte Hanna Wendlings.
7. Die Geschichte Gödickes.[268]

Intuitiv mag der kundige Leser dieser Einteilung zunächst zustimmen, doch bei genauerem Überlegen kommt auch Geissler selbst zu Einschränkungen, die seine Kategorien infrage stellen: Zunächst unterteilt er Gruppe 1 noch in zwei Untergruppen: „Aber auch die Haupthandlung um Huguenau lässt sich noch aufgliedern in die Geschichte Huguenaus und die Entwicklung Pasenows und Eschs.“[269] Zur Begründung nennt er letztlich keine strukturellen sondern inhaltliche Kriterien: „Beziehungslos steht Huguenau der Gedankenwelt Eschs und Pasenows gegenüber.“[270] Inhaltlich zutreffend, aber in Bezug auf eine Textsegementierung ein fragliches Kriterium, denkt man an die Entwicklung im Roman, in dem

---

[264]Leo Kreutzer: Erkenntnistheorie und Prophetie. Hermann Brochs Romantrilogie ‚Die Schlafwandler‘. (= Studien zur deutschen Literatur. Bd. 3) Tübingen, 1966, S. 190.

[265]J.J. White: The identity and function of Bertrand in Hermann Broch's *Die Schlafwandler*, S. 136.

[266]Theodore Ziolkowski: Hermann Broch and the relativity in fiction, S. 373.

[267]Rolf Geissler: Hermann Broch: Die Schlafwandler. Romantrilogie. In: Ders. (Hg.): Möglichkeiten des modernen deutschen Romans. Analysen und Interpretationsgrundlagen zu Romanen von Thomas Mann, Alfred Döblin, Hermann Broch, Gerd Gaiser, Max Frisch, Alfred Andersch und Heinrich Böll. 4. durchgesehene Auflage, Frankfurt am Main/ Berlin/ München, 1970, S. 158.

[268]Ebd.

[269]Ebd.

[270]Ebd.

die drei Figuren gegen Ende immer wieder gemeinsam auftreten und ihre Entwicklung verwoben wird (zur systematischen Auswertung vgl. die untenstehende Tabelle zu zentralen Figuren und ihrem Auftreten in den einzelnen Textsegementen). Huguenau tötet Esch, pflegt Pasenow. Letztlich ließe sich nach Geissler die erste Gruppe auch dreiteilen, wenn man die Marguerite-Figur unter inhaltlichen Kriterien und in der literaturhistorischen Tradition betrachtet: „Schließlich fällt auch das Schicksal der kleinen vereinsamten Marguerite aus den anderen Bezügen heraus: eine verwandelte Mignon-Gestalt."[271] Erwägt Geissler eine Binnendifferenzierung für Gruppe 1, so denkt er auch über eine Bündelung der Gruppen 4–7 nach, „denn sie drücken nur auf verschiedenen Ebenen das gleiche [sic] aus." Die Begründung erfolgt letztlich wiederum über ein inhaltliches Kriterium, und zwar entdeckt Geissler bei den Figuren, nach denen die Textgruppen benannt sind, eine Gemeinsamkeit:

> Das Hauptkennzeichen aller dieser Personen, die einer wertzentrierten Ordnung entraten, ist die Angst der Einsamkeit.[272]

Nach Hinweisen auf die Komplexität des Romans bricht dann der Ordnungsversuch bei Geissler ab. Diese Schwierigkeiten sind nicht weiter erstaunlich, denn es erscheint nur auf den ersten Blick ein leichtes Unterfangen, eindeutige Zuordnungen vorzunehmen. Es bereitet bereits Schwierigkeiten, Kriterien zu finden, nach denen die Textgruppen ***eindeutig*** festgelegt werden können. Etwa nach Figuren zu ordnen, wie dies Geissler begann, führt schnell zu Schwierigkeiten.
Aber auch ein anderer Versuch, von Grimrath in seiner zentral dieser Fragestellung gewidmeten Dissertation[273] unternommen, führt zu methodischen Problemen. Er unterscheidet in Anlehnung an Curtius[274] und Mandelkow[275] bei der Trilogie zwischen „**Aktionsroman**" (Pasenow, Esch, erzählerische Teile des Huguenau mit „Parallel-Geschichten") und

[271]Ebd.
[272]Ebd.
[273]Hartmut Grimrath: Hermann Broch „Die Schlafwandler". Die Heilsarmee-Geschichte, der Zerfall der Werte und ihr Zusammenhang mit den erzählerischen Partien des Romans. Dissertation. Bonn, 1977.
[274]Ernst Robert Curtius: Les Faux-Monnayeurs. In: NR 37 (1926), S. 646–656.
[275]Karl Robert Mandelkow: Hermann Brochs Romantrilogie „Die Schlafwandler". Gestaltung und Reflexion im modernen deutschen Roman. Heidelberg, 1962.

„Überroman"[276] (Heilsarmee-Geschichten und Wertzerfall-Essays). Nun wird die Struktur des Romans mit Brochs eigener Werttheorie erläutert:

> Auf Grund der Brochschen Setzungstheorie wird der Überroman als Wertzentrum der gesamten Trilogie begriffen und darum zum Ausgangspunkt der Untersuchung bestimmt.[277]

Dieses Phänomen findet sich wiederholt in der Forschungsliteratur: Die Textbeschaffenheit der *Schlafwandler* stellt sich als hochgradig schwierig aufzulösende dar, und es wird nach *textexternen klärenden Kriterien* gesucht. Diese Beobachtung ist nicht trivial und wird im auswertenden Schlusskapitel der Dissertation (Kapitel 5) eine wichtige Rolle spielen. Exemplarisch für diese Tendenz in der Forschung kann hier wiederum Geissler zitiert werden:

> Ein so schwer verständliches Buch wie ‚Die Schlafwandler' der Interpretation anheimzugeben, ohne einige theoretische Gedankengänge vorauszuschicken und ohne Brochs eigene Intentionen zu Rate zu ziehen, erscheint unstatthaft, zumal es sich bei Broch um einen ‚gelehrten ', will sagen theoretisch-reflektierenden Dichter handelt.[278]

Erstaunlich ist nun aber doch, dass die Heilsarmee-Episoden dem **„Überroman"** zugeordnet werden, da sich dort kaum meta-fiktionale Theoretisierungen wie in den Werzerfallsessays finden. Grimrath argumentiert hier entstehungsgeschichtlich: „[...] die HEILSARMEE-GESCHICHTE und der ZERFALL DER WERTE sind erst in den HUGUENAU eingefügt worden, nachdem die anderen erzählerischen Partien weitgehend fertig waren." Grimrath zitiert seitenweise editionskritische Forschungsarbeiten einerseits und biographische Dokumente andererseits, um diese Sichtweise zu unterstreichen. Methodisch ist es aber – zumindest aus einer interpretationstheoretisch reflektierten Sicht heraus – ein angreifbares Unterfangen, *textexterne* Faktoren wie

---

276 Hartmut Grimrath: Herrmann Broch „Die Schlafwandler", S. 20ff. und S. 322. (Hervorhebungen vom Verfasser).

277 Ebd., S. 322.

278 Rolf Geissler: Hermann Broch: Die Schlafwandler. Romantrilogie. In: Ders. (Hg.): Möglichkeiten des modernen deutschen Romans. Analysen und Interpretationsgrundlagen zu Romanen von Thomas Mann, Alfred Döblin, Hermann Broch, Gerd Gaiser, Max Frisch, Alfred Andersch und Heinrich Böll. Frankfurt am Main/ Berlin/ München, 4. durchgesehene Auflage 1970, S. 102–160. Hier S. 106.

Enstehungsbedingungen heranzuziehen, um die Textbedeutung zu klären. Schließlich geht Grimrath sogar soweit, im Epilog aufgrund textkritischer Erkenntnisse zwischen theoretischen und erzählerischen Passagen zu unterscheiden, die in frühen Manuskripten noch nicht zusammengeführt waren.[279]
Besser wäre es, textanalytisch gewonnene Kriterien zu finden, die eine Lösung bieten. Ein erstes einfaches Selektionskriterium wären zunächst explizite *textinterne* Gliederungsmaßnahmen: die Kapitel-Überschriften. 58 der 88 Textsegmente tragen keine Überschrift. *16 Kapitel* tragen die Überschrift „Geschichte des Heilsarmeemädchens in Berlin", durchnummeriert von 1–16 und nie durch einen Subtitel weitergehend spezifiziert. *10 Kapitel* tragen die Überschrift „Zerfall der Werte", ebenfalls durchnummeriert von 1–10 und teilweise durch Subtitel spezifiziert: 5 („Logischer Exkurs"), 7 („Historischer Exkurs"), 9 („Erkenntnistheoretischer Exkurs"), 10 („Epilog"). Vier *weitere Kapitel* tragen nur einmalig vorkommende Überschriften: 33 („Leitartikel des ‚Kurtrierschen Boten' vom 1. Juni 1918"), 59 („Das Symposion oder Gespräch über die Erlösung"), 60 („Siegesfeier des Vereins ‚Moseldank' in der Bierwirtschaft ‚Stadthalle' zur Erinnerung an die Schlacht bei Tannenberg"), 85 („‚Keiner sieht den andern im Dunkeln.' Ereignisse des 3., 4. und 5. November 1918"). Vernachlässigt man die vereinzelten Überschriften, da sie nicht wiederholt vorkommen und somit nicht gruppenbildend wirken, hätte man nach diesen expliziten Textdaten drei große Gruppen zu unterscheiden:

1) Die theoretischen Exkurse: **„Zerfall der Werte"**
2) Die Heilsarmee-Episoden: **„Geschichte des Heilsarmeemädchens in Berlin"**
3) Die restlichen Textsegmente mit **nicht-rekurrenten Überschriften** bzw. **ohne Überschrift**

[279] „Wir müssen also zunächst die WERTZERFALL-Passagen im EPILOG von den erzählerischen trennen. Als methodisches Hilfsmittel bietet sich ein Vergleich zwischen der ursprünglichen, erzählerischen Fassung von MS A (Kapitel XXV) und der gedruckten Fassung der Trilogie an." Hartmut Grimrath: Hermann Broch „Die Schlafwandler". Die Heilsarmee-Geschichte, der Zerfall der Werte und ihr Zusammenhang mit den erzählerischen Partien des Romans. Dissertation. Bonn, 1977, S. 213.

Gruppe zwei ist ausschließlich in Berlin und Umgebung angesiedelt. Eine systematische Auswertung der dritten Gruppe ergibt, dass alle diese Segmente, was den *Ort der Handlung* betrifft, im weiteren Sinne dem Raum „Moselstädtchen" zugeordnet werden können. Huguenau kommt zwar erst im dritten Segment an diesem nicht genauer lokalisierbaren bzw. identifizierbaren Ort an. Aber dieser Handlungsort vereinigt die vielen zeitweiligen Perspektivträger: Hugenau, Esch, Pasenow, Hanna Wendling, Jaretziki, Gödicke, Kuhlenbeck, Dr. Kessel, Marguerite.[280] Dass hierbei die Fokalisierung zwischen Nullfokalisierung, interner und externer Fokalisierung wechselt, macht die Systematisierung der Erzählebenen nicht einfacher.[281] Auch in dieser Hinsicht entzieht sich der Roman einer eindeutigen Systematisierung. In manchen Segmenten findet neben dem unterschiedlichen und nicht immer näher zu bestimmenden Grad der Fokalisierung zudem ein Wechsel der fokalisierten Figur statt. So etwa im 42. Segment, wo im vorletzten Absatz Huguenau eindeutig intern fokalisiert wird, diese interne Fokalisierung aber aber ebenso eindeutig im letzten Absatz von Huguenau auf Esch übergeht:

> Da war es Huguenau, als sei er bloß hierher verschlagen worden, um seinen eigentlichen Lebenszweck zu finden, als würde das Leben restlos sich erfüllen, wenn es gelänge, die Geheimbündelei des Herrn Esch restlos aufzudecken. Ja, so war es, und Huguenau gab Marguerite einen herzlichen Kuß auf die mit Druckerschwärze verschmierte Wange.
>
> Herr Esch aber saß oben in der Redaktion, zufrieden, daß er seine Arbeit fortsetzen und sie nicht an Huguenau abgeben mußte. Denn er war zu allem andern überzeugt, daß Huguenau niemals imstande sein würde, die Zeitung jenen Richtlinien gemäß zu führen, die der Major ihr vorgezeichnet hatte, und sein Trachten ging dahin, es selber zu besorgen, auf daß er dem Major und der guten Sache damit diene. (SW 493)

---

[280]Nur Abschnitt 87, ein Gedicht, fiele aus dieser Zuordnung wiederum heraus, da keine dieser Figuren erwähnt wird, geschweige denn als Perspektivträger gelten kann.

[281]Diese hier verwendete Begrifflichkeit geht auf die zwei populären erzähltheoretischen Schriften Genettes zurück: Gérard Genette: „Discours du récit. Essai de méthode", In: Ders.: *Figures III*, Paris, 1972, S. 67–282. Und: Gérard Genette: *Nouveau discours du récit*, Paris 1983. Die deutsche Übertragung kann unter anderem entnommen werden: Matias Martinez/ Michael Scheffel: Einführung in die Erzähltheorie. 5. Auflage, München, 2003. Für die Fokalisierungstypen vgl. vor allem S. 63-67.

Grimraths Anliegen, die Handlungsstränge nach Figuren zu ordnen, ist schon aus diesem Grund ein unmögliches Unterfangen. Es kommt vielfach zu Fokuswechseln auch innerhalb der einzelnen Textsegmente, und wie die tabellarische Auswertung zeigt (siehe unten), treten die Figuren Huguenau, Esch und Pasenow seltener isoliert als in Verbindung mit einem der beiden anderen auf. Die Zuordnung mag zu Beginn des *Huguenau*-Teils noch leichter fallen, da die Figuren in isolierten Kapiteln eingeführt werden: Huguenau, Gödicke, Jaretzki, Esch, Hanna Wendling usf. Doch die Tendenz geht im weiteren Verlauf stetig in Richtung einer zunehmenden Vermengung der Moselstädtchen-Stränge. Sonderstatus haben diesbezüglich insbesondere die Segmente 60 („Siegesfeier...“), 65, 85 („Keiner...“) und 88 („Epilog“). Hier werden jeweils die diversen Milieus zusammengeführt, in 60 etwa Pasenow, Esch, Huguenau, das gesamte Krankenhauspersonal, Jaretzki, Hanna und Heinrich Wendling. In 65 wird in theoretischen Aphorismen unter anderem auf Esch, Huguenau, Hanna, Pasenow und Marguerite Bezug genommen und implizit auch auf Bertrand. Das ereignisreiche 85. Segment führt ebenfalls das ganze Spektrum vor Augen, wenn Huguenau Frau Esch vergewaltigt und Esch tötet, Gödicke und die Krankenhausärzte auftreten, Hanna Wendling stirbt und Pasenow in die Obhut der Krankenhausärzte übergeben wird. Insofern bereitet eine andere als die oben skizzierte Segmentierung in drei Textgruppen Probleme, da die Zahl der zu berücksichtigenden Ausnahmen ansonsten die Zahl der Textgruppen übersteigt. Insgesamt macht es das Ineinandergreifen nicht vergleichbarer Kriteriengruppen (Textsorte, Erzählstil, Gattung, Tempus) schwierig, konsequente und sinnvolle Einteilungen vorzunehmen.

Kap.	Titel	Besonderes	Hug	Göd	Jar	Han	Esch	Ich	Pas	Mar	Kuhl	S.
1	Ø	E	X									385
2	Ø	E	X									388
3	Ø	E	X									391
4	Ø	E		X							+	393
5	Ø	E	X									395
6	Ø	E			X							397
7	Ø	E	X				+					399
8	Ø	E				X						405
9	Ø	E	X						+			407
10	Ø	E					X					411
11	**HA(1)**	E/ Ich-Erzähler						X				416

Kap.	Titel	Besonderes	Hug	Göd	Jar	Han	Esch	Ich	Pas	Mar	Kuhl	S.
12	**ZW (1)**	Essay/ Keine manifeste SI										418
13	Ø	E				X						421
14	Ø	E	X				+			+		422
15	Ø	E		X							+	427
16	**HA (2)**	Vers						Ø				429
17	Ø	E				X						431
18	**HA (3)**	E/ Ich-Erzähler						X				433
19	Ø	E			X				X		+	434
20	**ZW (2)**	Essay/ **Ich**-Sprecher „Ästhet" [≈SW]						X				435
21	Ø	E	X						+			437
22	Ø	E	X				+					440
23	Ø	E			X							442
24	**ZW (3)**	Essay/ **Ich**-Sprecher						X				444
25	Ø	E				X						445
26	Ø	E	X				+			+		448
27	**HA (4)**	E/ Ich-Erzähler (Ich = **Dr. B.M.**)						X				450
28	Ø	E									+	451
29	Ø	E		X								453
30	Ø	E	X				+					456
31	**ZW (4)**	Essay										461
32	Ø	E/ **Essay**	X									464
33	„Leitart. "	ZK/E							X			466
34	**ZW (5)**	Essay „Logischer Exkurs"										470
35	Ø	E	+				X			+		475
36	Ø	E		+							+	479
37	**HA (5)**	Vers						Ø				480
38	Ø	E				X						481
39	Ø	E							X		+	484
40	Ø	E		X								486
41	**HA (6)**	E/ Ich-Erzähler **„WZ" [≈ZW]**						X				488
42	Ø	E	X				X			+		489
43	Ø	E (**szenisch**)			X							493
44	**ZW (6)**	Essay (enger thematischer Anschluß an 43)										495
45	Ø	E	X				+		X			499
46	Ø	Brief/ E	X				+		X		X	503

Kap.	Titel	Besonderes	Hug	Göd	Jar	Han	Esch	Ich	Pas	Mar	Kuhl	S.
47	Ø	E/(Tendenz szenisch)									X	507
48	Ø	E					X					509
49	**HA (7)**	E/ Ich-Erzähler „philosophische Betätigung“ **[≈ZW]**						X				511
50	Ø	E	X									514
51	Ø	E				X						517
52	Ø	E	+	X								522
53	**HA (8)**	Vers						X				526
54	Ø	E					X		X			528
55	**ZW (7)**	Essay „Historischer Ex- kurs“										533
56	Ø	E		X			X					540
57	Ø	E/ szenisch	X				X		X	+		543
58	**HA (9)**	E/ Ich-Erzähler						X				549
59	*„SYMP OS.“*	E/ Drama/ E **[≈SW]/[≈HA]** Präsens/ Prät.	X				X		X			551
60	*„Sie- gesf...“*	E Prät/ Präsens	X	(+)	X	X	+		X		+	562
61	**HA (10)**	E/ Ich-Erzähler						X				575
62	**ZW (8)**	Essay										578
63	Ø	E	X	X			X		X			583
64	Ø	E				X						593
65	Ø	Aphorismen	+			+	+		+	+		595
66	**HA (11)**	E/ Ich-Erzähler						X				598
67	**HA (12)**	Vers						X				600
68	Ø	E			X							600
69	Ø	E					X		X	+		603
70	Ø	E Prät/ Präsens	X							+		608
71	Ø	E				X						613
72	**HA (13)**	E/ Ich-Erzähler/ Essay **[≈ZW]/ [≈GT]**						X				615
73	**ZW (9)**	Essay „Erkenntnistheoreti- scher Exkurs“										618
74	Ø	E			X							624
75	Ø	E	X				X					626

Kap.	Titel	Besonderes	Hug	Göd	Jar	Han	Esch	Ich	Pas	Mar	Kuhl	S.
76	Ø	E							X		X	629
77	**HA (14)**	Ich-Erzähler *E/ Essay* **[≈ZW]**						X				634
78	Ø	E				X						638
79	Ø	E	X				+		X			641
80	Ø	E			X							647
81	Ø	E	X									648
82	Ø	E/ Präsens/ (Prät.) **[≈ZW 5, 6, 8, 9, 10]** **[≈HA 10, 16]**								X		653
83	**HA (15)**	Vers						X				657
84	Ø	E	X				X					658
85	„KEINER"	E	X	X		(X)	X		X		X	661
86	**HA (16)**	Ich-Erzähler E/ Essay						X				687
87	Ø	Vers						Ø				688
88	**ZW (10)**	E/ Essay „Epilog" **[≈HA 13, 14]/ [≈SW]**	X									689

Abbildung 11: Systematisierung der Textsegmente in „1918. Hugenau oder die Sachlichkeit"

X = zentrale Figur bzw. fokalisiert; **+** = auftretende Figur; **Ø** = nicht vorhanden; **(X)** = stirbt; **E** = Erzählduktus/ Epik; **ZK** = Zeitungskommentar; **HA** = *Geschichte des Heilsarmeemädchens in Berlin* (n); **[≈HA] =** Korrelation mit den Geschichten des Heilsarmeemädchens in Berlin; **ZW** = ZERFALL DER WERTE (n); **[≈ZW]=** Korrelation mit den Wertzerfalls-Essays; **SI** = Sprechinstanz **[≈SW]** = Bezugnahme auf Gesamtroman; **[≈GT]** = meta-diegetische Passage, Bezugnahme auf Gesamtroman[282]; **Dr. B. M.** = „Bertrand Müller, Dr.phil." (SW 450); „Leitart." = „*Leitartikel des ‚Kurtrierschen Boten' vom 1. Juni 1918*" (SW 466);

[282]Die Identität der Figur wird durch die extradiegetische Perspektive bzw. diesen theoretisch-poetologischen Kommentar, der den Status der Figurenidentität in Frage stellt, problematisiert: „... mein Leben verdämmert hinter mir, und ich weiß nicht, ob ich gelebt habe oder ob es mir erzählt worden ist ..." (SW 617). Die Bezüge auf die Bertrand-Figuren im ersten Teil der Trilogie sind nicht zu überlesen: „... war ich ein Baumwollpflücker in den Plantagen Amerikas, war ich der weiße Jäger in indischen Elefantendschungeln? alles ist möglich, nichts ist unwahrscheinlich, nicht einmal ein Schloß im Park wäre unwahrscheinlich, Höhe und Tiefe, alles ist möglich, denn nichts ist geblieben in dieser Dynamik, die um ihrer selbst willen da ist, scheinbar in Arbeit, scheinbar in Ruhe und Klarheit" (SW 617).

„Sympos.“ = *„Das Symposion oder Gespräch über die Erlösung“*; „Keiner“ = *„‚Keiner sieht den andern im Dunkeln.‘ Ereignisse des 3., 4. und 5. November 1918“* (SW 661); „Siegesf...“ = *„Siegesfeier des Vereins ‚Moseldank‘ in der Bierwirtschaft ‚Stadthalle‘ zur Erinnerung an die Schlacht bei Tannenberg“* (SW 562); „WZ“ = „Zu meiner eigenen Verwunderung hatte ich wieder begonnen, mich mit meinen geschichtsphilosophischen Arbeiten über den Wertzerfall zu beschäftigen.“ (SW 488); „Ästhet“ = „Nein, ich bin kein Ästhet, war es sicherlich auch niemals, mochte wohl auch manches solchen Anschein erweckt haben ...“ (SW 436) [Bertrand-Allusion vgl. SW 109]

Durch die extreme Varianz und Spannbreite der darstellerischen Mittel entsteht ein komplexes Referenzensystem, das über die genannten Figurenbezüge hinausgreift. Die auffälligste Form ist die der *lexikalischen Entsprechungen*, die sich nicht auf jene zwischen Heilsarmee-Geschichte und den Wertzerfallsessays beschränken. In der Tabelle sind unter der Spalte „Besonderes“ jene Fälle in eckigen Klammern markiert, bei denen offensichtlich explizite Bezugnahmen zwischen Einzelsträngen vorliegen. So werden beispielsweise im 82. Segment, das in Abweichung zu den meisten narrativen Segmenten im Präsens gehalten ist und erst im letzen Abschnitt in das Präteritum zurückführt, eine Vielzahl an Bezügen zu den beiden Textgruppen „Zerfall der Werte“ und „Geschichte des Heilsarmee-Mädchens in Berlin“ hergestellt. Spezifisch handelt es sich zumindest um den fünften, sechsten, achten, neunten und zehnten Exkurs und Heilsarmee-Teil zehn und sechzehn. Doch die Bezugnahmen bleiben interessanterweise nicht auf Hauptfiguren bzw. den Sprecher der Heilsarmee-Episoden beschränkt, sondern werden auch über Nebenfiguren hergestellt. Im dritten Wertzerfallsessay etwa wird die Relation von Zeit und Raum zur Musik thematisiert:

> Denn was immer der Mensch tut, er tut es, um die Zeit zu vernichten, um sie aufzuheben, und diese Aufhebung heißt Raum. Selbst die Musik, die bloß in der Zeit ist und die Zeit erfüllt, wandelt die Zeit zum Räume, und daß alles Denken im Räumlichen vor sich geht, daß der Denkprozeß eine Verquickung unsagbar verwickelter vieldimensionaler logischer Räume darstellt, diese Theorie besitzt allergrößte Wahrscheinlichkeit. (SW 445)

Dieser Passus wird im 76. Segment zitiert, wenn Kessel auf dem Cello musiziert:

> ... aufgehoben war die entsetzliche Stummheit der Zeit, es war die Zeit selber aufgehoben und sie hatte sich zum Raum geformt, der sie alle umschloß, da nun

> Kessels Cello erklang, aufsteigend der Ton, den Raum aufbauend, den Raum erfüllend, sie selber erfüllend. Als die Musik verklungen war, und Dr. Kessel wieder zu Dr. Kessel wurde, gab sich der Major einen kleinen Ruck, um in einer vorschriftsmäßigen Haltung die Rührung zu verbergen. (SW 632)

Diese wortwörtlichen Referenzen sind stark ausgeprägt und werden noch bei der Klärung des Status Bertrand Müllers eine wichtige Rolle spielen (vgl. 3.2.2). Weiter gefasste Korrespondenzen wären in der Form der *impliziten Bezugnahme* zu finden, etwa wenn im folgenden Abschnitt auf Bertrand und seine Geschichte im Pasenow-Teil angeschlossen wird:

> Da gab es einen, der flüchtete vor seiner eigenen Einsamkeit bis nach Indien und Amerika. Er wollte das Problem der Einsamkeit mit irdischen Mitteln lösen, – er war ein Ästhet und deshalb mußte er sich umbringen. (SW 596)

Diese Passage befindet sich im 65. Segment, das in Aphorismen verfasst ist. Weitere, abstraktere Merkmale verbinden Textsegmente: Die diversen *Merkmale der Gattungen* sind alle wiederzufinden, wobei die Epik dominiert. Doch finden sich auch etliche Segmente ausschließlich im Versform verfasst, die meisten aber nicht alle im Heilsarmee-Strang. Die Erzählinstanz tritt in diesen Abschnitten zurück, genauso wie in den szenischen Passagen. Am einschlägigsten ist hierfür der 59. Abschnitt: Das Symposium ist zur ersten Hälfte in Dramenform verfasst, doch es finden sich auch andere Variationsformen des Spektrums realisiert. Auch diese Korrespondenzen sind in der Tabelle vermerkt. Auffällig sind ebenso *Stilzitate*, wenn etwa der 32. Abschnitt (ein erzählerischer Abschnitt) im Duktus der Essays beginnt:

> Der Rebell darf nicht mit dem Verbrecher verwechselt werden, mag auch die Gesellschaft den Rebellen oft als Verbrecher brandmarken, mag auch der Verbrecher sich manchmal als Rebell ausgeben, um seine Taten zu adeln. Der Rebell steht allein: treuester Sohn der Gemeinschaft, die ihm Ziel der Opposition und Auflehnung ist, ist dem Rebellen die bekämpfte Welt eine Fülle lebendiger Beziehungen, deren Fäden bloß durch teuflische Bosheit in Verwirrung gebracht worden sind, und die zu entwirren und nach eigenem besserem Plane zu ordnen seine Aufgabe wird. So protestierte Luther gegen den Papst, und Esch war mit Fug als Rebell zu bezeichnen. (SW 465)

Die Trennung zwischen den erzählerischen Passagen („Aktionsroman") und den Essays wird letztlich im Epilog gänzlich aufgehoben. Hier kommt es zur Vermengung der beiden Textgruppen.

Was *Modus und Stimme des Erzählens* betrifft, sind auch diesbezüglich alle Varianten besetzt. Die Distanz zu den Figuren variiert von unmittelbarer Darstellung aus Figurensperspektive in Form des style indirect libre bis hin zur radikalen Außensicht mit massiv auktorialen Anteilen. Diese Darstellungsmodalitäten sind nicht systematisch an gewisse Figuren gekoppelt. Die Heilsarmee-Geschichten weisen abgesehen von den lyrischen Passagen einen homodiegetischen Ich-Erzähler auf. Diese Sprechsituation korrespondiert unter anderem mit zumindest zwei der Wertzerfallsessays, nämlich dem zweiten und dritten, wo ebenfalls ein expliziter Ich-Sprecher auftritt. Die Fokalisierung ist ebenso in allen Varianten vertreten: *externe Fokalisierung* liegt häufig in den Passagen mit Gödicke vor, wenn etwa thematisiert wird, dass keine zuverlässigen Aussagen über die Beschaffenheit seiner Psyche getroffen werden können:

> Ob während dieser Zeit ein Gefühl letzten schlummernden kleinen Lebens geglimmt haben mochte, ob dieses winzige Leben unter Schmerz und Alpdruck durch die Ruine des Körpers gejagt worden war, oder ob es ein leises und beglückendes Pochen am Rande eines großen Abgrundes gewesen, das wissen wir nicht und der Landwehrmann Gödicke hätte nicht die Möglichkeit gehabt, darüber Auskunft zu erteilen. (SW 394)

Nullfokalisierung ist sicherlich der quantitativ vorherrschende Fall. Häufig wird sie in Form des Bewusstseinsberichts gehalten und dazu benutzt, Gedankeninhalte von Figuren (wiederum dominant Huguenau) wiederzugeben, die sich über gewisse Inhalte ihrer Psyche selbst noch nicht im Klaren sind. Exemplarisch für diese Variante ist der folgende Abschnitt:

> Und Huguenau, der auf seinen Geschäftsreisen schon manch schöne alte Stadt besucht, aber noch keine bemerkt hatte, wurde von einem Gefühl erfaßt, einem zwar unbekannten Gefühl, das er weder benennen, noch von irgendeinem Ursprung hätte ableiten können und das ihn dennoch seltsam anheimelte: wäre es ihm als ästhetisches Gefühl bezeichnet worden oder als ein Gefühl, das seine Quelle in der Freiheit besitzt, er hätte ungläubig gelacht, gelacht wie einer, den noch nie Ahnung von der Schönheit der Welt berührt hat, und er hätte insoweit sogar Recht damit gehabt, als niemand entscheiden kann, ob die Freiheit es ist, in der die Seele sich der Schönheit erschließt, oder ob es die Schönheit ist, die der Seele die Ahnung ihrer Freiheit verleiht, aber er hat trotz alledem unrecht, da auch für ihn ein tieferes menschliches Wissen, ein menschliches Sehnen nach einer Freiheit vorhanden sein muß, in der alles Licht der Welt anhebt und aus der die Heiligung des Lebendigen sonntäglich aufsprießt [...].
>
> Derartigen Meditationen abgewandt, belegte Huguenau ein Zimmer in dem

Gasthof auf dem Marktplatz. (SW 392/393)

Auch die *interne Fokalisierung* findet sich häufig realisiert. Besonders markiert sind jene Stellen, an denen der Leser die Intention bzw. die Denkschlüsse der Figur nicht nachvollziehen kann und sie unkommentiert wiedergegeben werden. Als Beispiel mögen Huguenaus seltsame Überlegungen im 70. Abschnitt dienen, wo seinem unberechtigten Verfolgungswahn Ausdruck verliehen wird und er eigentlich unvereinbare Systeme gleichsetzt:

> Man kennt diese strafenden Blicke von Pfaffen; da kann einem das Essen nicht anschlagen. So ein Pfaff ist selber ein Kommunist, der alles sozialisieren will, und tut dann so, als ob der andere die Weltordnung umschmeißen will, nur weil man sich nicht alles gefallen läßt. (SW 609)

Ähnlich exemplarisch ist das 82. Segment, in dem die Weltstrukturierung aus der Perspektive der achtjährigen Marguerite geschildert wird. Kurzum bleibt zu sagen, dass die verschiedenen Erzählstränge eben nicht nur über die personale Verteilung miteinander in Korrespondenz treten können, sondern über einen vielschichtigen Kriterienkatalog, dessen Systematisierung nicht möglich ist. Letztlich entsteht durch diese komplexe Vernetzung ein *rekursives Referenzensystem heterogener Kategorien*, das es verhindert, die Erzählsituation befriedigend und *eindeutig* zu klären. Hierbei handelt es sich um eine Textstrategie, die auf der strukturellen Ebene ein Phänomen abbildet, das unter 3.2.2 näher erläutert wird. Im Kern des Problems liegt mit Sicherheit die Bertrand-Figur des dritten Teils und dessen Identitätsproblematik. Um über die Subjekttheorie eine andere Perspektive auf das Problem zu werfen, soll zunächst das epochenrelevante Personkonzept eingeführt werden (3.2.1).

3.2 Zur Identitätsproblematik

3.2.1 Identität in Literaturwissenschaft und Früher Moderne

Die Literaturwissenschaften operieren auf unterschiedliche Weise und auf diversen Ebenen mit dem Identitätsbegriff. Die terminologische Schärfe variiert dabei von eindeutig-präzisen, systematischen Rekonstruktionsversuchen anhand umfassender Korpora bis hin zu vortheoretischen Ausführungen über beliebige Gegenstände. Die diversen literaturwissenschaftlichen „Richtungen“[283] verfolgen dabei differierendes Erkenntnisinteresse, das von mentalitätsgeschichtlich höchst interessanten Darstellungen ganzer Literatursysteme (z.B.: Anthropologie/ Subjekttheorie der Goethezeit) bis zu sogenannten „Dekonstruktionen“/ „poststrukturalistischen/-modernen Lektüren“ an Einzeltexten reicht. Die denkgeschichtlichen Moden anderer Disziplinen finden auch hier ihren Niederschlag, und manche Ansätze halten einem kritischen wissenschaftlichen Blick nicht stand, was sich allein an mangelnder expliziter Begriffsklärung in vielen Publikationen zeigen ließe.[284] Die Publikationen zum Konzept „kollektiver Identität(en)“ überwiegen weit diejenigen zur personalen Identität. Innerhalb der ersten Gruppe dominieren Fragestellungen zu „nationaler Identität“ (v. a. seit 1945), gefolgt von solchen zur Identität übernationaler/ ethnischer/ konfessioneller Gruppen (hier dominant Judentum) und geschlechtlicher Identität.

Trotz aller begrifflicher und methodischer Pluralität ist „Identität“ ein wichtiger Gegenstand literaturwissenschaftlicher Diskussion, weshalb eine resignative Haltung nicht angebracht erscheint. (Narrative) literarische Texte entwerfen dargestellte Welten, die von menschlichen bzw. anthropomorphen Größen besiedelt sind, und deren (implizite oder explizite) Psychologie immer ein möglicher und zentraler Gegenstand literaturwissenschaftlicher Analyse war. Dabei unterliegt der Begriff der Identität einem historischen Wandel, sowohl in seiner Verwendung in literarischen Texten als auch in seiner Theoretisierung in den nichtliterarischen, denk- und sozialgeschichtlichen Diskursen. Eine Begriffsgeschichte kann hier nicht geleistet werden, geschweige denn der Entwurf eines innovativen, überhistorischen theoretischen Modells. Ziel ist vielmehr, zu zeigen, dass die Frage der Erzählsituation in den Schlafwandlern nicht unabhängig von der dort entworfenen Subjekttheorie ge-

[283]Zum Plural, d. h. die Ausdifferenzierung in sogenannte „Richtungen“, zur Entstehung und Begründung dieser unglücklichen literaturwissenschaftlichen Heterogenität vgl. Michael Titzmann: Semiotische Aspekte der Literaturwissenschaft: Literatursemiotik. In: Posner/ Robering und Sebeok (Hg.): Semiotik. Ein Handbuch zu den zeichentheoretischen Grundlagen von Natur und Kultur. 3. Teilband. Berlin/ New York, 2003, v. a. S. 3036ff.

[284]Eine der Ausnahmen stellt beispielsweise Agnieszka von Zanthier dar, die eine Klärung des von ihr verwendeten Identitätsbegriffs vornimmt, der stark an das Identitätsverständnis der Sozialpsychologie angelehnt ist. Vgl. Agnieszka von Zanthier: Julian Stryjkowski und Edgar Hilsenrath: Zur Identität jüdischer Schriftsteller nach 1945. Essen, 2000 (= Literaturwissenschaft in der Blauen Eule, Bd. 31).

sehen werden darf, die das epochenspezifische Personkonzept gemäß der Textlogik weiterführt.
Bekanntermaßen vollzieht sich mit dem Übergang vom Literatursystem des ‚Realismus' zu dem der ‚Frühen Moderne' ein radikaler Wandel, der vor allem die durch die literarischen Texte implizierte Anthropologie betrifft.[285] Das Konstrukt der Person gehört zu den Interessensschwerpunkten der Literatur des Zeitraums, neue Bereiche der Psyche werden „entdeckt" und thematisiert. Grenzziehungen, Integration(sversuche) und andere Operationen mit diesen neuen Personkomponenten werden zentraler Erzählgegenstand einer Majorität der Texte. Eine höhere Komplexität und Dynamisierung des Psychemodells wird konstitutiv für die Epoche. Jürgen Straubs generelle Feststellung zur gegenwärtigen Identitätsfrage,

> [die Personen] müssen, weil allgemeine, eindeutige und bleibende Antworten auf die Identitätsfrage im Zuge der Deontologisierung, Enttraditionalisierung, (funktionalen) Differenzierung, Pluralisierung, Individualisierung, Temporalisierung und Dynamisierung kontingenter Lebensverhältnisse nicht mehr verfügbar sind, selbst zusehen, und zwar stets aufs Neue, *wer sie (geworden) sind und sein möchten,*[286]

trifft die *Literatur* dieser Epoche im Kern. Michael Titzmann hat die logisch-semantischen Relationen der *literarischen* Personbestandteile für die Epoche überzeugend rekonstruiert und theoretisch vorgestellt.[287] Ein Auszug sei hier zum Zwecke eines Festlegungsversuchs von „Identität",

---

[285]Den Wandel der wesentlichen Merkmale stellen u. a. Wünsch und Titzmann in mehreren Beiträgen zusammenfassend und exemplarisch dar. Aus Platzgründen seien nur zwei wichtige genannt, dort finden sich weitere Literaturhinweise: Marianne Wünsch: Vom späten „Realismus" zur „Frühen Moderne". Versuch eines Modells des literarischen Strukturwandels. In: Michael Titzmann (Hg.): Modelle des literarischen Strukturwandels. Tübingen, 1991, S. 187–203 (Hier kann man auch zur Begründung dieser Epochenbenennung nachlesen). Und Michael Titzmann: ‚Grenzziehung' vs ‚Grenztilgung'. Zu einer fundamentalen Differenz der Literatursysteme „Realismus" und „Frühe Moderne". In: Hans Krah und Claus-Michael Ort (Hg.): Weltentwürfe in Literatur und Medien. Kiel, 2002, S. 181–210.
[286]Jürgen Straub: Identität. In Jäger, F. & Liebsch, B. (Hg.): Handbuch der Kulturwissenschaften. Grundlagen und Schlüsselbegriffe. Stuttgart: Metzler, 277–303. S. 281.
[287]Vgl. Michael Titzmann: Das Konzept der ‚Person' und ihrer ‚Identität' in der deutschen Literatur um 1900. In: Manfred Pfister (Hg.): Die Modernisierung des Ich. Passau, 1989, S. 36–52

wie sie in der *Literatur*[288] der Frühen Moderne verstanden werden kann, wiedergegeben. Die graphische Darstellung (Abb. 1) stellt die (letztendlich mengentheoretischen) Relationen einiger zentraler Personbestandteile dar, wobei graphisch nur *eine* denkbare Variante vieler denkbarer Ausformungen wiedergegeben werden kann, da es sich beim System der ‚Person', wie bereits betont, um einen im Prinzip unabschließbaren Prozess handelt.

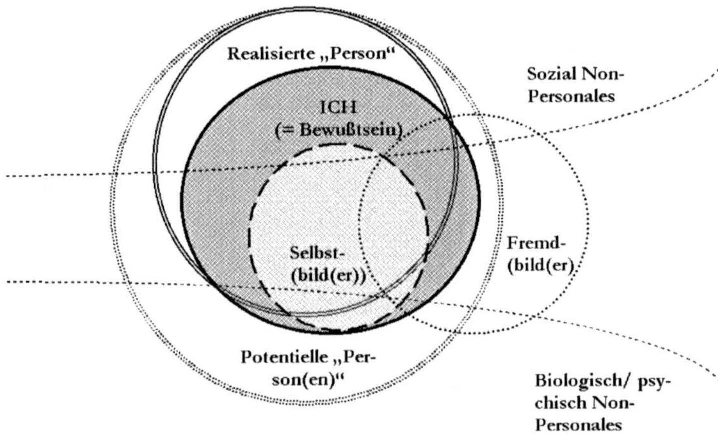

Abb. 12: Teilsysteme der ‚Person' in der Literatur der Frühen Moderne

[288]Im Folgenden wird nur von den literarischen Psychemodellen gesprochen, auch wenn es einschlägige außerliterarische, denk- und mentalitätsgeschichtliche „Parallelen" gibt. Als wichtig ist jedoch festzuhalten, dass die Konstrukte in Literatur und Theorie (v. a. Psychoanalyse) nicht identisch sind, wie oft vorschnell behauptet wird. Zu dieser methodischen Differenzierung und zum denkgeschichtlichen Kontext wird verwiesen auf: Michael Worbs: Nervenkunst. Literatur und Psychoanalyse im Wien der Jahrhundertwende. Frankfurt am Main, 1988; Thomas Anz: Psychoanalyse in der literarischen Moderne. In: Karl Richter/ Jörg Schönert/ Michael Titzmann (Hg.): Die Literatur und die Wissenschaften 1770–1930. Stuttgart 1997, S. 297–322; Michael Titzmann: Psychoanalytisches Wissen und literarische Darstellungsformen des Unbewußten in der Frühen Moderne. In: Thomas Anz (Hg.): Psychoanalyse in der modernen Literatur. Kooperation und Konkurrenz. Würzburg, 1999, S. 183-217.

Das Subjekt wird dabei als eine Menge ihm inhärenter Möglichkeiten gedacht („*potentielle Person(en)*"), die zu einem bestimmten Zeitpunkt jeweils nur partiell realisiert („*realisierte Person*"), aber *innerhalb* des Subjektes situiert sind. In Prozessen der ‚*Selbstfindung*'[289] kann das Subjekt diese zunächst unbekannten, nicht-bewussten Bereiche der potentiellen Person „entdecken", eine Metaphorik die häufig in den Texten Verwendung findet. Will das Subjekt dieses Personpotential nach erfolgter Bewusstwerdung auch realisieren, geschieht dies im Prozess der ‚*Selbstverwirklichung*'. Entdeckt eine Figur ihr normverletzendes Sexualpotential – in der Frühen Moderne beispielsweise: Promiskuität, außereheliche Sexualität, Homosexualität, orgiastische Sexualität, usf. – gibt es nach dieser gelungenen Selbstfindung zumindest zwei Varianten:

a) dieses Potential wird in den Bereich der realisierten Person integriert und es kommt somit durch ‚*Selbstverwirklichung*' zu einem „Ausleben", etwa der die tradierten Normen verletzenden Sexualität, wobei wiederum zwei Varianten denkbar sind: Die ‚Selbstverwirklichung' kann gelingen oder scheitern. Im letzteren Fall endet die Figur im ‚*Selbstverlust*'[290], es kommt zu einer Desintegration der Person, die auf der Oberflächenebene des Textes häufig durch Tod der Figur indiziert wird.[291]
b) das Subjekt entscheidet sich gegen eine ‚Selbstverwirklichung' und *grenzt* den entdeckten Bereich der ‚potentiellen Person(en)' aus dem Ich *aus*, da es beispielsweise die normverletzende Sexualität als persongefährdend empfindet und sie nicht realisieren will.[292]

Quer zu den genannten Personbestandteilen lägen noch zum einen die unterschiedlichen *Bewusstheitsgrade* (bewusst, nicht-bewusst, unbewusst,

---

[289]Vgl. hierzu auch Abschnitt 2.4.2.
[290]Vgl. hierzu Abschnitt 2.4.1.
[291]Nur drei bekanntere Beispiele seien genannt: Thomas Mann: *Tod in Venedig*; Arthur Schnitzler: *Frau Beate und ihr Sohn; Komödie der Verführung*.
[292]Eine Korrelation von normverletzender Sexualität und (Lebens-)Gefahr ist stark rekurrent in Erzähltexten der Frühen Moderne, sehr deutlich etwa in Schnitzlers *Traumnovelle*, wo schon zu Beginn Fridolin und Albertine aufgrund außerehelicher Sexualangebote „ein ernsteres Gespräch über jene verborgenen, kaum geahnten Wünsche, die auch in die klarste und reinste Seele trübe und gefährliche Wirbel zu reißen vermögen" führen, da „... sie wußten, daß gestern nicht zum erstenmal ein Hauch von Abenteuer, Freiheit und Gefahr sie angerührt [...]." Zitierte Ausgabe Stuttgart 1997, S. 13.

nicht gewusst, bewusstseinsfähig) – hier aus Platzgründen graphisch nicht mehr dargestellt[293] –, zum anderen das in die Person „hineinragende" *Non-Personale*. Bei diesem Non-Personalen ließen sich wiederum zwei wesentliche Gruppen unterscheiden:

a) ‚*Sozial Non-Personales*'; so etwa die vom Subjekt verinnerlichten Werte und Normen als Repräsentanz der Gesellschaft und
b) ‚*Biologisch/ Psychisch Non-Personales*'; hierunter fielen etwa alle „vererbten" Personmerkmale, wie sie die Epoche annimmt („Rasse"[294], „Nation", „Geschlecht"[295] usf.) und die mit psychischen Merkmalen korreliert sind – so wird etwa das eigentlich konfessionelle Merkmal ‚Judentum' in vielen nicht-jüdischen Texten – nicht nur in der „rassisch-völkischen" Literatur des Zeitraums – bekanntermaßen dominant als biologisch-vererbbares konstruiert und wiederholt mit einem (negativen) ideologisch-psychischen Merkmalskatalog korreliert – die historischen Folgen sind bekannt.[296]

---

[293]Vgl. hierfür Michael Titzmann: Das Konzept der, ‚Person' und ihrer ‚Identität', S. 36–39.

[294]Unerträgliche literarische Beispiele liefert z.B. das „Opus" Dinters, so etwa „Die Sünde wider das Blut" (1917), wo in pseudowissenschaftlichen Argumentationen (einschließlich Anmerkungsapparat) erklärt wird, dass Jesus „Arier oder was dasselbe ist, Indogermane war" (124f.), „die Juden unfähig waren, seine Lehre zu begreifen" (124), und „dieser unausgleichbare *seelische* Gegensatz zwischen Jesus und den Juden [...] nur aus dem Gegensatz ihrer *Rasse* erklärt und begriffen werden" (124) kann. Der „Beweis" wird unter anderem über psychische Merkmale und naturwissenschaftliche Analogiebildung geführt: „Daß er [Jesus] rein arischen Stammes war, wird aber zur eindeutigen Gewißheit auf Grund *der seelischen Analyse.* Diese ist, wie das Königswasser in der Chemie, das schärfste *Prüfmittel der Rasse.*" (129) Zudem kommt es zur expliziten Korrelation von „Rasse" und Konfession: „Jede Rasse hat die ihrem Wesen eigentümliche Religion!" (135) Zitierte Ausgabe: 16. Aufl. (!) Leipzig, 1921 (Alle Hervorhebungen vom Verfasser).

[295]Populärstes und enorm erfolgreiches Beispiel wäre wohl Otto Weiningers *Geschlecht und Charakter* (1903), 1927 erschien bereits die 26. Auflage. In heute peinlich wirkender Weise wird dort in biologischer, psychologischer und ethischer Hinsicht die Frau definiert; berühmt auch die These von der bisexuellen Anlage des Menschen, den „unzählige[n] Abstufungen zwischen Mann und Weib" (S. 9).

[296]Was die Diversifikation deutsch-jüdischer Literatur des Zeitraums und die einhergehende Identitätsproblematik angeht, sei verwiesen auf Michael Brenner: The Renaissance of Jewish Culture in Weimar Germany. New Haven/ London, 1996.

> Der non-personale Bereich wird von einer Teilgruppe der *literarischen* Figuren als ich-dyston empfunden und ist als die Identitätsbildung störende Größe in Prozessen der ‚Selbstfindung' und ‚Selbstverwirklichung' aus der Person auszugrenzen. Dabei werden im Literatursystem der Frühen Moderne alle logisch denkbaren Varianten durchgespielt.[297]

Letztlich trivial, aber für die Präzisierung von „Identität" wichtig, sind ‚*Selbstbild*(er)' und ‚*Fremdbild*(er)', welche selten deckungsgleich sind. Sie entsprechen weitgehend der Unterscheidung in ‚ipse'- und ‚idem-Identität', wie Ricœur sie vornimmt.[298] Die Selbstbilder umfassen tendenziell den realisierten und bewussten Teil der Person, können jedoch auch, je nach bewusster Leistung des Subjekts, Teile der potentiellen Person und Subjektexternes umfassen, wenn sich das Subjekt etwa über seine Person täuscht. Die Selbstbilder sind variabel in der Zeit und an die Figurenperspektive gebunden, wobei die Richtigkeit der Selbstbilder von der Erzählinstanz, von anderen Figuren und letztlich allen Textdaten in Frage gestellt bzw. relativiert werden kann.

In diesem System der Person gibt es nun diverse semantische Spezifizierungsmöglichkeiten von „Identität", wobei zu betonen ist, dass zwar der *Begriff* in Literatur und Denken des Zeitraums schon existiert, das *Lexem* aber nur in der älteren wörtlichen und nicht in der heutigen Bedeutung auftaucht. Die zeitgenössische Verwendung des Lexems kann somit nicht bei der semantischen Rekonstruktion helfen. Auch im außerliterarischen Diskurs dürfte man nicht fündig werden.[299] Nur kann die wörtliche (logische) Bedeutung von „Identität" als der „Gleichheit von etwas mit

---

[297]Am Beispiel Arthur Schnitzlers führt dies Wolfgang Lukas systematisch vor, wobei es vor allem um das Verhältnis des normverletzenden Personpotentials zum Bereich des Sozial-Non-Personalen geht, spezifisch der Normen, welche Sexualität und Partnerschaft regeln. geht. Vgl. Wolfgang Lukas: Das Selbst und das Fremde. Epochale Lebenskrisen und ihre Lösungen im Werk Arthur Schnitzlers. München, 1996.

[298]Vgl. Paul Ricœur: Das Selbst als ein Anderer. München, 1996.

[299]So spricht Freud zwar schon in der *Traumdeutung* (1900) von „Identifizierung", doch die heute von den Sozial- und Kulturwissenschaften verhandelte Verwendung von „Identität" findet man beim ihm so noch nicht. Weder James noch Mead benutzen den Terminus. Henrich verortet den Ursprung des Terminus in seiner heutigen Verwendung bei Erikson. Vgl.: Dieter Henrich: ‚Identität' – Begriffe, Probleme, Grenzen. In: Odo Marquard/ Karlheinz Stierle (Hg.): Identität. München 1979, S. 134f. Vgl. auch: Lutz Niethammer: Kollektive Identität. Heimliche Quellen einer unheimlichen Konjunktur. Reinbek bei Hamburg, 2000.

sich selbst" kaum befriedigend erscheinen.[300] Zumindest folgende Aspekte sollen zur Präzisierung des Identitätsbegriffs, wie er im folgenden verwendet wird, beitragen:

1) Identität soll zunächst als die (Selbst- oder Fremd-)*Erfahrung der Einheit einer Person*[301] verstanden werden, wobei noch in synchrone und diachrone Identität differenziert werden kann.
a) Bei der *synchronen* Identität wird der Aspekt betont, dass zu einem gewissen Zeitpunkt (Systemzustand) kein Widerspruch im System der unterschiedlichen Personkomponenten vorliegt. Solche Widersprüche unterschiedlichen Grades sind in der Epoche ein beliebter Erzählgegenstand, es finden sich beispielsweise gehäuft „Doppelexistenzen", Entfremdungsprozesse und psychopathologische Fälle. Aber auch das subtilere Thema der als subjektextern empfundenen Werte und Normen, die aus der Person exkludiert werden sollen, ist äußerst populär. Der Prozesscharakter des Selbst impliziert Krisen, im Laufe derer das Subjekt im Ich eine Nicht-Identität und Dissonanz von Selbst und Person erfährt. Die Überwindung dieser defizitären Krisenzustände wäre über die Wiederherstellung der Einheit der Person zu lösen.[302]

---

[300]Gegen diese einschränkende Sichtweise wenden sich auch Joachim Renn und Jürgen Straub: „Die Personen sind nicht in dem trivialen Sinne mit sich selbst identisch, den die Übersetzung des Ausdrucks ‚Identität' in das Konzept der Gleichheit von etwas mit sich selbst (in jeder Hinsicht) nahe legt. Identität meint hier offenkundig etwas Reicheres als die Tautologie, dass ein Ich sich selbst gleiche." Joachim Renn/ Jürgen Straub: Der Prozesscharakter moderner personaler Selbstverhältnisse. In: Dies. (Hg.): Transitorische Identität. Der Prozesscharakter des modernen Selbst. Frankfurt am Main/ New York, 2002, S. 10.
[301]Vgl. Michael Titzmann: Das Konzept der „Person" und ihrer „Identität", S. 39.
[302]Ein zusammenfassendes Beispiel liefert die Figur Otto Hieck aus der *Unbekannten Größe*, die letztlich an ihrem Identitätsproblem scheitert, weil ihr die Wiederherstellung der Einheit der Person nicht gelingt und folglich – wiederum charakteristisch für die Epoche – den Freitod sucht. Auffallend an der nachfolgend zitierten Passage ist die Korrelation von konkurrierenden Werte- und Normensystemen mit als disjunkt gedachten Teilsystemen der Person, die sich bei Otto Hieck schließlich in einem psychopathologischen Prozeß verselbständigen: „Wenn er einen Vorteil für sich witterte, war ihm jedes Argument recht; es war ihm gegeben, *in jedes moralische System*, und mochte es auch das des Satans selber sein, hineinzuschlüpfen, und *er tat es, ohne es zu bemerken*. Das *Widersprechendste fand in seiner Seele Platz*, man konnte sagen, daß er seit seiner Geburt *ein Doppelleben* führte, mehr noch, ein *dreifaches*, ein *vierfaches Leben*, das ungeachtet seiner praktischen Nüchternheit dennoch zum Objekt der

b) *Diachron* betrachtet impliziert dieses Identitätskonzept die Kontinuität bzw. Konstanz eines „Personkerns", wie ihn Ricœur ablehnen würde[303], der von der Epoche aber immerzu angenommen wird, wobei der (epochale) Konstruktcharakter desselben außer Frage steht:

> [...] das Postulat eines ‚Personkerns' fungiert als Garant invarianter Identität: als geradezu mystisches eigentliches Wesen der Person, unzugänglich, sich gleichbleibend in allem Wandel, gern als Kraftquelle des Subjekts interpretiert, keiner der erwähnten Subkategorisierungen der ‚Person' eindeutig zugeordnet und mit Sicherheit nicht im bewußten Ich situiert, unidentifizierbar und unbeschreibbar.[304]

Eine entscheidende Rolle bei der Verortung dieses ‚Personkerns' dürfte wohl einer der zentralen zeitgenössischen Forschungsgegenstände, das ‚Gedächtnis', spielen. Schneider Handschin wies kürzlich auf die Bedeutung hin, die die Suche nach einer solchen die psychische Kontinuität gewährleistenden Instanz für die Moderne hatte, welche von Neurologie, Experimentalpsychologie, Lebens- und Sprachphilosophie, Psychoanalyse usf. unternommen wurde.[305]

2) Es besteht nun eine fundamentale Differenz zwischen dem Untersuchungsgegenstand der Sozial- und Kulturwissenschaften, den natürlichen Personen, und dem der Literaturwissenschaften, den fiktionalen Figuren. Bei letzteren handelt es sich immer „nur" um textuell verfasste, mit Hilfe semiotischer Operationen zu interpretierende Größen, die durch einen *endlichen* Merkmalskatalog gegeben und somit definitiv festgelegt sind. Mag es sich hierbei auch um eine idealtypische Unterscheidung handeln, so kann „Identität" als textuelles Konstrukt doch nie mehr sein als ein zwar in den Texten variabler, prozesshafter, dennoch präzise beschreib-

---

Realität wurde, untertan allen Realitätsfakten, wie immer sie sich darboten, und mit ihnen nur deshalb so sehr vertraut, weil sie in ihm zur Unwirklichkeit und zum Phantastischen umgeschmolzen wurden." (UG 62, Hervorhebungen vom Verfasser).

303 „Es wird unsere durchgängige These sein, daß die im Sinne des *ipse* verstandene Identität keinerlei Behauptung eines angeblich unwandelbaren Kerns der Persönlichkeit impliziert." Paul Ricœur: Das Selbst als ein Anderer, S. 11.

304 Michael Titzmann: Das Konzept der „Person" und ihrer „Identität", S. 40.

305 Vgl. Esther Schneider-Handschin: ‚Weil Erinnern und Festhalten niemals etwas anderes als selbsterinnertes Eigen-Ich ist' – Erinnerung und Identität in Hermann Brochs Romanen *Die Schlafwandler* und *Die Schuldlosen*. In: Michael Kessler (Hg.): Hermann Broch. Neue Studien. Tübingen, 2003, S. 221–235.

barer, *endlicher Merkmalskatalog*. Die Modalität und Perspektivik der rekonstruierten „literarischen" Identitäten ist zwar heterogen, doch immer abschließend zu beantworten, sei sie explizit gegeben (etwa durch Erzählerkommentar), implizit zu erschließen (etwa durch erklärungsbedürftiges Verhalten der Figuren), sei es im Selbstbild (etwa durch den Perspektivträger eines Textes) oder in den Fremdbildern. Letztlich mag die literaturwissenschaftliche Antwort auf die Identitätsfrage gegenüber manchen Ansätzen der Kultur- und Sozialwissenschaften eingeschränkt erscheinen. Konzepte wie die von Jürgen Straub und Joachim Renn entworfene ‚transitorische Identität' –

> Diese Identität bleibt Aspiration und verwirklicht sich als die Aufgabe einer Einheit der Bewegung permanenter Rekonstruktion und Antizipation des Selbst durch dieses Selbst. Die transitorische Identität wird durch die Verlagerung der Gleichheit mit sich selbst auf die Ebene der (unstillbaren) Aspiration zu einer transitiven Identität.[306]

– können zwar in einem literarischen Text an einer *Figur* exemplifiziert werden, doch ist der Akt der literaturwissenschaftlichen Interpretation stets (potentiell) abschließbar. Er wäre abgeschlossen, wenn alle relevanten Textdaten analysiert und die Textstruktur rekonstruiert ist – abgesehen davon können natürlich jederzeit neue Fragestellungen an den Text herangetragen werden. Die Beschreibung literarischer Identitätsentwürfe ist eine Interpretationsleistung, die an das semiotische System der natürlichen Sprache gebunden ist. Alle anderen semiotischen Systeme werden nur insoweit relevant, als sie indirekt vermittelte sind. Aus dem zitierten „permanenten Akt der Rekonstruktion" wird hier ein einmaliger. Auf Figurenebene können dennoch alle logisch denkbaren Varianten durchgespielt werden. Mit der „Frühen Moderne" beginnt eine massive, doch positiv gesetzte Dynamisierung und Verunsicherung des Personkonzepts, die in unser heutiges Subjektverständnis mündet:

> Person ist nie ein definitiv erreichter Zustand, nie ein statisches System, sondern immer ein (potentiell unabschließbarer) Wandel, ein prozessuales System; ‚Per-

[306] Vgl. Joachim Renn/ Jürgen Straub: Der Prozesscharakter moderner personaler Selbstverhältnisse, S. 17.

son‘ ist nie eine irgendwann erreichte Sicherheit, sondern ein immer erneut Infragegestelltes, ein Risiko.[307]

3.2.2 Zur Identität der Bertrand-Figuren – Erzählinstanzproblematik

Diese Zusammenhänge sind nicht nur für die Schilderung der Subjektheorie in den *Schlafwandlern* (3.2.3) relevant, sondern auch hilfreich für die Interpretation der problematischen Erzählsituation. Die Broch-Forschung beschäftigt sich spätestens seit Mandelkows kontrovers diskutierter Arbeit[308] zu den *Schlafwandlern* ebenso kontrovers mit dem „Rätsel“ der Bertrand-Identitäten:

> Undeniably, the figures’ relationship to one another is the greatest engima in *Die Schlafwandler*, an unsolved riddle in a work which is for the most part self-explanatory to a high degree.[309]

Die Zusammenhänge zwischen den drei Bertrand-Figuren – das sind Eduard v. Bertrand in Teil I, Präsident Bertrand in Teil II und Bertrand Müller in Teil III – bedarf einer ausführlichen Diskussion, weil hier ein zentraler Lösungspunkt der Erzählsituation zu finden ist. Eduard von Bertrand wird im *Pasenow* ausschließlich mit seinem adeligen Namen benannt und ist eine durchweg realistisch gehaltene Figur. Im zweiten Teil wird er zunächst immer nur *mittelbar* eingeführt – hier heißt er nun „Präsident Bertrand“[310] – und Esch begegnet ihm erst im späteren Hand-

---

[307]Michael Titzmann: Das Konzept der „Person“ und ihrer „Identität“, S. 48.

[308]Vgl. Karl Robert Mandelkow: Hermann Brochs Romantrilogie „Die Schlafwandler“. Gestaltung und Reflexion im modernen deutschen Roman. Heidelberg, 1962.

[309]J. J. White: The identity and function of Bertrand in Hermann Broch’s *Die Schlafwandler.* S. 136.

[310]Geyring erwähnt den „Präsidenten Bertrand“ das erste Mal (SW 193) mit bürgerlichem Namen. Bertrand ist für Esch nicht zugänglich, da dessen Zimmer hinter einem dunklen Vorraum liegt und von Hausdienern abgeschirmt wird, als er seine Papiere dort vorzeigen will. Bertrands Status wird von Anfang an als exzeptioneller eingeführt: „‚Damit haben Sie hier nichts zu suchen [...]‘ Esch blieb einen Augenblick stehen; [...] ‚So, nicht hier?‘ [...]. ‚Nein, hier ist das Vorzimmer des Präsidenten.‘ In Esch stieg Zorn auf; die machen nicht wenig Aufhebens mit ihrem Präsidenten, Polstermöbel und Silberdiener; der Nentwig möchte sich gern auch auf so etwas herausspielen; na, so ein Präsident wird auch nicht groß was anderes sein als ein Nentwig. Aber wohl oder übel mußte Esch den Rückzug antreten. [...] Nach zwei Schritten kehrte er um, zeigte mit dem Daumen die Stiege hinauf: ‚Wie heißt denn der dort droben, euer Präsident?‘ – ‚Präsident v. Bertrand‘, sagte der Portier und es klang darin etwas wie Respekt. Und Esch wiederholte gleichfalls ein wenig respekt-

lungsverlauf in einer nicht-realistische Szene, da Bertrands Räume als nicht zugängliche konstruiert werden.[311] Interessant ist hierbei, dass die (logische) Identität, im Sinne von Gleichheit, zwischen den beiden Figuren aus Teil I und II erst über die polizeiliche Anzeige Eschs hergestellt wird, da er nur hier mit dem vollen Namen inklusive Vornamen, „Herr Eduard v. Bertrand in Badenweiler" (SW 357), bezeichnet wird. Die Tendenz läuft im *Esch* zudem deutlich in Richtung der bürgerlichen Namensgebung. Präsident Bertrand begeht zum Ende des zweiten Abschnitts hin Selbstmord, was wiederum *mittelbar* berichtet wird, wenn Esch, der Verursacher der zum Selbstmord führenden Konstellation, in der Zeitung liest:

> ... da stand nun schwarzumrandet und groß und in vielen Wiederholungen auf der letzten Seite, denn keine seiner Unternehmungen, noch die Beamten, noch die Arbeiter hatten sich die Wehmut nehmen lassen, die Trauernachricht auszugeben, daß Herr Eduard v. Bertrand, Vorsitzender des Aufsichtsrates, Ritter hoher Orden usw., nach kurzem schwerem Leiden heimgegangen sei. Im Texte vorne aber war neben ehrenvollen Nachrufen zu lesen, daß der Verblichene mutmaßlich in plötzlicher geistiger Umnachtung durch einen Revolverschuß seinem Leben ein Ende bereitet habe. (SW 363)

Die Vielzahl der hier angeführten Bezeugungen ist nicht arbiträr, sondern unterstreicht das Faktum des *definitiv eingetretenen* Todes. Dies ist wichtig zu betonen, da in der Sekundärliteratur häufig spekuliert wird, Bertrands Tod sei nicht real eingetreten. Textdaten belegen diese Sichtweise an keiner Stelle. Mandelkow nimmt jedoch trotz dieses Widerspruchs an, dass Eduard v. Bertrand und Bertrand Müller eine Figur sei-

---

voll: ‚Präsident v. Bertrand'; den Namen mußte er schon irgendeinmal gehört haben." (SW 195)

[311]So wird neben dem Büro auch der andere Bertrand zugeordnete Raum, das Schloß, rekurrent mit Abgeschlossenheit korreliert: ein „unzugängliche[s] Schloß" (SW 321), ein „fernes, unerreichbares Schloß" (SW 361) ein „lichteres Schloß, das über der Ebene sich erhebt, abgeschlossen gegen die Welt und doch spiegelnd ihr geöffnet ..." (SW 380); Diese Eigenschaft Bertrands wird nicht erst mit dem Esch-Teil eingeführt, sondern deutet sich schon im Pasenow an, als Joachim wiederholt im Gespräch auf Bertrand kommt, antwortet beispielsweise der alte Pasenow: „Suchst ihn ja, als ob er hier sichtbarlich versteckt wäre." (SW 22). Auch die Identitätsthematik ist schon angelegt, wenn Joachim spekuliert, ob Bertrand „hier unter falschem Namen verkehre" (SW 21).

en[312], dieser Meinung schließen sich auch Schoolfield[313] und Herd an: „Mandelkow is probably correct in dismissing the objection that Bertrand commits suicide in the second novel."[314] Das erstaunt nach Lektüre der zitierten Passage, und aufgrund der Textdaten kann man sich diesbezüglich nur Plard anschließen: „l'hypothèse de Mandelkow se heurte au fait – mentionné clairement à la fin de *Esch* – que Bertrand se suicide."[315] Keine Gründe sprechen dafür, gegen die expliziten Mitteilungen des Textes zu lesen, zumal sie an keiner Stelle relativiert werden.
Die Selbstmordnachricht wird an keiner Stelle des Textes relativiert bzw. widerlegt, weswegen das Indiz des korrespondierenden Vornamens nicht ausreicht, um eine Identität zwischen den beiden Figuren zu postulieren. Selbstverständlich findet sich im *Huguenau* noch eine weitere motivische Verwebung mit dem ersten Teil der Trilogie[316], doch wie unter 3.1 ge-

---

[312]Vgl. Karl Robert Mandelkow: Hermann Brochs Romantrilogie „Die Schlafwandler". Gestaltung und Reflexion im modernen deutschen Roman. Heidelberg, 1962.
[313]G. C. Schoolfield: Review of Mandelkow (1964). In: Monatshefte LVI (1964), S. 205f.
[314]Herd, Eric W.: Review of Mandelkow (1962). In GLL XVIII (1964-65), S. 159. Interessant wiederum das ‚probably', welches in diesem Diskussionpunkt (siehe oben unter 3.1 das Zitat von Herd) die Aussagen der Sekundärliteratur wiederholt modalisiert. Diese Reaktion ist signifikant und spiegelt (wohl unbewußt) ein Ergebnis der Textstrategie wider, die hier aufgelöst werden soll.
[315]Henri Plard: Rezension zu Mandelkow (1962). In: Etudes Germaniques XIX (1964), S. 99. Über die genannten Textdaten hinaus sei auf die Eigenkommentare Brochs verwiesen, die zumindest die *textexterne autorintentionale* Argumentationsweise einiger Interpreten abwehren helfen mag: „Symbolisiert er [Bertrand] also in seinem Schicksal auf höherer Ebene das Gesamtgeschehn des Romans, d. h. das Fiasko der alten Werthaltungen, so ist andererseits seine Person der Form nach Symbol für das Anwachsen des dunklen und traumhaften Elements, das mit jedem der drei Teile das Geschehn immer deutlicher durchsetzt. Im ersten Teil ist er selber Person der Handlung, im zweiten beherrscht er zwar das äußere Geschehen, tritt aber selber nur mehr traumhaft in Erscheinung und verschwindet mit dem Selbstmord, während er im dritten Teil, obwohl real nicht mehr vorhanden, sich überall auswirkt, bestimmend für die Haltung aller Personen, die mit ihm in Verbindung gestanden sind." (SW 721)
[316]Vgl. SW 617, wo Bertrand Müller sich fragt: „... war ich ein Baumwollpflücker in den Plantagen Amerikas, war ich der weiße Jäger in indischen Elefantendschungeln? [...] nicht einmal ein Schloß im Park wäre unwahrscheinlich ..." und somit über Amerika, Indien und das Schloß drei semantische Äquivalenzen zum Bertrand des ersten und zweiten Teils hergestellt werden. Jedoch bildet diese Passage kein hinreichendes Kriterium zur Identifizierung der beiden Bertrand-Figuren, zudem wird

zeigt wurde, ist dieses Phänomen nicht auf die Heilsarmee-Geschichte beschränkt. Die motivische Verwebung betrifft auch andere Textgrößen und Textgruppen, vgl. hierzu vor allem *Abbildung 11* im Abschnitt 3.1.

	I: Pasenow	II: Esch	III: Huguenau
Figur	„Eduard v. Bertrand“[317]	„Präsident Bertrand“[318] / „Präsident v. Bertrand“[319]	„Bertrand Müller, Dr. phil.“[320]
Namensgebung	adelig	adelig + bürgerlich	bürgerlich
Fiktionale Stellung	„Realistische“ Figur, zeitweise mit interner Fokalisierung durch extra- und heterodiegetische Erzählinstanz; unmittelbare Darstellung	„Traumhafte“ Figur, nicht-realistische Szene bei Begegnung mit Esch, Sonderstatus im Figureninventar; mittelbare Darstellung dominant; Suizid	Ich-Erzähler der Heilsarmee-Episoden; Angedeuteter aber *nicht eindeutiger* Verfasser der Wertzerfalls-Exkurse

Abbildung 13: Namensgebung und fiktionale Stellung der Bertrand-Figuren

häufig übersehen, in welchem Kontext die zitierte Passage steht (meta-fiktionale Passage), und dass zudem durch die Frageform der propositionale Gehalt relativiert wird. Zu diesem Problem vgl. weiter unten in diesem Abschnitt.

317 SW 18.

318 SW 223. Eindeutige Identität (mit Vornamen) zum Bertrand des I. Teils wird erst am Ende des II. Teils durch Eschs polizeiliche Anzeige, die er „mit seiner schönsten Buchhalterschrift“ (SW 357) zu Papier bringt, hergestellt: „Herr Eduard v. Bertrand in Badenweiler, Vorsitzender des Aufsichtsrates der Mittelrheinischen Reederei AG. zu Mannheim“ (SW 357). Der Name wird wiederholt in seiner bürgerlichen Form und seltener mit Adelsprädikat (SW 195, 211, 357, 363) benutzt, wobei die Tendenz zur bürgerlichen Version (SW 193, 211, 223, 226, 231, 245, 259, 268, 271, 295, 297, 299, 300, 305, 310, 320, 325, 326, 334, 335, 336–340, 371) evident ist.

319 SW 195.

320 SW 450. Hierbei handelt es sich um die einzige Erwähnung dieses Namens im dritten Teil der Trilogie.

Die wichtigsten Merkmale der Bertrand-Figuren finden sich überblicksartig in *Abbildung 13* wiedergegeben.
Interessant sind nun die interpretatorischen Schlussfolgerungen, die aus der angenommenen Identität der Bertrand-Figuren hergestellt werden. Da sich Bertrand Müller im 6. Heilsarmee-Abschnitt als der Verfasser von „geschichtsphilosophischen Arbeiten“ (SW 488) zu erkennen gibt, wird in der Forschung häufig eine weitere logische Identität angenommen: nämlich die zwischen Bertrand Müller (Verfasser der Heilsarmee-Episoden) und dem Verfasser der Wertzerfallsessays.[321] Was nach Ziolkowski, akzeptierte man diesen Schluss, weitreichende Folgen hätte: „[Bertrand] is by extension the author of the entire novel.“[322] Die Frage ist nun aber, warum der Text keine *eindeutigen* Signale bzw. Indizien setzt, wenn er diese Gleichsetzung der Sprechinstanzen *eindeutig* wollte. Ziolkowskis Hypothese impliziert nämlich zumindest drei Identitäten (oder Gleichsetzungen), nämlich genau jene der drei Relationen, die in Abbildung 10 (Abschnitt 3.1) als Nr. 1, 2 und 3 eingezeichnet sind:
1) Sprecher Heilsarmee-Geschichte = Sprecher Wertzerfallsessays
2) Sprecher Wertzerfallsessays = ranghöchste Erzählinstanz des *Huguenau*
3) Erzählinstanz des *Huguenau* = Erzählinstanz der *Schlafwandler*
Abgesehen von der dritten Relation ist hinsichtlich der Gleichsetzung Zurückhaltung angebracht. Warum sollte ein Text, der zu einem hohen Maß selbsterklärend[323] ist, eine solche Gleichsetzung nicht *eindeutig* rekonsturierbar machen? Hinzu kommt die Schwierigkeit, die ein Akzeptieren der Gleichsetzungs-Thesen nach sich ziehen würden: Eine Figur erzählte demnach zunächst ihren eigenen Selbstmord, um dann als Verfasser theoretischer Arbeiten zurückzukehren und einen Bezug zur „früheren“ Identität herzustellen. Somit hätten wir es mit einem fantastischen Text zu tun.[324] Dagegen sprechen viele Textfaktoren und deutlich die personale Diskontinuität zwischen den beiden Bertrand-Figuren des

---

[321]Beim Verfasser der Wertzerfalls-Essays handelt es sich um eine nicht-manifeste Sprechinstanz, mit Ausnahme des 2. und 3. Exkurses, wo ein Ich-Sprecher vorliegt.
[322]THEODORE ZIOLKOWSKI: HERMANN BROCH. NEW YORK/ LONDON, 1964, S. 373.
[323]„... self-explanatory to a high degree“ J. J. White: The identity and function of Bertrand in Hermann Broch's *Die Schlafwandler*, S. 136.
[324]Vgl. hierzu Marianne Wünsch: Die Fantastische Literatur der Frühen Moderne (1890–1930). Definition, Denkgeschichtlicher Kontext, Strukturen. München, 1991.

zweiten und dritten Teils. Doch selbst dieser Einwand scheint die Befürworter der Identitäts-These nicht zu stören bei ihrem Versuch, über textexterne narrative Muster das Problem zu überwinden: Der Vergleich mit dem Ahasvers-Mythos, auf den in einigen lyrischen Passagen der Heilsarmee-Geschichten rekurriert wird, soll das Problem lösen helfen:

> If we regard Bertrand under this mythical aspect, his continued life after his suicide corresponds to the legendary curse of the Eternal Jew, whose repeated attempts to kill himself are also a recurring theme of his legend, expecially in its more violent Romantic treatment. In this way, the Ahasverus myth offers a possible analogue to an engima that remains insoluble so long as we interpret the Bertrand figure merely on a realistic level.[325]

Zum dritten Mal wird hier in einem Forschungsbeitrag die These modalisiert: „a *possible* analogue". Wo Herd und White mit „*probably*" *Wahrscheinlichkeiten* äußern, spricht Cohn mit „*possible*" vom *Möglichkeiten.* Die Rekurrenz der modalisierenden Aussagen in der Sekundärliteratur ist nun aber nicht zufällig: Die Textstruktur ist so beschaffen, diese Spekulationen anzuregen. Eine plausible und klärende These hierzu wäre, dass hier eine intendierte *Nicht-Eindeutigkeit* und *Unentscheidbarkeit* gewisser Textzusammenhänge vorliegt. Das Bedürfnis der Interpreten nach Stringenz und nach der Logik gehorchenden Regularitäten führt zu Spekulationen, die helfen soll, eine textintentional bewusst vermiedene Kohärenz spezifischer Textphänomene herzustellen. Ein letztes Beispiel als weitere Variante neben der mythologischen Lösung sei angeführt, Whites Versuch, durch eine philosophische Symbolstruktur die Diskontinuität zu überwinden. Auch hier wiederum interessant das einschränkende „*seems*" im Sinne von erscheinen – ebenfalls eine Modalisierung.

> There are many indications in the novel that the two figures [Eduard v. Bertrand, Bertrand Müller] could well be identical, yet the suicide of Eduard von Bertrand, reported at the end of *Esch oder die Anarchie*, seems an insurmountable barrier to this conclusion. [...] I shall interpret it to mean that Bertrand lives on, in a philosophical sense, as the ‚Symbol [des] ganzen Aufbaus'.[326]

---

[325]Dorrit Cohn: „The Sleepwalkers". Elucidations of Hermann Broch's Trilogy. The Hague/ Paris, 1966, S. 71f.

[326]J. J White: The identity and function of Bertrand in Hermann Broch's *Die Schlafwandler.* S. 136 und 139. Halsall hingegen versucht es mit Kierkegaard: „It will be argued in this chapter that, in order to meet both these criteria, Broch has to suggest

Doch genau hier liegt das Problem der Forschung: Die *Nicht-Eindeutigkeit*, die *Unentscheidbarkeit* sind beide eine *intendierte Textstrategie*, die auf der strukturellen Ebene das abbildet, was der Text inhaltlich, vor allem in Hinblick auf Wert- und Erkenntnistheorie, transportiert. Diese Nicht-Eindeutigkeit bildet ein wichtiges Textmerkmal und ist nicht durch textexterne Erklärungsangebote zu lösen. Der Text stützt vielmehr diesen interpretatorischen Befund, denn beide Lexeme des Unentscheidbaren und des Nicht-Eindeutigen sind im Text rekurrent.[327] Eine der zahlreichen Stellen findet sich signifikanterweise in der ersten Heilsarmee-Episode wieder:

> Zu den vielen Unduldsamkeiten und Beschränktheiten, deren die Vorkriegszeit eine Fülle besaß und deren wir uns heute mit Recht schämen, gehört wohl auch das gänzliche Unverständnis gegenüber allen *Phänomenen*, die auch nur ein wenig außerhalb einer *sich völlig rational dünkenden Welt* lagen. Und weil man damals gewöhnt war, bloß die abendländische Kultur und ihr Denken als verpflichtend anzusehen, alles übrige aber als minderwertig abzutun, so war man leichthin geneigt, alle Phänomene, die der *rationalen Eindeutigkeit* nicht entsprachen, der Kategorie des Unter-Europäischen und Minderwertigen zuzurechnen. (SW 416)[328]

Hier findet sich bereits im ersten Abschnitt der Sprechinstanz Bertrand Müller ein textinterner, expliziter Hinweis auf die Relevanz des Themas, dass Rationalität und Stringenz von Systemen nicht mehr ausschließlich zu erreichen ist. Denken wird als kultur- bzw. gruppenspezifisch ausgewiesen, ein Thema, das in den Wertzerfallsessays bekanntlich durchexerziert wird und in der Forschungsliteratur bereits hinreichend geklärt

---

the author of *Zerfall der Werte* is a fictional presence within the trilogy, i.e. the character Dr.Bertrand Müller. It will be argued that this figure is best understood as functioning as a ‚pseudonym' in the Kierkegaardian sense, and that the relationship between the *Zerfall der Werte*, of which Dr. Bertrand Müller is the ‚author', and the *Die Geschichte des Heilsarmeemädchens in Berlin*, in which he appears as a character, is best described as a strategy of indirect communication." Robert Halsall: The Problem of Autonomy in the Works of Hermann Broch. Oxford/ Bern/ Berlin/ Bruxelles/ Frankfurt am Main/ New York/ Wien, 2000 (= European universtiy studies: Reihe 1, German language and literature; Vol. 1778). S. 75. Abgesehen davon, daß Bertrand Müller nicht Figur, sondern Ich-Erzähler der Heilsarmee-Geschichten ist, mutet diese These sehr gewagt an.

[327]Vgl. SW 160, 226, 305, 416, 427, 447, 535, 538, 593, 595, 705.

[328]Hervorhebungen vom Verfasser.

wurde.[329] Die zitierte Passage steht in Nähe einer meta-fiktionalen Aussage, denn gerade die Nicht-Eindeutigkeit der Welt in Zeiten des Wertzerfalls und der „Partialwertsysteme“ bildet ein wichtiges Merkmal der dargestellten Welt, welches rekurrent abgebildet wird. So werden etwa die Reintegrationsbemühungen, die der Landwehrmann Gödicke mit seiner traumatisierten Psyche unternimmt, durch die Erzählinstanz in ihrer Überprüfbarkeit massiv kommentiert. In dem folgenden längeren Abschnitt spielt nicht nur die Mitteilung der Reintegrationsbemühungen eine Rolle, sondern vor allem die Modalisierung durch die Erzählinstanz. Dies geschieht durch einschränkenden Konjunktivgebrauch und die explizite Diskussion der Beweisbarkeit:

> Mit dem Augenblick, in dem der Landwehrmann Ludwig Gödicke die notwendigsten Stücke seiner Seele um sein Ich versammelt hatte, stellte er dieses schmerzliche Verfahren ein. Man *könnte* nun hiezu einwenden, daß der Mann Gödicke sein Leben lang ein primitiver Mensch gewesen war und daß ihm auch ein weiteres Suchen zu keiner größeren seelischen Reichhaltigkeit *hätte* verhelfen *können*, weil ihm eben niemals, auch nicht in den Höhepunkten seines Lebens, eine größere Anzahl von Bestandteilen für sein Ich zur Verfügung gestanden wäre. *Weder* aber kann *bewiesen* werden – und dies widerlegt solchen Einwand von vornherein –, daß der Mann Gödicke zu den Primitiven zu rechnen gewesen wäre, noch kann man ihn in seiner neuen Verfassung als Primitiven bezeichnen, [...]. Es ist also durchaus *unentscheidbar*, ob der Landwehrmann Gödicke eine engere oder weitere Wahl unter den Bestandstücken seiner Seele getroffen, wie viele er

---

[329] Auf den denkgeschichtlichen Kontext wird unter 3.3.1 eingegangen, ansonsten sei auf einen Teil der sehr umfangreichen Sekundärliteratur zu diesem Komplex verwiesen: Friedrich Vollhardt: Hermann Brochs geschichtliche Stellung. Studien zum philosophischen Frühwerk und zur Romantrilogie „Die Schlafwandler“ (1914-1932). Tübingen, 1986 (Studien zur deutschen Literatur Bd. 88); Wolf-D. Hund: Zerfall der Werte 1–10: Über den erkenntnistheoretischen Ansatz bei Hermann Broch. In: Literatur und Kritik (36–37), 1969, S. 400–410. Erich Kahler: Werttheorie und Erkenntnistheorie bei Hermann Broch. In: Hermann Broch. Perspektiven der Forschung. Hrsg. v. Manfred Durzak. München, 1972, S. 353-370. Paul Michael Lützeler: Die Kulturkritik des jungen Broch. Zur Entwicklung von Hermann Brochs Geschichts- und Werttheorie. In: Hermann Broch. Perspektiven der Forschung. Hrsg. v. Manfred Durzak. München, 1972. S. 329–351. Karl Menges: Kritische Studien zur Wertphilosophie Hermann Brochs. Tübingen, 1970. Otto-Peter Obermeier: Hermann Brochs Werttheorie. In: Hermann Broch. Hrsg. v. Paul Michael Lützeler. Franfurt am Main, 1986, S. 227–245. Kuno Lorenz: Brochs erkenntnistheoretisches Programm. In: Hermann Broch. Hrsg. v. Paul Michael Lützeler. Franfurt am Main, 1986, S. 246–271.

> zum Neuaufbau seines Ichs zugelassen und wie viele er ausgeschlossen hat, es kann bloß gesagt werden, daß er mit dem *Gefühl* herumging, es fehle ihm etwas, das einstens zu ihm gehört hatte, etwas, das er zwar zu seinem neuen Leben nicht unbedingt brauchte, das er aber entbehren und dem er trotzdem den Eintritt verweigern mußte, weil es ihn sonst getötet hätte. (SW 427)[330]

Diese paradoxe Situation, dass eine nicht-artikulationsfähige Figur wie Gödicke von einer sich wissenschaftlich gerierenden Erzählinstanz beschrieben wird, der jedoch gewisse Objektbereiche, hier die Psyche, nicht zugänglich sind, und die sich einer rationalen Beurteilung mangels Zugänglichkeit entziehen, findet sich an einigen Stellen des Romans wieder. Die Erzählinstanz wird in diesem Sinne einem modernen Beobachter angenähert, der keine zuverlässigen Aussagen mehr über seine Objekte treffen kann. Auf einer zweiten Ebene wird der Leser bezüglich der gesamten Textstruktur, sein Objekt, in die gleiche Lage versetzt. Dieses Thema wird in vielen Formen variiert, ein weiteres deutliches Beispiel sei noch angeführt: Eschs buchhalterischer Wunsch nach „Ordnung", nach einer eindeutigen Weltstrukturierung, die wie ein Konto geführt werden kann[331], steht in Opposition zur „wirklichen Realität" der dargestellten Welt, die aufgrund ihrer Komplexität meist nicht dieser strikten Ordnung entspricht und deshalb regelmäßig Wutausbrüche Eschs provoziert: „... ***nichts ist eindeutig***, dachte Esch voll Zorn, ***nichts ist eindeutig*** ..." (SW 226), „wieder stieß sein ***Wunsch nach Eindeutigkeit und Absolutheit*** an eine unübersteigbare Mauer" (SW 305)[332]. Aus Eschs und auch aus der Perspektive anderer Figuren stellt sich die dargestellte Welt als ein nicht zu ordnendes „Chaos" dar. Die rekurrierten Lexeme lauten „Unordnung"[333] und „Chaos"[334]. Auch Pasenow begegnet wiederholt die Angst vor den widersprüchlichen Zuständen:

---

[330]Hervorhebungen vom Verfasser.

[331]Nur eine von vielen möglichen Textstellen aus dem *Esch* sei angeführt: „Denn ein Buchhalter, und gar ein Oberbuchhalter, ist ein Mensch, der innerhalb eigener und außerordentlich präziser Ordnungen lebt, Ordnungen, die so präzis sind, daß sie ihm von keiner andern Betätigung je wieder geboten werden können. Gestützt und gefestigt durch solche Ordnungen ist er gewohnt, in einer machtvollen und dennoch demütigen Welt zu leben, in der jedes Ding seinen Platz hat, in der er selber sich stets wiederfindet und sein Blick unbeirrbar und unverloren bleibt." (SW 411)

[332]Hervorhebungen jeweils vom Verfasser.

[333]Vgl. SW 68, 133, 177, 230, 243, 251, 255, 258, 275, 281, 362, 458, 553, 633, 643, 644.

[334]Vgl. SW 227, 273, 596, 643.

> ... so sehr er sich bemühte, seine Gedanken wieder in Ordnung zu bringen, das Bemühen scheiterte an den widersprechenden Befehlen und Dienstanweisungen, und er vermochte die Widersprüche nicht zu entwirren. Das Chaos der Welt stieg allenthalben, es stieg das Chaos der Gedanken und das Chaos der Welt [...]. (SW 643)

Pasenow und Esch scheitern wiederholt an ihrem Vorhaben, die Welt zu ordnen und Eindeutigkeit herzustellen. Im Aphorismen-Kapitel wird die motivationale Quelle für diese Haltung genannt, sie ist im Bereich der Psyche zu suchen:

> Sein Wunsch geht nach Eindeutigkeit: er möchte eine Welt formen, deren Eindeutigkeit so stark ist, daß seine eigene Einsamkeit daran festgebunden wäre wie an einem eisernen Pfahl. (SW 595)

Die Eindeutigkeit in der Weltstrukturierung wäre demnach ein Mittel, der Isolation zu entkommen. Nun befindet sich ein beträchtlicher Teil der Sekundärliteratur in einer ähnlichen Situation, indem sie versucht, durch ihre Deutungsvorschläge das „riddle" zu lösen, Widersprüchlichkeiten aufzulösen und eine Kohärenz in das textuelle Chaos zu bringen. Diese logischen Zusammenhänge sind jedoch nicht mehr gegeben, was die letzten Textstrukturen, die Zusammenhänge der Erzählsituation betrifft. Die fehlende Kohärenz kann zwar beschrieben werden, Widersprüche aufgedeckt werden. Doch einen sinnstiftenden Interpretationsvorschlag anzubieten, wie es Cohn mit dem Ahasvers-Mythos versucht, ist nicht in der Intention des Textes. Vielmehr hat hier ein Wechsel stattgefunden von *definitiven* Aussagen über die Beschaffenheit der dargestellten Welt zu Aussagen über *Wahrscheinlichkeiten* und *Möglichkeiten.* Dies mag auch erklären helfen, warum in den oben zitierten Forschungsbeiträgen so häufig (vermutlich unbewusst) modalisiert wird. Da dieses Phänomen nicht vereinzelt auftritt, sondern einen guten Querschnitt der Forschung betrifft, wäre es unangemessen, ihm keine Beachtung zu schenken. Der Text bietet nämlich gerade in dieser Hinsicht eine bemerkenswerte metafiktionale Passage, in der Bertrand Müller, „Kandidat" für die ranghöchste Erzählinstanz, seinen eigenen Status diskutiert:

> ... mein Leben verdämmert hinter mir, *und ich weiß nicht, ob ich gelebt habe oder ob es mir erzählt worden ist,* so sehr ist es in den fernen Meeren versunken. war ich ein Baumwollpflücker in den Plantagen Amerikas, war ich der weiße Jäger in indischen Elefantendschungeln? *alles ist möglich, nichts ist unwahrscheinlich*, nicht einmal

> ein Schloß im Park wäre *unwahrscheinlich*, Höhe und Tiefe, alles ist *möglich*, denn nichts ist geblieben in dieser *Dynamik, die um ihrer selbst willen da ist*, scheinbar in Arbeit, scheinbar in Ruhe und Klarheit [...]. (SW 617)[335]

Hier eröffnet sich ein breiter Kontext. Gerade die Figur, die *möglicherweise* auch ranghöchste Erzählinstanz des *Huguenau-Teils* sein könnte, thematisiert ihren fiktionalen vs realen Status („erzählt" vs „gelebt"). Als bestünde die Möglichkeit, dass wir es in einem Roman mit natürlichen Personen zu tun haben, folgt ein Teil der Sekundärliteratur dieser Fährte, und interpretiert die Bertrand-Figuren so, als seien sie natürliche Personen und nicht einfache Textgrößen mit einem abgeschlossenen Merkmalskatalog, der in Beziehung zu anderen Textgrößen gesetzt werden kann. Und genau an dieser Stelle wird die theoretische Unterscheidung relevant, die in 3.2.1 eingeführt wurde. Durch den Fokus auf Bertrand Müller und seine Rolle im Erzählgeschehen wurde in der Forschung außer acht gelassen, dass diese metafiktionale Passage nicht ihm als Ich-Erzähler allein vorbehalten bleibt. Auch in der narrativen Schlusssequenz (Epilog), in der keine Erzählinstanz manifest wird, werden vom intern fokalisierten Huguenau identische Gedanken berichtet:

> Der zartgraue Nebel traumhaften silbernen Schlafes hatte sich über das Geschehene gebreitet, immer *undeutlicher* wurde es ihm, immer dunkler, als schöbe ein rußgeschwärztes Glas sich davor, und schließlich *wußte er nicht mehr, ob er jenes Leben gelebt hatte oder ob es ihm erzählt worden war.* (Epilog SW 698)

Die Subjektivierung durch die Perspektive Huguenaus ist unbestreitbar[336], nur ist die Beurteilung dieser wortwörtlichen Entsprechung schwierig vorzunehmen. In diesem Fall wird in Innensicht der Gedankeninhalt einer Figur wiedergegeben, was nicht weiter bemerkenswert ist, auch wenn sie von einer vermittelnden Erzählinstanz berichtet wird. Doch in der ersten Stelle spricht ein Ich-Erzähler, somit zugleich Schöpfer der Diegese, und trifft somit eine *metafiktionale Aussage*, die konsequent weitergedacht den fiktionalen Rahmen sprengt. Hier liegt eine eindeutige Tendenz zur „***narrativen Metalepse***"[337] vor, eine paradoxe

[335]Hervorhebungen durch den Verfasser.
[336]Schon nach Käte Hamburger ist „die epische Fiktion [...] der einzige erkenntnistheoretische Ort" ist, wo die „Subjektivität einer dritten Person als einer dritten dargestellt werden kann." Die Logik der Dichtung. Frankfurt, 1980, S. 56.
[337]Martinez/ Scheffel: Einführung in die Erzähltheorie, S. 79.

Konstruktion, bei der infolge einer Rahmenüberschreitung die Grenze zwischen extra- und intradiegetischer Position aufgehoben wird und die in Kombination mit der Bertrand-Identitätsproblematik tatsächlich nicht mehr *eindeutig* zu klären ist. Vergleichbar wäre diese Konstruktion wohl einer rekursiven Funktion in der Mathematik. Und hier setzt notwendigerweise die textinterne Subjekttheorie in Korrelation mit der Wertzerfallsdiskussion an. Die „Dynamik, die um ihrer selbst willen da ist" (SW 617), bildet gerade das moderne Person- und Identitätsverständnis ab, wie es unter 3.2.1 skizziert wurde. Dass der Realtitätsstatus der Figuren nicht nur an einer Stelle thematisiert wird, deutet darauf hin, dass Ursachen vorliegen müssen, die eine Ebene tiefer liegen als die Figurenrede. Die radikale Dynamisierung und Subjektivierung des Personkonzepts wirkt sich bis in die Diegese aus und stellt den Leser *bewusst* vor einige unlösbare Probleme. Der Leser befindet sich somit in einer Position gegenüber dem Text, die der Position der Figuren gegenüber der dargestellten Welt homolog ist.

3.2.3 Subjekttheorie und Realitätsbegriff

Diese epochale Erfahrung, dass Individuen „isoliert"[338] werden und in radikaler Form auf sich allein gestellt sind, ohne den Bezug zu einer „Gemeinschaft"[339] herstellen zu können, wird nun thematisch in vielerlei Schattierungen in *dem* großen Meta-Text zur Epoche, den *Schlafwandlern*, variiert.[340] Broch entwirft in der in drei geschichtliche Phasen – 1888, 1903, 1918 – geteilten Trilogie eine komplexe und tiefgehende Analyse des eigenen Denksystems, sprich dem der *Frühen Moderne*. In den theoretisch-philosophischen Essays des *Huguenau* ist nun die Kombination ei-

---

[338]Vgl. SW 447, 521, 539, 614, 640, 678.

[339]Exemplarisch für diese Diskussion kann Plessner zitiert werden: „Das Idol dieses Zeitalters ist die Gemeinschaft. [...] Maßlose Erkaltung der menschlichen Beziehungen durch maschinelle, geschäftliche, politische Abstraktionen bedingt maßlosen Gegenwurf im Ideal einer glühenden, in allen ihren Trägern überquellendnen Gemeinschaft." In einer 1924 erstmals erschienenen Schrift Helmuth Plessners gibt der Mitbegründer der philosophischen Anthropologie eine treffende Analyse dieses für die Frühe Moderne so zentralen Begriffes. Helmuth Plessner: Grenzen der Gemeinschaft. Eine Kritik des sozialen Radikalismus. In: Günter Dux/ Odo Marquard/ Elisabeth Stöker (Hg.): Helmuth Plessner. Gesammelt Schriften V. Macht und menschliche Natur. Frankfurt a. M., 1981, S. 7–135, hier S. 28.

[340]Vgl. SW 90, 92, 218, 221, 331, 341, 345, 346, 352, 375, 462, 464, 468, 536, 556, 583, 606, 617, 698, 706f., 713.

nes Großthemas der Epoche, dem „Wertzerfall“, mit dem anderen Großthema, der Subjekttheorie, signifikant:

> Letzte Zerspaltungseinheit im Wertzerfall ist das menschliche Individuum. Und je weniger dieses Individuum an einem übergeordneten System beteiligt und je mehr es auf seine eigene empirische Autonomie gestellt ist [...] desto schmaler und bescheidener wird seine ‚Privattheologie‘ [...] Der Mensch, der, aus jedem Wertverband entlassen, zum ausschließlichen Träger des Individualwertes geworden ist, der metaphysisch ‚ausgestoßene‘ Mensch, ausgestoßen, weil sich der Verband zu Individuen aufgelöst und zerstaubt hat, ist wertfrei, stilfrei und nur noch vom Irrationalen her bestimmbar. (SW 692f.)

Der intradiegetische Verfasser[341] der theoretischen Essays kommt zu einem klaren Befund seiner Zeit: Eine Bildung von kollektiven Verbänden ist nicht mehr möglich, und die Begründung erfolgt über die Basisprämissen des Systems. Die denkgeschichtliche Entwicklung setzt für den Verfasser der Essays mit der Renaissance ein, es kommt über die Auflösung der einst verbindungsstiftenden und Gemeinschaft garantierenden religiösen Systeme zu einem Prozess, der als unaufhaltbar gedacht wird und in dem das menschliche Subjekt mit seiner „Privattheologie“ die letzte Verfallsstufe bildet. Zwar ist für den *Wertzerfall* das Individuum die letzte denkbare Stufe, doch reicht die krisenstiftende „Zerspaltung des Gesamtlebens“ bis in den individuellen Subjektbereich hinab und wird somit neben einem *sozialen* auch ein *personales* Problem[342]:

> [...] hier geht es nicht mehr darum, daß sich eine Wirklichkeitssphäre fremd und teilnahmslos gegen eine andere abschließt, sondern es geht darum, daß es ein einziges Individuum ist, in welchem Henker und Opfer vereint sich vorfinden, daß also ein einziger Bereich die heterogensten Elemente in sich vereinen kann, und daß trotzdem das Individuum als Träger dieser Wirklichkeit sich völlig natürlich und mit absoluter Selbstverständlichkeit darin bewegt. [...] *es ist eine Zerspaltung des Gesamtlebens und -Erlebens, die viel tiefer reicht als eine Scheidung nach Einzelindividuen, ei-*

[341]Intradiegetisch in Bezug auf die Gesamt-Diegese des *Huguenau*-Teils, innerhalb dessen die Essays einen Strang bilden. Vgl. hierzu Abb. 10 in 3.1.

[342]Karl Mannheims Verständnis, dessen Wissenssoziologie noch unter 3.3.1 in die Diskussion eingeführt wird, sieht die Sachlage analog: „Der Zusammenbruch des Weltbildes, das die Kirche im Mittelalter garantiert hatte, spiegelte sich noch in der einfachsten Seele wieder.“ Mannheim (1929/1969), Ideologie und Utopie, Frankfurt am Main, 1969, S. 33.

ne Zerspaltung, die in das Einzelindividuum und in seine einheitliche Wirklichkeit selber hinablangt. (SW 420)[343]

Signifikant ist hier wiederum die Korrelation von Erkenntnistätigkeit, also der Wahrnehmung und Interpretation von Wirklichkeit, mit den psychischen Systemen der Personen. Aufgrund der fundamentalen Differenzen in den psychischen Voraussetzungen der Figuren kommt es zu einer radikalen „Inselbildung" der Subjekte[344], durch die sich die personellen Realitätsfelder („Wirklichkeitssphären") nicht mehr berühren. Auch hier findet sich das Konzept einer extrem subjektivierten Realität als eine Funktion der Individual-Psyche. Jeglicher Versuch der Figuren, „Wertverbände" herzustellen, scheitert – wenn nicht aus Figurenperspektive[345], so doch aus Textperspektive[346]. Alleiniger Grund ist nicht der Wertzerfall, sondern dessen erkenntnistheoretische Implikationen: Die Wirklichkeit stellt sich für jede Person in Abhängigkeit ihres persönlichen Wertsystems dar, eine intersubjektive Wirklichkeit existiert nicht mehr.[347] Die Werte, durch und durch individualisiert, strukturieren die

---

343Hervorhebungen vom Verfasser.

344Die Rede ist auch von der „brückenlosen Autonomie des Ichs", SW 619.

345ALS BEISPIEL MAG DIE VON ESCH INITIIERTE BIBELSTUNDE IM *HUGUENAU* GELTEN.

346Besonders amüsant erscheint folgende Passage, in der vorgeführt wird, daß unter solch unterschiedlichen Denkvoraussetzungen, wie Huguenau und Esch sie mitbringen, deren „Wirklichkeitssphären" sich auch nicht berühren können und es zu einem aus Textperspektive zu erschließenden Aneinandervorbeireden der Figuren kommt:

„Huguenau fragte vorsichtig: ‚Meinen Sie den Zukunftsstaat?'
‚Mit Gewerkschaften allein ist's nicht getan.'
‚So... das steht auch im Artikel des Majors?'
‚Nein, das steht in der Bibel, nur hat's noch keiner herausgelesen.'
Huguenau drohte Esch mit dem Finger: ‚Sie sind ein ganz geriebener Bursche, Esch... und Sie glauben, daß der alte Kerl, der Major es nicht merken wird, daß Sie es jetzt von hintenherum mit der Bibel machen?'
‚WAS?'
‚Na, die kommunistische Propaganda.'" (SW 501)

347Einige wenige Beispiele: „ein jedes Volk lebt in seiner eigenen patriotischen Wirklichkeit." (SW 413); „Hat dieses verzerrte Leben noch Wirklichkeit?"(SW 418); ähnlich SW 615, 618; „Dies mochte Huguenau fühlen, da er nun vor der Aufgabe stand, seine eigene kleine Welt und Wirklichkeit am Rande der größeren Ordnung zu errichten..." (SW 465); „[...] es [ist] immer Gewalt und Vergewaltigung [...], wenn einer den Versuch unternimmt, die eigene Wirklichkeit mit der Wirklichkeit der anderen

Wirklichkeit, sie geben vor, *was* und *wie* ein Subjekt wahrnimmt.[348] Somit entsteht eine sogenannte „relativistische Organisierung“ (SW 622) der Weltordnung, wobei Anklänge an den physikalischen Diskurs nicht zu überhören sind (dazu vgl. Abschnitte 3.3.2 und 5). Aufgrund der logischen Beschaffenheit des fiktional geschilderten Denksystems kann kein Weg zu einer kollektiven „Gemeinschaft“[349] führen, nur eine „Schein-Gemeinschaft“ in sogenannten „Partialwertsystemen“[350] ist denkbar, doch der Status dieser Form der Gemeinschaft ist ideologisch höchst bedenkenswert:

> Ach, wir wissen von unserer eigenen Zerspaltung und wir ver mögen doch nicht, sie zu deuten [...] Wir selbst, wir halten uns für normal, weil ungeachtet der Zerspaltung unsere Seele, alles in uns nach logischen Motiven abläuft. Gäbe es einen Menschen, in dem alles Geschehen dieser Zeit sinnfällig sich darstellte, dessen eigenes logisches Tun das Geschehen dieser Zeit ist, dann, ja dann wäre auch diese

---

zu verbinden und in sie einzudringen [...]“ (SW 506); „ESCH: Er hat die falsche Wirklichkeit... wir haben alle noch die falsche Wirklichkeit... von Rechts wegen müßten wir alle wahnsinnig sein! wahnsinnig in unserer Einsamkeit.“ (SW 555);

[348]Vor allem im 9. Exkurs („Erkenntnistheoretischer Exkurs”) wird dieses Thema behandelt (SW 618ff.), wobei auf die zuvor eingeführten „Wertsubjekte” – nicht identisch mit den natürlichen Personen! – rekurriert wird: „[...] es können nur immer wieder Wertsubjekte gesetzt werden, Wertsubjekte, die ihrerseits die Struktur des intelligiblen Ichs widerspiegeln und die ihrerseits ihre eigenen Wertsetzungen, ihre eigenen Weltformungen vornehmen: die Welt ist nicht unmittelbare Setzung des Ichs, sondern dessen mittelbare Setzung, sie ist ‚Setzung von Setzungen‘, ‚Setzung von Setzungen von Setzungen‘ usf. in unendlicher Iteration. In dieser ‚Setzung von Setzungen‘ erhält die Welt ihre methodologische Organisierung und Hierarchie, sicherlich eine relativistische Organisierung, [...]“ (SW 622).

[349]„... ein jeder dazu verdammt, seinen eigenen einsamen Weg zu gehen, entfremdet aller Gemeinschaft...” (SW 345); „ESCH: *(in plötzlicher Angst):* Mein Gott, gibt es keine Möglichkeit, daß ein Mensch zum andern kommt! gibt es keine Gemeinschaft, gibt es kein Verstehen! Soll jeder für den andern bloß die böse Maschine sein!” (SW 556); „... hinausgeschleudert mein Ich, hinausgeschleudert ins Nichts, unerfüllbar die Sehnsucht, unerreichbar das gelobte Land, unsichtbar die immer größere, niemals erreichbare Helligkeit, und die Gemeinschaft, welche wir suchen, ist eine Gemeinschaft ohne Kraft, doch voll des bösen Willens.” (SW 617); „... es ist der Rausch einer Schein-Gemeinschaft, in die er sich verirrt hat [...].” (SW 707) – Helmuth Plessner, Mitbegründer der philosophischen Anthropologie, nimmt sich 1924 dieses Themas an, wobei seine analytischen Einsichten bis heute diskussionsfähig bleiben. Helmuth Plessner: Grenzen der Gemeinschaft. Eine Kritik des sozialen Radikalismus. Bonn, 1924.

[350]Auch „Partialsystem”, vgl. SW 691, 692, 698, 700, 701–704, 707.

> Zeit nicht mehr wahnsinnig. Deshalb wohl sehnen wir uns nach dem ‚Führer', damit er uns die Motivation zu einem Geschehen liefere, das wir ohne ihn bloß wahnsinnig nennen können. (SW 420f.)

Es besteht also ein Wissen um die Desintegrationserscheinungen der eigenen Epoche, nur besteht ein Interpretationsdefizit, da die Einzelsubjekte die Phänomene nicht deuten können. Der Sprecher der Exkurse bezieht sich durch das kollektive „wir" mit in diese kulturelle Gruppe ein. Als Lösungsmodell wird die Integration aller widersprüchlichen Phänomene in ein personales System angedacht, doch wird die Unwahrscheinlichkeit des Gelingens durch den Irrealis ausgedrückt. Implizit kommt es in dem 1932 erschienenen Roman zu einer historisch zutreffenden Diagnose. Das Dilemma, dass soziale Identitätskonstrukte zwar erwünscht werden, aber aufgrund der geschilderten, unaufhaltbaren Zerspaltungserscheinungen nicht mehr möglich scheinen, lässt nur einen Ausweg erkennen: Die individuell erfahrenen Sinndefizite und Dissoziationserscheinungen werden zur Problemlösung an ein elitäres Subjekt delegiert, den „Führer", der die vermisste „Einheit"/ „Ganzheit" wieder herstellen soll. Er soll die einheitsstiftenden Merkmale der *sozialen Identität* vorgeben und somit die Subjekte aus den defizitären Krisensituationen führen, deren Erleben den Figuren gemeinsam ist. Diese elitären Führer-Figuren treten nun tatsächlich in der Literatur des Zeitraums massiv rekurrent auf, nicht nur in der ideologisch bedenklichen Literatur – es sei nur an die expressionistischen Dramen erinnert. Die „metaphysisch ‚ausgetoßene[n]'" (SW 692) Subjekte der Epoche haben ein ausgeprägtes Sinnstiftungsbedürfnis, das über utopische Entwürfe befriedigt werden kann und soll, und die im spezifischen Falle des Expressionismus inhaltlich meist unbestimmt und leer bleiben, im historischen Falle des sogenannten „Dritten Reiches" hingegen eine quasireligiöse Erlösungs-Verheißung annehmen.[351]

In der Logik des Textes käme es mit diesen sozialen Identitätsentwürfen zu einer gemeinsamen Wirklichkeit. Diese ist wiederum Präsupposition

---

[351]Die Nationalssozialisten bedienten sich bekanntermaßen zunächst bei Arthur Moeller von den Bruck: Das dritte Reich. Berlin, 1923, in welchem der titelgebende Ausdruck erstmals eine direkt politische (zudem rassistische) Dimension bekam. Dass der Nationalsozialismus trotz seiner offenkundigen Abneigung gegenüber den Religionen selbst eine Heilslehre darstellte, ist heute in der Forschung nicht mehr umstritten.

für die Re-Intersubjektivierung des Realtitätsbegriffs, der eine neue „Gemeinschaft" ermöglicht. Diese gemeinsame, intersubjektive Wirklichkeit ging im denkgeschichtlichen Prozess, der in den Exkursen ausführlich beschrieben wird, aus erkenntnistheoretischer Sichtweise verloren. Das Thema der maximalen Isolierung wird im Roman unter anderem exemplarisch an Hanna Wendling vorgeführt:

> ... die Entropie des Menschen ist seine absolute Vereinsamung, und was er vorher Harmonie oder Gleichgewicht genannt hat, ist vielleicht bloß ein Abbild gewesen, Abbild, das er sich von dem sozialen Gefüge geschaffen hat und schaffen mußte, solange er noch dessen Teil gewesen ist. Je einsamer er aber wird, desto mehr zerfallen und isolieren sich ihm auch die Dinge, desto gleichgültiger müssen ihm die Beziehungen zwischen den Dingen werden, und schließlich vermag er sie kaum mehr zu sehen. (SW 447)

Hier wird die Korrelation der kollektiven Wirklichkeit mit einem gemeinsamen „sozialen Gefüge" manifest. Fehlt dieses, kommt es sogar in Bezug auf die personal erlebte Wirklichkeit zu Desintegrationserscheinungen, d. h. die erkenntistheoretischen Implikationen dieser Subjekttheorie sind radikal (dieses Thema wird unter 3.3.1 in Zusammenhang mit 4.3 noch relevant und ausführlicher diskutiert). Durch die begriffliche Entlehnung aus dem physikalischen Diskurs („Entropie" – vgl. hierzu 2.3.3) wird zudem eine Gesetzmäßigkeit der Entwicklung impliziert.[352]

---

[352]Diese Diskursrelationierung findet interessanterweise häufiger in bezug auf Hanna Wendling statt. So wird die seit der Quantenmechanik wichtig gewordene Unterscheidung in einen makro- und mikrophysikalischen Bereich, in dem jeweils andere Gesetze gelten, auf den Objektbereich der Psychologie übertragen: „...man konnte mit Fug sagen, daß die Träume Hanna Wendlings plastischer und bluterfüllter waren als ihre Wachheit. Aber so sehr dies auch die eigene Meinung Hanna Wendlings sein mochte, diese Meinung traf doch den Kern der Sache nicht, denn sie beleuchtete bloß die *makroskopischen* Verhältnisse ihres Jung-Frauendaseins, während sie von den *mikroskopischen*, auf die allein es ankommt, kaum etwas ahnte: kein Mensch weiß etwas von der mikroskopischen Struktur seiner Seele, und sicherlich soll er auch nicht darum wissen." (SW 421) Die Analogisierung der erkenntnistheoretischen Problematik, die sich aus der Quantenmechanik ergibt, mit dem Feld der Psychologie ist eindeutig: So wie wir uns nach der Quantenmechanik keine zuverlässigen und anschaulichen Modelle der mikrophysikalischen Welt bauen können, gibt es auch keine zuverlässigen Aussagen über den Bau der individuellen Psyche. Die Anklänge an die oben zitierte Gödicke-Passage, bei der es um die Unentscheidbarkeit der spezifischen Personzustände Gödickes ging, sind evident. Auch die moderne Physik kennt, wie bereits erläutert, diese unentscheidbaren Zustände, am populärsten kommen sie

In der Heilsarmee-Geschichte wird der tautologische Charakter der radikal subjektivierten „Wirklichkeitssphären“ evident:

> Legte ich mir zum Beispiel die alte Frage vor, ob mein Leben noch eine sinnhafte Wirklichkeit besäße, so war es jenes Körpergefühl, das mir Antwort erteilte und mir die Gewißheit schenkte, in einer Art Wirklichkeit zweiter Stufe zu leben, daß eine Art unwirklicher Wirklichkeit, wirklicher Unwirklichkeit angehoben hatte, und sie durchrieselte mich mit sonderbarer Freudigkeit. Es war eine Art Schwebezustand zwischen Noch-nicht-Wissen und Schon-Wissen, es war Sinnbild, das sich nochmals versinnbildlichte [...]. (SW 635)

Wie in Hanna Wendlings Abschnitt („bloß ein Abbild [...], das er sich von dem sozialen Gefüge geschaffen hat“) kommt es hier zur Uneigentlich-Setzung und darüberhinaus zur Rekursivierung der Wirklichkeitsbereiche: „Sinnbild, das sich nochmals versinnbildlichte“. Durch den fehlenden Nexus zu anderen Wirklichkeitsbereichen bilden sich personale, tautologische Wirklichketsentwürfe aus, die je einem logisch-rationalem System (in der im Text vertretenen Bedeutung) mit eigener Axiomatisierung entsprechen. Kurzum bildet die psychische Organisation die Konstruktion im logischen Exkurs ab (vgl. SW 470-75).[353] Wenn nun jedes Subjekt eine individuelle Axiomatisierung der Realtität vor-

---

wohl in Heisenbergs „Unschärferelation“ zum Ausdruck. An anderer Stelle ist in bezug auf Gödicke auch vom „Schmerz einer in Atome zerrissenen und zerstäubten Seele“ (SW 395) die Rede, um ein weiteres Beispiel anzuführen.

[353]Dafür sprechen auch etlich explizite Erzählerkommentare, einer sei exemplarisch angeführt: „Für den ersten Blick dürfte es belanglos erscheinen, ob in dem Gedächtnis der Hanna Wendling das Individuelle oder das Generelle die Oberhand behält. Aber in einer Zeit, in der sich das Generelle so allgemein sichtbar zum Dominierenden aufgeschwungen hat, wo der *soziale Verband des Humanen*, der bloß von *Individuum* zu *Individuum* sich spinnt, aufgelöst ist zugunsten von *Kollektivbegriffen* bisher nie geahnter Einheitlichkeit, wo ein *entindividualisierter Zustand* voller Grausamkeit eingetreten ist, [...], da wird auch das Einzelgedächtnis sich solch allgemeiner Regel nicht entziehen, und die *Vereinsamung* einer höchst unbeträchtlichen Frau, [...] kann nicht mit dem leider erfolgten Entzug sexueller Befriedigung erklärt werden, sondern bildet einen *Teil des Ganzen, spiegelt wie jedes Einzelschicksal ein metaphysisches Walten wider, das über die Welt verhängt ist*, ein, wenn man will, physisches Ereignis, dessenungeachtet metaphysisch in seiner Tragik: denn diese Tragik heißt *Vereinsamung des Ichs.*“ (SW 615 – Hervorhebungen vom Verfasser.) Somit wird die individuelle psychische Symptomatik zeichenhaft für die großen denkgeschichtlichen Zusammenhänge, mit anderen Worten bildet die Subjekttheorie in ihrem Bereich die wert- und erkenntnistheoretische Diskussion ab.

nimmt, hat dies zur Folge, dass kein Austausch mehr zwischen den subjektspezifischen Wirklichkeitsbereichen stattfinden kann. Dies kommt auf allen erzählerischen Ebenen, in allen Teilen rekurrent metaphorisch zum Ausdruck: „Keiner sieht den andern im Dunkeln." So spricht der Bertrand des *Esch*-Teils:

> Bertrands Hand machte eine kleine, etwas verächtliche, hoffnungslose Bewegung. ‚Keiner sieht den andern im Dunkeln, Esch, und die fließende Helligkeit ist nur ein Traum. Du weißt, daß ich dich nicht bei mir behalten kann, so sehr du die Einsamkeit fürchtest. Wir sind ein verlorenes Geschlecht, auch ich kann bloß meinen Geschäften nachgehen.' (SW 339)

Im Symposium des *Huguenau*-Teils wird das Thema von den drei namensgebenden Figuren und Marguerite variiert:

> Das Kind sagte: „Niemand hört's, wenn man lügt."
> Der Major sagte: „Gott hört es."
> Huguenau sagte: „Niemand hört einen Deserteur, niemand kennt ihn, auch wenn er mit allem, was er spricht, recht behält."
> Esch sagte: „Keiner sieht den andern im Dunkeln."
> Der Major sagte: „Sichtbar, und doch einer vor dem andern versteckt." [...]
> Huguenau sagte: „Es ist besser, daß keiner einen hört, man muß sich allein durchschlagen... wir werden's schon schaffen." [...]
> Esch sagte: „In der Einsamkeit eingekerkert." (SW 548)

Und schließlich formuliert auch die ranghöchste Erzählinstanz, nämlich jene, welche die Überschriften zu den Textsegmenten vergibt, den gleichen Wortlaut für das 85. Segment: „‚Keiner sieht den andern im Dunkeln.' Ereignisse des 3., 4. und 5. November 1918" (SW 661). Diese multiperspektivische Durchdringung mit dem gleichen Motiv, das sich aus der Subjekttheorie des Textes her begründet, spricht für die umfassende Relevanz des Personkonzepts. Schon die eher traditionell gehaltene Erzählinstanz des *Pasenow*-Teils hatte das Thema eingeführt, wenn auch nicht mit dem expliziten Ton der Erzählerkommentare. In Bezug auf das hinlänglich bekannte, identitätsstiftende Uniformthema heißt es da:

> Geht er [Pasenow] dann in seiner Uniform zur Kaserne oder ins Amt, so ist es nicht Stolz, wenn er den anders Gekleideten übersieht; er kann bloß nicht mehr begreifen, daß unter dem anderen und barbarischen Kleide sich etwas befindet, das mit eigentlicher Menschheit, wie er sie an sich erlebt, auch nur das Geringste

gemein haben könnte. Doch deshalb ist der Mann in der Uniform nicht blind geworden und auch nicht von blindem Vorurteil erfüllt, wie so oft angenommen wird; [...] aber er ist mit den Dingen nicht mehr verbunden [...]. (SW 24/25)

Dieses Thema wird sogar noch soweit variiert, dass manche Figuren aufgrund diverser sozialer Rollen von anderen Figuren paradoxerweise als nicht mehr mit sich selbst identisch empfunden werden. So empfindet es Esch als unmöglich, Pasenow, der einen Leitartikel für den Kurtrierschen Boten verfaßt hat, zugleich als Major und Autor des Artikels wahrzunehmen:

Aber seine [Eschs] Impetuosität schob ihm oftmals die Person vor die Sache, und er war schon nahe daran, nicht den kalten grausamen Militarismus, sondern den Major für die Unmenschlichkeit, die an dem armen Deserteur verübt werden würde, verantwortlich zu machen, und schon wollte er zu Huguenau sagen, daß der Major ein Schwein sei, – als es plötzlich nicht stimmte: plötzlich kannte man sich nicht aus, denn plötzlich war es unfaßbar, daß der ***Major*** und der ***Verfasser*** jenes Artikels ***identisch*** sein sollten. (SW 476)[354]

Hier wird anhand zweier kollidierender Fremdbilder (Esch > Pasenow vs Huguenau > Pasenow)[355] die Zerfallsthematik *in* das Einzelsubjekt verlagert. Das Sozial-Non-Personale wirkt sich in Form der Wertediskussion so weit auf die Organisation der Psyche aus, dass selbst die identitätsstiftende Basisstruktur innerhalb der realisierten Person betroffen ist und Widersprüchliches innerhalb einer Person integriert werden kann, wie bereits im ersten Exkurs ausgeführt wird:

... denn hier geht es nicht mehr darum, daß sich eine Wirklichkeitssphäre fremd und teilnahmslos gegen eine andere abschließt, sondern es geht darum, daß es ein einziges Individuum ist, in welchem Henker und Opfer vereint sich vorfinden, daß also ein einziger Bereich die heterogensten Elemente in sich vereinen kann, und daß trotzdem das Individuum als Träger dieser Wirklichkeit sich völlig natürlich und mit absoluter Selbstverständlichkeit darin bewegt. Es ist nicht der Kriegsbejaher und es ist nicht der Kriegsverneiner, die einander gegenüberstehen, es ist auch nicht eine Wandlung innerhalb des Individuums, das sich infolge vierjährigen Nahrungsmittelmangels zu einem andern Typus ‚verändert' hat und sich jetzt sozusagen selber fremd gegenübersteht: es ist eine Zerspaltung des Gesamtlebens und -Erlebens, die viel tiefer reicht als eine Scheidung nach Einzelindivi-

[354]Hervorhebung vom Verfasser.
[355]Für den Kontext vgl. Kapitel 35.

duen, eine Zerspaltung, die in das Einzelindividuum und in seine einheitliche Wirklichkeit selber hinablangt. (SW 420)

Zu dem unter Abschnitt 3.2.1 geschilderten Personkonzept kommt somit noch eine wichtige Ergänzung hinzu: Aus der Dynamisierung des Personkonzepts mit sukzessiven, diachronen Zustandswechseln innerhalb der Person ist nun eine synchrone (simultane) Koexistenz widersprüchlicher Personbestandlteile geworden. Was zuvor im System der Person zwar denkbar, aber psychopathologischer und anormaler Einzelfall war (nämlich die unter 3.2.1 erwähnten Fälle), wird nun zum allumfassenden Fall bestimmt. Der Wandel verläuft so gesetzmäßig und übergreifend, dass sich kein Individuum entziehen kann: Die Zerspaltung in nicht kohärente Einzelsysteme reicht hinab bis in die einzelne Person, hinab bis in *jede* Person. Deshalb auch der Irrealis in der oben bereits zitierten Stelle: „Gäbe es einen Menschen, in dem alles Geschehen dieser Zeit sinnfällig sich darstellte, dessen eigenes logisches Tun das Geschehen dieser Zeit ist, dann, ja dann wäre auch diese Zeit nicht mehr wahnsinnig." (SW 421) Diesen Menschen gibt es im Textdenken der *Schlafwandler* nicht mehr, und wird jemand als solcher wahrgenommen, handelt es sich um eine Misskonzeption einer Figur. Diese Diskussion ist natürlich nicht aus der Luft gegriffen, sondern hat ihre zeitgeschichtlichen Entsprechungen. Dieses Krisenbewußtsein war in den zeitgenössischen Wissenschaften stark ausgeprägt, und es gab erste Kompensationsversuche, durch Axiomatisierungen wieder auf einen gemeinsamen Nenner, eine gemeinsame Erkenntnis zu kommen. Karl Mannheim, der im Kontext der Fragestellung dieser Dissertation von größter Relevanz ist, schreibt in *Ideologie und Utopie* mit Bezug auf zeigenössische Bestrebungen:

> ... und man trachtete genau so danach, einen zeit- und rasselosen homo oeconomicus, einen homo politicus etc. auf Grund einiger axiomatischer Eigenschaften zu konstruieren. Nur was unter Zugrundelegung dieser Axiome aus der Wirklichkeit erfaßbar war, sollte als erkennbar gelten. [...] Die zentrale Sorge dieses Denkstils war also, eine gereinigte Plattform des allgemeingültig erkennbaren und mitteilbaren Wissens zu schaffen.[356]

Da Karls Mannheims Überlegungen zum Ideologie-Begriff und zur erkenntnissteuernden Funktion von Wissenssystemen einen wichtigen

[356]Mannheim (1929/1969), Ideologie und Utopie, Frankfurt am Main, 1969, S. 147.

Ausschnitt des kulturellen Wissens der *Frühen Moderne* bilden, sollen sie zunächst in einem kurzen Exkurs eingeführt werden.

3.3 Ideologischer Charakter der Wissenssysteme

3.3.1 Exkurs zu Karl Mannheims Wissenssoziologie

Karl Mannheims wissenssoziologische Überlegungen, erschienen 1929 (*Ideologie und Utopie*) und 1931 (*Wissenssoziologie*[357]) und liegen somit noch vor Publikation des *Huguenau* und vier Jahre vor Entstehung der *Verzauberung* vor. Mannheim verstand die Wissenssoziologie explizit als Antwort auf die „gegenwärtige [ ] Krisensituation des Denkens", die „als Theorie eine Lehre von der sogenannten ‚Seinsverbundenheit' des Wissens" aufzustellen habe. Dabei ist der Begriff der ‚Seinsverbundenheit' irreführend gewählt, da es nicht um eine metaphysisch-ontologische Kategorie geht, will die Wissenssoziologie doch „in erster Reihe die gesellschaftliche Gebundenheit von Theorien und Denkweisen zum Forschungsthema machen"[358] und somit soziologisch-empirische Sachverhalte untersuchen. Mannheim ging es letztlich um eine Theorie über die Bedeutung der außertheoretischen Bedingungen des Wissens, wobei sein Optimismus ungetrübt war:

> Nur auf diese Weise kann es uns gelingen, über eine vage und undurchdachte und deshalb unfruchtbare Form des Relativismus gegenüber der Wissenschaft Herr zu werden, die solange bestehen wird, als die Wissenschaft diese in der neuesten Entwicklung immer klarer sichtbar gewordenen Bedingtheitsmomente am jeweiligen Denkergebnis gedanklich unbewältigt stehen läßt.[359]

Für die hier diskutierte Fragestellung ist nun wichtig (und vor allem in Bezug auf Kapitel 4, wo die Ideologiediskussion anhand der *Verzauberung* vorgenommen wird), dass Mannheim die Wissenssoziologie von der zeitgleich existierenden Ideologienlehre abgrenzt und die neugewonnene Sichtweise dabei wie folgt charakterisiert:

> Die Ideologienlehre macht es sich zur Aufgabe, die mehr oder weniger bewußten Lügen und Verhüllungen der menschlichen Parteiungen, insbesondere der politischen Parteien, zu entlarven. Die Wissenssoziologie beobachtet jene Fälle, bei

---

[357]Beide Texte werden nach folgender Ausgabe zitiert: Karl Mannheim: Ideologie und Utopie. Frankfurt am Main, 1969.
[358]Ebd., S. 227.
[359]Ebd.

> denen nicht so sehr der mehr oder minder bewußte Wille zur Lüge und Verhüllung Aussagen in eine bestimmte Richtung treibt [...], sondern bei denen sich das gesellschaftliche Gefüge mit allen seinen Phänomenen offenbar *notwendigerweise* den an verschiedenen Punkten diese Gefüges verankerten Beobachtern verschieden gibt. Nicht die Verhüllungsabsicht bestimmt also in allen diesen Fällen die ‚Einseitigkeit' und ‚Falschheit' der Aussagen, sondern die unvermeidlich verschieden geartete Bewußtseinsstruktur der verschieden gelagerten Subjekttypen im historisch-sozialen Raum.[360]

Mannheim geht es nun darum, Aussagen, die, vereinfachend gesagt, bewußte Fälschungen oder Lügen darstellen, an den alten Ideologiebegriff zu koppeln, hingegen Aussagen, bei der die Einseitigkeit der Betrachtung nicht auf mehr oder minder bewußte Fälschung zurückgeht, an die Wissenssoziologie. In Anschluss an diese Unterscheidung entwickelt er einen „partikularen" und einen „totalen" Ideologiebegriff. Unter dem partikularen Ideologiebegriff will Mannheim gerade jene Aussagen eines Subjektes subsumieren, „die ihre ‚Falschheit' einer sich auf der psychologischen Ebene abspielenden gewollten oder ungewollten, bewußten, halbbewußten oder unbewußten Fremd- oder Selbsttäuschung verdanken und mehr oder minder die Struktur der Lüge haben."[361] Im Falle des totalen Ideologiebegriffs komme der Lügenverdacht hingegen nicht mehr in Betracht, und dies stellt letztlich auch den für die Wissenssoziologie relevanten Ideologiebegriff dar, womit auch der pejorative Charakter des Wortes entfällt. Mannheim spricht dann häufig anstatt von ‚Ideologie' von der „seinsverbundenen" – oder „standortgebundenen" – „Aspektstruktur" eines Denkers und kennzeichnet den Unterschied somit auch lexikalisch.

In der Wissenssoziologie steht somit alles Denken in ideologischem Kontext, Wissen ist immer auch Resultat von sozialen Interessen und stets außerintellektuellen Einflüssen ausgesetzt. Erst eine „sozial freischwebende Intelligenz"[362] kann sich nach Mannheim über die Relativität des Wissens erheben, weil sie sich keinen Interessen verpflichtet fühlt und sie gerade aufgrund ihrer wissenschaftlich fundierten Einsichten um die Entstehungsbedingungen des Wissens eine Synthese und Vermittlung der unterschiedlichen Wissens- und Ideologieformen leisten kann. Diese Konstruktion der freischwebenden Intelligenz kann als eine Gruppe ver-

---

[360] Ebd., S. 228.

[361] Ebd.

[362] Ebd., S. 135ff.

standen werden, die sich dadurch auszeichnet, dass sie besonders gebildet, sozial ungebunden und unvoreingenommen hinsichtlich spezifischer Interessen ist, „eine relativ klassenlose, nicht allzu fest gelagerte Schicht im sozialen Raume."[363] Die freischwebende Intelligenz, terminologisch ein Rückgriff auf Weber, ist aufgrund der Distanz zu allen anderen Positionen in der Lage, sich über die Perspektivik zu erheben.[364]
Dem „Normalfall" eines Wissensträgers, dem standortgebunden Denker, fehlt diese übergeordnete Perspektive. Er ist der spezifischen *Aspektstruktur* einer Denkrichtung verhaftet. Mannheim nennt als Beispiele zum einen den klassischen topographischen Gegensatz Stadt und Land, aber auch geistesgeschichtliche Denkrichtungen wie historische Schule, Positivismus oder Marxismus.
Aspektstruktur bezeichnet in diesem Sinne die Art, wie einer eine Sache sieht, was er an ihr erfaßt, und wie er sich einen Sachverhalt im Denken konstruiert. Aspekt ist also mehr als eine bloß formale Bestimmung des Denkens, bezieht sich auch auf qualitative Momente im Erkenntnisaufbau, und zwar auf Momente, die von einer bloß formalen Logik vernachlässigt werden müssen. Eben diese Momente nämlich begründen es, dass zwei Menschen, auch wenn sie die formal-logischen Bestimmungen (den Satz vom Widerspruch etwa oder die Syllogismusformel) identisch zur Anwendung bringen, noch keineswegs identisch, dass sie über den gleichen Gegenstand vielmehr oft höchst verscheiden urteilen.[365]
Im wissenssoziologischen Diskurs sieht man – vereinfachend gesprochen – jeder Aussage anhand der Aspektstruktur an, an welche sozialen Gruppen sie gebunden ist, unter welchen Denkvoraussetzungen sie formuliert wurde. Die Eigenschaften der Aspektstruktur bleiben dabei bei Mannheim nicht im luftleeren Raum stehen, vielmehr kann man einen komplexen und detaillierten Merkmalskatalog abstrahieren, der hier nur in aller Kürze genannt werden kann:[366]

1. Bedeutungsanalyse der zur Anwendung gelangenden Begriffe (historischer Wandel)
2. Phänomen des Gegenbegriffs (z.B. Volksgeist vs. Zeitgeist)
3. Fehlen bestimmter Begriffe

[363]Ebd., S. 135.
[364]Ebd., S. 135.
[365]Ebd., S. 234.
[366]Vgl. Ebd., S. 234-239.

4. Aufbau der Kategorialapparatur (z. B. morphologische vs. analytische Methode)
5. Dominierende Denkmodelle (z. B. das Eindringen der naturwissenschaftlichen Denkweise in die geisteswissenschaftlichen Diskurse)
6. Stufe der Abstraktion
7. Vorausgesetzte Ontologie

Die Wissenssoziologie erweist sich somit im zeitgeschichtlichen Kontext als ein sehr detailliertes Analyse- und Beschreibungssystem, wobei ihr ein transformierter Ideologiebegriff zugrunde liegt. Der neue Ideologiebegriff entledigt sich des pejorativen Charakters. Ideologie umfaßt demnach mehr als eine Liste an propositionalen Ideologemen, die mit Absicht der Manipulation/ Lüge/ Täuschung vertreten werden. Der neue Ideologiebegriff schließt die Denkvoraussetzungen mit ein, wie an der Kategorienliste schon ersichtlich werden dabei erkenntnistheoretische Fragestellungen integriert. Es entfällt somit auch das Anliegen, gewisse Denksysteme als Ideologien zu enthüllen, da schließlich unter dieser Sichtweise alles Denken ideologischen Mechanismen unterliegt. Es wird vielmehr enthüllt, welche Voraussetzungen heterogene ideologische Systeme haben, *wie* sie funktionieren. Somit können auch zunehmend Meta-Merkmale ideologischer Systeme relevant werden, wie beispielsweise der oben angeführte Synkretismus. Dieser war vielen ideologischen Systemen der Frühen Moderne gemein, war man doch bemüht, wieder ganzheitliche Theorien in Zeiten der Krise zu errichten. Wie Broch mit den Schlafwandlern versuchte die Wissenssoziologie den Dissoziationserscheinungen der Moderne entgegenzuwirken:

> Die wissenssoziologischen Analysen bereiten die direkte Diskussion erst vor, in einer Zeit, die ihre Standortgespaltenheit und die Uneigentlichkeit ihrer Denkbasis entdeckt hat und die Einheit auf höhere [sic] Stufe herzustellen bestrebt ist.[367]

3.3.2 Wissenssysteme, Wissenschaft und Ideologie

Die hier zitierte „Standortgespaltenheit" findet in den *Schlafwandlern* in Begriffen wie „Zerspaltung des Gesamtlebens" (SW 420) ihre semantische Entsprechung, ebenso die „Einheit auf höherer Stufe" in Begriffen wie dem „übergeordnete[n] Totalsystem" (SW 699) bzw. dem „absolu-

[367] Ebd., S. 244.

te[n] Wertsystem" (SW 597). Die Denkmuster des Mannheimschen Ansatzes und der Wertzerfallsessays sind sich in vielem sehr ähnlich. Und auch was den nicht pejorativen Gebrauch des Schlagwortes „Ideologie" angeht, finden sich Äquivalenzen, was die folgende Passage aus dem ersten Wertzerfalls-Essay zeigt, in dem es unter anderem um die Ursachen des ersten Weltkrieges geht:

> Die große Frage: wie kann das Individuum, dessen Ideologie sonst wahrlich auf andere Dinge gerichtet war, die Ideologie und Wirklichkeit des Sterbens begreifen und sich ihr fügen? Man mag antworten, daß die große Masse es ohnehin nicht täte und bloß dazu gezwungen worden sei, – das stimmt vielleicht jetzt, wo es Kriegsmüdigkeit gibt, aber es gab und gibt ja selbst heute noch echte Kriegs- und Schießbegeisterung! man mag antworten, daß der Durchschnittsmensch, dessen Leben zwischen Futtertrog und Bett dahinläuft, überhaupt keine Ideologie besitze und daher für die Ideologie des Hasses – jedenfalls der einleuchtendsten, ob sie nun einem Nationen- oder Klassenhaß gilt – ohne weiteres zu gewinnen gewesen wäre, ja, daß solch armseliges Leben in den Dienst einer überindividuellen Sache gestellt, auch wenn sie eine verderbenbringende ist, doch den Schein eines sozialen Lebenswertes erhalten hätte: aber wenn dies auch vielleicht zutreffen mag, so besaß diese Zeit dennoch irgendwo andere und höhere Werte, an denen der einzelne in seiner erbärmlichen Durchschnittsmenschlichkeit trotz allem partizipiert hat. Diese Zeit hatte irgendwo ein reines Erkenntnisstreben, hatte irgendwie einen reinen Kunstwillen, hatte ein immerhin präzises Sozialgefühl; wie kann der Mensch, all dieser Werte Schöpfer und ihrer teilhaftig, wie kann er die Ideologie des Krieges „begreifen", widerspruchslos sie empfangen und billigen? wie konnte er das Gewehr zur Hand nehmen, wie konnte er in den Schützengraben ziehen, um darin umzukommen oder um daraus wieder zu seiner gewohnten Arbeit zurückzukehren, ohne wahnsinnig zu werden? Wie ist solche Wandelbarkeit möglich? wie konnte die Ideologie des Krieges in diesen Menschen überhaupt Platz finden, wie konnten diese Menschen eine solche Ideologie und deren Wirklichkeitssphäre überhaupt begreifen? von einer, dabei durchaus möglichen, begeisterten Bejahung ganz zu schweigen! sind sie wahnsinnig, weil sie nicht wahnsinnig wurden? (SW 419f.)

Besonders bemerkenswert ist hier die Kopplung der Begriffe „Ideologie" und „Wirklichkeitssphäre": Wie bei Mannheim so ist auch bei Broch dieser erkenntnisbeeinflußende Zusammenhang betont. Wissenssysteme (Ideologien) schaffen ihre eigenen Wirklichkeitsbereiche und Gesetzmäßigkeiten und sind meist nicht kompatibel. Wie auch bei Mannheim – man denke an die Kategorialapparatur und die dominierenden Denkmodelle – so haben nach Broch die Wertsysteme ebenfalls ihre eigenen inhärenten Denkmodelle – im Brochschen Wortgebrauch die „Logik" der

Partialsysteme, wie etwa im sechsten Wertzerfalls-Essay deutlich formuliert wird:

> Zur Logik des Soldaten gehört es, dem Feind eine Handgranate zwischen die Beine zu schmeißen;
> zur Logik des Militärs gehört es überhaupt, die militärischen Machtmittel mit äußerster Konsequenz und Radikalität auszunützen und wenn es nottut, Völker auszurotten, Kathedralen niederzulegen, Krankenhäuser und Operationssäle zu beschießen;
> zur Logik des Wirtschaftsführers gehört es, die wirtschaftlichen Mittel mit äußerster Konsequenz und Absolutheit auszunützen und, unter Vernichtung aller Konkurrenz, dem eigenen Wirtschaftsobjekt, sei es nun ein Geschäft, eine Fabrik, ein Konzern oder sonst irgendein ökonomischer Körper, zur alleinigen Domination zu verhelfen;
> zur Logik des Malers gehört es, die malerischen Prinzipien mit äußerster Konsequenz und Radikalität bis zum Ende zu führen, auf die Gefahr hin, daß ein völlig esoterisches, nur mehr dem Produzenten verständliches Gebilde entstehe [...]. (SW 495f.)

Zugrunde liegen diesem Zustand als Endpunkt einer längeren denkgeschichtlichen Entwicklung die Folgen der Säkularisierung. „Das übergeordnete Totalsystem, das religiöse System also“ (SW 699) hat durch die Folgen der Reformation seinen Geltungsbereich verloren. Der „Prozeß der fünfhundertjährigen Wertauflösung“ (SW 533) zeichnet sich nach den Exkursen seit der „Renaissance“, als „verbrecherische und rebellische Zeit“ (SW 699) bezeichnet, als ein unaufhaltsame, gesetzmäßige Entwicklung ab, an deren Endpunkt eine maximale Ausdifferenzierung in individualisierte Wertgebiete steht[368]:

---

[368]Interessanterweise rekonstruiert Karl Mannheim die gleiche Entwicklung, lediglich in anderer Terminologie: „Im Mittelalter, das nicht bloß an eine eindeutige Weltordnung glaubte, sondern auch den 'Seinswert' zu kennen meinte, der jedem Objekt in der Hierarchie der Dinge zugeschrieben wurde, herrschte [...] eine Erklärung des Wertes menschlicher Fähigkeiten und des Denkens vor, die in einer objektiven Welt gründete. Aber nach dem von uns beschriebenen Zusammenbruch wurde der durch die Ordnung der Kirche garantierte Begriff der Ordnung in der objektiven Welt problematisch, und es blieb keine andere Alternative als das Verfahren umzukehren und die Natur und das Vermögen des menschlichen Erkenntnisaktes vom Subjekt aus zu bestimmen, um auf diese Weise die objektive Existenz im denkenden Subjekt zu verankern.“ Karl Mannheim: Ideologie und Utopie. Frankfurt am Main, 1969, S. 14.

> Letzte Zerspaltungseinheit im Wertzerfall ist das menschliche Individuum. Und je weniger dieses Individuum an einem übergeordneten System beteiligt und je mehr es auf seine eigene empirische Autonomie gestellt ist – auch darin Erbe der Renaissance und des in ihr bereits vorgezeichneten Individualismus –, desto schmaler und bescheidener wird seine ‚Privattheologie', desto unfähiger wird diese, irgendwelche Werte außerhalb ihres engsten individuellen Bereiches zu erfassen [...]. (SW 692)

Somit ergibt sich auch hier die Erklärung, warum eine wechselseitige Verständigung der Subjekte nicht mehr möglich ist: Der Nexus des „übergeordneten Systems" fehlt zunehmend, ein Austausch ist aufgrund der unterschiedlichen Denkvoraussetzungen zwischen den einzelnen Wissensgebieten respektive Diskursen nicht möglich. Diese Denkweise ist durchaus wie bei Mannheim auf die Ausdifferenzierung in Einzelwissenschaften anwendbar. Die „Werthaltungen werden nicht mehr von einer Zentralstelle aus geleitet, sondern erhalten ihre Prägung vom Objekt aus" (SW 536) und wie unter Abschnitt 1 erwähnt, findet gerade in der *Frühen Moderne* eine unglückliche Aufspaltung der Wissenschaften nach Objektbereichen statt – es wird die Differenzierung in Natur- vs Geisteswissenschaften nicht von ungefähr mit dem Positivismus vorgenommen. Auch diese Entwicklung wird vom Verfasser der Exkurse als eine notwendige begriffen:

> ... mit diesem Übergang vom platonischen Gebilde mittelalterlicher Theokratie zur positivistischen Schau auf die empirisch gegebene und unendlich bewegte Welt, mit dieser Atomisierung der einstigen Ganzheit, mußte notwendigerweise eine Atomisierung der Wertgebiete, soweit sie mit den Objektgebieten zusammenfallen, Hand in Hand gehen. (SW 536)

Dass diese Entwicklung vom Verfasser der Exkurse nicht als positiv gesehen wird, ruft kein größeres Erstaunen hervor. Die Kosmogonie ist letztlich in dem fünfhundertjährigen Prozeß radikal umgeändert worden, wiederholt ist von einer „Revolution des Denkstils" (SW 533) die Rede. Als Beispiel für einen „derartige[n] Denkumbruch" dient unter anderem die „Grundlagenforschung der modernen Mathematik" und die „Revolutionierung der mathematischen Methode". (SW 533f.)[369] Trotz aller

---

[369] Zu denken wäre etwa an Gottlob Freges frühes Hauptwerk, in dem er die Logik zum ersten Mal als eine vollständig formalisierte Sprache darstellt: *Begriffsschrift. Eine der arithmetischen nachgebildete Formelsprache des reinen Denkens.* Halle a. S. 1879. Für weitere geschichtliche Zusammenhänge und die sogenannte „Grundlagenkrise der Ma-

Atomisierung der Wertgebiete entwickelt sich in den Wertzerfallsessays ein emphatischer Wissenschaftsbegriff, der sich als grundlegende Denkstruktur behauptet: die Mathematik, häufig synonym mit der Logik verwandt: Die „Kosmogonie ist radikal wissenschaftlich geworden und ihre Sprache und ihre Syntax haben ihren ‚Stil' abgestreift, haben sich zum mathematischen Ausdruck gewandelt" (SW 475) Dieser emphatische Wissenschaftsbegriff impliziert, dass die „Mathematik der adäquate Ausdruck der herrschenden und sie beherrschenden Logik ist" (SW 534), worin man unschwer die zeitgenössische Diskussion um die Rückführung der Gesetze der Arithmetik auf Grundgesetze der Logik erkennen kann.[370] Trotz aller Verständigungsprobleme zwischen den einzelnen Wertgebieten bliebe demnach die Mathematik als „Sprache der Wissenschaft" (SW 537) eines der „ beiden großen rationalen Verständigungsmittel der Moderne." (SW 537f.)[371] Bildet dieser emphatische, mathematisierte Wissenschaftsbegriff (vgl. hierzu auch die Diskussion in Ab-

---

thematik" des Zeitraums vgl. Gianbrunno Guerrerio: Kurt Gödel. Logische Paradoxien und mathematische Wahrheit. Mailand, 2001. Auch an anderer Stelle wird auf die Grundlagenforschung zur Zahl angespielt: „... es ist auch die mathematische Grundlagenforschung mit den Fragen ‚Was ist die Zahl?', ‚Was ist die Einheit?' zu einem Punkte gelangt, an welchem sie sich zwangsläufig auf den Notausgang der Intuition verwiesen sah..." (SW 623), womit wiederum Freges späterer Beitrag abgerufen wird: *Die Grundlagen der Arithmetik. Eine logisch mathematische Untersuchung über den Begriff der Zahl.* Breslau, 1884.

[370]Frege griff zu diesem Zweck vor allem zwei Aspekte der Leibniz'schen Idee einer universalen philosophischen Kalkülsprache auf: 1) „die Idee des formalen, rechnenden Denkens, das nach Art des mathematischen Beweisens lückenlos schlussfolgernd vorgeht, darüber hinaus aber über jede der dabei benutzten Schlussregeln Rechenschaft zu geben vermag"; Der zweite Punkt scheint für den Zusammenhang der *Schlafwandler* wichtiger, man denke vor allem an das idealtypische Postulat, daß „die Sprache der Wissenschaft in der Mathematik" (SW 538) zu finden sei: 2) „die Idee zum Aufbau einer *Characteristica universalis*, einer Formelsprache des reinen Denkens, welche die Logik von der Grammatik der natürlichen Sprache ablösen und so Einsicht in die Beschaffenheit der begrifflichen Inhalte ermöglichen würde." (in dieser populärwissenschaftlichen Fassung zu finden bei Gianbrunno Guerrerio: Kurt Gödel. Logische Paradoxien und mathematische Wahrheit. Mailand, 2001, S. 29) Vgl. auch die folgende Stelle: „Soferne Sprache Ausdruck der Logik ist, soferne Logik immanent in der Struktur der Sprache aufscheint, läßt sich von der Sprache ein Rückschluß auf die ontologische Axiomenanzahl, auf die Natur der Logik und die Veränderlichkeit ihres ‚Stils ' ziehen." (SW 473)

[371]Das andere Verständigungsmittel wäre „die Sprache des Geldes in der Buchhaltung" (SW 538).

schnitt 2.3 und 2.4.2) auch ein Verständigungsmittel zwischen den Diskursen, so löst sie dennoch nicht die erkenntnistheoretische Problematik, vielmehr wird sie von einer „brutalen und aggressiven Logik" (SW 496) verstärkt:

> ... die Kosmogonie ruht nicht mehr auf Gott, sondern auf der ewigen Fortsetzbarkeit der Frage, auf dem Bewußtsein, daß nirgends ein Ruhepunkt gegeben ist, daß immer weiter gefragt werden kann, gefragt werden muß, daß weder ein Urstoff noch ein Urgrund auf zuweisen ist, daß hinter jeder Logik noch eine Metalogik steht, daß jede Lösung bloß als Zwischenlösung gilt und daß nichts übrigbleibt als der Akt des Fragens als solcher [...]. (SW 474f.)

Das Fehlen eines die Fragekette abschließenden Fixpunktes führt zu einem prinzipiell unabschließbaren Erkenntnisprozeß, für den jedes Ergebnis den Ausgangspunkt neuer Untersuchungen bildet. Die Analogie des unendlichen Akts des Fragens zum unendlichen Akt der Interpretation mag in diesem Sinne nicht so fern liegen: Auch hier könnte die Erzählsituation durch die zirkuläre bzw. rekursive Strukturierung das abbilden, was bezüglich der logischen Struktur der Denksysteme gesagt wird: So wie hinter jeder Logik eine Metalogik steht, steht hinter jeder vordergründigen Erzählinstanz eine verborgenen Meta-Instanz, von der aus sich neue Fragen an den Text ergeben. Wichtig bleibt in diesem Zusammenhang, dass es weder mit Mannheim, noch mit dem Verfasser der Exkurse ein interesseloses Erkenntnisstreben gibt, geschweige denn ein unvoreingenommenes, nicht vom eigenen Wertsystem vorgeprägtes. Und auch die Erinnerungsfähigkeit hängt davon ab: „es bleiben bloß jene Taten am Leben, die in das jeweilige Wertsystem passen" (SW 703), was vor allem in Abschnitt 4 noch relevant wird.

4 Ideologie und Roman: Die Verzauberung (1935)

4.1 Zur Ideologie-Diskussion der Verzauberung

Seit sich die literaturwissenschaftliche Analyse mit Brochs *Verzauberung* beschäftigt, habenn sich vor allem zwei Stoßrichtungen zur Kategorisierung des Romans etabliert: eine die *religiös-mythischen* Aspekte und eine die *politisch-massenpsychologischen* Aspekte betonende Lesart. Diese beiden Deutungstendenzen schließen einander dabei in der *Verzauberung* nicht aus, sondern bilden vielmehr ein nicht von einander zu isolierendes Neben- und Ineinander, das die Forschung seit je beschäftigt. So wehrt sich Paul Michael Lützeler bereits früh gegen die von Mecklenburg[372] erhobene Unterstellung, er habe mit seinem Faschismus-Aufsatz von 1977[373] nahelegen wollen, die *Verzauberung* sei nichts anderes als ein politischer Roman. Lützeler entgegnet 1983, ihm sei es vielmehr um eine Korrektur der damaligen Forschungssituation gegangen, „in der zunehmend die politische Dimension des Romans vernachlässigt"[374] worden sei.

Mit Irritation nimmt man in diesem Kontext die fünfseitige Polemik Joseph Strelkas von 2001 wahr, der massive Kritik am Herausgeber der Kommentierten Werkausgabe im Suhrkamp Verlag übt. Lützelers Beschränkung auf die politische Schicht – schon dies allein ein unsinniger und unberechtigter Einwand – sei „charakteristisch", denn er habe „die anderen, darüber hinausgehenden Schichten [...] offenkundig nicht verstanden, da er ansonsten nicht die erste und schwächste Fassung des *Bergromans* zur Grundlage des dritten Bandes seiner Werkausgabe gemacht hätte."[375] Die Arbitrarität dieser weiter nicht argumentativ begründeten Einschätzung kann man unter anderem daran erkennen, dass ein weiterer prominenter Broch-Forscher bereits in den 60ern eine diametral entgegengesetzte Auffassung vertrat. Bezüglich der Textvarianten meinte Durzak damals, dass erst ab der dritten Fassung des Romans eine

---

[372]Vgl. Norbert Mecklenburg: Moderne Romanpoetik und konservative Metapsysik: Symbolisch-mythischer Regionalismus in Herrmann Brochs ‚Bergroman'. In: Ders.: Erzählte Provinz. Regionalismus und Moderne im Roman. Königstein, 1982, S. 152.

[373]Vgl. Paul Michael Lützeler: Herrmann Brochs ‚Die Verzauberung' als politischer Roman. In: Neophilologus LXI, 1977, S. 111–126.

[374]Paul Michael Lützeler: Brochs Verzauberung. Frankfurt am Main, 1983, S. 258.

[375]Joseph P. Strelka: Poeta Doctus Herrmann Broch. Tübingen/ Basel, 2001, S. 139.

politische Lesart auszumachen sei.[376] Wenn bei Strelka schließlich die Rede auf „die linksradikale Beschränktheit neuerer Brochinterpreten“[377] kommt, beschleicht einen die besorgniserregende Vorahnung, bei dem Roman könne es sich um ideologisch vermintes Gebiet handeln. Ist Strelkas Argumentationsweise schon kaum nachvollziehbar, wird es noch zweifelhafter, stößt man auf Sigrid Schmid-Bortenschlagers Argumentation, der Roman transportiere den Hauch nationalsozialistischer Ideologie und rücke somit in die Nähe der Blut-und-Bodenglorifizierung.[378] Schon die methodisch notwendige Unterscheidung zwischen der homodiegetischen Perspektive des Ich-Erzählers und der übergeordneten Textperspektive, die in dem Roman kontrastiv angelegt sind, muß diese Einschätzung widerlegen.

Das Auffällige an der Forschungslage ist nun jedoch, dass die Bewertung des Brochschen Romans heterogenste Positionen provoziert und ein ideologischer „Nachklang“ bis heute Polemiken auslöst. Hinter Strelkas oben erwähnten Angriffen steckt letztlich die Prämisse, die *Verzauberung* werde so gelesen, ja ediert, wie es die jeweils eigene ideologische Position nahelege. Ein eher „linker“ Interpret betone eben die *politischen* Aspekte, kompetentere Interpreten aber „die anderen, darüber hinausgehenden“[379] Schichten, sprich die *religiös-mythischen* Aspekte des Romans. Die Frage der „wichtigeren“ Bedeutungsebene wird bis heute ernsthaft diskutiert und im Sinne eines Entweder-Oder entschieden, so kürzlich Gisela Roethke: „Everything suggests that the religious level was more

---

376 Vgl. Manfred Durzak: Zur Entstehungsgeschichte und zu den verschiedenen Fassungen von Herrmann Brochs Nachlaßroman. In: Zeitschrift für deutsche Philologie 86, 1967, S. 612ff. Bezüglich dieser Bewertung kann hier aus Platzgründen nur Ryans Einschätzung beigepflichtet werden, die Durzak in diesem Punkt widerspricht. Vgl. Judith Ryan: The Self-Destructing Message. A Response to Paul Michael Lützeler. In: Dowden, 1988, S. 33.

377 Joseph P. Strelka: Poeta Doctus Herrmann Broch. Tübingen/ Basel, 2001, S. 140.

378 Vgl. Sigrid Schmid-Bortenschlager: Dynamik und Stagnation. Herrmann Brochs ästhetische Ordnung des politischen Chaos. Stuttgart, 1980. Ähnliches konstatierten zuvor bereits Menges in bezug auf Brochs Philosophie (Vgl. Karl Menges: Kritische Studien zur Wertphilosophie Herrmann Brochs. Tübingen, 1970) und Osterle in bezug auf die *Schlafwandler* (Vgl. Heinz D. Osterle: Hermann Broch: ‚Die Schlafwandler‘. Kritik der zentralen Metapher. In: Dvjs 44/ 2, 1970, S. 220–268).

379 Joseph P. Strelka: Poeta Doctus Herrmann Broch. Tübingen/ Basel, 2001, S. 139.

important to him [Broch] than the antifascist one."[380] Und dieses letztlich biographische Urteil hat für Roethke interpretatorische Folgen, etwa wenn es um die Bewertung der Figur Mutter Gisson geht: „I argue that the error lies in reading the novel primarily as a political allegory rather than as a religious novel. [...] In my view Broch intended the Mother Gisson figure to represent a stage of religious life that had vanished in modern industrialized societies."[381] Auch hier müßten Autor- und Textintention unterschieden werden, um vor methodischen Problemen zu bewahren.

Es stellt sich nun die Frage, inwiefern und unter welchen Voraussetzungen in der *Verzauberung*[382] von NS-Ideologie die Rede sein kann und welche Erklärungsmuster helfen können, den *Ideologiebegriff* im historischen Kontext zu präzisieren. Dazu wird in einem ersten Abschnitt ein kurzer und gezwungenermaßen selektiver Überblick über die symbolisch-parabelhaften Anspielungen auf das „kulturelle Wissen"[383] der NS-Zeit gegeben, so wie sich diese plausibel rekonstruieren lassen und in der Forschung bisher bereits gesehen wurden. Diese Anspielungen betreffen Figurenkonstellation, historische Ereignisse und Ideologeme. Der daraus gewonnene *implizite Ideologiebegriff* soll im AnSchluss durch eine denkgeschichtliche Variante im kulturellen Wissen des Zeitraums erweitert bzw. vertieft werden, nämlich Karl Mannheims Überlegungen zum Ideologiebegriff. Diese wurden in einem Exkurs zu Mannheims Wissenssoziologie bereits in aller Kürze referiert (vgl. Abschnitt 3.3.1). Die daraus gewonnenen Erkenntnisse ermöglichen weitergehende Einsichten, was die *Ideologiekritik* in Brochs bis heute umstrittenem Roman betrifft. In einer thesenartigen Zusammenfassung soll schließlich gezeigt werden, dass ein ideologiefreies Denken mit dem „neuen" Ideologiebegriff, der für jenen der Moderne exemplarisch stehen kann, nicht mehr möglich ist. Brochs

---

380 Gisela Roethke: Non-Contemporaneity of the Contemporaneous: Brochs Novel ‚Die Verzauberung'. In: Paul Michael Lützeler (Hg.): Herrmann Broch. Visionary in Exile. The 2001 Yale Symposium. Rochester, NY, 2003, S. 149.

381 Ebd., S. 150.

382 Untersucht wird hier die erste der drei Fassungen. Eine Diskussion und Bewertung der Differenzen unter den Fassungen erfolgt hier nicht und erscheint auch für die Fragestellung nicht notwendig. Für ausführliche textkritische Hinweise vgl. VB 391–413.

383 Zu diesem Begriff vgl. Michael Titzmann: Strukturale Textanalyse, S. 263-329 und Michael Titzmann: Kulturelles Wissen-Diskurs-Denksystem.

Roman erweist sich somit trotz aller mythisch-religiösen Tendenzen – die unbestritten ebenso ihre Geltung haben – als ein politischer Roman mit zeitkritischen Ambitionen, wobei diese Ebene nicht von der religiösen zu trennen ist. Im Sinne dieser komplexen Vernetzung stellt sich die Frage nach der „wichtigeren" Textebene nicht mehr – der Fokus liegt wiederum auf dem Gesamtsystem und der erkenntissteuernden Funktion der Wert- bzw. Wissenssysteme.

4.2 Zu den nationalsozialistischen Bezügen

Auf der *Oberflächenebene* ist *Die Verzauberung* kein politischer Roman. Der Text geriert sich als dem Genre ‚Bauernroman' bzw. ‚Heimatroman'[384] zugehörig, um aber gleichzeitig die Gattungsgrenzen zu unterlaufen.[385] Nur anhand zweier Textdaten läßt sich erkennen, dass sich die dargestellte Welt zeitlich nach dem Ende des 1. Weltkrieges, um den Beginn der nationalsozialistischen Herrschaft, situiert. Zu erschließen ist dies zum einen aus der Kriegsepisodenerzählung Sucks im IV. Abschnitt (VB 52ff.)[386] und (implizit) aus der sogenannten Barbara-Erzählung[387] im X. Abschnitt (VB 187–202). Es mangelt in der dörflichen Welt gänzlich an zeitpolitischen Bezügen, Ereignisse der realhistorischen Gegenwart werden an keiner Stelle erwähnt. Es finden sich keine Hinweise auf Zeitpersonen bzw. Wissensmengen, die eine genauere temporale Situierung ermöglichten. Selbst als bei Milands „die politischen Nachrichten" (VB 32) gehört werden, wird der Inhalt nicht referiert. Es liegt somit nahe, dass

---

384Zu Bestimmung und Merkmalen dieser Textgattungen vgl. Carole Duebbert: Herrmann Brochs *Verzauberung* als ‚Anti-Heimatroman'. In: Paul Michael Lützeler (Hg.): Brochs Verzauberung. Frankfurt am Main, 1983, S. 226–236.

385Darauf wies bereits v. Brueck hin (vgl. Max von Brueck: Hintergründige Welten – Herrmann Broch: Der Versucher. In: Die Gegenwart 9, 1954, S.86). Dies geschieht auf vielschichtige Weise. Am auffälligsten geschieht dies wohl in Hinblick auf die Sprache, wie dies schon Koebner sah: Sie zeigt „mit Ausnahme weniger Genreszenen im Gasthaus oder auf der Straße, in den Monologen und Dialogen oft das Entrückte mystischen Stammelns, ‚durchkreuzt' also immer wieder die Regeln milieutypischer Mundart und Phraseologie." (vgl. Thomas Koebner: Mythos und ‚Zeitgeist' in Herrmann Brochs Roman *Die Verzauberung.* In: Paul Michael Lützeler (Hg.): Brochs Verzauberung. S. 174f..

386= Die Verzauberung, S. 52ff.

387Zu Zeitstruktur und Einbettung der Barbara-Erzählung vgl. Ernestine Schlant: Die Barbara-Episode in Herrmann Brochs Roman *Die Verzauberung.* In: Paul Michael Lützeler (Hg.): Brochs Verzauberung, S.209–225.

diese für den Ich-Erzähler nicht relevant sind, der in dem Roman als extrem unpolitischer Mensch angelegt ist.[388] Die Darstellung, Wahrnehmung und Interpretation der Wirklichkeit ist ausschließlich an seine Perspektive gebunden, insofern wirkt sich seine unpolitische Haltung bis in die Strukturierung der dargestellten Welt aus. Er ist die einzige Instanz, deren Weltsicht die dargestellte Wirklichkeit bestimmt, auch wenn sich die Erzählweise objektiv und mimetisch gibt.

So sehr der 1935 entstandene Roman auf der Textoberfläche, das heißt auf Ebene explizit-lexikalischer Bezüge, keine Gegenwartsbezüge zum Nationalsozialismus herstellt, so evident sind die symbolischen Analogien in der semantischen *Tiefenebene* des Textes. Es ist plausibel, den Roman im Kontext der antifaschistischen Exilromane als „Kombination von religiösem und politischem Roman“[389] in *symbolisch-parabelhafter Darstellung,* in Abgrenzung zum historischen Roman einerseits und zur realistisch-reportagehaften Gegenwartsanalyse andererseits zu verstehen.[390] Tatsächlich müßte man beide Augen schließen, um nicht die evidenten Parallelen zum Nationalsozialismus wahrzunehmen. Martini erkannte schon früh, dass hier „die aktuelle politische Faktizität [...] ins Typologische“[391] verwandelt sei. Wie auch Ziolkowski die Dominanz der politischen Aspekte unterstreicht:

> In the first place the novel constitues an analysis of the rise of Nazism. Marius Ratti has personal characteristics borrowed from Hitler [...] The corruption of Kuppron corresponds almost step by step to the seduction of Germany in the twenties and thirties [...].[392]

Die Bezüge zwischen der fiktionalen Welt Kupprons und dem NS-System könnte man auf vielerlei Weise ordnen. Wie an Ziolkowskis Zitat ersichtlich, sind Figurenbezüge (Hitler – Ratti) und narrative Muster

---

[388]Die „heftige Abneigung gegen jegliches politische Geschehen“ (VB 201) reicht bis in die Zeit der Barbara-Erzählung zurück.

[389]Paul Michael Lützeler: Herrmann Brochs Roman *Die Verzauberung* – Darstellung der Forschung, Kritik, Ergänzendes. In: Ders. (Hg): Brochs Verzauberung, S. 255.

[390]Vgl. Paul Michael Lützeler: Herrmann Brochs *Die Verzauberung* im Kontext von Faschismuskritik und Exilroman. In: Joseph Strelka (Hg.): Broch heute. München/ Bern, 1978, S.75–86.

[391]Fritz Martini: Herrmann Broch und ‚Der Versucher‘. In: Deutsche Rundschau, 80 (1954), S. 471.

[392]Theodore Ziolkowski: Herrmann Broch. New York/ London, 1964, S. 25.

(Entwicklung in Kuppron – Entwicklung in Deutschland) zwei zentrale Kategorien. Hinzu kämen als dritte und übergreifende Kategorie die Ideologeme, die im Roman durch diverse Instanzen transportiert werden. Was die erste Gruppe anbelangt, werden in der Forschung dominant die Analogien zwischen Marius Ratti und Hitler[393] und die daraus resultierenden Folgeschlüsse gesehen, was sich durch Rattis Katalog an Ideologemen mit hoher Plausibilität begründen läßt:

> Seine Gemeinschaftsideologie, sein irrationalistischer Blut- und Bodenmythos, sein antikapitalistischer Affekt, seine anti-erotische Gesinnung, sein Militarismus, sein Selbstverständnis als religiöser Erneuerer und Erlöser, sein Appell an die Opferbereitschaft, seine Rhetorik und Propaganda, die Behauptung des Führerprinzips, die Behandlung der Massen, sein Bündnis mit den Oberschichten, sein Terror Andersdenkenden gegenüber und die Verfolgung von Minoritäten – all diese Momente sind Bestandteile faschistischer Theorie und Praxis.[394]

All diese Merkmale lassen sich mit Textdaten belegen. Rattis Wirkung auf die Dorfgemeinschaft wird wohl in der Opferszene (VB 263–281)[395] am deutlichsten, wo sie auch den Ich-Erzähler erfaßt. Die Verfolgung aller Rattis „Weltanschauung“[396] Widersprechenden ist gnadenlos. So

---

[393]Schürer weist in einer Fußnote auf weitere „Vorbilder“ für Marius hin, die in der Fachliteratur ausgemacht wurden: Gajus Marius, Pius XI, Mario aus Thomas Manns *Mario und der Zauberer.* Schürer selbst plädiert aber für den Zauberer Cipolla. Vgl. Ernst Schürer: Die Beschwörung des Unendlichen im Zuber der Landschaft. In: Paul Michael Lützeler: Brochs Verzauberung, S. 166/167. So auch bei Helmut Koopmann: ‚Verrückte Erlösung‘. In: Paul Michael Lützeler: Brochs Verzauberung, S. 187.

[394]Paul Michael Lützeler: Herrmann Brochs ‚Die Verzauberung‘ im Kontext von Faschismuskritik und Exilroman, In: Joseph Strelka (Hg.): Broch heute, S. 111.

[395]Die Formung einer amorphen Masse entindividualisierter Subjekte, die sich vom elitären Führer-Subjekt manipulieren lässt, tritt in der folgenden Passage exemplarisch zu Tage: „[...] einem Narren [Marius Ratti] waren wir nachgetanzt, wir hatten ihn umtanzt, getrieben von der tiefsten Dunkelheit unseres Lebens, wir, das vielköpfige Tier, das mutterlose, von dem ich ein Teil war, von dem ich ein Teil bin, von dem wir alle, die wir leben und tanzen, Teile sind, Mann oder Frauen, Führer oder Geführte, Weise oder Narren, Teile des Nachttieres.“ (VB 281)

[396]Vgl. Thomé, der genauer auf diesen Begriff, die Genesis der ‚Weltanschauung auf wissenschaftlicher Grundlage‘ und die epochale Bedeutung des Texttyps ‚Weltanschauungsliteratur‘ eingeht. Horst Thomé: Autonomes Ich und ‚Inneres Ausland‘. Studien über Realismus, Tiefenpsychologie und Psychiatrie in deutschen Erzähltexten (1848–1914). Tübingen, 1993.

wird die „Hetze gegen den Wetchy" (VB 142), der die Rolle des Sündenbocks und Opfers einnimmt, von Ratti lakonisch und offensiv begründet: „Es ist besser, wenn einer leidet, als alle." (VB 143) Wetchy, Repräsentant der abgelehnten städtisch-technisch-fortschrittlichen Ordnung, dient als Projektionsfläche aller von Ratti abgelehnten Eigenschaften. Der im Grunde anti-modernistische Ratti missbilligt technische Errungenschaften, er will „das Radio abschaffen" (VB 62), konstatiert: „der Maschindrusch ist ein Sünde" (VB 74) und meint, „dass man die Kramläden schließen müsse." (VB 133) Kurzum polemisiert er gegen den von Wetchy vertretenen kaufmännisch-technischen Bereich. Wundert sich der Erzähler zunächst noch, ob Ratti „mit solch naiver Zurück-zur-Natur den Miland geködert" (VB 75) hat, hält er es später selbst für möglich, dass Ratti „die Begabung magnetischer Diagnosen besaß" (VB 82)[397], und sitzt somit der überholten und vor-modernen Vorstellung vom Magnetismus auf.

Ein wichtiges Meta-Merkmal des Rattischen Ide ologemenkatalogs ist über die erwähnten Ideologeme hinaus der Synkretismus, den auch der realhistorische Nationalsozialismus aufwies. Ratti vertritt einerseits eine Art Robin-Hood-Mentalität[398], erscheint als „Wanderprediger einer abstinenten Sekte mit kommunistischem Einschlag" (VB 80), andererseits hetzt er gegen die Zahlung von Alimenten.[399] In einem Gesinnungswandel führt er diese jedoch gegen Ende des Romans über den Gemeinderat ein (vgl. VB 336f.). Der von ihm vertretene Sozialdarwinismus[400] widerspricht wiederum seiner Gemeinschaftsideologie, wobei deren rassistischer Anklang nicht zu übersehen ist.[401] Er tritt einerseits als Asket auf,[402]

---

[397]Zur Figur des Magnetiseurs, u. a. in Hinblick auf *Die Verzauberung*, vgl. Max von Brueck: Hintergründige Welten – Hermann Broch: Der Versucher. In: Die Gegenwart 9 (30.01.1954), 2002.

[398]„‚Arm ist er, und den Armen wird er geben', sagt der Waldemar-Schuster. ‚Und den Reichen nehmen', sage ich [...]" (VB 117).

[399]Gerüchte, die der Ich-Erzähler auf Ratti zurückführt, machen die Runde: „[...] von nun an werden den Mädeln, die Alimente verlangen, die Fenster eingedroschen." (VB 123)

[400] „[...] der Mensch soll sterben wollen, nicht gesund gepflegt werden, so verlangt es die Erde, und wenn Sie den Wenzel auf der Erde hätten liegen lassen, so wäre ihm wohler gewesen... was gebrochen ist, soll zugrunde gehen, und was die Erde heilen will, das heilt sie selber..." (VB 345).

[401]Vgl. etwa folgende Textstelle, die an Formulierungen im Kontext der Vernichtungspolitik der Nazis erinnert: „[...] zurück mit dem Gezücht in seine Höhlen, wo

anderseits entzieht er sich einer nützlichen Tätigkeit.[403] Wichtiger als die logische Konsistenz der Inhalte, die er vertritt, scheint der Performanz-Charakter seiner Rede. So wird er bereits zu Beginn als rhetorisch begabt eingeführt, wenn der Chauffeur wiederholt bekräftigt: „Der hat ein Maul" (VB 15). Doch der Redeinhalt ist trotz der rhetorisch beeindruckenden Leistung Rattis Publikum auf Nachfrage nicht mehr präsent: „Ja, wovon hat er eigentlich geredet?"(VB 16). Diese Diskrepanz zwischen Performanz und Redeinhalt tritt bis zum Ende der Geschichte immer wieder hervor, bei Suck jedoch mit einer entgegengesetzten Bewertung: „„Schön war's doch, was er da vom Berg erzählt hat [...] nur anhören kann man's nicht [...]"" (VB 348)[404]. Diese wiederholte Diskrepanz bewirkt, dass Ratti wie ein Nachahmender bzw. Schauspieler, dem es mehr um die Wirkung als um die Sache zu tun ist, erscheint und von anderen Figuren als solcher wahrgenommen wird. Mutter Gisson diagnostiziert dies bereits sehr früh: „[...] es gibt Possen und Spiele, die wie heiliger Ernst ausschauen und doch bleiben was sie sind, nämlich plötzlich in Schwang gewordene Nachahmung" (VB 42). Man könnte auch sagen, die Demagogie überwiege hier die Ideologie. Die „Inkonsistenz" bzw. Widersprüchlichkeit von Rattis vertretenen Ideen provoziert beim Erzähler schon früh die Frage „Aber was will er eigentlich?" (VB 60), die von Suck folgerichtig beantwortet wird: „Die einfangen [...] und er wird sie einfangen" (VB 60).

Der synkretistische Charakter von Rattis Ideenkatalog stellt als Meta-Merkmal des Wissenssystems eine noch deutlichere Entsprechung zum Nationalsozialismus dar als die symbolische Abbildung einzelner Ideologeme. Dieser Synkretismus zeigt sich auch in den heterogenen Bezeichnungen, die Ratti zugeschrieben bekommt: Wanderer, Narr, Weltverbesserer, Fremder, Landstreicher, Wanderprediger, Hexer, Hanswurst, Zauberer, Verführer, Welterlöser (vgl. u.a. VB 29, 51, 54, 55, 64,

---

es hingehört, die neue Zeit hat begonnen, die Gemeinschaft der Männer hat sich wieder erhoben, ihr ist das Land untertan, [...] versöhnt die Erde, von der wir das Gezücht wegtilgen, versöhnt der Himmel, der sich wieder herabbeugen wird zur neuen Reinheit der Welt, wenn die Erdlosen, die Gottlosen verschwunden sein werden [...]" (VB 343).

402 „[...] wir sollen keusch leben, damit es auf der Welt besser wird [...]" (VB 18) und [...] er ißt nur einmal am Tag [...]." (VB 29)

403 „[...] arbeiten tut er sowieso nicht." (VB 58)

404 Hervorhebungen vom Verfasser.

73, 80, 125, 126, 153, 172, 174, 175). Zudem wird er rekurrent als „irrsinnig“ bezeichnet, was die Inkonsistenz seiner Ideen unterstreicht und wiederum eine unverkennbare symbolische Analogie zu Hitler herstellt:

> Ich würde mich nicht wundern, wenn der Mann schon interniert gewesen wäre. Zumindest war er ein Grenzfall. (VB 81)

> „An der Psychose diese Mannes war nicht zu zweifeln.“ (VB 211)

> „Mein Gott, das ist doch heller Wahnsinn, das spricht doch jeder Vernunft Hohn... das ist doch ein Irrsinniger!“ (VB 238)

Der prinzipienlose Synkretismus scheint paradoxerweise als gezielte Machttechnik eingesetzt und durch den Machthunger Rattis (vgl. VB 143) motiviert. Wenzel bringt dies durch seine Einsichten wiederholt auf den Punkt: „Der Marius sagt bloß das, was die andern denken“ (VB 135). Insofern werden die Ideologeme von Ratti so gewählt, dass sie bei den Dorfbewohnern die größtmögliche Wirkung erzielen, sich von den tradierten Ideologemen absetzen und zugleich als Bedürfnisse der Dorfbewohner erscheinen: „Die Menschen wollen immer was Neues, man muß ihnen auch diesen Spaß lassen. [...] Die Welt muß vorwärts gehen, Herr Doctor“ (VB 136). Mutter Gisson sieht die Gefahr der „Verführung“ nicht bei Marius selbst, sondern intrapersonal, in der psychischen Organisation einer Teilgruppe der Dorfbewohner, die empfänglich für die Manipulation scheinen. Irmgard gehört dieser Teilgruppe an, Agathe nicht: „Die Gefahr ist in ihr, nicht im Marius... wäre sie so wie die Agathe, dann gäbe es keine Gefahr [...]“ (VB 171).
Mögen die Ergebnisse der historischen Ursachenforschung zum Nationalsozialismus bis heute umstritten und noch stets politisiert sein – man denke nur an die Debatten Habermas-Nolte / Finkelstein-Novick oder die Diskussionen in den Feuilletons nach Goldhagens Publikation –, es besteht doch ein gesicherter Konsens der Geschichtswissenschaften, dass es keine homogene, stringente und statische nationalsozialistische Ideologie gab. Thomas Klepsch verortet die „nationalsozialistische Ideologie zwischen prinzipienlosem Eklektizismus und prinzipieller Unmenschlichkeit“[405], die Bemühungen, sie zu fassen, pendeln seiner Ansicht nach zwischen den Begriffen Demagogie und Ideologie hin und

[405]Thomas Klepsch: Nationalsozialistische Ideologie. Eine Beschreibung ihrer Struktur vor 1933. Münster, 1990, S. 16ff.

her. Auch Lowry weist in diese Richtung: „Die verschiedenen Nazi-Ideen blieben widersprüchlich und eklektisch, was aber für ihre Wirkung auf unterschiedliche Teile der Bevölkerung durchaus von Vorteil sein konnte.“[406] Benz betont den nicht-statischen Charakter, wenn er vom „NS-System als ständigem Veränderungsprozeß“[407] spricht. Der prozeßhafte Aufbau des NS-Ideologieapparats und seine Prinzipienlosigkeit finden ihre Entsprechung in der Inkonsistenz Rattis, die ihm die oben erwähnten Attribute einbringt.

Doch trotz der Schwierigkeiten, ein homogenes, nationalsozialistisches System der Ideologeme zu rekonstruieren, kann man sehr wohl aus dem Parteiprogramm der NSDAP vom 24. Februar 1920, aus Hitlers Mein Kampf, aus Rosenbergs Der Mythos des 20. Jahrhunderts, aus Chamberlains Die Grundlagen des 19. Jahrhunderts, um nur einige „einflussreiche“ Beispiele zu nennen, einen Katalog an Ideologemen abstrahieren, der die Kerngedanken der NS-Ideologie wiedergibt. Lützeler stellt die Bezüge in philologisch präziser Weise her.[408] Was weitere Figurenbezüge in der Forschung angeht, ist über die Analogie Ratti-Hitler hinaus eine Verbindung mit Chefideologen des Nationalsozialismus, wie Rosenberg, den Gebrüdern Strasser[409], Houston Stewart Chamberlain, oder Vorläufern wie Arthur Moeller van den Bruck[410] erstaunlicherweise nicht zu finden. Herstellbar wäre sie jedenfalls, entwirft der Text Ratti doch als

---

[406]Stephen Lowry: Pathos und Politik. Ideologie in Spielfilmen des Nationalsozialismus. Tübingen, 1991, S. 32.

[407]Wolfgang Benz: Geschichte des Dritten Reiches. München, 2000, S. 84.

[408]Vgl. Paul Michel Lützeler: Herrmann Brochs ‚Die Verzauberung‘ als politischer Roman, 1977 und ders.: Herrmann Brochs ‚Die Verzauberung‘ im Kontext von Faschismuskritik und Exilroman, 1978. Im zitierten Passus zu Fußnote 394 ist ein Teil der Ideologeme aufgereiht.

[409]Vgl. Thomas Klepsch: Nationalsozialistische Ideologie, S. 143-150.

[410]Benz betont im Hinblick auf den Ideologen der Jungkonservativen („Das dritte Reich“/ 1923) die Dominanz des *Gefühls* über die Rationalität. Anklänge an Rattis Heilslehre sind im folgenden evident: „Als Heilslehre schloss die Sehnsucht nach einem ‚dritten Reich‘ die Revision des Versailler Vertrags ebenso ein wie die völkische Idee eines Großdeutschland, in dem eine ‚Volksgemeinschaft‘ mit ständestaatlichen, hierarchischen und egalisierenden Vorstellungen, mehr auf *Sozialromantik* als auf *konkrete politische Vision*, mehr auf *Gefühle* als auf *Rationalität* gründend, verwirklicht werden sollte.“ Wolfgang Benz: Geschichte des Nationalsozialismus, S. 17 (Hervorhebungen vom Verfasser).

jemanden, der im Verborgenen hinter dem ausführenden „Adlatus“[411] Wenzel samt seiner paramilitärischen Einheit operiert. So erfahren der Ich-Erzähler wie auch andere Figuren häufig nur *mittelbar* von Rattis propagierten Ideologemen, meist über den Mittler Wenzel. Diese Position wird multiperspektivisch abgedeckt. Wenzel sagt an einer Stelle: „So eine Sache mit dem Marius... man kommt nicht los von ihm... aber er tut ja nichts, immer nur Ideen und es geschieht nichts... da muß man dann die Sache eben selber in die Hand nehmen“ (VB 169). Auch Suck kommt zu dieser Einschätzung: „Und außerdem steckt überall der Marius dahinter“ (VB 164). Ebenso teilt der Ich-Erzähler dieses Urteil (hier in Bezug auf die paramilitärische Truppe Wenzels): „Sohin geht es doch nicht ohne den Marius. Er steckt auch hier dahinter.“ (VB 166). Ratti erscheint somit als eine im Verborgenen agierende Manipulationsinstanz, die zunächst kaum selber in Aktion tritt, womit eine manifeste Differenz zur historischen Person Hitlers vorliegt.

Wenn man nun aber die Analogie Rattis zu Hitler akzeptiert, folgen weitere Bezüge relativ zwingend und werden in der Forschung vorwiegend auch so gesehen. Wenzel kann in Verbindung gebracht werden mit Goebbels (aufgrund der körperlichen Erscheinung), mit Röhm (aufgrund der Formierung der Truppe und seinem Bruch mit Ratti), mit Göring (aufgrund der Assistenz in propagandistischen Belangen) und schließlich auch mit Himmler (Formierung der Truppe und Propaganda). Er besetzt jedenfalls die *Helfer-* oder *Mittlerposition*, ist somit vor Ratti gelagert und verbreitet dessen Ideologie und Machtansprüche effektiv. Ebenso besetzt ist die Position der *Abweichung* bzw. des *Widerstandes*, die hier vor allem von Suck und dem Bergmathias repräsentiert wird. Lützeler rechnet auch Wetchy hierzu.[412] Diese Gruppe lehnt sich gegen die Aktionen und Unternehmungen Rattis und Wenzels auf und opponiert ohne Rücksicht auf ihre eigene Stellung. Eindeutig belegt ist die Position des *Opfers,* Wetchy besetzt mit Familie unstreitbar die ausgegrenzte *Minoritäten-* und *Sündenbockrolle*, wie aus dem oben Gesagten bereits hervorgeht.

Zur Abweichung, partiell auch zum Widerstand gerechnet werden können die beiden problematischen Figuren des Ich-Erzählers und der Mut-

---

[411]Thomas Koebner: Mythos und ‚Zeitgeist‘ in Herrmann Brochs Roman *Die Verzauberung*. In: Paul Michael Lützeler (Hg.): Brochs Verzauberung, S. 180.

[412]Paul Michael Lützeler: Herrmann Brochs ‚Die Verzauberung‘ als politischer Roman, 1977, S. 121.

ter Gisson[413]. Die Ambivalenz des Verhaltens der oppositionellen Gruppe tritt unter anderem in der Abschiedsszene Wetchys (vgl. VB 337–348) deutlich hervor. Auf der wörtlichen Bedeutungsebene mag die Szene zunächst unscheinbar wirken, denn vordergründig helfen Suck und der Arzt Wetchy beim Abtransport der Habseligkeiten. Doch die symbolische Ausgestaltung erinnert an Szenen flüchtender bzw. deportierter Juden, die unter der Vernichtungspolitik des NS-Staates zu leiden hatten. Gegen Ende, als der Umzugswagen fertig beladen ist, heißt es:

> [...] da hisse ich Frau Wetchy und die beiden Kinder rasch auf den Chauffeursitz hinauf, während Wetchy, der nassen Auges vielerlei durcheinander stammelt von dem Helfer auf das hochschwebende Kanapee emporgezogen und ihm von dem sich entgegenstemmenden Suck der Rückzug abgeschnitten wird, und ehe er sich noch da oben ängstlich zurechtfinden kann, hat das Auto angeruckt, und Wetchy, der die Hand zum winken heben will, muß sich anklammern. Dann sind sie fort. (VB 348)

So manifestiert sich an dieser Textstelle die Ambivalenz zwischen der wörtlichen und symbolischen Bedeutungsebene auf exemplarische Art und Weise. Die eigentlich oppositionellen Figuren Suck und der Landarzt erscheinen hier auf der „realistischen" Ebene als zuvorkommende Umzugshelfer. Übertragen, auf einer sekundären Bedeutungsebene und in Hinblick auf den historischen Kontext der NS-Herrschaft, fungiert Suck analog einem Rädchen im Kollektiv der Deportationsmaschinerie, der, zwar mit guter Intention, sich den Opfern „entgegenstemmend" diesen den „Rückzug" abschneidet. Eine Überprüfung von Thomas Klepschs geschichtswissenschaftlichen Thesen zur nationalistischen Ideologie scheint in diesem Zusammenhang wiederum fruchtbar:

> Auschwitz transportiert nicht nur die Gaskammern und Krematorien in unser Bewußtsein, erschöpft sich nicht in den Lagern und den sie umgebenden Fabriken, Auschwitz hat dort angefangen, wo die Deportation einer jüdischen Familie von der Nachbarschaft widerstandslos hingenommen wurde, ein Weichenwärter die richtige aber falsche Verbindung herstellte und ein Zugführer nur seinen Beruf ausübte, ein Angehöriger der Wehrmacht seinen Befehlen gehorchte. Mit

---

[413]Mutter Gissons Bewertung ist problematisch, aber aufgrund ihrer mythischen Ausgestaltung anders gelagert. Zur Figur der Mutter Gisson und ihren mythischen Vorbildern vgl. Gundi Wachtler: Der Archetypus der großen Mutter in Herrmann Brochs Roman ‚Der Versucher'. In: Manfred Durzak (Hg.): Herrmann Broch. Perspektiven der Forschung. München, 1972.

> Auschwitz ist also hier ein *Netz von Handlungen* gemeint, von denen viele für die *einzelnen Subjekte* in scheinbar anderem *Kontext* standen, die aber doch alle dazu beigetragen haben, daß die Liquidation des Menschen sich ereignen konnte.[414]

Der Arzt erscheint tatsächlich in *diversen Kontexten* immer wieder äußerst fragwürdig in seinem Handeln. Steht er doch Wetchy am nächsten, kommt er nicht auf die Idee, die durch Ratti organisierte Ausgrenzung und Vertreibung zu verhindern, nimmt dies aber ohne ethisch-moralisches Schuldbewußtsein, ohne Überprüfung bzw. Korrektur seines Handelns in Kauf. Kurzum nehmen Suck und der Arzt nicht nur widerstandslos die „Deportation" Wetchys hin, vielmehr beteiligen sie sich noch an dem „Netz von Handlungen", welches für sie in einem positiv konnotierten Kontext steht, letztlich aber doch die Abreise Wetchys unterstützt. Der Rückzug des Arztes ins Private wird zu Beginn des XIV. Abschnitts manifest, als er erwähnt, er habe ausgerechnet auf der Sitzung des Gemeinderates, bei der Ratti eingeführt worden sei, gefehlt.[415] Hier ragen strukturelle Faktoren des Ideologiensystems in die individuelle Entscheidungsebene, die ebenso Bestandteil des ideologischen Systems sind wie die inhaltlichen Faktoren – etwa die auf einzelne Propositionen rückführbaren 25 Thesen des NSDAP-Partei-Programms vom 24. Februar 1920.

Selbst die (ideell) opponierenden Figuren des Romans beteiligen sich durch ihre Dienste an den Plänen Rattis, jedoch unter der Annahme, dies nicht zu tun, sondern vielmehr Wetchy zu helfen. Eine politische Opposition findet nicht statt, der Landarzt will sich vielmehr gänzlich aus dem politischen Betrieb zurückziehen. In einem geschichtswissenschaftlichen Ansatz zu den Grenzen der Historisierbarkeit des Nationalsozialismus spricht Dan Diner vom Begriff der *kollektiven Tathandlung*. Der vereinzelt Handelnde vermochte demnach im NS-Staat wirksam die *subjektive Fiktion der eigenen Nichtbeteiligung* aufzubauen, wie er faktisch am Vernichtungsprozeß beteiligt gewesen sei.[416] Der Widerstand des Arztes beschränkt sich auf verbale Auseinandersetzungen mit Ratti, strukturell und somit

---

414 Thomas Klepsch: Nationalsozialistische Ideologie, S. 1 (Hervorhebungen vom Verfasser).

415 „... und am liebsten hätte ich mich gleichfalls aus dieser Körperschaft zurückgezogen; aber als Gemeindearzt durfte ich dies nicht tun." (VB 334)

416 Vgl. Dan Diner: Zwischen Aporie und Apologie. Über Grenzen der Historisierbarkeit des Nationalsozialismus. In: Ders. (Hg.): Ist der Nationalsozialismus Geschichte? Zu Historisierung und Historikerstreit. Frankfurt am Main, 1987, S. 66.

politisch will er nicht mehr in die Abläufe eingreifen, er begibt sich in einen Zustand der „inneren Emigration“. Mag er auch innerlich opponieren, Handlungskonsequenzen leitet er daraus nicht ab. Somit erscheint seine Einordnung in die Gruppe der Opponierenden nur partiell möglich.
Weitere symbolische Bezüge sollen nurmehr in aller Kürze erwähnt werden, sind sie doch offensichtlich: Lax fungiert im Roman als „der Vertreter der Großagrarier bzw. der Großunternehmer.“[417] Zu dieser Gruppe kann noch Krimuß gerechnet werden. Die historischen Parallelen sind augenfällig. Wenzels paramilitärische Einheit wird nahezu einhellig als SA-Äquivalent gesehen. Der schwächliche Pfarrer, „kränklich“, „bleichsüchtig“, ein „Schattenmännchen“ (VB 47/ 103) repräsentiert die ambivalente Rolle der Kirchen während der Machtergreifung, genannt wird diesbezüglich gerne das Konkordat von 1933. Wie bei den Figuren so können auch zwischen den narrativen Mustern und den geschichtlichen Ereignissen zahlreiche weitere Parallelen postuliert werden: Der nächtliche Überfall auf Wetchy mit den Pogromen der SA, die Gründung der Garde Wenzels mit der Formation der SA, der Einzug Rattis in den Gemeinderat mit dem Beginn der Entdemokratisierung des Weimarer Parlaments, die Sabotagevermutung im Stollen mit der Dolchstoßlegende, usf. Was die inhaltlichen Aspekte der Ideologie, sprich die symbolische Abbildung von NS-Ideologemen in dem Roman, anbelangt, ist der Forschung in dieser Hinsicht wohl kaum etwas von neuem Erkenntniswert hinzuzufügen. Die zeitgenössische Perspektive der Wissenssoziologie Karl Mannheims kann jedoch helfen, den Ideologiebegriff aus dem kulturellen Kontext der Frühen Moderne heraus zu präzisieren und einige wichtige Aspekte des bisher Vorliegenden zu ergänzen.

---

[417]Paul Michael Lützeler: Herrmann Brochs ‚Die Verzauberung‘ als politischer Roman, S. 117.

4.3 Die erkenntnissteuernde Funktion von Wissenssystemen

Die unter Abschnitt 3.3.1 bereits referierten Phänomene werden nun in der *Verzauberung* bis in die Ebene der Erzählsituation relevant. Ein rekurrentes Symptom für die Ausdifferenzierung in Wissenssysteme stellt dabei das wiederholte Scheitern kommunikativer Akte dar, in Mannheims Terminologie das „Aneinandervorbeireden" gegnerischer Gruppen. Vom Ich-Erzähler wird dies wiederholt thematisiert: „Keiner von uns weiß, was in dem anderen vorgeht"(VB 32). „Was verbindet diese zwei? Was bindet Menschen aneinander?" (VB 78). Anders als beim idealtypischen Metaperspektive der Wissenssoziologie, der „freischwebenden Intelligenz", gibt es in der *Verzauberung* keine objektive, übergeordnete Position, welche die konkurrierenden Ideologien relationieren könnte. Die Struktur der dargestellten Welt wird durch die Einstellungen und psychische Verfassung der ambivalenten Erzählerhaltung massiv beeinflußt. Der Ich-Erzähler oszilliert dabei zwischen extremer Distanz und maximaler Involviertheit zum dargestellten Geschehen. Es gibt Passagen, die an die ethnographische Perspektive eines Beobachters aus dem Außenraum erinnern, der sich nicht zur beobachteten Gruppe zählt[418]:

> In der Wirtsstube war es kühl, wenn auch infolge der geschlossenen Fenster etwas stickig. Der säuerliche Geruch nach Küche und Bier und Wein, nach Schweiß und halbgarem Fleisch, dieser Ritter- un Landsknechtgeruch, in dessen Dunst das Abendland die Welt erobert hat und der nun nur mehr in Wirtshäusern ein kleinbürgerliches und haustierhaftes Dasein fristet, freilich immer noch beriet, hervorzubrechen und über Schlachtfelder sich zu legen, er war auch hier vorhanden, und die Chauffeure schmeckten ihn. (VB 17f.)

Andere Passagen sind durch maximalen Distanzverlust zum Geschehen gekennzeichnet, am signifikantesten wohl in der bereits erwähnten Op-

---

[418]Was sich auch aus dem Herkunftsraum des Ich-Erzählers erklärt, der aus der Stadt, im Vorwort als Raum der Wissenschaft konzipiert, geflohen ist, um „dem Systematischen der Erkenntnis [zu] enteilen" (VB 10). Insofern empfindet er die bescheidenen Umstände und Lebensbedingungen seiner neuen Umgebung nicht als negativ, die ethnographische Perspektive bleibt jedoch trotz allen Wunsches nach Integration stets latent vorhanden: „... sonderbarerweise ist mir diese aufgezwungene Primitivität recht, wie alles, was mich von der Stadt und den städtischen Ordnungen, denen ich entflohen bin, entfernt." (VB 113)

ferszene, wenn das Verhältnis der Masse zum elitären Führer Ratti beschrieben wird und der Ich-Erzähler in der amorphen Gruppe aufgeht:

> Die Ernte war dem Närrischen [Ratti] zugefallen, einem Narren waren wir nachgetanzt, wir hatten ihn umtanzt, getrieben von der tiefsten Dunkelheit des Lebens, wir, das vielköpfige Tier, das mutterlose, von dem ich ein Teil war, von dem ich ein Teil bin, von dem wir alle, die wir leben und tanzen, Teile sind, Mann oder Frau, Führer oder Geführte, Weise oder Narren, Teile des Nachttieres. (VB 281)

Dieses Schwanken zwischen Distanz und Nähe zum Geschehen gilt auch für den Umgang des Ich-Erzählers mit dem Selbst. An einigen Stellen konstruiert er seine Person in ihrer „Abgeschiedenheit" als einen nicht zugänglichen Raum, ohne Konnex zur Umwelt und zum Geschehen:

> [...] ich stecke in einer innersten und so sehr gesicherten Hülse, ich bin wie ein einer Taucherglocke so sehr in mich hinabgelassen, versenkt in mein eigenes Jenseits, daß dieser ganze Lebensablauf mitsamt dem an sein Ende gesetzten Ende mich eigentlich nichts angeht [...]. (VB 86)

Doch diese anfangs entworfene Isolation wird im Handlungsverlauf stellenweise völlig aufgehoben. Der Arzt erliegt nach und nach dem kollektiven Massenwahn, wobei seine rational-bewußte Kontrolle verloren geht. Ist er zunächst noch „voller Misstrauen [...] gegen das salbungsvolle Getue" (VB 80) Rattis, reagiert er auf eine befremdende Ansammlung von „Wiedergeburt", „das Gemeinsame", „Schicksal" und „Opfer" in Milands Rede bereits nur mehr ambivalent: „Ein unerwartetes Bedürfnis stieg in mir auf, gleichfalls teilzuhaben an dieser Wiedergeburt, an die ich doch nicht glaubte und die mir nur widersinnig und gefährlich erschien..." (VB 229). Gegen sein besseres Wissen erliegt er stufenweise der Indoktrination Wenzels und Rattis und deren Hetze gegen Wetchy: „[...] die Burschen hörten auf das Kommando des Wenzels. Und ich selber? war ich nicht auch schon erfaßt? war ich nicht auch schon in die Verstrickung dieses Traums geraten?" (VB 233). Beim Anblick der paramilitärischen Truppe ergreift ihn eine bedenkliche Regung: „Eine merkwürdige Lust beschlich mich, da mitmarschieren zu dürfen: ist es nicht so, als könnte der taktmäßige Gleichschritt den Menschen aus seinem hilflosen Traum reißen." (VB 247) Als in der Massenszene schließlich skandierend das Opfer Irmgards verlangt wird, ist die Distanz zur

Umwelt gänzlich aufgehoben, wobei die Unzuverlässigkeit der Erinnerung erwähnt wird: „Es mag sein, dass auch ich mitgeschrien habe. [...] das ganze Volk tat mit, vielleicht auch ich, ich weiß es nicht mehr." (VB 273). Die variierende Distanz zum erzählten Geschehen findet ihre Entsprechung in den schwankenden Werthaltungen des Erzählers. Unterstützt er als einer der wenigen im Dorf den Außenseiter Wetchy zunächst vorbehaltlos, glaubt er gegen Ende „[s]einen alten Unwillen gegen den Wetchy" (VB 288) zu entdecken. Zweifellos ist er auch hier der Indoktrination Wenzels und Rattis erlegen und der „alte Unwille" gar nicht so alt. Es handelt sich um schwankende Werthaltungen des Erzählers, dessen aufgeklärt-rationale Sichtweise immer mehr gefährdet wird. Diese Beobachtungen reichen für sich aber noch nicht aus, um die Frage der *Verläßlichkeit* des Erzählers zu klären.

Die *Verzauberung* ist als bewusste Gestaltung eines rekapitulierenden Ich-Erzählers angelegt, die Dichotomie ‚Erinnern' vs. ‚Vergessen' dient dabei zunächst als primäre Schreibmotivation.[419] Der Ich-Erzähler schreibt so, als ob er im jeweiligen Stadium nicht weiß, was folgt. Erst im Nachwort geht das Erzählen in eine „„dissonante Ich-Erzählung""[420] über, d. h. der Erzähler setzt sich erst hier vom früheren Geschehen ab. Diese Erinnerungsarbeit dient nicht nur der Konservierung der Ereignisse, sie dient v. a. der *identitäts-* und *sinnstiftenden* Selbstvergewisserung des Arztes.[421] Die fiktionale Erinnerung wird *radikal subjektiviert*, wobei das ‚Gedächtnis' als die Instanz entworfen wird, welche die psychische Kontinuität gewährleisten soll.[422] Diese Subjektivierung gilt im Roman als charakteristisch

[419]„Und eigentlich möchte ich bloß aufschreiben, als könnte ich es sonst vergessen [...]." (VB 12)

[420]Mark W. Roche: Die Rolle des Erzählers in Brochs *Verzauberung*. In: Paul Michael Lützeler: Brochs Verzauberung, S. 142.

[421]„Und da ich es jetzt niederschreiben will, [...] so tue ich es mit aller Hoffnung des jungen und aller Hoffnungslosigkeit des altgewordenen Menschen, den Sinn Geschehenen und noch zu Geschehenden zu erhaschen, ehe es zu spät ist." (VB 11f.)

[422]Dem ‚Gedächtnis' kommt eine entscheidende Rolle bei der Verortung des Konstrukts ‚Personkern' zu und gehört zu den zentralen zeitgenössischen Forschungsgegenständen. Vgl. für Hinweise auf die Bedeutung hin, die die Suche nach einer solchen die psychische Kontinuität gewährleistende Instanz für die Moderne hatte: Esther V. Schneider-Handschin: ‚Weil Erinnern und Festhalten niemals etwas anderes als selbsterinnertes Eigen-Ich ist' – Erinnerung und Identität in Hermann Brochs Romanen *Die Schlafwandler* und *Die Schuldlosen*. In: Michael Kessler (Hg.): Hermann Broch. Neue Studien. Tübingen, 2003. Zum Konstrukt der Person und

für den dörflichen Raum, der mit seinem intersubjektiven Wissensbegriff oppositionell zum städtischen Raum samt seinen Werthaltungen – analog der wissenssoziologischen „Aspektstruktur des Denkens" – entworfen wird. Die zentralen Oppositionen lauten (vgl. VB 9-12):

Dörflicher Raum	vs	**Stadt**
≈		≈
„Leben/Mitleben"		„Erkennen"
„Unordnung des Unmittelbaren"		„Systematik der Erkenntnis"
„Vielfalt des Lebens"		„städtische Ordnung"
Subjektivierter Wissensbegriff		Intersubjektiver Wissensbegriff

Man sieht, dass es bei dieser Dichotomie nicht um eine Liste von vordergründigen Oberflächen-Merkmalen geht, sondern um Aspekte, die ausschließlich *Denk- und Erkenntnisstruktur* betreffen. Die beiden entworfenen Räume differieren fundamental in Wahrnehmung und Interpretation von Realität, zudem liegt ihnen eine unterschiedliche Ontologie zugrunde. Der Wechsel vom alten zum neuen Wissensbegriff (aus Perspektive des Ich-Erzählers: vom intersubjektiven zum subjektivierten), der mit der Grenzüberschreitung vom städtischen in den dörflichen Raum gleichgesetzt wird, soll letztlich auch das Bedürfnis nach Sinnstiftung befriedigen:

> Ich habe das Erkennen verlassen, um ein Wissen zu suchen, das stärker sein soll als die Erkenntnis, stark genug, um die Zeitspanne, die dem Menschen beschieden ist, sich mit seinen Füßen dahin und dorthin zu bewegen, seine Augen da und dort ruhen zu lassen, um diese Zeitspanne eines kurzen Erdendaseins mit einem fast fröhlichen Warten auszufüllen, ein Wissen, enthoben dem Vergessen, [...] erfüllt von dem Sinn des Gewesenen und des Künftigen [...]. (VB 11)

Die Dichotomie dörfliches vs. städtisches Denksystem sind die beiden Pole, zwischen denen der Erzähler während des Erzählverlaufs pendelt. Er strebt eine Entwicklung zu einer sinnstiftenden, dörflichen, mystifizierten Erkenntnis hin an, doch fällt er noch häufig in das alte, städ-

ihrer Identität im Kontext der Frühen Moderne vgl. Michael Titzmann: Das Konzept der ‚Person' und ihrer ‚Identität' in der deutschen Literatur um 1900. In: Manfred Pfister: Die Modernisierung des Ich. Passau, 1989.

tische, rationalisierte Denken zurück, was sich auch auf den Erzählduktus auswirkt, der zwischen „naiven", realistisch-mimetischen Abschnitten einerseits und Passagen mit massiv uneigentlicher, lyrisch-verklärter Sprache andererseits wechselt. Dies betrifft sowohl die Erzählerrede als auch die vom Ich-Erzähler wiedergegebene Figurenrede. Manifest wird dies etwa, wenn die eigentlich nonverbale Kommunikation zwischen Ich-Erzähler und dem Wirtshund Pluto wiedergegeben wird.[423] Es stellt sich insofern die Frage nach dem Status aller durch die Erzählinstanz vermittelten Redeinhalte und inwiefern sie als faktisch erinnerte, sich mimetisch gerierende Rede zu verstehen sind. Der Schluss liegt nahe, dass die Uneigentlichkeit der Redeinhalte bewußt gemacht werden soll, damit die symbolisch-parabelhafte Färbung des Romans immer wieder hervortritt, auch wenn sie von „realistischen" Passagen unterbrochen wird. Wie könnte ein Erzähler, der das Vergangene nach 9 Monaten (erzählte Zeit) zu erzählen beginnt, wofür er wiederum 6 Monate (Erzählzeit) braucht, sich akkurat an die teils lyrische Rede aller Figuren – einschließlich Metrum und Reim – erinnern? Es stellt sich somit auch die Frage, *wie* die dargestellte Welt durch die Perspektivik des Ich-Erzählers gesteuert und manipuliert wird, es stellt sich, wiederum mit Mannheim, die Frage nach der „Seinsgebundenheit" seiner „Aspektstruktur". Die erkenntnistheoretischen Implikationen dürfen in Hinblick auf diesen Roman nicht übersehen werden, auch wenn er keine explanativen Exkurse wie in *Die Schlafwandler* enthält.

Hier eröffnet sich ein methodisches Problem: Wie kann ein Textinterpret überprüfen, ob die Ausgestaltung der fiktionalen Welt durch den Ich-Erzähler verfälscht ist, wenn keine kontrastive Perspektivierung zum Vergleich vorliegt, da die Ich-Erzählsituation durchgängig ist? Die Antwort liegt auf der Hand: Man müßte Widersprüche aufspüren, die die Unzuverlässigkeit des Erzählers offen legen. Michael Winkler und Mark Roche argumentieren diesbezüglich mit den schwankenden Werthaltungen des Ich-Erzählers um „die Frage nach der Verläßlichkeit bzw. Unzuverlässigkeit des Erzählers"[424] zu klären. Die Änderung der Wertmaßstä-

[423]So spricht der Wirtshund: „Da bist du ja wieder, Mensch, und du riechst teilweise nach Doctor und teilweise nach deinem Hund Trapp und teilweise nach den anderen Dingen des Lebens, von denen ich aber jetzt nicht weiter sprechen will." (VB 17)

[424]Mark W. Roche: Die Rolle des Erzählers in Brochs *Verzauberung*. In: Paul Michael Lützeler: Brochs Verzauberung, S. 133. Vgl. auch im selben Band: Michael Winkler:

be allein kann aber kein hinreichendes Kriterium für die Verläßlichkeitsfrage bilden, durchläuft der Erzähler eben einen Prozeß, in dessen Verlauf sich auch sein Wertsystem ändern darf und muß, ohne dass er dadurch gezwungenermaßen unzuverlässig würde. Eine moderne Biographie läßt den Wechsel zwischen Wertsystemen zu. Auch Schlant erkennt die spezifische Problematik der Erzählhaltung an: "Similar to Kafka, Broch presents his protagonist's point of view as if it were the 'objective' and unquestionable one, when a closer reading reveals that this is not so. The country doctor, in this respect truly part of the village community, is a flawed person."[425] Gesucht wäre also ein objektivierbares Indiz dafür, dass sich die *Ideologie des Erzählers* bis in die *Strukturierung der dargestellten Wirklichkeit* auswirkt. Ein solch objektivierbares Kriterium wären etwa klassische ontologische Kategorien wie die Gestaltung von Zeit und Raum. Roche unterscheidet in „bewertende" und „mimische" Funktionen, und kommt zu dem Schluss, dass der Erzähler sich nur in Bezug auf die Werturteile widerspräche, sieht aber „keine Anzeichen dafür, dass der Erzähler ein unzuverlässiger Berichterstatter sei."[426] Das ist nicht ganz richtig, denn tatsächlich finden sich einige implizite und explizite Hinweise auf eine inkonsistente Gestaltung der dargestellten Welt, Textdaten, die also die „mimische" Funktion betreffen.

Da wäre zunächst die räumliche Distanz vom Oberdorf zum Krankenhaus. Als Wetchys Kind krank ist, spricht der Erzähler von „drei Stunden Autofahrt ins Kreiskrankenhaus" (VB 181). Einige Zeit später, als Wenzel schwer verletzt vor dem Stollen liegt, ist die Distanz um zwei Stunden gewachsen: „[...] es ist jetzt vier, bis um neun Uhr könnte das Rettungsauto bei mir sein" (VB 324). Der Konstruktionscharakter wird deutlich, wenn schließlich die faktische Mitte zwischen den beiden Vorstellungswerten zutrifft und das Auto nach 4 Stunden ankommt. Interessanterweise versieht der Erzähler diese Zeitangabe mit dem Zusatz „pünktlich", obwohl es sich um eine ganze Stunde Differenz zur Erwartungshaltung handelt: „Und pünktlich nach acht Uhr langte das Rettungsauto ein." (VB 333) Was die Relativität der zeitlichen Angaben an-

---

Die Struktur von Herrmann Brochs *Verzauberung*. Anmerkungen zu den erzähltechnischen Problemen des Romans.

425 Ernestine Schlant: Political Turmoil and Broch's Redeemer Figure. In: Stephen D. Dowden (Hg.): Herrmann Broch. Literature, Philosophy, Politics. 1988, S. 151.

426 Mark W. Roche: Die Rolle des Erzählers in Brochs *Verzauberung*. In: Paul Michael Lützeler: Brochs Verzauberung, S. 145.

langt, so können sie durch weitere räumliche ergänzt werden. Ein weiteres Beispiel mag genügen: Als sich der Arzt in den Stollen begibt – zusätzlich zur faktischen auch eine symbolische Grenzüberschreitung in den mystischen Raum –, um weitere Verletzte zu versorgen, wird wieder die Distanz thematisiert:

> Ich hatte das Gefühl für Entfernung verloren; sicherlich waren wir bloß ein paar Minuten unterwegs gewesen, aber auch dies hätte ich nicht mehr sagen können; ob wir nun dreihundert oder sechshundert Meter oder noch mehr eingedrungen waren, ich hätte alles geglaubt. (VB 326)

Selbst das Lied der Bergarbeiter wird in dieser Hinsicht thematisiert.[427] Mit der Rückkehr ans Tageslicht (aus dem mystifizierten Höhlenraum) kehrt auch das objektive Empfinden des Erzählers für Distanzen zurück.[428] Es bestehen keine Zweifel, dass der Erzähler die dargestellte Welt bis in die objektivierbaren Kategorien seinen Denkvoraussetzungen unterwirft. Die ontologische Unzuverlässigkeit der dargestellten Welt ist offensichtlich. So wird der innere Entwicklungsweg des Arztes wird immer wieder mit äußeren Daten korreliert und mit Metaphern des Wanderns/ Marschierens/ Reisens ausgedrückt. Dass dieser innere Entwicklungsprozeß sich bis in die raumzeitliche Strukturierung auswirkt, wird explizit gesagt: „[...] der Mensch braucht manchmal äußere Meilensteine, wenn er sich auf einem innern Marsch befindet" (VB 113). Manchmal, aber nicht immer. Wo exakt die dargestellte Welt und ihre Daten unzuverlässig sind, bleibt letztlich *unentscheidbar*. In diesem Zusammenhang sei wiederum auf die spannende Argumentation Roches hingewiesen.[429] In diesen Kontext gehört auch der Schlusssatz des Romans, der eine äu-

[427]„[...] eine kleine, eine wahrlich unscheinbare Totenklage, so klein, wie das Unermeßliche klein wird im Schoß der Erde, dennoch unermeßlich, *ohne Zeitentfernung, ohne Raumentfernung* [...]." (VB 327, Hervorhebungen vom Verfasser)

[428]„Auf dem Rückweg sah ich erst, wie kurz die Strecke war; sicherlich nicht einmal dreihundert Meter." (VB 328)

[429]Roche kommt bezüglich der Auslegung der Werturteile des Erzählers als *verläßlich* bzw. *unzuverlässig* zu analogen Beobachtungen: „Beide Interpretationen können Textbelege für die eigene Position finden; jede widerspricht der anderen. Man dürfte also sagen, jede Deutung ist für sich als absolut genommen falsch, insofern, als sie den einzelnen Textstellen, auf welche sich die andere Deutung beruft, nicht Rechnung tragen kann." Vgl. Mark W. Roche: Die Rolle des Erzählers in Brochs *Verzauberung*. In: Paul Michael Lützeler: Brochs Verzauberung, S. 144. Leider bricht der Aufsatz mit dieser spannenden These ab.

ßerst unwahrscheinliche, dennoch objektivierbare klimatische Begebenheit berichtet, und zwar nach der Beerdigung der mystifizierten Mutter Gisson: „Innerhalb einer Viertelstunde war die Temperatur um 25° gefallen." (VB 367)
Durch diese Auffälligkeiten wird wiederum auf der Textoberfläche etwas angedeutet, das in der Tiefenebene seine Entsprechungen hat. Auf drei Ebenen sei der Bezug erwähnt. Erstens macht es Sinn, dass sich das subjektive Distanzempfinden des Arztes zur Stadt vergrößert, wenn er einen inneren Entwicklungsprozeß vom Denksystem ‚Stadt' zum Denksystem ‚Dorf' durchläuft. Je mehr er sich dem Pol der dörflichen Werthaltung annähert, desto größer wird die subjektiv wahrgenommene Distanz zwischen Stadt und Dorf, die von 3 auf 5 Stunden zunimmt.[430] In einem fantastischen Text wäre die Frage nach dem Realitätsstatus dieser Differenz leicht zu beantworten, in diesem sich realistisch gerierenden Roman bleibt sie allerdings komplex und nicht eindeutig. Zweitens lassen sich auf lexikalisch-semantischer Ebene weitere Bezüge herstellen. Im Beispiel der Stundenentfernung stellt sich in der Faktizität ein arithmetischer *Mittelwert* zwischen zwei Vorstellungswerten ein, der wiederum die mythische Entwicklung des Ich-Erzählers abbildet. Fortan ist das Lexem „Mitte" stark rekurrent und ebenso der (paradoxe) Ausgleich zwischen semantischen Gegensatzpaaren, so etwa: „mittägliche Sterne" und „mittäglich die Nacht" (VB 357). Drittens finden sich fortlaufend Aussagen, die *auch* als *Meta-Kommentare* gelesen werden können, so etwa – schon fast ironisch – eine Aussage zum Zeitproblem, die sowohl im Kontext der mystischen Passagen als auch im Kontext der skizzierten ontologischen Probleme (und somit als Meta-Aussage) gelesen werden kann: „Schön ruht die Zeit in ihrer Mitte." (VB 362)
An diesen Beispielen zur Raum- und Zeitstruktur wird das Anschlusspotential der Mannheimschen Theorie aus historischer Perspektive deut-

[430]Weitere Beispiele wären zahlreich anzuführen, zwei seien genannt. Zunächst besteht zwischen dem bedrohlichen Raum der Stadt, aus der sich der Arzt „herausgetrieben" fühlt, und dem ländlichen Zufluchtsort noch eine räumliche Verbindung: „Liegt die Stadt, die ich geflohen habe, nicht ebenso in ihrer Landschaft wie das Dorf, in dem ich jetzt wirke?" (VB 9f.) Später ist die Trennung in zwei disjunkte Räume jedoch manifest: „Wie ein kreisrunder Vorhang hing er [der Dunst] um den Talkessel und schloß ihn von der übrigen Welt ab, man hätte meinen können, daß die überhaupt nicht mehr existiert und vielleicht niemals existiert hatte." (VB 218)

lich. Nach Mannheim beeinflußt die „seinsgebundene Aspektstruktur des Denkens“ im erkenntnistheoretischen Sinne die Wahrnehmung und Interpretation der Realität. In diesem Punkt geht er über die klassische Ideologiekritik hinaus. Dieses Phänomen ist in der *Verzauberung* auf Ebene der Figuren als auch der Erzählinstanz existent. Dem Ich-Erzähler ist der Wandel seiner Wahrnehmungsmuster – nach Mannheim die seinsgebundene Aspektstruktur seines Wissenssystems – nicht immer bewußt, dennoch verspürt er wiederholt eine Transformation der Realität und ihrer Struktur, ein letztlich wiederum erkenntnistheoretischer Aspekt, was er mit Irritation wahrnimmt:

> Nach welchen Ordnungen begann sich hier die Welt zu gliedern? Sollte es eine neue Ordnung geben? oder wollte das Anarchische hereinbrechen, das Lockende und verlockende, das eintritt, wenn die Ordnung sich selber zum Eckel wird? (VB 81)

Die Relativität der dargestellten Wirklichkeit ist eine doppelte: Zum einen ist sie eine mit zeitlicher Distanz *erinnerte*, zum zweiten eine *subjektiv* und *monoperspektivisch* wahrgenommene. Besonders evident wird die wahrnehmungssteuernde Funktion des Wissenssystems[431] bei der Bergweihe, als der Erzähler für diese Frage erstmals ein Bewußtsein entwickelt:

> [...] war das, was ich sah, tatsächlich so, wie ich es sah? War ich [...] von der Zeremonie, an der ich, wie mir schien, ziemlich unbeteiligt mitspielte, doch so sehr gefangen genommen, daß ich Dinge sah, die es nicht gibt? (VB 100)

Zu einer Verständigung über eine intersubjektive Realität kommt es in dem Roman nicht. Der Arzt gleicht seine Daten nicht mit anderen, ihm nahestehenden Figuren ab. Dies mag schließlich helfen, seine Wankelmütigkeit und Unentschlossenheit zu erklären. Die Wirklichkeit wird in dem Roman letztlich als etwas entworfen, das nur in der Form existiert, an die die meisten glauben. Sie konstituiert sich sozusagen in Akten der „Gemeinschaft der Männer“ (VB 343). Dieses Gruppen- oder Massen-

[431]Vgl. auch folgende Textstelle aus den Schlafwandlern, um die Kontinuität der werttheoretischen Fragen anzudeuten: „[..] die Biographie einer Person entsteht durch Aufzeichnung aller Wertinhalte, die ihr selber wichtig gewesen sind“ (SW 620). Somit fehlen schon eine ganze Reihe wichtiger Daten, die durch die Erzählinstanz nicht kommuniziert werden.

prinzip wird letztlich auch für sozial regulative Kategorien relevant. Ein Beispiel sei erwähnt, die im Roman zentrale Opposition von „Vernunft" und „Irrsinn":

> [Miland] zuckte die Achseln: ‚[...] wenn alle an den Irrsinn einmal glauben werden, dann wird der Irrsinn zur Vernunft... aber mit der alten Vernunft geht es eben nimmer weiter... und irgend etwas in uns muß eben Ja sagen, dann wird es schon von selber vernünftig.' (VB 228)

Konstituiert sich also ein Gruppe, deren Mitglieder sich auf die Akzeptanz eines Denkmodells (hier „Irrsinn") einigen, kommt es zu einer Restrukturierung der die Weltsicht steuernden Ideologie. In diesem Fall ändert Miland seine Einschätzung zu der Frage, ob seine Tochter Ratti folgen dürfe. Vernunft als tradierte aufgeklärte Denkkategorie ist somit keine außerzeitlich gesicherte Idee mit universalem Anspruch mehr sondern unterliegt nurmehr dem Prinzip des sozialen Konsens und ist somit partikular und variabel in der Zeit. Vernunft ist das, was die meisten für Vernunft halten. Die Geltung von Denkmodellen wird pragmatisch über Mehrheitsverhältnisse bestimmt. Der Wandel vollzieht sich hier vor allem als ein Wandel der ideologiegesteuerten Wissenssysteme, oder wie Ratti sagt: „[...] jetzt kommt die neue Zeit, jetzt kommt unser Wissen" (VB 148). Der Weg zur „Macht" führt in der Geschichtsphilosophie Rattischer Provenienz über den Umweg des „Wissens", weshalb Ratti auch Mutter Gissons Weigerung zur Wissensvermittlung frustriert zur Kenntnis nimmt. „[...] sie [die Frauen] geben ihr Wissen, das sie geschluckt haben, nimmer her, [...] man muß ihnen ihr Wissen wegnehmen [...] ihre Zeit ist zu Ende, ihre Macht ist zu Ende" (VB 144). Mutter Gisson, die eine andere Ideologie und somit Weltsicht vertritt, entwirft konsequenterweise ein abweichendes Geschichtsmodell.

Diese erkenntnistheoretischen Implikationen stellen einen weiteren Nexus zum Kontext des kulturellen Wissens her, der über die rein inhaltlichen Merkmale der Ideologie hinausgeht. So wendet sich Lukacs in der *Zerstörung der Vernunft* gegen eine Überbetonung des demagogisch eklektischen Charakters der nationalsozialistischen Ideologie, da er in ihr mehr zu erkennen glaubte als ein mit „gewissenloser Demagogie zusammengebrautes Gemisch"[432] aus verschiedensten, sich teilweise sogar widersprechenden Theorien. Auch Marcuse sah bereits 1934 in der Bindung

---

[432]Georg Lukacs: Die Zerstörung der Vernunft. Berlin, 1953, S. 573.

der Vernunft an irrationale Gegebenheiten wie „Natur", „Blut und Boden", „Volkstum", „existentielle Sachverhalte" und „Ganzheit" die philosophischen Bestrebungen, „die Ratio unter die Heteronomie des Irrationalen zu stellen."[433] Auch er attestiert den Verlust der Universalität der Vernunft, die sozusagen „privatisiert" wird: „Durch die Privatisierung der Ratio wird der vernunftgemäße Aufbau der Gesellschaft um sein zielgebendes Ende gebracht."[434] Die analytischen Einsichten Marcuses sind hier ohne weiteres auf die sekundären ideologischen Mechanismen und die Transformation des Rationalen in der *Verzauberung* anzuwenden. Der zunächst „irrsinnig" erscheinende Ratti wird nach und nach mehrheitsfähig und schafft somit einen neuen Vernunftbegriff. Wichtiger als die jeweilige inhaltliche Ausgestaltung scheint wiederum eine strukturelle Begebenheit: die Wirkung Rattis auf die Dorfgemeinschaft.[435]
Insofern wäre eine weitere wichtige Äquivalenz zwischen fiktionaler Gestaltung und historischer Realität zu postulieren. Der Weg zur Macht führt also nicht über die Spezifik der Ideologeme in Form von Inhalten/Propositionen, sondern, so eine These Habermas', über die *Form* „totalisierender Ordnungsvorstellungen"[436]. Habermas begreift die Ideologien als Reaktion auf die von Max Weber beschriebenen Tendenzen zur Säkularisierung und Rationalisierung der Kultur, die einen Sinnverlust erzeugten. Die Ideologien der „zweiten Generation" seien also Versuche, „Defizite [...], die der Lebenswelt durch gesellschaftliche Moderni-

---

433 Herbert Marcuse: Der Kampf gegen den Liberalismus in der totalitären Staatsauffassung. In: Schriften, Bd. 3, Frankfurt am Main, 1979, S. 19.

434 Ebd., S. 21.

435 So argumentiert auch Koopmann: „Als die eigentliche Gefährdung, die vom Faschismus ausging, dürfte Broch jedoch gar nicht einmal so sehr die naturmystischen Philosophien des Marius Ratti oder vielmehr das, was dem an Äquivalenten in Deutschland entsprach, angesehen haben. Wichtiger als die Existenz derartiger vernebelter Ideologien ist für ihn offenbar die Rasanz gewesen, mit der sie sich ausgebreitet haben, und es sind weniger die phantastisch-mystischen Vorstellungen des Marius Ratti als vielmehr die Wirkung seiner Person und die Wirkung seiner Ideen, die das eigentümliche Phänomen der Verzauberung ausmachen." Vgl. Helmut Koopmann: ‚Verrückte Erlösung'. Der Wahn von der neuen Gemeinschaft und der Glaube an die Unzerstörbarkeit des Ich in Brochs *Verzauberung*. In: Paul Michael Lützeler: Brochs Verzauberung, S. 201.

436 Jürgen Habermas: Theorie des kommunikativen Handelns. Frankfurt am Main, 1985, Bd. 2, S. 519.

sierung zugefügt worden sind“[437], zu verarbeiten. Ratti als anti-moderner Chefideologe vertritt diese funktionale Stelle und bietet mit seiner mystifizierten Weltanschauung Erklärungsmuster für allerlei von der Dorfgemeinschaft erfahrenen Defizite. Die traditionelle Sinnstiftungsinstitution, die Kirche, findet in dem Roman nur einen schwächlichen Repräsentanten: den „Gottesmann, Pfarrer Rumbold. Kränklich, bleichsüchtig, geht sein schattenhaftes Dasein beinahe unsichtbar zwischen den vier Wänden seines Pfarrhofes vor sich“ (VB 47).

[437]Ebd., S. S. 520.

4.4 Zusammenfassende Thesen zur Verzauberung

Das Wesentliche an der Ideologiekritik in der *Verzauberung* stellen also nicht die jeweiligen inhaltlichen Äquivalenzen dar, sondern vielmehr der zu Grunde liegende *implizite Ideologiebegriff*. Er ist umfassender als ein Katalog von Ideologemen, die in Form von Wissenselementen/ Propositionen aufgelistet werden können. Über die inhaltliche Komponente von Ideologien hinaus sind vor allem die *strukturellen Merkmale* gesellschaftlicher Systeme und ihrer Regularitäten relevant. Trotz der plausiblen und offensichtlichen symbolischen Bezüge zu den NS-Ideologien ist diese strukturelle Ebene ebenso wichtig wie die inhaltliche. Insofern findet sich abermals eine Traditionslinie von den *Schlafwandlern* zur *Verzauberung*. Im Epilog der Trilogie wird das skizzierte Problem explizit angesprochen:

> [...] die Probleme der Güterverteilung treten in den Hintergrund [...] vor der Einheit der Ideologien, die immer einsinniger zu einem gemeinsamen Punkt hinstreben, zu einem Ziel, für das es ohne Bedeutung ist, ob es mit dieser oder jener politischen Signatur versehen sein wird, da seine ganze Bedeutsamkeit – der Grundfrage gemäß – einzig und allein darin hegt, daß es ein Totalsystem sein kann, fähig, die entfesselten Ströme des Irrationalen wieder zu vereinigen. (SW 703f.)

Die denkgeschichtliche Entwicklung steuert wiederum zwischen den Koordinaten des Irrationalen und Rationalen hindurch, wobei nach der Wertzersplitterung und dem Entstehen der Partialsysteme die „Sehnsucht nach dem Führer", nach dem „Heilsbringer" steht, der das verlorengegangene Totalsystem wieder herstellen soll. Die „politische Signatur", ob Kommunismus, ob Nationalsozialismus, spielt in ihrer inhaltlichen Spezifik nicht die entscheidende Rolle. Wichtig ist der sich als logischer Zwang darstellende Drang auf das Totalsystem. Doch prognostiziert die Sprechinstanz des Schlafwandler-Epilogs bereits das Scheitern eines solchen Versuchs: „ Dies ist die Sehnsucht. Doch selbst wenn der Führer käme, das erhoffte Wunder bliebe aus" (SW 714f.), wie Marius Ratti dann auch im Roman exemplarisch vorführen darf. Der Text distanziert sich von dieser Figur, wie er sich auch von der Position des Ich-Erzählers distanziert. In der *Verzauberung* gibt es keine „sozial freischwebende Intelligenz" im Sinne Mannheims, keine übergeordnete analytische Instanz wie in den *Schlafwandlern,* die sich über die Relativität des Wissens erheben könnte, und die um eine Synthese und Vermittlung der

unterschiedlichen Wissens- und Ideologieformen bemüht wäre. Diese übergeordnete Perspektive ist nicht präsent, vielmehr ist es eine bewußte Textstrategie, eine solche sinnstiftende Synthese nicht zuzulassen. Winklers Vorwurf, „zuviele disparate, unverbindbare und widersprüchliche Realitäten mußten zu einer Einheit verschmolzen werden, die sich nicht mehr erzielen ließ“[438] präsupponiert wiederum, dass eine solche Einheit intendiert gewesen wäre – eine Folgerung, der man sich nicht zwingend anschließen muß. Vielmehr stellt die erwähnte *Disparatheit/ Widersprüchlichkeit/ synkretistische Ausprägung* abermals ein Merkmal der vom Text transportierten und offengelegten ideologischen Systeme dar, die bewußt als solche Eingang in den Roman gefunden hat.
Die widersprüchlichen Werthaltungen des Arztes – mal versteht er „das Narrentum Rattis“ (VB 64) und will ihn sogar „in Schutz nehmen“ (VB 238), mal opponiert er – wären mit einem Schwanken zwischen heterogenen, alten und neuen personbezogenen *Wissenssystemen* zu erklären. Und tatsächlich wird die Entwicklung des Arztes im Roman rekurrent mit dem Wechsel von divergierenden Wissensformen verknüpft:

> Ging ich selber ins Wissen? [...] es war mir einen Augenblick lang, als hätte ich das Wissen, das mir zugeteilte Wissen geflohen [...] War ich nicht nur überheblich und ungeduldig gewesen? [...] ungeduldig, weil ich nicht durch das Wissen zur Liebe wollte [...] hoffend, daß mir [...] das neue und endgültige Wissen anfliegen werde? [...] Zu welchem Wissen strebte ich jetzt noch? (VB 177)

Dass die übergeordnete *Metaperspektive* im Text *nicht besetzt* ist, liegt in der Logik des Textes begründet. Durch die beschriebene spezifische Konstruktion des Ich-Erzählers wird ein *epochales Problem in die Subjektivität eines Individuums* verlegt und somit exemplarisch vorgeführt. Ob die Sinnstiftung über das mystisch-religiöse Modell letztlich funktioniert, bleibt aufgrund der spezifischen Anlage des Textes eine unentscheidbare Frage. Es ist somit unsinnig, dem Roman den Vorwurf zu machen, dass, weil die ideologische Problematik bis in die Erzählinstanz reiche, er somit in die Nähe der Blut-und-Boden-Literatur gerückt werde.[439] Die ideologische Verstrickung des Erzählers ist kein Konstruktionsfehler sondern eine intendierte Textstrategie. Die Widersprüchlichkeit der Weltsicht und

---

[438]Michael Winkler: Die Struktur von Herrmann Brochs *Verzauberung*. In: Paul Michael Lützeler: Brochs *Verzauberung*, S. 129.
[439]Vgl. Sigrid Schmid-Bortenschlager: Dynamik und Stagnation. Herrmann Brochs ästhetische Ordnung des politischen Chaos.Stuttgart, 1980.

der Erklärungsmuster wird somit innenperspektivisch vorgeführt. Dass sich die Naturmystik Rattis als universale Theorie mit totalitärem Geltungsanspruch geriert, er als „Welterlöser" antritt, ändert nichts an seinem Scheitern. Der Text destruiert diesen Anspruch durch die ironische[440] Schlusskonstellation, als Ratti im Gemeinderat angekommen ist, um seine banalen Machtansprüche zu vertreten und „allmählich als ‚entmythisiert', als machtgieriger Scharlatan erscheint."[441] Sein „Ideologie-Ersatz", den er als reines *Machtmittel missbraucht*, wird somit entlarvt. Auch hierin bietet sich eine Äquivalenz zum historischen NS-System, das ein *Meta-Merkmal* betrifft.

> Während die Nazis ihre Konzepte durchaus als totalisierende Ideologie präsentierten, als Heilslehre und globale Erklärung der Welt, bilden die verschiedenen Elemente dieser Ideologie bei näherer Betrachtung keine Totalität, sondern bleiben ein Nebeneinander widersprüchlicher Elemente, ein Mischmasch überholter Ideologien, die aus ihren ursprünglichen Kontexten gelöst sind, um eine Art Ideologie-Ersatz vorzutäuschen.[442]

Die Uneigentlichkeit des ideologischen Systems Rattis wird im Text mehrfach thematisiert. So wie die „*Vernunft*" wird auch die *subjektivierte* „*Wahrheit*" als *soziales Konstrukt* bewußt gemacht, wobei es signifikanterweise nicht der Erzähler, sondern Miland ist, der diese Einsicht als Erwiderung auf die herkömmliche Vorstellung vom Wahrheitsbegriff des Erzählers formuliert:

> ‚[...] der Schmied hat seine Wahrheit, und die Augen haben ihre Wahrheit, [...] man kann nur immer sagen, das ist wahr und das ist nicht wahr, oder das ist gerecht und das nicht gerecht, aber die Wahrheit oder die Gerechtigkeit, das gibt es nicht.' (VB 222)

Folglich kann Ratti sein „höchst zwiespältiges Spiel" treiben, denn „er hat zwei Wahrheiten, eine für den Lax und eine für Euch [Miland]" (VB

---

440 Roches Thesen zur Ironie im Roman leuchten ein, und können meines Erachtens auf die Erzählhaltung übertragen werden. Vgl. Mark W. Roche: Die Rolle des Erzählers in Brochs *Verzauberung*. In: Paul Michael Lützeler: Brochs Verzauberung, S. 140ff.

441 Thomas Koebner: Mythos und ‚Zeitgeist' in Hermann Brochs Roman *Die Verzauberung*. In: Paul Michael Lützeler: Brochs *Verzauberung*, S. 182.

442 Stephen Lowry: Pathos und Politik. Ideologie in Spielfilmen des Nationalsozialismus. Tübingen, 1991, S. 34.

220). Obwohl der Ich-Erzähler hier die Inkonsistenz Rattis wahrnimmt, scheitert er doch unter ethischen Gesichtspunkten als Mitglied der oppositionellen Gruppe. Seine passiv-reflexive Haltung ist nicht ausreichend, um Ratti in seine Schranken zu verweisen, ein Vorwurf, den man auch Mutter Gisson machen kann. Der Arzt ist zu labil, um für sich ein in der Zeit stabiles Wertsystem aufzubauen. Er pendelt zwischen den diversen Angeboten, metaphorisch gesehen ist auch er ein „Wanderer" zwischen den Wertsystemen, da er in kein Denksystem fest integriert ist: „Denn welcher Gruppe gehört der Wanderer an? Keiner. Und keine vermisst ihn." (VB 51). Doch fehlt ihm die übergeordnete Perspektive, die nötige Distanz, um diesen Sachverhalt zu erkennen. Diese Position wäre bei Mannheim durch die „sozial freischwebende Intelligenz" besetzt. Das Entscheidende an der neuen denkgeschichtlichen Einsicht ist nun, dass der Wechsel zwischen den Wertsystemen *erkenntnistheoretische Konsequenzen* mit sich bringt. Ideologie ist in diesem Sinne mehr als zu entlarvende Lüge und Propaganda, sie *strukturiert die Wahrnehmung und Interpretation von Realität.* Ratti führt alle Natursymptome auf die mystifizierte Ursache „Berg" zurück, der als Entität mit eigenem Willen und Plan erscheint, der Auserwählte (selbsternannt: Ratti) rufen kann (vgl. VB 144). Der Arzt versperrt sich meist dieser Sichtweise, doch in labilen Momenten erliegt er ihr auch. So nimmt er beispielsweise gewisse, nicht-zeichenhafte Symptome der Umgebung, genauer ein „Pfeifen und Knirschen", zunächst gar nicht wahr. Erst nach seiner Begegnung mit Marius treten sie plötzlich in seine bewußte Wahrnehmung, ohne dass er ahnt, warum:

> Erst jetzt erinnerte ich mich eines scharfen Pfeifens und Knirschens, das in das Knacken des Waldes hineingetönt hat. Warum es aus meinem Bewußtsein ausgeschaltet geblieben war, schien mir unerfindlich. Aber es war so. (VB 146)

Der Grund ist letztlich banal: die nicht-zeichenhaften Daten fügen sich nun dank Rattis mystifizierten Weltentwurf in einen „sinnvollen" Kontext ein: Der Berg wehrt sich angeblich gegen jegliche Kulturprodukte, was in Rattis anti-modernistisches Denksystem paßt. In diesem Fall bezieht er die Geräusche auf das Zusammenbrechen des Kulturprodukts Seilbahn. Erst der temporäre Wechsel zu Rattis „Weltbild" führt zu einer neuen Wahrnehmung der „Wirklichkeit". Dass es zuvor aus dem „Bewußtsein ausgeschaltet geblieben war" ist somit gar nicht mehr so unerfindlich, ist Wahrnehmung doch stets gezwungenermaßen selektiv. Na-

turphänomene werden nur in Rattis Weltbild zeichenhaft und „sinnvoll": „[...] der Berg hat gesprochen, die Zeit ist reif. [...] Die Seilbahn ist gerissen [...] ist das nicht Zeichen genug?" (VB 147)
Auf diesen letztlich erkenntnistheoretischen Aspekt geht auch Mannheim ein, die Tatsache nämlich, dass Gruppen verschiedener Ideologien die Realität unterschiedlich wahrnehmen und es somit zu einer Verunsicherung über den Status der Realität kommt:

> Nur das Problem der Wirklichkeit ist inzwischen fraglich geworden. Alle Parteien suchen in ihrem Denken und Handeln diese Wirklichkeit, und es ist kein Wunder, wenn sie sich ihnen verschieden gibt.[443]

Diese Korrelation von Ideologie und Wirklichkeit ist für die Frage der Ideologiekritik in der *Verzauberung* zentral.[444] Anhand der Erzählsituation wird die Folge wechselnder Werthaltungen vorgeführt: der Zustand der dargestellten Welt ist unzuverlässig geworden. Die Ideologiekritik ist vom Leser in Akten adäquater Interpretation herzustellen und wird von keiner textinternen Instanz vertreten. Über die geschilderte, komplexe strukturelle Vernetzung der wert- und erkenntnistheoretischen Zusammenhänge ist klar geworden, dass sich die Frage nach der „wichtigeren" Bedeutungsebene nicht stellen kann, sind die Ebenen doch nicht voneinander zu trennen. Sie teilen die gleiche grundlegende Problematik, worin die Traditionslinie zu den *Schlafwandlern* unübersehbar ist.

---

[443]Karl Mannheim: Ideologie und Utopie, S. 86.
[444]Auch im 1. Exkurs des *Huguenau* wird sie hergestellt: „Die große Frage: wie kann das Individuum, dessen Ideologie sonst wahrlich auf andere Dinge gerichtet war, die *Ideologie und Wirklichkeit des Sterbens* begreifen und sich ihr fügen? [...] wie konnte die *Ideologie des Krieges* in diesen Menschen überhaupt Platz finden, wie konnten diese Menschen eine solche *Ideologie und deren Wirklichkeitssphäre* überhaupt begreifen?" (SW 419f.)

5 Synthetische Ebene: Zusammenführung der Ergebnisse

Dieser abschließende Abschnitt widmet sich der Auswertung der abstrahierbaren gemeinsamen Phänomene, die in allen drei Texten präsent sind und die Rückschlüsse auf die historische Spezifik der zentralen Denkkonzepte zulassen. Zunächst fokussierend auf die Verbindung der beiden rekonstruierten Ebenen des mathematisch-physikalischen Diskurses und des anthropologisch-psychologischen in der *Unbekannten Größe,* wird sich zeigen, dass eine Vielzahl homologer Strukturen zu den beiden anderen Texten zu rekonstruieren sind (Abschnitt 5.1). Der Integration einzelwissenschaftlicher Diskurse in eine Gesamtwissenschaft liegen demnach gleiche Muster zugrunde wie der Integration der „Partialgebilde" in ein übergeordnetes „Gesamtsystem" (SW 691). Die Defizienzerfahrung durch das vermehrte Auftreten isolierter Einzelgrößen – die „Atomisierung der einstigen Ganzheit" (SW 536) bzw. die „Zerspaltung des Gesamtlebens und -Erlebens" (SW 420) – führt zu dem Wunsch, ein Modell zu finden, welches die Krise adäquat beschreibt.[445] So wie eine disjunkte Klassenbildung von ‚Psychisches' vs ‚Physikalisches' in der *Unbekannten* Größe durch eine Integration der beiden Größen in ein neues sinnstiftendes System abgelöst wird, so steht in den *Schlafwandlern* und der *Verzauberung* die Sehnsucht nach sinnstiftenden Denksystemen[446] (Abschnitt 5.2). Die spezifische Ausprägung in der *Verzauberung* mit dem elitären Führermodell, das scheitert, ist in den *Schlafwandlern* noch als eine unheimliche von vielen Varianten der „Sehnsucht"[447] (nach Sinnstiftung) präsent. Schließlich wird abschließend der

[445]Dieser analytische Aspekt, der sich auf die Bestandsaufnahme der Krise beschränkt, ist dominant in den *Schlafwandlern.* Wiederholt wird versucht, die Einzelphänomene in einen Gesamtzusammenhang zu setzen, ein Beispiel aus dem vierten Exkurs: „[...] es wird all die innere Logik eines Huguenau in die Gesamtlogik der Epoche eingeordnet [...]." (SW 463)

[446]Die Absenz von Sinn wird bereits im ersten Textsegment anhand des Kriegsthemas eingeführt: „[...] so gab es doch keinen, der nicht wußte, daß er als einsamer Mensch mit einsamem Leben und einsamem Tode hier herausgestellt worden war in eine übermächtige Sinnlosigkeit, in eine Sinnlosigkeit, die sie nicht begreifen oder höchstens als Scheißkrieg bezeichnen konnten." (SW 386)

[447]Die Variante des elitären Führermodells kommt erst im Huguenau-Teil der Trilogie auf (erstmals SW 421). Sie ist nur eine der vielen Arten von „Sehnsucht" nach Ganzheit und Sinnstiftung. Ihre Korrelation mit dem christlichen Modell und der Sinnstiftung wird in der folgenden Passage evident: „[...] die Sehnsucht nach dem

Frage nachgegangen, welche Funktion der Literatur in einem zunehmend komplexeren und spezialisierteren Diskurssystem zukommt (Abschnitt 5.3).

5.1 Abstrahierbare diskursübergreifende Phänomene

Es haben sich in den bisherigen Analyseschritten etliche Berührungspunkte zwischen vordergründig getrennt scheinenden Bereichen angedeutet. Viele abstrahierbare Merkmale und Strukturen erweisen sich in den Einzeltexten als rekurrent. Die bisherigen Ergebnisse sollen hier in einen geordneten Zusammenhang gestellt werden.

5.1.1 Realitätsbegriff und Personkonzept

Der zentrale Berührungspunkt der Einzeldiskurse in der *Unbekannten Größe*, dem etliche weitere diskursübergreifende Phänomene korreliert sind, ist der *Realitätsbegriff.* Im wissenschaftlichen Paradigma der *Physik* findet ein Wechsel statt, der eine Teilmenge der bisherigen Basispostulate zur Struktur der Realität in Frage stellt und revidiert (vgl. 2.3.2). Die Implikationen der neuen physikalischen Theorie für den Realitätsbegriff sind noch nicht vollständig ermittelt, es gibt konkurrierende, gruppenspezifische Auslegungen des neuen physikalischen Wissens, die im Text durch die Figuren Hieck, Weitprecht und Kapperbrunn repräsentiert sind (vgl. 2.3.1). Die physikalische Handlung befindet sich in einer Phase des disziplinären Umbruchs, in welcher der Realitätsbegriff (vorübergehend) *subjektiviert* wird, da noch keine integrierende, abschließende Erklärung für die quantentheoretischen Probleme gefunden ist. Gerade diese Phase der Verunsicherung und Diversifikation interessiert den Text, nicht die stabilen Phasen vor und nach der wissenschaftlichen „Revolution".

Ebenso relevant ist die im *Konzept der Person* implizierte *Subjektivierung des Realitätsbegriffs*, der in den verschiedenen Schattierungen des „Unwirk-

---

Führer, der leicht und milde bei der Hand ihn nimmt, ordnend und den Weg weisend, der Führer, der keinem mehr nachfolgt und der vorangeht [...] der Heilsbringer, der in seinem eigenen Tun das unbegreifbare Geschehen dieser Zeit sinnvoll machen wird." (SW 714) Dennoch ist dies nur eine Schattierung eines massiv rekurrenten Themas, das mehr als diese faschismus-nahe Ausprägung kennt und bereits im Pasenow entwickelt wird: vgl. SW 36f., 53, 63, 70, 80, 112, 114, 123, 144, 146, 148, 175, 204, 222, 237, 321, 332f., 337, 340ff., 346, 355, 380, 408, 520, 539, 582, 592, 597, 604, 607, 617, 666, 711f., 714.

lichkeitssinns“ (UG 61f.) zum Ausdruck kommt (vgl. hierzu vor allem 2.2.3-2.2.5 und 2.4.1-2.4.3). In beiden Bereichen also, im physikalischen wie im psychologischen Diskurs, liegt eine Verunsicherung des Realitätsbegriffs vor. Die wahrgenommene Wirklichkeit erweist sich als ein (partiell) von der Person abhängiges Konstrukt, es kommt zur individuellen Selektion/ Tilgung/ (innerpsychischen) Schöpfung von erwünschten/ unerwünschten/ zutreffenden/ nicht-zutreffenden Daten der Wirklichkeit. So wie beim „Wissenschaftsbetrieb“ führt der Text auch in dieser Hinsicht heterogene Varianten vor. Die relevanten und logisch denkbaren Systemplätze sind durch Figuren besetzt: Otto, Richard, Susanne, Katharine, der Vater, Emilie, Erna Magnus, Ilse Nydhalm, Weitprecht, Kapperbrunn – sie alle differieren graduell bezüglich ihrer Einordnung in ein komplexes System. Aus dem Bedürfnis eines intersubjektiven Realitätsbegriffs heraus entsteht dann logischerweise der Entwurf des idealtypischen Wissenschaftlers (vgl. Abschnitt 2.3.1.4), den Richard Hieck als *soziales Identitätskonstrukt* bemüht, um seine Angst vor dem Nicht-Eindeutigen zu beruhigen. Dieses Thema ist auch in den *Schlafwandlern* von größter Relevanz, man denke nur an die Penetranz des Uniform-Themas[448] im *Pasenow*, wo das militärische Identitätskonstrukt ebenso die Aufgabe erfüllen muss, vor dem Nicht-Eindeutigen, dem Unstrukturierten zu schützen. Es ist mit Sicherheit ein wichtiges Symptom eines Systems in der Krise, dass die maximale Ausdifferenzierung in personale

[448]Vgl. etwa folgende Stelle, an der die identitätsstiftende Funkion der Uniform und ihre welt-strukturierende Aufgabe deutlich hervortritt: „Bertrand könnte zum Thema der Uniform etwa sagen: Einstens war es bloß die Kirche, die als Richterin über den Menschen thronte, und ein jeglicher wußte, daß er ein Sünder war. Jetzt muß der Sünder über den Sünder richten, auf daß nicht alle Werte der Anarchie verfallen, [...] die Gesellschaft mußte sich in irdische Hierarchien und Uniformen scheiden und diese an der Stelle des Glaubens ins Absolute erheben. Eine [...] Idee, die den Uniformierten wohl zum Besessenen der Uniform macht [...]. So mochte Bertrand sprechen; aber wenn dies auch sicherlich nicht jedem Uniformträger bewußt wird, so mag immerhin feststehen, daß ein jeder, der viele Jahre die Uniform trägt, in ihr eine bessere Ordnung der Dinge findet als der Mensch, der bloß das Zivilgewand der Nacht gegen das des Tages vertauscht. [...] eine richtige Uniform gibt ihrem Träger eine deutliche Abgrenzung seiner Person gegenüber der Umwelt; sie ist wie ein hartes Futteral, an dem Welt und Person scharf und deutlich aneinanderstoßen und voneinander sich unterscheiden; ist es ja der Uniform wahre Aufgabe, die Ordnung in der Welt zu zeigen und zu statuieren und das Verschwimmende und Verfließende des Lebens aufzuheben.“ (UG 23f.)

Identitäten als Defizit empfunden wird und der Wunsch nach einheitsstiftenden sozialen Identitätskonstrukten hervortritt. Das Thema wird in den *Schlafwandlern* über den *Pasenow*-Teil hinaus auch noch anhand der Heilsarmee (doppelsinnig in der „Uniform des Heils" (SW 429) abgerufen), der Bibelstunde oder des Militärs[449] im *Huguenau* vorgeführt, in der *Verzauberung* ebenso über die Uniformierung der paramilitärischen Truppe Wenzels, selbst den Ich-Erzähler ergreift dort die Lust an der Partizipation an der sozialen Identität.[450] In diesen Kontext gehört auch der Umstand, dass sich Richard Hieck ungern der „Uniform der Wissenschaft" entledigt.[451]
Die soziale Funktionalität dieser gehäuft auftretenden Identitätskonstrukte liegt nahe und ruft doch wiederum ein spannendes epochenspezifisches Grundproblem ab. Die Identität dient

> [...] dem Systemzusammenhalt, in dem sie den zentrifugalen sozialen Interessen eine angebliche Gemeinsamkeit, die als konstitutiv und als positiv postuliert wird, überlagert. Wenn aber soziale Identitätskonstrukte funktional für den Systemerhalt sind, dann sind sie um so mehr Symptom einer Systemkrise und

[449]Nur ein Beispiel von vielen, die Korrelation von Klarheit/ Geborgenheit und Uniform: „Der Major zog den Rock glatt, griff an das Band des Eisernen Kreuzes, und mit der vorschriftsmäßigen Haltung, in der er sich verabschiedete, fand er zu jener Klarheit und Geborgenheit zurück, die Pflicht und Uniform dem Menschen verleiht." (SW 634)

[450]Vgl. u. a. diese Stelle: „Eine merkwürdige Lust beschlich mich, da mitmarschieren zu dürfen: ist es nicht so, als könnte der taktmäßige Gleichschritt den Menschen aus seinem hilflosen Traum reißen." (VB 247)

[451]Schon bei seiner ersten Erwähnung trägt er den Kittel wie zum Schutz: „Er [Richard Hieck] trug gleich dem Diener einen schwarzen Laborantenkittel, freilich soutanenhaft bis zum Halse zugeknöpft..." (UG 11); Später verunsichert es ihn massiv, wenn die erotisierte Erna Magnus ihm nicht im Kleide der Wissenschaft, also auf sicherum Terrain, sondern als Frau und somit im problematischen Bereich der Sexualität, des Nicht-Eindeutigen, begegnet: „Richard war verwirrt, weil sie [Erna Magnus] nicht mehr den gewohnten Laboratoriumskittel trug, sondern ein rotes und, wie ihm schien, duftiges Sommerkleid. Und es war für ihn irgendwie unfaßbar, daß diese Dame etwas mit Elektronenladungen zu tun haben sollte." (UG 104) Seine ideale Partnerin; Ilse Nydhalm, partizipiert hingegen stets zu seiner Beruhigung an dem sozialen Identitätskonstrukt: „Und es ist ihm eine Beruhigung, daß sie [Ilse Nydhalm] ihren hygienisch weißen Kittel anhat." (UG 106)

intrasystemischer Probleme, je stärker sich ein Bedürfnis nach solchen Konstrukten manifestiert.[452]

Das Krisenbewusstsein ist in allen Texten nicht nur implizit präsent, sondern wird jeweils explizit formuliert, wie die bisherige Analyse zeigte. (Soziale) Identität und Realitätsbegriff stellen wichtige Verbindungsstücke zwischen den isolierten Einzelphänomenen her und bilden ein wichtiges Mittel der Diskursrelationierung. In deren Spezifik lassen sich weitere übergreifende Merkmale abstrahieren.

5.1.2 Dynamisierter Realitätsbegriff und Verlust der Anschaulichkeit

Aus der Subjektivierung des Realitätsbegriffs ergibt sich eine logische Implikation: Wenn es eine Heterogenität an Konzeptionen der Wirklichkeit gibt, die sich nur partiell überschneiden, stellen sich die Fragen: „Wo ist die Wirklichkeit?“ (UG 52) bzw. „Hat dieses verzerrte Leben noch Wirklichkeit?“ (SW 418). Auf der Suche nach der intersubjektiven Realität bedienen sich die Figuren in diversen Variationen einer Kombination an rational-logischen, konservativ-reproduzierenden und intuitiv-irrationalen Denkweisen. Dabei entscheidet nicht etwa der spezifische Diskurs, dem die Subjekte offiziell angehören, über ihre jeweilige Denkweise, wie das zu erwarten wäre, sondern vielmehr andere Faktoren. Weitprecht etwa, der aufgrund seiner physikalischen Disziplin traditionellerweise einem rational-logischen Diskurstyp angehört, bedient sich einer „antilogische[n] Irrationalität“ (UG 53). Es ist eine sekundäre Folge der Subjektivierung des Realitätsbegriffs, dass die Wahrnehmung der *Wirklichkeit nicht mehr als invariant und stabil in der Zeit* gedacht wird, sondern „unzuverlässig und jederzeit abänderbar“ (UG 44) ist. In physikalischer Hinsicht wird dies beispielsweise in der *Unbekannten Größe* an der Quantentheorie und in den *Schlafwandlern* an der Relativitätstheorie vorgeführt, in psychologischer Hinsicht an Otto und Richard Hieck in der *Unbekannten Größe* und sämtlichen Hauptfiguren in den *Schlafwandlern*. Dass diese Verunsicherung bis in die ontologische Ebene reichen kann, zeigte die Analyse der *Verzauberung*.

[452]Michael Titzmann: Aspekte der Fremdheitserfahrung: Die logisch-semiotische Konstruktion des ‘Fremden’ und des ‘Selbst’. In: Bernd Lenz und Hans Jürgen Lüsebrink (Hg.): Fremdheitserfahrung und Fremdheitsdarstellung in okzidentalen Kulturen: Theorieansätze, Medien/Textsorten, Diskursformen. Passau 1999. S. 89–113.

Neue Physik wie neue Psychologie haben bezüglich ihrer ‚Objekte' ein weiteres gemeinsames Problem: Beide machen Annahmen zu Realitäten, die nicht mehr *empirisch nachprüfbar und erfahrbar* sind. Zwar können Annahmen der Physik partiell im Experiment bestätigt werden, aber die neuen theoretischen Phänomene sind nicht mehr *vorstellbar* geschweige denn *anschaulich*. Die Einsteinschen Hypothesen, die etwa Richard Hieck Ilse Nydhalm erläutert, besitzen keine konkrete Anschaulichkeit mehr, geschweige denn sind sie sinnlich wahrnehmbar. Doch diese Entwicklung bleibt in ihrer Auswirkung nicht auf die Einzelwissenschaft beschränkt, sondern wird im 6. Exkurs der *Schlafwandler* folgerichtig im Gesamtzusammenhang beschrieben:

> [...] aufgelöst das Sein zu reiner Funktionalität, aufgelöst selbst das physikalische Weltbild, zu solcher Abstraktheit aufgelöst, daß es nach zwei Generationen sogar des Raumes beraubt werden konnte, war die Entscheidung für das reine Abstraktum bereits getroffen. Und angesichts des unendlich fernen Punktes, zu dessen unerreichbar noumenaler Ferne nunmehr jede Frage- und Plausibilitätskette hinzustreben hat, war die Bindung der einzelnen Wertgebiete an einen Zentralwert mit einem Schlage unmöglich geworden; (SW 497f.)

Wiederum gehen mit dem Prozess der zunehmenden Abstraktion Desintegrationserscheinungen einher. So wenig wie das Weltbild der modernen Physik noch bildlich vorstellbar ist, so wenig sind nun interessanterweise auch die Erfahrungen des Ich mit der Person als nicht mehr vorstellbare gedacht, in dem Sinn, dass Instanzen zwar benannt werden – wie etwa die „grausame furchtbare Macht" (UG 112; vgl. die Ergebnisse in 2.4.1), – diese aber nurmehr in metaphorischer, uneigentlicher Sprache charakterisiert werden können. Die Subjektivierung psychischen Erlebens kann sprachlich nicht überwunden werden. Es gilt, dass *Vorstellungen* über die Psyche nur Hilfskonstruktionen zu ihrer Erfassung sind und sein können, wie dies auch beim physikalischen Weltbild der Fall ist. Diese Homologisierung erscheint höchst bemerkenswert. Sie wird über das implizite Vorhandensein in der *Unbekannten Größe* hinaus nicht von ungefähr auch in den *Schlafwandlern* expliziert. Im Nebentext des integrierten Dramas „Das Symposion oder Gespräch über die Erlösung" findet sich das Thema wieder, im „wahren Doppelsinn des Wortes nach der Vorstellung":

> Unfähig, sich selber mitzuteilen, unfähig, seine Einsamkeit zu sprengen, verdammt, Schauspieler seiner selbst, Stellvertreter des eigenen Wesens zu bleiben, –

> was immer der Mensch vom Menschen erfahren kann, bleibt bloßes Symbol, Symbol eines unfaßbaren Ichs, reicht über den Wert eines Symbols nicht hinaus: und alles, was auszusagen ist, es wird zum Symbol des Symbols, wird zum Symbol zweiter, dritter, n-ter Ableitung und verlangt im wahren Doppelsinn des Wortes nach der Vorstellung. Es wird daher niemandem Schwierigkeiten bereiten und wird höchstens der Kürze der Erzählung dienen, wenn man sich vorstellen wollte, wie das Ehepaar Esch zusammen mit dem Major und Herrn Huguenau sich auf einer Theaterszene befindet, in eine Darbietung verstrickt, der kein Mensch entgeht: als Schauspieler zu agieren. (SW 551)

Diese Anmerkungen gehören in den Bereich der (interdisziplinären) Zeichentheorie (vgl. Abschnitt 5.1.4). Hier wird der Objektbereich der Psychologie, das Konzept der Person, als ein ebenso unzugänglicher und unanschaulicher Objektbereich entworfen, wie jener der Mikrophysik. So wie sich das erste Bohrsche Atommodell mit seinen „Elektronenbahnen", die kreisförmig um den Atomkern angeordnet sind, auch als objekt-inadäquate Metaphorisierung erwies, so ist auch jede bildliche Vorstellung von psychischen Strukturen nach Textlogik der *Schlafwandler* irreführend. So wie es mit der Quantentheorie keine physikalischen (bildhaften) Analogien mehr geben kann, die zutreffen, gibt es demgemäß keine Psychemodelle mehr, die mehr sein können als ein „Symbol n-ter Ableitung".[453]

5.1.3 Wissenssysteme und Erkenntnissteuerung

Anhand der Abschnitte 3.3, 4.3 und 4.4 wurde gezeigt, inwiefern sich Wissenssysteme auf die Steuerung von Erkenntnistätigkeit auswirken. Karl Mannheims Wissenssoziologie bestätigt, wenn auch in anderer Terminologie, die epochale Relevanz dieses Themas, das sinngleich in den *Schlafwandlern* theoretisch diskutiert und in den beiden anderen Romanen auf Figurenebene vorgeführt wird. In diesem Sinne erweisen sich sogar die Wissenschaften als „Ideologien", denn es gibt mit der Theorie

---

[453] Bei der sehr dichten Textorganisation der *Schlafwandler* wäre eine Vielzahl an interessanten Analogien zur Funktion des Vorstellens anzuführen. Ein exemplarischer Fall sei erwähnt: Für Esch ist der Bertrand des zweiten Teils als nicht erreichbare und verborgene Figur als Projektionsfläche alles Abzulehnenden von größerer Bedeutung. Auch hier kommt der „Vorstellung" des nicht erkennbaren Objekts eine Wichtigkeit zu, auch wenn sie die Wirklichkeit verfälscht: „Ja, wie sah Bertrand aus? und schärfer als je erkannte er [Esch], daß er Bertrand nur im Bilde Hentjens sich vorzustellen vermochte. Er erwiderte barsch: ‚Das Bild muß weg.' Sie verstand nicht: ‚Welches Bild?' (SW 305)

von den Wissenssystemen keine Erkenntnistätigkeit, die nicht interesselos wäre. Die oppositionellen Einstellungen Kapperbrunns und Hiecks in der *Unbekannten Größe* bezüglich der neuen physikalischen Theorien (vgl. Abschnitt 2.3.1) legen dies exemplarisch offen: Selbst in der rational-logischen Disziplin der Physik sind ideologische Voraussetzungen oft so einflussreich, dass es zu konträren Ergebnissen kommt.[454] Was innerhalb der „harten" natur-wissenschaftlichen Disziplinen gilt, gilt allemal für die Abgrenzung der Wissenschaft nach außen. Gerade der enge, rein mathematisierte Wissenschaftsbegriff, den Richard Hieck in der *Unbekannten Größe* entwirft, stößt bei vielen Problemen an seine Grenzen. Im Denksystem der *Frühen Moderne* trat, wie in Abschnitt 1 erwähnt, der logische Positivismus ein. *Die unbekannte Größe* kann mit ihrem textintentionalen Plädoyer für eine Weitung des Wissenschaftsbegriffs wiederum in den Kontext der Überlegungen Karl Mannheims gestellt werden, der sich ebenso gegen eine zu radikale Sichtweise aussprach:

> Ist es aber so, daß das Leben noch Wissensmöglichkeiten und Typen des Erkennens da aufweist, wo die Wissenschaft selbst aufhört aktiv mitzutun, dann kann die Lösung nicht darin bestehen, daß man diese Wissenstypen als ‚vorwissenschaftliche' abtut und der ‚Intuition' überläßt, nur um das eigene Gehäuse nicht sprengen zu müssen. Im Gegenteil ist es unsere Pflicht, gerade die Eigenart dieser noch nicht ergründeten Wissensarten von innen heraus zu erfassen und sich zu fragen, ob denn nicht der Horizont und die Konzeption der Wissenschaften so weit erweitert werden könnten, daß sie auch diese angeblich vorwissenschaftlichen Wissensgebiete zu umschließen vermöchten.[455]

In diesem Kontext ist die Verteidigung der ‚Intuition' im neunten, dem „erkenntnistheoretischen" Exkurs der *Schlafwandler*, zu sehen, die in die gleiche Kerbe schlägt:

> [...] nicht nur, daß, methodologisch betrachtet, die ‚Setzung der Setzung' nichts anderes darstellt als die Introduzierung des ideellen Beobachters in das Beobachtungsfeld, wie dies von den empirischen Wissenschaften, zum Beispiel von der

[454]Auch historisch waren diese Faktoren immens wichtig. Man denke nur an die unsägliche Abgrenzung einer „deutschen Physik", die der überzeugte Nationalsozialist Philipp Lenard postulierte, wo Rassezugehörigkeit und Nationalität über die Qualität der physikalischen Theorien entscheiden sollten. Zu den antisemitischen Hetzschriften gegen Einstein vgl. Klaus Hentschel: Interpretationen und Fehlinterpretationen der speziellen und der allgemeinen Relativitätstheorie. S. 131–196.
[455]Mannheim (1929/1969), Ideologie und Utopie, S. 144.

> physikalischen Relativitätstheorie, ganz unabhängig von erkenntnistheoretischen Ansichten längst durchgeführt worden ist, es ist auch die mathematische Grundlagenforschung mit den Fragen ‚Was ist die Zahl?', ‚Was ist die Einheit?' zu einem Punkte gelangt, an welchem sie sich zwangsläufig auf den Notausgang der Intuition verwiesen sah: durch das Prinzip der ‚Setzung der Setzung' aber erfährt die Intuition ihre logische Legitimierung, denn die Einsetzung des Ichs in das hypostasierte Wertsubjekt kann mit Fug als die methodologische Struktur des Intuitionsaktes angesprochen werden! (SW 623)

Gerade für diese Weitung des Wissenschaftsbegriffs tritt *Die unbekannte Größe* ein, wie deren Analyse zeigte. Richard Hiecks Plan, durch die „Fülle mathematisierter Welterkenntnis zur Totalität des eigenen Lebens [zu] gelangen" (UG 48) wird in seinem Scheitern vorgeführt. Dieser Weg zur Eindeutigkeit wird von Richard Hieck nicht aus einem intersubjektiven Erkenntnisideal heraus eingeschlagen, sondern begründet sich durch eine individualpsychologische Krise, die durch die problematische Konstellation mit dem Vater ausgelöst wurde. Die erkenntnissteuernde Funktion der Wissenssysteme findet sich denn auch rekurrent in den *Schlafwandler*-Exkursen, wo das Thema sozusagen auf die Spitze getrieben wird. Hier vereinzeln sich demnach die Wertgebiete und treten in manifeste Konkurrenz:

> [...] mitleidlos durchdringt das Abstrakte die Logik jedes einzelnen Wertschaffens, und ihre Inhaltsentblößung verbietet nicht nur jegliche Abweichung von der Zweckform, [...] sondern sie radikalisiert auch die einzelnen Wertgebiete so sehr, daß diese, auf sich selbst gestellt und ins Absolute verwiesen, voneinander sich trennen, sich parallelisieren und, unfähig einen gemeinsamen Wertkörper zu bilden, paritätisch werden, – gleich Fremden stehen sie nebeneinander, das ökonomische Wertgebiet eines ‚Geschäftemachens an sich' neben einem künstlerischen des l'art pour l'art, ein militärisches Wertgebiet neben einem technischen oder einem sportlichen, jedes autonom, jedes ‚an sich', ein jedes in seiner Autonomie ‚entfesselt', ein jedes bemüht, mit aller Radikalität seiner Logik die letzten Konsequenzen zu ziehen und die eigenen Rekorde zu brechen. Und wehe, wenn [...] eines das Übergewicht erhält, [...] emporgewachsen wie das Militärische jetzt im Kriege oder wie das ökonomische Weltbild, dem sogar der Krieg Untertan ist, – wehe! denn es umfaßt die Welt, es umfaßt alle anderen Werte und rottet sie aus wie ein Heuschreckenschwarm, der über ein Feld zieht. (SW 498)

Die Werttheorie ist somit in den *Schlafwandlern* so konsequent weiter gedacht, dass neben einem physikalischen Weltbild auch „das ökonomische Weltbild" existieren kann und sie in Konkurrenz treten. Und je nach Wertgebiet entsteht ein eigenes Weltbild, womit auch dieser Bereich, im weiteren Sinne wieder der Realitätsbegriff, von der intersubjektiven Gültigkeit gelöst wird. Getan ist es damit freilich noch nicht: Jedes Wertgebiet beinhaltet auch seine eigene Sprache, die des ökonomischen wäre dann die „Sprache des Geldes" (SW 538). Neue semiotische Systeme werden nötig.

5.1.4 Sprachkrise und neue semiotische Systeme

Durch die Entdeckung neuer Bereiche der Realität, ob nun im mikrophysikalischen Bereich oder innerhalb der eigenen Person, werden die Figuren also vor ein Problem gestellt: Die neuen Entdeckungen sind nicht oder kaum formulierbar, sie stoßen an die *Grenzen der Sprache*. Die Physik stößt aus diesem Grund eigens die Entwicklung neuer semiotischer Systeme (hier die Mathematik) an, die helfen sollen, die Lücken im Beschreibungsapparat zu schließen. Jedenfalls sind die mikrophysikalischen Sachverhalte nurmehr durch „Gruppentheorie" (vgl. UG 13, 19, 20, 22, 24, 27, 37, 38, 42, 55, 124, 141) und „Mengentheorie" (vgl. UG 14, 28, 56, 70, 127, 141) zu beschreiben, die natürliche Sprache ist dafür nicht mehr geeignet.[456]

Wiederum findet eine Analogisierung mit dem psychischen Diskurs statt, denn auch manche psychischen Inhalte erweisen sich als nicht mehr zu kommunizieren: „Das Wesentliche ist nicht ausdrückbar." (UG 98) „Er war ausgestoßen. Welche Sprache redeten sie?" (UG 113) Die Sprache stößt an die „Grenzen des Wortes" (UG 98), wenn es um die Formulierung subjektspezifischer, nurmehr erlebbarer aber nicht mehr mitteilbarer Erfahrungen mit dem Selbst geht.

---

[456]In theoretischer Hinsicht geht auch Andreas Kamlah in seinem Beitrag zur Semiotik der Physik auf diesen Aspekt ein: „Für die Methodologie der Physik war die Semantik ihrer Darstellungsmittel stets von größter Bedeutung. Da die Physik nicht mit den sprachlichen Zeichen der Alltagssprache operiert, sondern mit solchen, deren Begriffe (Designate) im Zuge des Forschungsprozesses genau so entdeckt werden wie die physikalischen Gesetze, hat die Semantik, die den Bezeichnungen der Physik solche Begriffe zuordnet und die Relationen aufklärt, in denen diese Begriffe zu anderen stehen, stets eine hervorragende Rolle gespielt. Die größten Fortschritte in der Physik waren immer auch solche ihrer Semantik. Galilei, Newton und Einstein waren die größten Erneuerer der physikalischen Sprache." Andreas Kamlah: Semiotische Aspekte der Physik. In: Posner/ Robering/ Sebeok (Hg.): Semiotik. Ein Handbuch zu den zeichentheoretischen Grundlagen von Natur und Kultur. 3. Teilband. Berlin/ New York, 2003, S. 2587–2606. Hier S. 2588.

Auch die komplexe Ausdifferenzierung des Diskurssystems ist davon betroffen. Nach den großen modernen Wissenschaftsrevolutionen brauchen nicht nur die neuen Disziplinen eine neue Sprache, sondern auch eine Binnendifferenzierung traditioneller Disziplinen scheint so weit fortgeschritten, dass selbst innerhalb der Medizin Probleme auftreten, so Flurschütz in den *Schlafwandlern*:

> [...] ich glaube, daß in nicht allzu ferner Zeit die Medizin sich so weit spezialisiert haben wird, daß ein Konsilium zwischen einem Internisten und einem Chirurgen oder einem Dermatologen überhaupt zu keinem Ergebnis wird führen können, einfach weil es kein Verständigungsmittel zwischen den Spezialisierungen mehr geben wird. (SW 508)

Aus der gleichen denklogischen Schlussfolgerung aus der in den Exkursen von den Differenzen der Partialwertgebiete auf eine umfassende Gesamtänderung gedrängt wird, so zieht Flurschütz die Konsequenzen für die natürlichen Sprachen in einem späteren Abschnitt:

> ‚Wissen Sie, Schwester, es müßte eigentlich ein neues Verständigungsmittel außerhalb der Sprache erfunden werden... was so geschrieben und gesprochen wird, das ist vollkommen taub und stumm geworden, ... es müßte etwas Neues geben, sonst behält unser Oberstabs noch recht mit seiner Chirurgie ...‘
> ‚Ich begreife nicht recht‘, sagte Schwester Mathilde. (SW 647)

Wie unter Abschnitt 1 geschildert, waren die Bemühungen gerade zum Ende der *Frühen Moderne* hin verstärkt, neue semiotische Systeme zu entwerfen (vgl. die dort erwähnte Logistik und Zeichensprache). Die Tendenz führte dabei, vor allem im Kontext des Wiener Kreises, zu einer strikten Formalisierung bzw. Mathematisierung der Wissenschaftssprache. Broch nimmt in einem Kommentar zu den Schlafwandlern nicht von ungefähr kritisch Bezug auf diese Entwicklung:

> Aber auch hier, in dieser intellektuellen Sphäre, ist die Verachtung des Wortes sichtbar. Die Wissenschaft versucht, ihre Sprache, ihre Geschäftsbriefe, immer mehr vom Wort unabhängig zu machen, d. h. sie sucht ein absolut korrektes Verständigungsmittel. Sie hat es auch gefunden. U. z. in der Mathematik, in jener Mathematik, die gleichfalls ihren Ursprung in der Renaissance genommen hat. Kant hat diese Entwicklung vorausgewußt, als er den Wissenschaften nur so weit Wissenschaftlichkeit zubilligte, als sie Mathematik enthalten, d. h. sich mathematisch ausdrücken lassen. Vom Wort aus gesehen: sind auch die Wissenschaften stumm geworden. (SW 729)

Bemerkenswert bleibt, dass die neuen denkgeschichtlichen Entwicklungen nicht losgelöst von einer Entwicklung neuer Sprachen gedacht werden konnten.

5.1.5 Metaphorische Übertragungen

Da diese Sprachen aber im Moment der Krise nicht vorhanden waren, tritt wiederholt ein interessantes Phänomen zu Tage: Es werden diskursfremde Metaphoriken entlehnt, um die neuen Sachverhalte auszudrücken. Was die Verwendung *diskursspezifischer Modelle* angeht, stellt *Die unbekannte Größe* auf zumindest zwei Ebenen eine Verbindung zwischen Diskursen her. Auf Ebene der Figuren vor allem durch Richard Hieck, der fortlaufend versucht, auch Nicht-Physikalisches mit der Denkweise der Physik/ Mathematik/ Logik zu erklären: „Alles, was geschieht, vollzieht sich nach logisch gebauten Gesetzen[...]“ (UG 40) Amüsierende Beispiele sind der Vergleich von Erna Magnus mit einem Katalysator, die Idee vom Herzen als Resultante eines Kräfteparallelogramms, oder der logische Zusammenhang in Susannes Gebetbüchern. Doch auch umgekehrt finden (wenige) Schlagworte des psychoanalytischen Diskurses – etwa ‚hysterisch‘ (vgl. UG 38) und ‚nervös‘ (vgl. UG 56, 92, 94, 95, 129) – Anwendung innerhalb des physikalischen und astronomischen Diskurses, bevorzugt wenn es um neue Denkphänomene geht, die Weitprecht entwickelt. Eine zweite Ebene, auf der Modelle übertragen werden, ist die der Erzählinstanz, die wiederholt physikalische Metaphern bzw. Symbole für psychische Vorgänge verwendet (vgl. 2.4.3). Ebenso auffällig ist die Übertragung physikalischer Vorgänge in Analogien auf die werttheoretischen Diskussionen in den *Schlafwandlern*: Von einer „Atomisierung der Wertgebiete“ (SW 536) ist die Rede, es wird die These aufgestellt, dass „der Übergang von einem Wertsystem zu einem neuen jenen Nullpunkt der Wertatomisierung passieren muß“ (SW 712). In Anlehnung an den Entropie-Satz ist von einer „Entropie des Menschen“ (SW 447) die Rede. Diese metaphorischen Bezugnahmen stellen ein weiteres, häufiges Mittel der Diskursrelationierung dar.

5.1.6 Weg-Ziel-Modell und emphatisches Leben

Ein weiteres diskursübergreifendes Textphänomen stellt die in der Epoche weitverbreitete *Weg-Ziel-Metaphorik* dar, die in den Texten schon fast ironisierend zitiert wird. Es gibt einen kollektiven, nicht von Individuen abhängigen Weg des wissenschaftlichen Fortschritts und der Wissensvermehrung, der eine Summe von Einzelleistungen darstellt (vgl. 2.3.1). Im Gegensatz dazu ist der Weg zur Selbstverwirklichung ein individualisierter und von Geburt und Tod eingegrenzter (vgl. 2.4.3). Die spezifische Verwendung dieses Modells wurde unter Abschnitt 2.4.3 eingehender erläutert. Auch in der *Verzauberung* ist dieses Modell präsent.[457] Interessant ist nun, dass dieses Model auch für entindividualisierte Größen gilt, für Kollektive und für Denkmodelle.[458] Diese Annahme eines gemeinsamen (teils vorbestimmten) Weges hat wiederum eine diskursverbindende Funktion. Auch Mannheim betont den kollektiven Erkenntnisfortschritt bei gleichzeitiger Differenzierung in Untergruppen:

> Es ist im Gegenteil weit korrekter, zu sagen, daß das Wissen von Anfang an ein kooperativer Gruppenprozeß ist, in dem jeder sein Wissen im Rahmen eines gemeinsamen Schicksals, eines gemeinsamen Handelns und in der Überweindung gemeinsamer Schwierigkeiten entfaltet (woran jeder in verschiedener Weise teilnimmt). [...] Und selbst diese gemeinsame Welt, die von Außenseitergruppe nicht in der gleichen Weise geteilt wird, erscheint den Untergruppen der größeren Gruppe verschieden.[459]

Ein weiteres verbindungsstiftendes epochentypisches Konzept ist der allen Diskursen übergeordnete, vom Konzept der Person her begründete *Zentralwert „emphatischen Lebens“* (vgl. 2.2.5, 2.4.3), der (selbstredend) in allen Texten präsent ist. Das Subjekt kann sich zur Erlangung des Zustands emphatischen Lebens verschiedener Diskurse bedienen und in individueller Weise kombinieren. Susanne Hieck bedient sich ausschließlich des religiösen Diskurses, der ihrem angelegten Personkonzept genügt. Richard Hieck bemüht sich initial um eine Integration heterogener Diskurse mittels Logik, um durch die „Fülle mathematisierter Welterkenntnis zur Totalität des eigenen Lebens zu gelangen.“ (UG 47) Dieses Modell ist nach keinen erkennbaren Mustern präsent und wirkt nicht differenzierend. Es ist in allen Varianten vertreten, sei es in ironisch-

[457]„[...] der Mensch braucht manchmal äußere Meilensteine, wenn er sich auf einem innern Marsch befindet […].“ (VB 113)

[458]Zwei exemplarische Beispiele seien angeführt: „daß selbst der marxistische Weg wie ein Umweg erscheint“ (SW 705); „den Weg zur Wertwirklichkeit einer ersehnteren Gemeinschaft“ (SW 713);

[459]Mannheim, Ideologie und Utopie, S. 27.

trivialisierter Form wie bei Fräulein Erna aus dem *Esch*,[460] oder durch Absenz wie bei Hanna Wendling im *Huguenau*,[461] oder durch eine Nivellierung des Modells im „zweiten“ Leben Gödickes.[462] Das Modell ist präsent und dient in Fällen wie dem skizzierten kollektiven Wissenschaftsfortschritt, der in Abschnitt 2.4.2 umrissen wurde, als diskursübergreifendes Modell.

5.1.7 Normativität, Normalität und Abweichung

Eine Abstraktion, die sowohl „alltagsphilosophischer“ als auch physikalischer Diskurs teilen, ist die der *Normalität*.[463] Auf die durch den Paradigmenwechsel in der Physik herbeigeführte wahrscheinlichkeitstheoretische/ statistische Interpretation der Naturgesetze wurde schon ausführlich eingegangen (vgl. 2.3.2, 2.3.3). Und auch die Umstrukturierung von Richards Lebensentwurf, der einen Übergang von der Annahme disjunkter Zustände (Leben vs Nicht-Leben, Erkenntnis vs Nicht-Erkenntnis usf.) zu einer Annahme eines skalaren Bereichs mit nurmehr graduellen Unterschieden bedeutet, wurde schon erwähnt. Die beiden Ebenen verbindet die *Unbekannte Größe* wiederum durch eine abstrakte Restrukturierung in der Tiefenstruktur, wo beide Diskurse das Konzept der Normalität integrieren. So heißt es auch sinngemäß am Schluss des Romans, als Richard Hieck soeben seinen neuen, „normalisierten“ Lebensentwurf vorgestellt hat: „Es gibt statistische Annäherungswerte“ (UG 141). Otto Hieck kann als weiteres Beispiel angeführt werden, der – trotz der im kulturellen Wissen gedachten „Abnormität 2. Ordnung“ seines Verhal-

---

[460] „Fräulein Erna erklärte, es sei eben bescheiden, wie es ihren Verhältnissen anstehe, doch der eigene Herd sei wirklich das einzige, was das Leben schön mache.“ (SW 208)

[461] Für einen Menschen, der nur durch sehr schwache und für ihn kaum vorhandene Fäden mit dem verbunden ist, was man oder er selber das Leben nennt, ist das morgendliche Aufstehen stets eine schwere Aufgabe.“ (SW 406)

[462] „Er mußte es jetzt nur mehr durchwarten, denn das Leben, das sich jetzt um ihn sammelte, brauchte er nicht mehr zu fürchten, selbst wenn es ganz nahe an ihn heranrückte: er hatte den Tod bereits hinter sich, und alles, was kam, diente lediglich dazu, das Gerüst immer höher zu bauen.“ (SW 540)

[463] Vgl. dazu auch Michael Titzmann: Revolutionärer Wandel in Literatur und Wissenschaften, S. 317ff.

tens – nicht als abnorm im Sinne einer *normativen* Klassifikation eingestuft wird. Figurenverhalten kann nurmehr statistisch abweichen.[464]
Diese Entwicklung ist besonders dahingehend interessant, dass sie an die bisher referierten Betrachtungen der Wissenssoziologie anschließbar ist und denkgeschichtlich weitreichende Folgen hat. Anhand der *Verzauberung* wurde evident, dass dieses System des mehrheitlichen Konsens, der auf Normalität beruht, auch seine Gefahren birgt. So wie die „*Vernunft*" wird auch die *subjektivierte* „*Wahrheit*" als *soziales Konstrukt* bewusst gemacht: „[...] wenn alle an den Irrsinn einmal glauben werden, dann wird der Irrsinn zur Vernunft." (VB 228) Die Individuen erscheinen auf dieser Grundlage manipulierbar und orientierungslos, fehlt doch der „Zentralwert" (SW 496), welcher als *absoluter* Bezugspunkt Orientierung bietet. Die Behandlung des „Irrsinnigen" bzw. „Wahnsinnigen" eint alle untersuchten Texte, die stets für die quantitative/ graduelle Abweichung von einem gedachten Mittelmaß stehen, nie für normative Abweichung. In der *Verzauberung* kommt das Konzept durch die konsequente Weiterführung wohl zur besorgniserregendsten Ausprägung, wenn durch eine implizierte Konsenstheorie der Wahrheit der „Irrsinn" Rattis zum neuen Leitbild erhoben wird.[465] In den *Schlafwandlern* wird die Thematik von Abweichung und Standard wiederholt aufgegriffen:

> ... wahnsinnig oder groß kann niemals eine Zeit, kann immer nur ein Einzelschicksal sein. Unsere Einzelschicksale aber sind so normal wie eh und je. Unser Gesamtschicksal ist die Summe unserer Einzelschicksale, und jedes dieser Einzelleben entwickelt sich durchaus ‚normal', sozusagen seiner Unterhosenlogizität gemäß. Wir empfinden das Gesamtgeschehen als wahnsinnig, aber für unser Einzelschicksal können wir mit Leichtigkeit einen logischen Motivenbericht liefern. Sind wir wahnsinnig, weil wir nicht wahnsinnig geworden sind? (SW 419)

Somit wird postuliert, dass den Individuen die Fähigkeit zur Außenperspektive fehlt, die nötig wäre, um die eigene Position im System adäquat zu beurteilen. Bei der Relativierung der Standpunkte fällt es dem Einzel-

---

[464]Eine Ausnahme mag die Figurenperspektive Susannes bilden, in deren „System sogar der Tod gesetzlich sich einfügte." (UG 133) Sie betet denn auch um das Seelenheil Ottos, der aus Susannes Perspektive durch seinen Selbstmord gegen eine christliche Norm verstoßen hat.

[465]Nicht zufällig gibt Ratti aber normative Vorgaben aus („der Maschindrusch ist ein Sünde" (VB 74)), füllt er doch die Position des „Führers", der eine Rückkehr in ein normativ-absolutes Wertsystem vorgeben soll.

nen schwer, Verhalten zu taxieren. Otto Hiecks genuiner Wahnsinn (vgl. Abschnitt 2.4) entwickelt sich somit auch von den anderen Figuren unbemerkt.

5.2 Tautologische Systeme und die erkenntnistheoretische Lösung

Ein wichtiges Meta-Phänomen, das allen Texten zugrunde liegt und die generelle Strukturierung von Teil-Ganzes-Beziehungen betrifft, ist das der tautologischen Systeme, die ohne Verbindung zu anderen Systemen maximal isoliert sind. Es soll zunächst an der erkenntnistheoretischen Problematik der unbekannten Größe rekonstruiert werden. Der Erkenntnisschritt, den Richard Hieck vollzieht, entstammt einer logischen Notwendigkeit seiner anfänglichen Herangehensweise. Er versucht ursprünglich, die Gesamtheit der Erkenntnis, die „Fülle mathematisierter Welterkenntnis“ (UG 47), nur über die ausschließlich rationale Denkweise der Mathematik/ Logik zu erlangen. Da aber eine rationale Wissensvermehrung nur langsam vor sich geht, zudem nie an einen definitiven Endpunkt anlangt, sondern jedes Ziel nur ein vorläufiges Ziel ist, von dem aus sich neue Fragen ergeben,[466] da die Lebenszeit des einzelnen aber begrenzt ist, ergibt sich daraus das Problem: Der Mensch stirbt, bevor er zu einer Gesamterkenntnis gelangt. Broch erwähnt dieses Grundproblem in einem Kommentar zu den *Schlafwandlern*:

> [...] die Vielfalt des Geschehens ist rational nicht auszuschöpfen. Das Rationale geht millimeterweise vor, es muß die Welt sozusagen mit Atomen pflastern, der Mensch aber ist ungeduldig. Er hat bloß ein kurzes Leben und schreit nach Totalität. (SW 731)

Richard hat schon früh Momente der Verunsicherung, in denen er seine rein rationale Vorgehensweise in Frage stellt, vor allem wenn er mit anderen Perspektiven konfrontiert wird:

---

[466]In den *Schlafwandler*-Exkursen wird ein Beispiel aus der Physik bemüht, das den Bau der Materie betrifft: „Man kann sich vorstellen, daß eine Fragekette überhaupt zu keinem Schluß kommt: alle ontischen Fageketten besitzen offenbar diese Eigentümlichkeit, – das Problem der Materie, das sich von Grundbegriff zu Grundbegriff, vom Urstoff zum Atom, vom Atom zum Elektron, vom Elektron zum Energiequantum weiterschiebt und immer wieder nur zu einem vorläufigen Ruhepunkt gelangt, ist ein Beispiel für solch eine unendliche Fragekette.“ (SW 472)

Das Bild der Wissenschaft als des Netzes, von dem Masche um Masche gelöst werden mußte, stand wieder vor Richards Auge. Aber es hatte seinen beglückenden Aspekt verloren. Es schien ihm jetzt ein dürres Geflecht, an dem eine Schar von Blinden in unsinniger Weise beschäftigt war. So ähnlich mußte es Kapperbrunn meinen, wenn er die Wissenschaft ein infantiles Gesellschaftsspiel für Zurückgebliebene nannte: manchmal steckte doch etwas hinter Kapperbrunns Aussprüchen, auch wenn man sie nicht gleich verstand. Hieck schob den Gedanken beiseite. (UG 42)

Doch er verdrängt in der Folge – wie so oft – seine Zweifel wieder und hält an seinem eigenen idealisierten Konstrukt der Wissenschaft fest:

Richard strengte sich noch mehr an. Wie war es mit der Mathematik? ein helles Netz leuchtender Wirklichkeit, unendlich lag sie vor ihm, und man mußte von Knoten zu Knoten sich weitertasten, ja, so ähnlich war es, ein kompliziertes Himmelsgeflecht wie die Welt selber, ein Geflecht, das man auflösen mußte, um der Wirklichkeit habhaft zu werden. (UG 39)

Weitprecht steht aufgrund seiner Herzkrankheit kurz vor seinem Tode. Ihm wird bewusst, dass er aufgrund eines exzessiven, rein physikalischen Erkenntnisstrebens vergessen hat, dass seine Lebenszeit begrenzt ist. Er ist mit diesem Erkenntnisstreben noch zu „keinem Ende" (UG 125) gelangt, ihm steht bevor, „mittendrin gefällt" (UG 125) zu werden, ohne zu einer Gesamterkenntnis zu gelangen. Die Lösung des Problems liegt in der Einbeziehung eines absoluten Wertes, der außerhalb des bisherigen, mathematischen/ physikalischen/ rationalen/ logischen Erkenntnissystems steht. Da dieses Erkenntnissystem ein tautologisches System in dem Sinne bildet, dass es nur rein auf sich abgestellt ist und „menschliche Probleme" nicht integrativ erklären kann, hilft nur die Anerkennung eines solchen absoluten Wertes, der, weil er außerhalb des Systems steht, „isoliert" (UG 135) ist. Hieck kommt dann auch zu der Einsicht: „erst Tod und Leben zusammen bilden die Ganzheit des Seins, und das Gesamterkennen ruht im Tode." (UG 136)
Der tautologische Charakter des Mathematischen wurde auch in den Sozialstrukturen der dargestellten Welt gezeigt, wo die Lebenswirklichkeiten einer extremen Vereinzelung unterlagen, so wie beispielsweise das „Gefüge aller Beziehungen" (UG 17) durch den Vater aufgelöst war. Zur Überwindung der Beziehungslosigkeit zwischen mathematisierter Erkenntnistätigkeit und den „großen Fragen des Todes, der Liebe, des

Nebenmenschen" (UG 245) entwirft Broch ein erkenntnistheoretisches Konzept, das bemüht ist, das ‚Irrationale' wieder zu integrieren:

> Vor dem Leichnam des Bruders wird ihm die ursprüngliche Erkenntnisquelle seines Seins sichtbar, und er erfaßt, daß die rationale und wissenschaftliche Erkenntnis bloß einen Teil einer größeren und zugleich einfältigeren Erkenntnis darstellt, einer wahrhaft mystischen Erkenntnis, die beweislos und doch evident ist, weil sie Leben und Tod, Rationales und Irrationales umschließt. (UG 245)

Auch insofern kann gesagt werden, dass die *unbekannte Größe* ein Erkenntnismodell entwirft, das bemüht ist, integrativ zu wirken und die von einem engen Wissenschaftsbegriff ausgeschiedenen Probleme, die Broch kurzum mit dem ‚Irrationalen' bezeichnet, zu integrieren. Eine Sinnfindung kann letztlich nicht ausschließlich rational erfolgen, ohne dass es einen absoluten Wert gäbe, aus dem sich beispielsweise ein religiöses System ableiten ließe. Dieses Problem der geschlossenen, rekursiven Systeme ist im Fokus der werttheoretischen Exkurse des *Huguenau*, die ebenfalls als eine logische Folge des Wertzerfalls gesehen werden:

> Für den mittelalterlichen Kaufmann galt kein ‚Geschäft ist Geschäft', der Konkurrenzkampf war ihm etwas Verpöntes, der mittelalterliche Künstler kannte kein l'art pour l'art, sondern bloß den Dienst am Glauben, der mittelalterliche Krieg nahm nur dann die Würde der Absolutheit in Anspruch, wenn er im Dienste des einzigen absoluten Wertes, im Dienste des Glaubens geführt wurde. (SW 497)

Der Grund liegt wiederum in dem monotheistischen Glaubenssystem, bei dem Gott den absoluten, das System verankernden Zentralwert bildet:

> Es war ein im Glauben ruhendes, ein finales, kein kausales Weltganzes, eine Welt, die sich durchaus im Sein, nicht im Werden begründete, und ihre soziale Struktur, ihre Kunst, ihre soziale Verbundenheit, kurzum ihr ganzes Wertgefüge waren dem umfassenden Lebenswert des Glaubens unterworfen: der Glaube war der Plausibilitätspunkt, bei dem jede Fragekette endigte. (SW 497)

Bemerkenswert ist nun noch, dass der erste Schritt weg vom mittelalterlichen Wertgefüge über einen *Abstraktionsprozess* läuft, bei dem der Gottesbegriff mit Merkmalen gefüllt wird, die analog zu den Eigenschaften der Objektbereiche der modernen Physik zu sehen sind:

> Doch das Denken hat den Schritt vom Monotheistischen ins Abstrakte gewagt, und Gott, der im Endlich-Unendlichen der Dreieinigkeit sichtbare und persönliche Gott, wurde zu dem, dessen Name nicht mehr auszusprechen und von dem kein Bild mehr zu machen ist, aufgestiegen und versunken in die unendliche Neutralität des Absoluten, verschwunden in einem grausamen Sein, das nicht mehr ruht, sondern unerreichbar ist. (SW 497)

Der moderne, rationalisierte Wissenschaftsbegriff wird also aufgrund seines fehlenden Sinnstiftungspotentials durchaus als defizitär empfunden. Dies bildet auch die Motivation für den Ich-Erzähler der *Verzauberung*, den städtischen Raum zu verlassen. Interessanterweise wird in seinem Vorwort zur Erzählung genau jenes skizzierte Modell nochmals abgerufen:

> [...] Jahr um Jahr habe ich dahin gebracht [...] an dem unendlichen Bau der Wissenschaft mitzuarbeiten, an einem Wissen, das kaum mehr das meine war, sondern der Menschheit als solcher gehört, ich, ein bescheidenes Glied in der Kette der Werkenden, [...] immer nur das nächste Resultat sehend, dennoch gleich allen anderen die Unendlichkeit des Baus ahnend. (VB 9f.)

Diese Frustrationserfahrung bildet für den Ich-Erzähler die Motivation, den ländlichen Raum aufzusuchen, um dort eine Form von „Wissen" zu finden, die „Sinn" transportiert (vgl. VB 11), womit impliziert wird, dass der hier zitierte Wissenschaftsbegriff frei von sinnstiftenden Funktionen ist. Dieses Thema ist in allen drei Texten wichtig und präsent.

5.3 Die Rolle der Literatur im Diskurssystem

In Anschluss an die skizzierten Ergebnisse soll abschließend die in den Vorbemerkungen formulierte Frage wieder aufgegriffen werden, welche Rolle die Literatur in einem Diskurssystem höchster Komplexität, wie es nach den großen Wissens-Revolutionen der *Frühen Moderne* vorliegt, erfüllen kann, wenn ihr die Möglichkeit der „Ausbreitung" von „wissenschaftlichem Material"[467] nicht mehr gegeben ist. Broch sieht diese Frage existentiell:

> M. a. W., es handelt sich um die Frage: unter welchen Bedingungen hat ein Roman Daseinsberechtigung? Die nächstliegende Antwort: er hat überhaupt keine

[467] So Hermann Broch in seinem Kommentar „Grundzüge zum Roman *Die Unbekannte Größe*" (UG 243f.).

Daseinsberechtigung. Das ließe sich mit verschiedenen Gründen belegen. (SW 728)

Die Berechtigungsfrage von Literatur zu diskutieren ist natürlich stets müßig, bemerkenswert ist jedenfalls der enorme Rechtfertigungsdruck Brochs für seine schriftstellerische Tätigkeit, die sich unter anderem aus seinem spezifischen Wissenschaftsverständnis herleitet. In einer abschließenden Zusammenfassung sollen einige Aspekte zusammengetragen werden, die die neue Situation der Literatur nach Quantenmechanik, spezieller und allgemeiner Relativitätstheorie sowie Psychoanalyse zu umreißen helfen soll.

5.3.1 Selektion und Komprimierung von Wissen

Betrachtet man die Komplexität des Diskurssystems gegen Ende der Frühen Moderne, die Fülle des produzierten Wissens, dann ergibt sich eine logische Schlussfolgerung: Literarische Texte – und so auch ein ‚wissenschaftlicher Roman' – müssen eine *Selektion* und *Komprimierung* des Wissens vornehmen.

Die Notwendigkeit der Selektion begründet sich aber nicht nur in der Fülle des angehäuften Wissens. Die Komplexität der Quantentheorie etwa erfordert ein *Vorwissen*, das nurmehr eine kleine Teilmenge von spezialisierten Wissenschaftlern besitzt. Selbst die kompetentesten Physiker stoßen dabei an ihre Grenzen. So hat Planck, um ein Beispiel zu geben, die Gleichungen Boltzmanns zunächst unsachgemäß angewandt und kam aber trotzdem – sozusagen durch einen glücklichen Zufall – auf den Quantencharakter der Energie.[468] Gewisse Wissensmengen sind also gar nicht mehr zu vermitteln, da sie ein solch spezialisiertes Vorwissen voraussetzen, das man nurmehr in Form wissenschaftlicher Propädeutiken erlangen kann. Insofern verzichtet die *Unbekannte Größe* auch auf die Darstellung mathematischer Herleitungen und Überlegungen, obwohl diese – zumindest für Interessierte, und zu denen zählte Broch – extrem spannend sein können. Das Problem des mangelnden Vorwissens wird an Weitprecht vorgeführt: Er stößt an mathematische Grenzen, weshalb er bedauert, sich nicht schon früher „mit mengentheoretischen Funktionen" (UG 56) befasst zu haben. Gewisse Textdaten werden wohl ohne jegliches Vorwissen, wie sich das am Beispiel der statistischen Interpreta-

[468] Zu der mathematischen Herleitung und den „Fehlern", die Planck dabei unfreiwillig unterliefen, vgl. Friedrich Hund: Geschichte der Quantentheorie, S. 22–32.

tion des Zweiten Hauptsatzes der Wärmelehre gezeigt hat (vgl. 2.3.3), anders gelesen und interpretiert werden, als wenn ein solches Vorwissen besteht.

Die Frage gestaltet sich im Hinblick auf ein psychologisches Vorwissen wohl etwas anders. Eine psychologische Wissensmenge wird zum Verständnis der Texte nicht vorausgesetzt, geschweige denn wird auf eine solche explizit verwiesen. Dennoch bieten sich freilich eine Vielzahl psychologischer Theorien an, wenn es um die Erklärung von Figurenverhalten geht. Von diesen Theorien ist es laut Titzmann „wohl am ehesten die Psychoanalyse (vor allem in der Freudschen Variante) gewesen, die zumindest in den 20er Jahren, wie popularisiert auch immer, Bestandteil des kulturellen Wissens geworden ist.“[469] Inwiefern allerdings die Textpsychologie von den ins Heterogene differenzierten psychologischen Modellen der 20er Jahre differiert bzw. diesen (partiell) entspricht, wäre nur in einer weiteren Arbeit zu klären. Eine plausible These lautet, dass im kulturellen Wissen „mehrere Erklärungsangebote koexistieren und konkurrieren“[470], die sich für Ottos und Richards Eigenheiten anbieten.

Trotz der Komplexität der Wissensmengen bemüht sich die *Unbekannte Größe*, eine Teilmenge der Wissensmenge der neuen Physik darzustellen. Es kommt zu einer *Komprimierung* bzw. *Reduktion* auf für die Textintention wesentliche Sachverhalte. Der physikalische Diskurs wird dabei im wesentlichen auf zwei Zentralthemen eingeschränkt: zum einen auf den *ideologischen* und *psychischen Umgang* mit dem neuen Paradigma (vgl. 2.3.1), zum anderen auf den veränderten *Realitätsbegriff* (vgl. 2.3.2). Der Text verzichtet dabei auf Erzählerebene auf „objektinadäquate Simplifizierungen und Metaphorisierungen“[471], wenngleich diese (beabsichtigterweise) auf Ebene der Figurenrede – und leider auch (unbeabsichtigterweise) auf

[469]Michael Titzmann: 1890–1930. Revolutionärer Wandel in Literatur und Wissenschaften. In: Karl Richter/ Jörg Schönert/ Michael Titzmann (Hg.): Die Literatur und die Wissenschaften 1770–1930. Stuttgart, 1997, S. 308.

[470]Michael Titzmann: Psychoanalytisches Wissen und literarische Darstellungsformen des Unbewußten in der Frühen Moderne. In: Thomas Anz/ Christine Kanz (Hg.): Psychoanalyse in der modernen Literatur. Kooperation und Konkurrenz. Würzburg, 1999, S. 189.

[471]Michael Titzmann: 1890–1930. Revolutionärer Wandel in Literatur und Wissenschaften. In: Karl Richter/ Jörg Schönert/ Michael Titzmann (Hg.): Die Literatur und die Wissenschaften 1770–1930, S. 304.

Ebene der Sekundärliteratur[472] – vorliegen (vgl. 2.4.2). Was Vorwissen und Komplexitätsreduktion angeht, nutzt die *Unbekannte Größe* die Flexibilität der Gestaltungsform Literatur.

5.3.2 Kombination und Hierarchisierung heterogener Wissensmengen

Es kommt in den Texten, am augenfälligsten in der *Unbekannten Größe,* zu einer vielschichtigen *Kombination heterogener Wissensmengen*, die im extratextuellen Diskurssystem durch Spezialisierung und Unterteilung in Einzeldisziplinen getrennt sind. Auf die Spielarten der Kombination wurde bereits eingegangen (vgl. 2.3.1, 2.3.2, 2.4.2, 2.4.3, 5.1).

Sekundäre Funktionen dieser Kombination sind impliziterte und explizite *Kommentare über die Dominanzrelationen der Einzeldiskurse.* Die Romane, vor allem *Die unbekannte Größe* und *Die Schlafwandler,* werfen eine neue Perspektive auf die Relationen der Diskurse, die vor allem durch diskursvereinende Objekte geleistet wird (vgl. 5.1). Sie werfen sozusagen ein neues Licht auf mögliche Beziehungen zwischen den heterogenen Diskursen. So erfolgt beispielsweise eine Relativierung des Absolutheitsanspruchs der Mathematik, wie er weiter oben diskutiert wurde. Diese rationale Einzeldisziplin wird in einen größeren Systemzusammenhang integriert, der aus den erkenntnistheoretischen Schwierigkeiten erwächst

---

[472]Auf Könnekers Formel „Ψ Vater = c tot Ψ tot + c lebendig Ψ lebendig" wurde ja schon bezug genommen (vgl. Carsten Könneker: Herrmann Brochs Rezeption der modernen Physik. In: Zeitschrift für deutsche Philologie, Sonderheft, 1999, S. 235). Doch auch in der restlichen, ohnehin sehr dünnen Sekundärliteratur nimmt dieses Phänomen überhand. Riemer bringt dies mit einer Stilisierung Brochs zum „poeta doctus" in Verbindung (vgl. Willy Riemer: Mathematik und Physik bei Herrmann Broch. In: Paul Michael Lützeler: Herrmann Broch, 1986, S. 260) und verweist in diesem Zusammenhang auf Walter Jens' Ausspruch, der auf Broch bezogen ist: „Hier hat die Sprache einen Punkt erreicht, an dem die mystische Vision die Genauigkeit einer mathematischen Formel gewinnt." (Ebd., S. 131). Der Verfasser schließt sich eher Roeslers Einschätzung an, die bis heute ihre Gültigkeit hat: „Die ‚Broch-Forschung' – als literaturwissenschaftliches Pendant zur Gemeinde der Broch-Leser – scheint eher dazu beigetragen zu haben, Brochs Werk gegenüber einer größeren Öffentlichkeit abzuschotten. Es ist daher von besonderer Bedeutung, wenn in den vergangenen Jahren das interdisziplinäre Gespräch gesucht wurde und Brochs Werk in literarhistorische und (zeit-)geschichtliche Kontexte gestellt wurde." Vgl Michael Roesler: Herrmann Brochs Romanwerk. Ein Forschungsbericht. 1991, S. 505.

(vgl. 5.2). Somit weitet sich durch die literarische Bewertung des Systems der Wissenschaften die Perspektive.

5.3.3 Technische Folgen und Popularisierung der Wissenschaft?

So sehr sich die Texte auch mit modernen wissenschaftlichen Theorien beschäftigen, spielen die rein praktischen Auswirkungen der Erkenntnistätigkeit primär keine Rolle. Mögliche *technische oder praktische Auswirkungen* der neuen Theorie werden *nicht thematisiert,* dies gilt für alle Bereiche, nicht nur für die Physik. Zum einen mag das daran liegen, dass die weitreichenden technischen Folgen – wie etwa Atomkraft, Atombombe, Laser, Molekularbiologie, Gentechnik, Computertechnologie, Supraleiter im Falle der Quantenmechanik – noch nicht gedacht wurden. Zum anderen liegt es wohl auch daran, dass es den Romanen Brochs eher um philosophische Grundprobleme und erkenntnistheoretische Fragestellungen geht, da er diese als allen anderen Gebieten inhärent auffasst. Dass diese Unterlassung nicht selbstverständlich ist, zeigt beispielsweise ein Blick in das Filmskript *Das Unbekannte X,* der stark umgearbeiteten Version der *Unbekannten* Größe, wo es – wer auch sonst – Kapperbrunn ist, der auf die Berücksichtigung der praktischen Folgen von Erkenntnistätigkeit insistiert:

> [...] und trotzdem habe ich den mystischen Glauben, daß jede wirkliche Erkenntnis auf dieser Welt schließlich in das praktische Weltgeschehen eingreift, eingreifen muß [...] haben Weitprecht und Sie nicht schon die verrücktesten mathematischen Dinge in die Physik und Astronomie hineingebracht ... Dinge, von denen man früher nicht geglaubt hätte, daß sie den Bereich der Mathematik je verlassen könnten ... und was einmal in der Physik ist, das gerät unweigerlich in die Technik, und was in der Technik ist, das gerät unweigerlich in die Rüstungsindustrie und es wird eine nette neue Todesart daraus ... ja, jede wirkliche Erkenntnis hat ihre praktische Auswirkung [...] (UG 172)

Das Filmskript schlägt die Brücke zu einer weiteren wichtigen Frage: Wie kann ein solch komplexes Wissen, wie es beispielsweise die Quantentheorie darstellt, überhaupt noch *popularisiert* werden? Welche Rolle spielt die Literatur im Rezeptionsprozess neuer Theorien? Eine naheliegende These sei formuliert: Während sich der Objektbereich ‚Psyche‘ weit besser zur Darstellung in literarischen Texten eignet, entziehen sich die naturwissenschaftlichen Diskurse spätestens mit Entwicklung der neuen Physik immer mehr *direkter* literarischer Darstellungen. Es sind fast ausschließlich nurmehr die *sekundären Folgen* der physikalischen Theorien, die in die Literatur Eingang finden, also ideologische Folgen, technische Probleme, ethische Fragestellungen, weltanschauliche Schlussfolgerungen. Zudem wurde die Relativitätstheorie Einsteins weit intensiver rezipiert, als dies bei der Quantentheorie der Fall war. Selbst Broch entscheidet sich beim Entwurf für die filmische Umsetzung des Romans dafür, von der Quantentheorie zur Relativitätstheorie zu wechseln, da ihm diese ein breiteres öffentliches Interesse zu garantieren schien:

> U. z. wird in diesem Versuch die Relativitätstheorie als wissenschaftlicher Filminhalt gewählt, einerseits weil sie des Interesses weiter Laienkreise sicher sein kann, andererseits, weil der zu Grunde gelegte Roman *Die Unbekannte Größe* im mathematisch-physikalischen Milieu, auf der Sternwarte und im Physiklaboratorium spielt. (UG 250)

Doch selbst die Relativitätstheorie schien nicht reizvoll genug gewesen zu sein. Das zwar von der Filmgesellschaft Paramount angeregte Filmprojekt wurde dann nach Fertigstellung des Filmskripts abgelehnt, wie Paul Michael Lützeler in seiner Biographie zu Broch berichtet.[473]

5.3.4 Reflexion der Krise

Wenn sich das System in einer Krise befindet, wie es gegen Ende der *Frühen Moderne* zweifellos der Fall ist, dann ist der Bedarf nach einer klärenden Meta-Perspektive vorhanden. Wenn sich das Interesse der spezialisierten Wissenschaftler auch dominant auf ihre jeweiligen Einzelgebiete richtet, so wird doch ein generalisiertes Erkenntnisstreben als anthropologische Grundkonstante unterstellt: „[...] in welcher Weise kann ein der Wissenschaft hingegebener Mensch zu jener Gesamterkenntnis gelangen, zu der er seiner Grundanlage gemäß – sonst wäre er ja eben auch nicht zur Einzelwissenschaft gelangt – hinstrebt und hinstreben muß?“ (UG 245) Diese Aufgabe, die „Gesamterkenntnis“ bei aller Ausdifferenzierung in Fachgebiete nicht aus dem Blick zu verlieren, kommt zweifelsohne auch der Literatur zu – zumindest im Verständnis des Brochschen Literaturbegriffs.

Generell wird über die dargestellten Welten ein *neues Modell der Wirklichkeit* geschaffen, indem die Erkenntnisprobleme des/ der Protagonisten exemplarisch vorgeführt und analysiert werden. Durch die Kombination

---

[473]Vgl. Paul Michael Lützeler: Hermann Broch. Eine Biographie. Frankfurt am Main, 1985, S. 178.

des philosophischen und des mathematischen Diskurses wird ein neues Wirklichkeitsmodell entworfen, in der die Diskursrelationen gegenüber jenen im kulturellen System partiell abweichen. So wird das Konstrukt ‚Wahrheit' in den Romanen jeweils subjektiviert und ist nur noch aus individualisierter Perspektive erfahrbar. Dies widerspricht dem zeitgenössischen mathematisierten Wahrheitsbegriff, der ein intersubjektiver war (vgl. 2.4.2.4, 2.4.3). Dieser Experiment-Charakter von Literatur erklärt auch die erwähnte Wichtigkeit des Themas ‚Anschaulichkeit' in den *Schlafwandlern.* Hier liegt aber auch die Gefahr: Eine Grenze ist erreicht, wenn es zu objektinadäquaten Simplifizierungen kommt, denn literarische Texte sind nun mal durch anthropologische Größen konstituiert und nicht durch den Formelapparat der Quantenmechanik. Es sei in diesem Kontext an die eingangs zitierte Passage (vgl. 0.1) zur quasiwissenschaftlichen Aufgabe der Literatur erinnert:

> Was die Philosophie anstrebte: die Welt darzustellen und aus dieser Darstellung selber heraus den Weg zur Ethik und zu den Wertsetzungen zu finden, diese Aufgabe der Philosophie scheint nunmehr der Dichtung und besonders der epischen Dichtung zuzufallen. (SW 731)

In diesem Sinne stellt auch die *Unbekannte Größe* ähnlich den *Schlafwandlern* einen *Meta-Text* zur Epoche dar, wenn auch mit weniger weitreichendem Anspruch als die frühere Trilogie. Es wurde schon gezeigt, dass die Figuren in einem größeren logischen Systemzusammenhang stehen, dass sie exemplarisch Werthaltungen, Personkonzepte, Ideologien repräsentieren. Somit skizziert der Text anschaulich komplexe Relationen und Entwicklungen der Zeit anhand repräsentativer Figuren, wie es „der neue Roman [als] eine große Aufgabe innerhalb der Erkenntnis zu bewältigen"[474] hat. So stellt der Roman in der Tiefenstruktur auch typische Denkstrukturen der Zeit dar. Als Beispiel sei Richard Hiecks Konzept der Typologien und der Wechsel zu einem Konzept der ‚Normalität' erwähnt (vgl. 2.4.2, 2.4.3). Auch Mannheim diskutiert das Thema der Typologien:[475]

---

[474]Herrmann Broch: Über die Grundlagen des Romans *Die Schlafwandler* (SW 733).

[475]Auf die epochale Relevanz dieses Wechsels weist Titzmann hin: „‚Typologie' war ein (schwaches) Bollwerk gegen ‚Normalität' und deren ideologische Implikationen." Für die Einordnung der Entwicklung vgl.: Michael Titzmann: Revolutionärer Wandel in Literatur und Wissenschaften, S. 319.

> Diese Art von Typologien (die heute sehr in Mode sind) kann man „flächenhafte“ Typologien nennen, denn es wird auf einer künstlich homogen gemachten Ebene die Mannigfaltigkeit des Lebens geordnet. [...] Dadurch wird wohl eine Übersicht geschaffen, aber eine rein schematische.[476]

In der *Unbekannten Größe* wird nun diese wirklichkeitsverfälschende Typologienbildung offengelegt und somit ein strukturelles Meta-Merkmal der Epoche analysiert. Der Text selber vermeidet diese Typologien zur Darstellung einer komplexen Materie und impliziert somit einen differenzierten Realitätsbegriff, der nicht reduziert werden soll. Über diese mentalitätsgeschichtlichen Analysen hinaus legt der literarische Text als Meta-Instanz Beziehungen offen, die von den Einzeldisziplinen nicht dargelegt werden. Kapperbrunn, der Hiecks Bemühungen, alle Diskurse in ein System zu integrieren, ironisiert, meint dann auch zutreffend: „Da hätten Sie Dichter, aber nicht Mathematiker werden müssen.“ (UG 39) Literatur ist somit, vor allem in Brochs Verständnis, ein legitimes und wichtiges Reflexionsmedium, das eine Schnittstelle zwischen den Einzeldiskursen (Physik, Psychoanalyse, Erkenntnistheorie, ...) bilden kann. Doch hier hört Brochs Begriff von Literatur nicht auf. Sie fungiert zudem als Erkenntnismittel, welches neue Wege in den Wissenschaften aufzeigen kann:

> Dieser Roman hat zur Voraussetzung, daß die Literatur mit jenen menschlichen Problemen sich zu befassen hat, die einesteils von der Wissenschaft ausgeschieden werden, weil sie einer rationalen Behandlung überhaupt nicht zugänglich sind und nur mehr in einem absterbenden philosophischen Feuilletonismus ein Scheinleben führen, andererseits mit jenen Problemen, deren Erfassung die Wissenschaft in ihrem langsameren, exakteren Fortschritt noch nicht erreicht hat. Der Besitzstand der Literatur zwischen dem ‚Nicht mehr‘ und dem ‚Noch nicht‘ der Wissenschaft ist solcherart eingeschränkter, aber auch sicherer geworden [...]. Das Schriftstellerische ist zu dieser Aufgabe legitimiert, da die dichterische Methode zum Unterschied von der der Wissenschaft nicht mit den Worten vollzogen wird, die tatsächlich niedergeschrieben sind, sondern in der Herstellung einer Spannung zwischen Worten und Zeilen besteht, in einer Spannung, in der ihr eigentlicher Ausdruck liegt [...]. (SW 179)

Dass dieser gewaltige Anspruch natürlich nicht immer aufgehen kann und an seine Grenzen stößt, ist selbstverständlich. Letztendlich bleiben auch in diesem System zwangsweise Leerstellen:

---

[476] Mannheim (1929/1969), Ideologie und Utopie, S. 152.

> Brochs Philosophie ist ein Versuch, einen *vollständigen philosophischen Diskurs* aufzubauen. Der vorausgesetzte Umfang, wie auch die methodische Problematik dieses gewaltigen Diskurses führte zu Brochs ‚schöpferischem' Eklektizismus.[477]

Der Literaturwissenschaft bleibt die spannende Aufgabe, solch zentrale anthropologische Entwicklungen zu rekonstruieren, historisch einzuordnen und somit zu einem profunderen mentalitätsgeschichtlichen Verständnis beizutragen, das sich nicht ausschließlich mit den theoretischen Texten einer Epoche begnügen darf. Jeder literarische Text hat – wenn nicht so explizit wie in den behandelte Texten, so doch immer implizit – mit der *Darstellung von Realität* einerseits und *personalen und sozialen Identitätsentwürfen* andererseits zu tun, deren diskursrelationierende Funktion gezeigt wurde. Dieses Spannungsverhältnis ist gerade in Phasen gesellschaftlichen, wissenschaftlichen und politischen Umbruchs besonders ausgeprägt. Systemkrisen bedingen einen Boom an *sozialen Identitätskonstrukten*, die für den Systemerhalt als funktional gedacht werden. Die literarischen Texte als Seismographen dieser kulturellen Entwicklungen nehmen dabei eine höchst aufSchlussreiche Stellung im Diskurssystem ein und bilden deshalb einen bedeutsamen Untersuchungsgegenstand im Rahmen mentalitätsgeschichtlicher Fragestellungen.

---

[477]Endre Kiss: Philosophie und Literatur des negativen Universalismus. Intellektuelle Monographie über Hermann Broch. Cuxhaven-Dartford, 2001, S. 105.

6 Literaturverzeichnis

Primärquellen

Hermann Broch: Kommentierte Werkausgabe. Hrsg. von Paul Michael Lützeler. Frankfurt am Main.

Bd.1: Die Schlafwandler, 1978. (= SW)
Bd. 2: Die Unbekannte Größe, 1977. (= UG)
Bd. 3: Die Verzauberung, 1976. (= VB)
Bd. 4: Der Tod des Vergil, 1976. (= TV)
Bd. 5: Die Schuldlosen, 1974. (= SL)
Bd. 6: Novellen, Prosa, 1974. (= N)
Bd. 7: Dramen, 1979. (= D)
Bd. 8: Gedichte, 1980. (= G)
Bd. 9/1: Schriften zur Literatur/Kritik, 1975.
Bd. 9/2: Schriften zur Literatur/Theorie, 1975.
Bd. 10/1: Philosophische Schriften/Kritik, 1977.
Bd. 10/2: Philosophische Schriften/Theorie, 1977.
Bd. 11: Politische Schriften, 1978.
Bd. 12: Massenpsychologie, 1979.
Bd. 13/1: Briefe bis 1938, 1980.
Bd. 13/2: Briefe aus dem Exil, 1980.

Wissenschaftliche Literatur

Adler, Alfred (Hg.): Diskussionen des Wiener psychoanalytischen Vereins. 1. Heft. Über den Selbstmord insbesondere den Schüler-Selbstmord. Wiesbaden, 1910.

Adler, Alfred: Praxis und Theorie der Individualpsychologie. Vorträge zur Einführung in die Psychotherapie für Ärzte, Psychologen und Lehrer. Darmstadt, 1965.

Adler, Alfred: Studie über Minderwertigkeit von Organen. Darmstadt, 1965.

Adler, Alfred: Über den nervösen Charakter. Grundzüge einer vergleichenden Individual-Psychologie und Psychotherapie. Frankfurt am Main, 1972.

Adler, Alfred: Der Sinn des Lebens. Frankfurt am Main, 1973.

Adler, Alfred: Wozu leben wir? Frankfurt am Main, 1979.

Amann, Klaus/Grote, Hemut: Die Wiener Bibliothek Hermann Brochs: Kommentiertes Verzeichnis des rekonstruierten Bestandes. Wien, 1990.

Angelova, Penka/Tirnovo, Veliko: Die Ungeduld der Erkenntnis. Zu einigen Berührungspunkten in Canettis und Brochs Kunstrezeption. In: Árpád Bernáth/Michael Kessler/Endre Kiss (Hg.): Hermann Broch. Perspektiven interdiziplinärer Forschung. Akten des internationalen Symposions Hermann Broch 15.–17. September 1996, József-Attila-Universität, Szeged. Tübingen, 1998. S. 117–136.

Ankermann, Maren: Mystik und Naturwissenschaft. Parallelen zwischen den Weltbildern von Quantenphysikern und mystischen Konzepten. Ansätze und Probleme der Forschung. In: Sieglinde Hartmann/Ulrich Müller (Hg.): Jahrbuch der Oswald von Wolkenstein-Gesellschaft 12 (2000). Frankfurt am Main. S. 339–351.

Anz, Thomas: Psychoanalyse in der literarischen Moderne. Ein Forschungsbericht und Projektentwurf. In: Karl Richter/Jörg Schönert/Michael Titzmann (Hg.): Die Literatur und die Wissenschaften 1770–1930. Stuttgart, 1997. S. 377–413.

Benedikt, Michael: Brochs Wertvoraussetzung zwischen Positivismus und dem Unvordenklichen. In: Árpád Bernáth/Michael Kessler/Endre Kiss (Hg.): Hermann Broch. Perspektiven interdiziplinärer Forschung. Akten des internationalen Symposions Hermann Broch 15.–17. September 1996, József-Attila-Universität, Szeged. Tübingen, 1998. S. 17–27.

Benz, Wolfgang: Geschichte des dritten Reiches. München, 2000.

Beutin, Wolfgang: Die Mystik und die moderne Naturwissenschaft. Auf dem Wege zu einem einheitlichen ‚Bild von Geist, Materie und Leben'? In: Sieglinde Hartmann/Ulrich Müller (Hg.): Jahrbuch der Oswald von Wolkenstein-Gesellschaft 12 (2000). Frankfurt am Main. S. 353–363.

Bier, Jean Paul: Chaophobie im Frühwerk Hermann Brochs. In: Jan Aller und Jattie Enklaar (Hg.): Hermann Broch 1886–1986. Amsterdam, 1987. S. 27–40.

Bohr, Niels/Heisenberg, Werner: Die Kopenhagener Deutung der Quantentheorie. Stuttgart, 1963.

Bohr, Niels: Das Quantenpostulat und die neuere Entwicklung der Atomistik. In: Naturwissenschaften 16, 1928. S. 245–257.

Bos, Jaap: Autorität und Erkenntnis in der Psychoanalyse. Eine diskurs-

analytische Studie zur Geschichte der Psychoanalyse. Gießen, 2000.
Brenner, Michael: The Renaissance of Jewish Culture in Weimar Germany. New Haven/London, 1996.
Joseph Breuer/Sigmund Freud: Studien über Hysterie. Wien, 1895.
Brinkmann, Richard: Romanform und Werttheorie bei Hermann Broch. Strukturprobleme moderner Dichtung. In: Deutsche Vierteljahresschrift für Literaturwissenschaft und Geistesgeschichte 31 (1957). S. 169–197.
Brinkmann, Richard: Romanform und Werttheorie bei Hermann Broch. In: Manfred Durzak (Hg.): Hermann Broch. Perspektiven der Forschung. München, 1972. S. 35–68.
Bronfen, Elisabeth: Das verknotete Subjekt. Hysterie in der Moderne. Berlin, 1998.
Bruck, Martin: Magnetiseure. Die windige Karriere einer literarischen Figur. Freiburg i. Br. 2002.
Brude-Firnau, Gisela: Wissenschaft von der Frau? Zum Einfluß von Otto Weiningers Geschlecht und Charakter' auf den deutschen Roman. In: Wolfgang Paulsen (Hg.): Die Frau als Heldin und Autorin. Neue kritische Ansätze zur deutschen Literatur. Bern/München, 1979. S. 136–149.
Brueck, Max von: Hintergründige Welten – Hermann Broch: Der Versucher. In: Die Gegenwart 9 (30.01.1954), S. 86.
Cohn, Dorrit:„The Sleepwalkers". Elucidations of Hermann Broch's Trilogy. The Hague/Paris, 1966.
Curtius, Ernst Robert: Les Faux-Monnayeurs. In: NR 37 (1926), S. 646–656.
Dahl, Sverre: Die frühe Geschichtsphilosophie Hermann Brochs. In: Richard Thieberger (Hg.): Hermann Broch und seine Zeit. Akten des Internationalen Broch-Symposiums Nice 1979. Im Auftrag des Österreichischen Kulturinstituts in Paris und der Université de Nice. Bern/Frankfurt am Main/Las Vegas, 1980. [Jahrbuch für Internationale Germanistik: Reihe A, Kongressberichte; Bd. 6]. S. 97–107.
Dilthey, Wilhelm: Einleitung in die Geisteswissenschaften. Leipzig, 1883.
Diner, Dan: Zwischen Aporie und Apologie. Über Grenzen der Historisierbarkeit des Nationalsozialismus. In: Ders. (Hg.): Ist der Nationalsozialismus Geschichte? Zu Historisierung und Historikerstreit. Frankfurt am Main, 1987.
Dokumentationsarchiv des österreichischen Widerstandes (DÖW) und

Dokumentationsstelle für neuere österreichische Literatur (Hg.): Protokoll des internationalen Symposiums zur Erforschung des österreichischen Exils von 1934 bis 1954. Wien, 1977.

Dowden, Stephen D. (Hg.): Hermann Broch. Literature, Philosophy, Politics. The Yale Broch Symposium 1986. Columbia, 1988.

Duebbert, Carole: Hermann Brochs *Verzauberung* als ‚Anti-Heimatroman'. In: Paul Michael Lützeler (Hg.): Brochs Verzauberung. Frankfurt am Main, 1983. S. 226–236.

Durusoy, Gertrude: Der Freitod als Weg zur Erkenntnis in Hermann Brochs Roman *Die Unbekannte Größe*. In: Michael Kessler/Paul Michael Lützeler (Hg.): Hermann Broch: Das dichterische Werk. Neue Interpretationen. Akten des internationalen, interdisziplinären Hermann-Broch-Symposions 30. Okt. – 2. Nov. 1986, Akademie der Diözese Rottenburg-Stuttgart. Tübingen, 1987. S. 29–34.

Durzak, Manfred: Hermann Broch. Stuttgart, 1967.

Durzak, Manfred: Zur Entstehungsgeschichte und zu den verschiedenen Fassungen von Hermann Brochs Nachlaßroman. In: Zeitschrift für deutsche Philologie 86 (1967). S. 594–627.

Durzak, Manfred (Hg.): Hermann Broch. Perspektiven der Forschung. München, 1972.

Durak, Manfred: Hermann Broch. Reinbek bei Hamburg, 2001.

Edelmann, Thomas: Vernunft des Irrationalen oder irrationale Vernunft? Arthur Lieberts Philosophie als Subtext der Wertzerfallsessays Hermann Brochs. In: Norbert Oellers/ Hartmut Steinecke (Hg.): Zeitschrift für deutsche Philologie. Bd. 118, 1999. Sonderheft: Zur deutschen Literatur im ersten Drittel des 20. Jahrhunderts. S. 186–204.

Einstein; Albert/Born, Hedwig und Max: Briefwechsel 1916–1955. Kommentiert von Max Born. München, 1969.

Einstein, Albert/Infeld, Leopold: Die Evolution der Physik. Deutsch von Werner Preusser. Mit einer Einführung von Albrecht Fölsing. Reinbek bei Hamburg, 1998.

Emter, Elisabeth: Literatur und Quantentheorie. Die Rezeption der modernen Physik in Schriften zur Literatur und Philosophie deutschsprachiger Autoren (1925–1970). Berlin/New York, 1995. [Quellen und Forschungen zur Literatur- und Kulturgeschichte; 2 = (236)]

Falkenburg, Brigitte: Sprache und Anschauung in der modernen Physik. In: Herbert Ernst Wiegand (Hg.): Sprache und Sprachen in den Wissenschaften. Geschichte und Gegenwart. Festschrift für Walter de

Gruyter & Co. anläßlich einer 250jährigen Verlagstradition. Berlin/New York, 1999. S. 89–118.

Frege, Gottlob: Begriffsschrift. Eine der arithmetischen nachgebildete Formelsprache des reinen Denkens. Halle a. S., 1879.

Freud, Sigmund: Über den psychischen Mechanismus hysterischer Phänomene. Vorläufige Mitteilung. In: Neurologisches Zentralblatt XII 1893. S. 81–98.

Freud, Sigmund: Zur Psychopathologie des Alltagslebens. Frankfurt am Main, 1954.

Freud, Sigmund: Abriß der Psychoanalyse. Franfurt am Main, 1956.

Freud, Sigmund: Psychoanalyse. Ausgewählte Schriften zur Neurosenlehre, zur Persönlichkeitspsychologie, zur Kulturtheorie. Leipzig, 1984.

Freud, Sigmund: The Essentials of Psycho-Analysis. London, 1986.

Geissler, Rolf: Hermann Broch: Die Schlafwandler. Romantrilogie. In: Ders. (Hg.): Möglichkeiten des modernen deutschen Romans. Analysen und Interpretationsgrundlagen zu Romanen von Thomas Mann, Alfred Döblin, Hermann Broch, Gerd Gaiser, Max Frisch, Alfred Andersch und Heinrich Böll. 4. durchgesehene Auflage, Frankfurt am Main/Berlin/München, 1970. S. 102–160.

Genette, Gérard: Discours du récit. Essai de méthode, In.: *Figures III*, Paris, 1972, S. 67–282.

Genette, Gérard: Nouveau discours du récit. Paris, 1983.

Grabowsky-Hotamanidis, Anja: Zur Bedeutung mystischer Denktraditionen im Werk von Hermann Broch. Tübingen, 1995. [= Studien zur deutschen Literatur; Bd. 137]

Gribbin, John: Auf der Suche nach Schrödingers Katze. Quantenphysik und Wirklichkeit. 5. Auflage, München, 1999.

Grimrath, Hartmut: Hermann Broch „Die Schlafwandler“. Die Heilsarmee-Geschichte, der Zerfall der Werte und ihr Zusammenhang mit den erzählerischen Partien des Romans. Dissertation. Bonn, 1977.

Guerrerio, Gianbrunno: Kurt Gödel. Logische Paradoxien und mathematische Wahrheit. Mailand, 2001.

Günther, Hanns: Ins Innere des Atoms. Eine gemeinverständliche Darstellung der Elektronen- und der Quantentheorie. Autorisierte deutsche Bearbeitung nach John Mills: Within the Atom. Leipzig, 1928.

Haas, Arthur: Materiewellen und Quantenmechanik. 2. Auflage, Leipzig, 1929.

Habermas, Jürgen: Theorie des kommunikativen Handelns. 2 Bde. Frankfurt am Main, 1985.

Hackermüller, Rotraut: Die Heilsarmee in Hermann Brochs Roman *Die Schlafwandler*. In: Árpád Bernáth/Michael Kessler/Endre Kiss (Hg.): Hermann Broch. Perspektiven interdiziplinärer Forschung. Akten des internationalen Symposions Hermann Broch 15.–17. September 1996, József-Attila-Universität, Szeged. Tübingen, 1998. S. 161–179.

Haeckel, Ernst: Die Welträtsel. 10. Auflage, Leipzig 1909.

Hahn, Hans: Die Bedeutung der wissenschafltichen Weltauffaussung, insbesondere für Mathematik und Physik.In: Erkenntnis 1 (1930).

Hamburger, Käte: Die Logik der Dichtung. Frankfurt 1980.

Halsall, Robert: The Problem of Autonomy in the Works of Hermann Broch. Oxford/Bern/Berlin/Bruxelles/Frankfurt am Main/New York/Wien, 2000 (= European universtiy studies: Reihe 1, German language and literature; Vol. 1778).

Hanson, W. P.: Hermann Broch's *Unknown Quantity*. In: New German Studies, Nr. 2 (1974). S. 157–170.

Heisenberg, Werner: Die Entwicklung der Quantentheorie 1918–28. In: Naturwissenschaften 17 (1929). S. 490–496.

Heisenberg, Werner: Die physikalischen Prinzipien der Quantentheorie. 4. Aufl., Leipzig, 1944.

Heisenberg, Werner: Quantentheorie und Philosophie. Vorlesungen und Aufsätze. Jürgen Busche (Hg.), Stuttgart, 1979.

Henrich, Dieter: ‚Identität' – Begriffe, Probleme, Grenzen. In: Odo Marquard/Karlheinz Stierle (Hg.): Identität. München, 1979. S. 133–186.

Hentschel, Klaus: Interpretationen und Fehlinterpretationen der speziellen und der allgemeinen Relativitätstheorie durch Zeitgenossen Albert Einsteins. Basel/Boston/Berlin, 1990.

Herd, Eric W.: Review of Mandelkow (1962). In GLL XVIII (1964–65), S. 159.

Herd, Eric W.: „Ungeduld der Erkenntnis" in Hermann Brochs Romanwerk. In: Michael Kessler/Paul Michael Lützeler (Hg.): Hermann Broch: Das dichterische Werk. Neue Interpretationen. Akten des internationalen, interdisziplinären Hermann-Broch-Symposions 30. Okt. – 2. Nov. 1986, Akademie der Diözese Rottenburg-Stuttgart. Tübingen, 1987. S. 131–137.

Hund, Friedrich: Geschichte der Quantentheorie. 2. Aufl., Mannheim/Wien/Zürich, 1975.

Hund, Wolf-D.: Zerfall der Werte 1–10: Über den erkenntnistheoretischen Ansatz bei Hermann Broch. In: Literatur und Kritik (36–37), 1969, S. 400–410.

Im, Gyeong Soon: Max Born und die Quantentheorie. Dissertation. Hamburg, 1991.

Jammer, Max: The Conceptual Development of Quantum Mechanics. New York, 1966.

Jens, Walter: Statt einer Literaturgeschichte. Pfullingen, 1957.

Kahler, Erich: Werttheorie und Erkenntnistheorie bei Hermann Broch. In: Manfred Durzak (Hg.): Hermann Broch. Perspektiven der Forschung. München, 1972. S. 353–370.

Kamlah, Andreas: Semiotische Aspekte der Physik. In: Posner/Robering/Sebeok (Hg.): Semiotik. Ein Handbuch zu den zeichentheoretischen Grundlagen von Natur und Kultur. 3. Teilband. Berlin/New York, 2003, S. 2587–2606.

Kann, Robert A.: Hermann Broch und die Geschichtsphilosophie. In: Manfred Durzak (Hg.): Hermann Broch. Perspektiven der Forschung. München: Fink, 1972. S. 385–398.

Kessler, Michael (Hg.): Hermann Broch. Neue Studien. Tübingen, 2003.

Kiel, Anna: Hermann Broch und Erich Kahler. Ihre Wert- und Geschichtstheorie. In: Jan Aller/Jattie Enklaar (Hg.): Hermann Broch 1886–1986. Amsterdam, 1987. S. 41–61.

Kiss, Endre: Brochs Stellung zu Nietzsche. In: Richard Thieberger (Hg.): Hermann Broch und seine Zeit. Akten des Internationalen Broch-Symposiums Nice 1979. Im Auftrag des Österreichischen Kulturinstituts in Paris und der Université de Nice. Bern/Frankfurt am Main/Las Vegas, 1980. [Jahrbuch für Internationale Germanistik: Reihe A, Kongressberichte; Bd. 6]. S. 88–96.

Kiss, Endre: Über Hermann Brochs Ehrgeiz, ganzheitliche Strukturen ganzheitlich darzustellen. Reflexionen über die Möglichkeit einer nicht-affirmativen Broch-Forschung. In: Ders. (Hg.): Hermann Broch: Werk und Wirkung. Bonn, 1985. S. 65–86.

Kiss, Endre: Negativer Universalismus als die Eigenart von Hermann Brochs Philosophie. In: Árpád Bernáth/Michael Kessler/Endre Kiss (Hg.): Hermann Broch. Perspektiven interdiziplinärer Forschung. Akten des internationalen Symposions Hermann Broch 15.–17. Septem-

ber 1996, József-Attila-Universität, Szeged. Tübingen, 1998. S. 3–15.
Kiss, Endre: Philosophie und Literatur des negativen Universalismus. Intellektuelle Monographie über Hermann Broch. Cuxhaven-Dartford, 2001.
Klepsch, Thomas: Nationalsozialistische Ideologie. Eine Beschreibung ihrer Struktur vor 1933. Münster, 1990. (= Studien zum Nationalsozialismus; Bd. 2)
Koch, Dietrich: Nicht-Klassischer Realismus. Die Quantentheorie als allgemeine Theorie objektivierender Erfahrung. Dissertation. Essen, 1982.
Koebner, Thomas: Mythos und ‚Zeitgeist' in Hermann Brochs Roman *Die Verzauberung*. In: Paul Michael Lützeler (Hg.): Brochs Verzauberung. Frankfurt am Main, 1983. S. 169–185.
Kompaß, Helmut: Der Einzelne und das Ganze. Brochs Romanhelden und Brochs Wertphilosophie. In: Michael Kessler/Paul Michael Lützeler (Hg.): Hermann Broch: Das dichterische Werk. Neue Interpretationen. Akten des internationalen, interdisziplinären Hermann-Broch-Symposions 30. Okt. – 2. Nov. 1986, Akademie der Diözese Rottenburg-Stuttgart. Tübingen, 1987. S. 79–91.
Könneker, Carsten: Hermann Brochs Rezeption der modernen Physik. Quantenmechanik und „Unbekannte Größe". In: Norbert Oellers/Hartmut Steinecke (Hg.): Zeitschrift für deutsche Philologie, Bd. 118, 1999. Sonderheft: Zur deutschen Literatur im ersten Drittel des 20. Jahrhunderts. S. 205–239.
Könneker, Carsten: Moderne Wissenschaft und moderne Dichtung. Hermann Brochs Beitrag zur Beilegung der „Grundlagenkrise" der Mathematik. In: DVjs 73, 1999. S. 319–351.
Könneker, Carsten: „Auflösung der Natur. Auflösung der Geschichte." Moderner Roman und NS-„Weltanschauung" im Zeichen der theoretischen Physik. Stuttgart/Weimar, 2001.
Koopmann, Helmut: ‚Verrückte Erlösung'. Der Wahn von der neuen Gemeinschaft und der Glaube an die Unzerstörbarkeit des Ich in Brochs *Verzauberung*. In: Paul Michael Lützeler (Hg.): Brochs Verzauberung. Frankfurt am Main, 1983. S. 186–208.
Krah, Hans/Ort, Claus-Michael (Hg.): Weltentwürfe in Literatur und Medien. Kiel, 2002.

Kreutzer, Leo: Erkenntnistheorie und Prophetie. Hermann Brochs Romantrilogie ‚Die Schlafwandler' (= Studien zur deutschen Literatur. Bd. 3). Tübingen, 1966.

Kuhn, Thomas S.: The structure of scientific revolutions. 2. Auflage, Chicago, 1970.

Laufhütte, Hartmut: „Entwicklungs- und Bildungsroman" in der deutschen Literaturwissenschaft. Die Geschichte einer fehlerhaften Modellbildung und ein Gegenentwurf. In: Michael Titzmann (Hg.): Modelle des literarischen Strukturwandels. Tübingen, 1991. (= Studien und Texte zur Sozialgeschichte der Literatur, 33). S. 299–314.

Lindner, Martin: Leben in der Krise. Zeitromane der neuen Sachlichkeit und die intellektuelle Mentalität der klassischen Moderne. Stuttgart:, 1994.

Link, Jürgen: Literaturwissenschaftliche Grundbegriffe. Eine programmierte Einführung auf strukturalistischer Basis. 2., überarb. und erg. Aufl., München, 1979 (= UTB 305).

Löbl, Michael: Wissenschaftliche Naturerkenntnis und Ontologie der Welterfahrung. Zu A. N. Whiteheads Kosmologiemodell im Horizont von Relativitätstheorie und Quantentheorie. Frankfurt am Main/Berlin/Bern/New York/Paris/Wien, 1996. (Europäische Hochschulschriften: Reihe 20, Philosophie; Bd. 492).

Lorenz, Kuno: Brochs erkenntnistheoretisches Programm. In: Paul Michael Lützeler (Hg.): Hermann Broch. Franfurt am Main, 1986. S. 246–271.

Lotman, Jurij M.: Die Struktur literarischer Texte. München, 1972 (= UTB 103).

Lowry, Stephen: Pathos und Politik. Ideologie in Spielfilmen des Nationalsozialismus. Tübingen, 1991.

Lukacs, Georg: Die Zerstörung der Vernunft. Berlin, 1953.

Lukas, Wolfgang: Das Selbst und das Fremde. Epochale Lebenskrisen und ihre Lösungen im Werk Arthur Schnitzlers. München, 1996.

Lützeler, Paul Michael: Die Kulturkritik des jungen Broch. Zur Entwicklung von Hermann Brochs Geschichts- und Werttheorie. In: Hermann Broch. Perspektiven der Forschung. Hrsg. v. Manfred Durzak. München, 1972. S. 329–351.

Lützeler, Paul Michael: Hermann Brochs ‚Die Verzauberung' als politischer Roman. In: Neophilologus LXI (Januar 1977). S. 111–126.

Lützeler, Paul Michael: Hermann Brochs ‚Die Verzauberung' im Kontext von Faschismuskritik und Exilroman. In: Joseph Strelka (Hg.): Broch heute. München/Bern, 1978. S. 75–86.

Lützeler, Paul Michael: Lukács' „Theorie des Romans" und Brochs „Schlafwandler". In: Frank Thieberger (Hg.): Hermann Broch und seine Zeit. Akten des Internationalen Broch-Symposiums Nice 1979. Bern/Frankfurt/Las Vegas, 1980 (= Jahrbuch für Internationale Germanistik: Reihe A, Kongressberichte; Bd. 6). S. 47–59.

Lützeler, Paul Michael (Hg.): Brochs Verzauberung. Frankfurt am Main, 1983.

Lützeler, Paul Michael: Hermann Brochs Roman *Die Verzauberung* – Darstellung der Forschung, Kritik, Ergänzendes. In: Ders. (Hg.): Brochs Verzauberung. Frankfurt am Main, 1983. S. 239–296.

Lützeler, Paul Michael: Hermann Broch. Eine Biographie. Frankfurt am Main, 1985.

Lützeler, Paul Michael: Hermann Broch. Frankfurt am Main, 1986.

Lützeler, Paul Michael: Broch als Kulturkritiker: Seine Sicht des Fin de Siècle. In: Ders. (Hg.): Hermann Broch. Frankfurt am Main, 1986. S. 308–319.

Lützeler, Paul Michael: Psychoanalyzing Broch's Fiction. A Response to Ernestine Schlant. In: Stephen D. Dowden: Hermann Broch: Literature, Philosophy, Politics. The Yale Broch Symposium 1986. Columbia: Camden House, 1988. S. 173–175.

Lützeler, Paul Michael: The Avant-Garde in Crisis. Hermann Broch's Negative Aesthetics in Exile. In: Stephen D. Dowden: Hermann Broch: Literature, Philosophy, Politics. The Yale Broch Symposium 1986. Columbia, 1988. S.14–31.

Lützeler, Paul Michael (Hg.): Hermann Broch. Visionary in Exile. The 2001 Yale Symposium (= Studies in German Literature, Linguistics, and Culture). Rochester, NY, 2003.

Mahrdt, Helgard: „... bloß das Irrationale, das Dichterische wirkt von Mensch zu Mensch, bloß dies ist imstande, eine Seele zu öffnen.' Zu Hermann Brochs Roman *Die Schlafwandler*. In: Árpád Bernáth/Michael Kessler/Endre Kiss (Hg.): Hermann Broch. Perspektiven interdisziplinärer Forschung. Akten des internationalen Symposions Hermann Broch 15.–17. September 1996, József-Attila-Universität, Szeged. Tübingen, 1998. S. 137–150.

Mandelkow, Karl Robert: Hermann Brochs Romantrilogie „Die Schlafwandler". Gestaltung und Reflexion im modernen deutschen Roman. Heidelberg, 1962.

Mannheim, Karl: Ideologie und Utopie. Urspr. Bonn 1929. Zitierte Ausgabe: Ders.: Ideologie und Utopie. Frankfurt am Main, 1969. S. 3–225.

Mannheim, Karl: Wissenssoziologie. Urspr. in Vierkandt, Stuttgart 1931. Zitierte Ausgabe: Ders.: Ideologie und Utopie. Frankfurt am Main, 1969. S. 227–267.

Marcuse, Herbert: Der Kampf gegen den Liberalismus in der totalitären Staatsauffassung. In: Schriften, Bd. 3. Frankfurt am Main, 1979.

Marquard, Odo/Stierle, Karlheinz (Hg.): Identität. München, 1979.

Martinez, Matias/Scheffel, Michael: Einführung in die Erzähltheorie. 5. Auflage, München, 2003.

Martini, Fritz: Hermann Broch und ‚Der Versucher'. In: Deutsche Rundschau 80 (1954). S. 468–474.

Mayer, Arno: Zeit und Raum bei Herman Broch. Ein Beitrag zur Theorie des Romans. Dissertation. Tübingen, 1963.

Mecklenburg, Norbert: Moderne Romanpoetik und konservative Metaphysik. Symbolisch-mythischer Regionalismus in Hermann Brochs ‚Bergroman'. In: Ders. (Hg.): Erzählte Provinz. Regionalismus und Moderne im Roman. Königstein, 1982, S. 129–179.

Menges, Karl: Kritische Studien zur Wertphilosophie Hermann Brochs. Tübingen, 1970.

Mittelstaedt, Peter: Sprache und Wirklichkeit in der Quantenphysik. In: Herbert Ernst Wiegand (Hg.): Sprache und Sprachen in den Wissenschaften. Geschichte und Gegenwart. Festschrift für Walter de Gruyter & Co. anläßlich einer 250jährigen Verlagstradition. Berlin/New York, 1999. S. 64–88.

Moeller von den Bruck, Arthur: Das dritte Reich, Berlin, 1923.

Mudersbach, Klaus: Wissenschaftstheorie der Wissenschaftssprache oder: Wie beeinflußt die Sprache die Wissenschaft? In: Herbert Ernst Wiegand (Hg.): Sprache und Sprachen in den Wissenschaften. Geschichte und Gegenwart. Festschrift für Walter de Gruyter & Co. anläßlich einer 250jährigen Verlagstradition. Berlin/New York, 1999. S. 154–220.

Murdoch, Dugald: Niels Bohr's Philosophy of Physics. Cambridge, Massachusetts, 1987.

Natorp, Paul: Die logischen Grundlagen der exakten Wissenschaften. Leipzig/Berlin, 1910.

Neurath, Otto: H. Hahn und R. Carnap: Wissenschaftliche Weltauffassung – Der Wiener Kreis. In: Veröffentlichungen des Vereins Ernst Mach. Wien, 1929.

Niethammer, Lutz: Kollektive Identität. Heimliche Quellen einer unheimlichen Konjunktur. Reinbek bei Hamburg, 2000.

Obermeier, Otto-Peter: Hermann Brochs Werttheorie. In: Paul Michael Lützeler (Hg.): Hermann Broch. Franfurt am Main, 1986. S. 227–245.

Osterle, Heinz D.: Hermann Broch.: ‚Die Schlafwandler'. Kritik der zentralen Metapher. In: DVjs 44/2 (1970). S. 220–268.

Pfister, Manfred: Das Drama. 8. Aufl., München, 1994.

Plard, Henri: Rezension zu Mandelkow (1962). In: Etudes Germaniques XIX (1964), S. 99.

Plessner, Helmuth: Grenzen der Gemeinschaft. Eine Kritik des sozialen Radikalismus. Bonn, 1924.

Plessner, Helmuth: Grenzen der Gemeinschaft. Eine Kritik des sozialen Radikalismus. In: Günter Dux/Odo Marquard/Elisabeth Stöker (Hg.): Helmuth Plessner. Gesammelt Schriften V. Macht und menschliche Natur. Frankfurt a. M., 1981, S. 7–135.

Posner/Robering/Sebeok (Hg.): Semiotik. Ein Handbuch zu den zeichentheoretischen Grundlagen von Natur und Kultur. 3. Teilband. Berlin/New York, 2003.

Raepke, Frank Werner: Auf Liebe und Tod. Symbolische Mythologie bei Robert Müller – Hermann Broch – Robert Musil. Münster/Hamburg 1994. [Zeit und Text; Bd. 6]

Reichenbach, H.: Der gegenwärtige Stand der Relativitätsdiskussion. In: Logis 10 (1921).

Reichmann, Eva: Weiblichkeitsdarstellung in Brochs Werk. Ein Vergleich mit der literarischen Tradition. In: Árpád Bernáth/Michael Kessler/Endre Kiss (Hg.): Hermann Broch. Perspektiven interdiziplinärer Forschung. Akten des internationalen Symposions Hermann Broch 15.–17. September 1996, József-Attila-Universität, Szeged. Tübingen, 1998. S. 181–192.

Renn, Joachim/Straub, Jürgen: Der Prozesscharakter moderner personaler Selbstverhältnisse. In: Dies. (Hg.): Transitorische Identität. Der Prozesscharakter des modernen Selbst. Frankfurt am Main/New York 2002. S. 10–31.

Renner, Karl N.: Der Findling. Eine Erzählung von Heinrich von Kleist und ein Film von George Moorse. München, 1983.

Ricœur, Paul : Das Selbst als ein Anderer. München, 1996.

Richter, Karl/Schönert, Jörg/Titzmann, Michael: Literatur-Wissen-Wissenschaft. Überlegungen zu einer komplexen Relation. In: Dies. (Hg.): Die Literatur und die Wissenschaften 1770–1930. Stuttgart, 1997. S. 9–36.

Riemer, Willy: Mathematik und Physik bei Hermann Broch. In: Paul Michael Lützeler (Hg.): Hermann Broch. Frankfurt am Main, 1986. S. 260–271.

Rickert, Heinrich: Kulturwissenschaften und Naturwissenschaft. Tübingen, 1899.

Roche, Mark W.: Die Rolle des Erzählers in Brochs *Verzauberung*. In: Paul Michael Lützeler (Hg.): Brochs Verzauberung. Frankfurt am Main, 1983. S. 131–146.

Roesler, Michael: Hermann Brochs Romanwerk. Ein Forschungsbericht. In: Vierteljahrsschrift für Literaturwissenschaft und Geistesgeschichte. 65, 1991. S. 504–587.

Roethke, Gisela: Zur Symbolik in Hermann Brochs Werken. Platons Höhlengleichnis als Subtext. Tübingen, 1992. [Edition Orpheus; 4]

Roethke, Gisela: Non-Contemporaneity of the Contemporaneous: Broch's Novel *Die Verzauberung*. In: Paul Michael Lützeler (Hg.): Hermann Broch. Visionary in Exile. The 2001 Yale Symposium (= Studies in German Literature, Linguistics, and Culture). Rochester, NY, 2003. S. 147–158.

Rothe, Wolfgang: Gescheiterte Liebhaber. Erotismus und Sexualneurose im Werk Hermann Brochs. In: Joseph Strelka (Hg.): Broch heute. Bern, 1978. S. 101–131.

Ryan, Judith: The Self-Destructing Message. A Response to Paul Michael Lützeler. In: Stephen D. Dowden: Hermann Broch. Literature, Philosophy, Politics. The Yale Broch Symposium 1986. Columbia, 1988. S. 32–41.

Schlant, Ernestine: Hermann Broch. Boston, 1978.

Schlant, Ernestine: Hermann Broch and Modern Physics. In: The Germanic Review. Vol. 53, 1978. S. 69–75.

Schlant, Ernestine: Die Barbara-Episode in Hermann Brochs Roman *Die Verzauberung*. In: Paul Michael Lützeler (Hg.): Brochs Verzauberung. Frankfurt am Main, 1983. S. 209–225.

Schlant, Ernestine: Brochs Roman *Die Unbekannte Größe* (1933). Mit Hinweisen zum Filmskript Das Unbekannte X (1935). In: Paul Michael Lützeler: Hermann Broch. Franfurt am Main, 1986. S. 110–134.

Schlant, Ernestine: Hermann Brochs Platon- und Kantrezeption am Beispiel des Filmskripts Das Unbekannte X. In: Michael Kessler/Paul Michael Lützeler (Hg.): Hermann Broch: Das dichterische Werk. Neue Interpretationen. Akten des internationalen, interdisziplinären Hermann-Broch-Symposions 30. Okt. – 2. Nov. 1986, Akademie der Diözese Rottenburg-Stuttgart. Tübingen, 1987. S. 19–28.

Schlant, Ernestine: Obsessive Patterns in the Novels of Hermann Broch. In: Stephen D. Dowden (Hg.): Hermann Broch: Literature, Philosophy, Politics. The Yale Broch Symposium 1986. Columbia, 1988. S. 153–173.

Schlant, Ernestine: Political Turmoil and Broch's Redeemer Figure. A Response to Wendelin Schmidt-Dengler. In: Stephen D. Dowden (Hg.): Hermann Broch: Literature, Philosophy, Politics. The Yale Broch Symposium 1986. Columbia, 1988. S. 149–52.

Schmid-Bortenschlager, Sigrid: Dynamik und Stagnation. Hermann Brochs ästhetische Ordnung des politischen Chaos. Stuttgart, 1980.

Schmid-Bortenschlager, Sigrid: Dichtung und Religion bei Hermann Broch. Das Opfer als Voraussetzung des Umschlags. In: Religion(s) et Littérature en Autriche au XXe Siècle. Actes du colloque d'Orléans, Octobre 1995. Bern/Berlin/Frankfurt am Main, 1997.

Schneider-Handschin, Esther V.: ‚Weil Erinnern und Festhalten niemals etwas anderes als selbsterinnertes Eigen-Ich ist' – Erinnerung und Identität in Hermann Brochs Romanen *Die Schlafwandler* und *Die Schuldlose*n. In: Michael Kessler (Hg.): Hermann Broch. Neue Studien. Tübingen, 2003. S. 221–235.

Schönhaar, Rainer: Erlebte Rede. In: Günther u. Irmgard Schweikle (Hg.): Metzler Literatur Lexikon. Begriffe und Definitionen. 2., überarb. Aufl., Stuttgart: Metzler, 1990. S. 136.

Schönwiese, Ernst: Einleitung. In: Ders. (Hg.): Hermann Broch: Gesammelte Werke. Die Unbekannte Größe. Frühe Schriften mit den Briefen an Willa Muir. Zürich, 1961. S. 5–36.

Schoolfield, G. C.: Review of Mandelkow (1964). In: Monatshefte LVI (1964), S. 205f.

Schrödinger, Erwin: Über das Verhältnis der Heisenberg-Born-Jordanschen Quantenmechanik zu der meinen. Zuerst erschienen in:

Annalen der Physik, (4), 79, (1926). Hier zitiert nach Österreichische Akademie der Wissenschaften (Hg.): Erwin Schrödinger: Gesammelte Abhandlungen. Band 3. Beiträge zur Quantentheorie. Wien, 1984. S. 734–756.

Schürer, Ernst: Die Beschwörung des Unendlichen im Zauber der Landschaft. Zu Hermann Brochs Verzauberung. In: Paul Michael Lützeler (Hg.): Brochs Verzauberung. Frankfurt am Main, 1983. S. 147–168.

Simpson, Malcolm R.: The Novels of Hermann Broch. Bern: Peter Lang, 1977. [European University Papers. Series I. German Language and Literature. Vol. 177.]

Stanzel, Franz. K.: Theorie des Erzählens. Göttingen, 1979.

Starobinski, Jean: Psychoanalyse und Literatur. Frankfurt am Main, 1990.

Steinecke, Hartmut: Brochs Wirkung – Geschichte einer Nicht-Wirkung? In: Michael Kessler/Paul Michael Lützeler (Hg.): Hermann Broch: Das dichterische Werk. Neue Interpretationen. Akten des internationalen, interdisziplinären Hermann-Broch-Symposions 30. Okt. – 2. Nov. 1986, Akademie der Diözese Rottenburg-Stuttgart. Tübingen, 1987. S. 139–147.

Straub, Jürgen: Identität. In: Burkhard Liebsch/Friedrich Jäger (Hg.): Handbuch der Kulturwissenschaften. Grundlagen und Schlüsselbegriffe. Stuttgart, 2004, S. 277–303.

Strelka, Joseph P.: Poeta Doctus Hermann Broch. Tübingen/Basel, 2001.

Suchy, Viktor: Zwischen Dichten und Erkennen. In: Hermann Broch 1886–1951. Dichter wider Willen? Ein Lesebuch zur Ausstellung anläßlich des 100. Geburtstages. [Schriftenreihe des Literatur- und Heimatmuseums Altaussee; Bd. 3] S. 70–85.

Thieberger, Frank (Hg.): Hermann Broch und seine Zeit. Akten des Internationalen Broch-Symposiums Nice 1979. Bern/Frankfurt/Las Vegas, 1980. (= Jahrbuch für Internationale Germanistik: Reihe A, Kongressberichte; Bd. 6)

Thomé, Horst: Autonomes Ich und ‚Inneres Ausland'. Studien über Realismus, Tiefenpsychologie und Psychiatrie in deutschen Erzähltexten (1848–1914). Tübingen, 1993.

Thomé, Horst: Geschichtsspekulation als Weltanschauungsliteratur. Zu Oswald Spenglers *Der Untergang des Abendlandes*. In: Christine Maillard/Michael Titzmann (Hg.): Literatur und Wissen(schaften) 1890–1935. Stuttgart/Weimar, 2002. S. 193–212.

Titzmann, Michael: Strukturale Textanalyse. Theorie und Praxis der Interpretation. München, 1977. (= UTB 582).

Titzmann, Michael: Das Konzept der „Person" und ihrer „Identität" in der deutschen Literatur um 1900. In: Manfred Pfister (Hg.): Die Modernisierung des Ich. Passau, 1989. S. 36–52.

Titzmann, Michael: Kulturelles Wissen-Diskurs-Denksystem. Zu einigen Grundbegriffen der Literaturgeschichtsschreibung. In: Zeitschrift für französische Sprache und Literatur. 99 (1989). S. 47–61.

Titzmann, Michael (Hg.): Modelle des literarischen Strukturwandels. Tübingen, 1991. (= Studien und Texte zur Sozialgeschichte der Literatur, 33).

Titzmann, Michael: Skizze einer integrativen Literaturgeschichte und ihres Ortes in einer Systematik der Literaturwissenschaft. In: Ders. (Hg.): Modelle des literarischen Strukturwandels. Tübingen, 1991. (= Studien und Texte zur Sozialgeschichte der Literatur, 33). S. 395–438.

Titzmann, Michael: 1890–1930. Revolutionärer Wandel in Literatur und Wissenschaften. In: Karl Richter/Jörg Schönert/Michael Titzmann (Hg.): Die Literatur und die Wissenschaften 1770–1930. Stuttgart, 1997. S. 297 – 322.

Titzmann, Michael: Normenkrise und Psychologie in der Frühen Moderne. Zur Interpretation von Arthur Schnitzlers Frau Beate und ihr Sohn. In: Recherches Germaniques. Numéro 28 (1998). S. 97–112.

Titzmann, Michael: Psychoanalytisches Wissen und literarische Darstellungsformen des Unbewußten in der Frühen Moderne. In: Thomas Anz (Hg.): Psychoanalyse in der modernen Literatur. Kooperation und Konkurrenz. Würzburg, 1999. S. 183–217.

Titzmann, Michael: Aspekte der Fremdheitserfahrung. Die logisch-semiotische Konstruktion des ‚Fremden' und des ‚Selbst'. In: Bernd Lenz und Hans Jürgen Lüsebrink (Hg.): Fremdheitserfahrung und Fremdheitsdarstellung in okzidentalen Kulturen. Theorieansätze, Medien/Textsorten, Diskursformen. Passau, 1999. S. 89–113.

Titzmann,Michael: Die „Bildungs"-/Initiationsgeschichte der Goethe-Zeit und das System der Altersklassen im anthropologischen Diskurs der Epoche. In: Lutz Danneberg/Friedrich Vollhardt u.a. (Hg.): Wissen und Literatur im 19. Jahrhundert. Tübingen, 2002, S. 7–64.

Titzmann, Michael: ‚Grenzziehung' vs ‚Grenztilgung'. Zu einer fundamentalen Differenz der Literatursysteme „Realismus" und „Frühe Moderne". In: Hans Krah und Claus-Michael Ort (Hg.): Weltentwürfe in Literatur und Medien. Kiel, 2002, S. 181–210.

Titzmann, Michael: Semiotische Aspekte der Literaturwissenschaft: Literatursemiotik. In: Posner/Robering/Sebeok (Hg.): Semiotik. Ein Handbuch zu den zeichentheoretischen Grundlagen von Natur und Kultur. 3. Teilband. Berlin/New York, 2003. S. 3028–3103.

Vietta, Egon: Hermann Broch. In: Die Neue Rundschau. XLV. Jahrgang der Freien Bühne. Bd. 1. Berlin/Leipzig, 1934. S. 575–585.

Vollhardt, Friedrich: Hermann Brochs Literaturtheorie. In: Paul Michael Lützeler (Hg.): Hermann Broch. Franfurt am Main, 1986. S. 272–288.

Vollhardt, Friedrich: Hermann Brochs geschichtliche Stellung. Studien zum philosophischen Frühwerk und zur Romantrilogie „Die Schlafwandler" (1914–1932). Tübingen, 1986 (Studien zur deutschen Literatur Bd. 88).

Wachtler, Gundi: Der Archetypus der großen Mutter in Hermann Brochs Roman ‚Der Versucher'. In: Manfred Durzak (Hg.): Herrmann Broch. Perspektiven der Forschung. München, 1972. S. 231–250.

Wagner-Egelhaaf, Martina: Mystik der Moderne. Die visionäre Ästhetik der deutschen Literatur im 20. Jahrhundert. Stuttgart, 1989.

Walter-Echols, Elizabeth: Relativity and Totality: Science as Structure and Imagery in Selected Texts from Hermann Broch. In: Dissertation Abstracts International, Ann Arbor, 1977.

Watt, Roderick H.: Hermann Broch's *Die Unbekannte Grösse*: The Central Symbol of „Sterne im Wasser". In: Modern Language Notes. Vol 89. Baltimore, Maryland, 1974. S. 840–848.

Weininger, Otto: Geschlecht und Charakter. Eine prinzipelle Untersuchung. Leipzig, 1903.

Weiss, Walter: „Mathematisches Mysterium": Mysticism and Metaphor in the Writing of Hermann Broch. In: Stephen D. Dowden (Hg.): Hermann Broch: Literature, Philosophy, Politics. The Yale Broch Symposium 1986. Columbia, 1988. S. 215–221.

White, J. J.: The identity and function of Bertrand in Hermann Broch's *Die Schlafwandler*. In: German Life & Letters (XXIV), 1970–71. S. 135–144.

Wienold, Götz: Hermann Brochs Beitrag zur Wissenschaftsreform. In: Literatur und Kritik, Jahrg. 7, Nr. 66/67 (1972). S. 412–416.

Willenberg, Heiner: Die Darstellung des Bewußtseins in der Literatur. Vergleichende Studien zu Philosophie, Psychologie und deutscher Literatur von Schnitzler bis Broch. Frankfurt am Main, 1974.

Winkler, Michael: Die Struktur von Hermann Brochs *Verzauberung*. Anmerkungen zu den erzähltechnischen Problemen des Romans. In: Paul Michael Lützeler: Brochs Verzauberung. Frankfurt am Main, 1983. S. 115–130.
Worbs, Michael: Nervenkunst. Literatur und Psychoanalyse im Wien der Jahrhundertwende. Frankfurt am Main, 1983.
Wünsch, Marianne: Das Modell der „Wiedergeburt" zu „neuem Leben" in erzählender Literatur 1890–1930. In: Karl Richter/Jörg Schönert (Hg.): Klassik und Moderne. Stuttgart, 1983. S. 379–408.
Wünsch, Marianne: Wege der ‚Person' und ihrer ‚Selbstfindung' in der fantastischen Literatur nach 1900. In: Manfred Pfister (Hg.): Die Modernisierung des Ich. Passau, 1989. S. 168–179.
Wünsch, Marianne: Regeln erotischer Beziehungen in Erzähltexten der Frühen Moderne und ihr theoretischer Status. In: Spiel 9 (1990). S. 131–172.
Wünsch, Marianne: Die Fantastische Literatur der Frühen Moderne (1890–1930). Definition, Denkgeschichtlicher Kontext, Strukturen. München, 1991.
Wünsch, Marianne: Vom späten „Realismus" zur „Frühen Moderne": Versuch eines Modells des literarischen Strukturwandels. In: Michael Titzmann (Hg.): Modelle des literarischen Strukturwandels. Tübingen, 1991. (= Studien und Texte zur Sozialgeschichte der Literatur, 33). S. 187–203.
Zanthier, Agnieszka von: Julian Stryjkowski und Edgar Hilsenrath: Zur Identität jüdischer Schriftsteller nach 1945. Essen, 2000 (= Literaturwissenschaft in der Blauen Eule, Bd. 31).
Zimbardo, Philip/Gerrig, Richard: Psychologie. 7., neu übersetzte und bearb. Aufl., Berlin: Springer, 1996.
Ziolkowski, Theodore: Hermann Broch. New York/London, 1964.
Ziolkowski, Theodore: Hermann Broch and the relativity in fiction. In: Contemporary Literature 9 (1968). Madison, Wis. S. 365–376.
Ziolkowski, Theodore: Hermann Broch und die Relativität im Roman. In: Manfred Durzak (Hg.): Hermann Broch. Perspektiven der Forschung. München, 1972. S. 315–327.

7 Anhang: Zeittabelle zu Psychoanalyse, Relativitätstheorien und Quantenmechanik

Jahr	Psychoanalyse	Relativitätstheorien	Quantenmechanik
1656 – 1880	**1777 William Gullen**: *First Lines of the Practice of Physics.* [,**Neurosis** or Nervous Diseases'].	**1656 Huygens:** *De motu corporum ex percussione*: Stoßgesetze der Mechanik können auf elementare Weise abgeleitet werden Wechsel des Bezugssystems durch Transformation der Koordinaten unter Beibehaltung der Form der Naturgesetze möglich Frage nach ausgezeichnetem Bezugssystem irrelevant = epistemologische Sichtweise (vs ontologisch = ,wahres' Bezugssystem vorhanden). **1687: Newton:** *Philosophiae naturalis Principia Mathematica* **1851 Armand Fizeau:** Untersuchung der Ausbreitungsgeschwindigkeit von Licht in einem bewegten Medium (vs Vakuum) Verzögerung nicht abhängig von ***v*** (Medium), sondern Brechungsindex $1 - 1/n^2$. **1859 Fresnel:** Mitführungskoeffizient $1 - (1/n^2)$ unabhängig von der Geschwindigkeit des Mediums. **1859 Fizeau:** Versuch: Polarisationsebene von reflektierten Lichtstrahlen dreht sich nicht, wenn der Spiegel in Strahlrichtung bewegt wird. **1870 Carl Neumann:** Postulat eines „Körper	**1859 Gustav Kirchhoff:** Beweis für die Theorie zur Strahlung schwarzer Körper und Nachweis, daß die emittierte Energie E nur von der Temperatur T und der Frequenz v der emittierten Energie abhängt [**E = f(T,v)**.] Frage nach der Funktion f. **1879 Josef Stefan:** Die von einem warmen Körper emittierte Gesamt**energie**

		Alpha" = Alternativkonzept zu Newtons ,absolutem Raum'.	sei **proportional** zur 4. Potenz der **Temperatur T**.
1881 – 1890	**1886 Richard von Krafft-Ebing:** *Psychopathia sexualis* **Ernst Mach:** *Die Analyse der Empfindungen und das Verhältnis des Physischen zum Psychischen.*	**1881 Michelson (auch Michelson/Morley 1887):** Interferenz von Licht aus zueinander senkrechten, gleichlangen Wegen: ändert sich bei Drehung des Apparates nicht, also **kein ,Ätherwind'**. **1883 Mach:** Fixsterne als Bezugssystem – Forderung: ausschließliche Verwendung relationaler Aussagen über relative Bewegungen von beobachtbaren Körpern zueinander [Lehrbuch der Mechanik]. **Streintz:** „Fundamentalkörper" = Alternativkonzept zu Newtons ,absolutem Raum'. **1886 Ludwig Lange:** Inertialsystem als beschleunigungsfreies Bezugssystem. **1887 Voigt:** Wellengleichungstransformation für Dopplereffekt.	**1884 Ludwig Boltzmann:** gleiche Schlußfolgerung für die Strahlung schwarzer Körper wie **Stefan** (1879) für Wärmekörper. Problemlösung mit Hilfe theoretischer Überlegungen unter Einbeziehung von Thermodynamik und Maxwells elektromagnetischer Theorie. Problem bei bestimmten Wellenlängen nicht gelöst.
1891 – 1900	**1893 Freud:** *Die Abwehr-Neuropsychosen. Versuch einer psychologischen Theorie der acquirierten Hysterie, vieler Phobien und Zwangsvorstellungen und gewisser halluzinatorischer Psychosen.* [Vergleich der Methoden Psychologie = Physik („elektrisches Fluidum") (I/74 //B. 19)]. **1894 Wilhelm Dilthey:** *Ideen über eine beschreibende und zergliedernde Psychlologie.* **1895 Breuer/Freud:** *Studien über Hysterie.* [,Übertra-	**1892 Georg Francis FitzGerald/Hendrik Antoon Lorentz** (beide unabhängig voneinander): Annahme, daß alle Körper sich bei Bewegung durch den Äther mit der Geschw. v in der Bewegungsrichtung um den Bruchteil $\sqrt{1-v^2/c^2}$ verkürzen = Lorentz-FitzGeraldsche Kontraktionshypothese. **Lorentz:** Theorie bewegter Ladungen und zugehöriger Felder	**1895 Röntgen:** Entdeckung der X-Strahlung; **1896 Wilhelm Wien:** unvollkommene Lösung für Kirchhoffs Problem. Lösung kann experimentelle Beobachtungen im kurzwelligen Bereich gut erklären, versagt jedoch im äußeren infraroten Bereich. **Bequerel:** Radioaktivität des Urans. **1897 J.J. Thomson** entdeckt das **Elektron** (Existenz von Elementarquanten);

	gung''als falsche Verknüpfung; ‚Abwehr'; ‚Affekt' (später ‚Libido') = bewegliche Energie, Schritt zur psychodynamischen Betrachtungsweise]. **1900 Freud:** *Die Traumdeutung*. ‚**Vorbewußt**', ‚**Unbewußt**', ‚**Bewußt**'.	**1899 Lorentz:** modifiziert seine Raum-Zeit-Koordinaten-Transformationsgesetze = **Lorentz-Transformationen** (‚Ortszeit', ‚allgemeine Zeit'); auch Elementarteilchen wären der Lorentzkontraktion unterworfen = Vision eines elektromagnetischen Weltbildes (zerschlägt sich bald aufgrund der Probleme mit dem Konzept eines ‚deformierbaren Elektrons'); noch nicht Spezielle Relativitätstheorie, da „es für ihn ***psychologisch*** unmöglich war, auf die Realität des ***Äthers*** als eines materiellen Dinges (Träger des elektromagnetischen Feldes) zu verzichen. Wer diese Zeit miterlebt hat, begreift es." [Einstein, s. K. H. S. 11]	Einführung diskontinuierlicher physikalischer Größen in die Naturwissenschaft. **1899 Phillipp Lenard**: Erzeugung von Kathodenstrahlen (Elektronen) durch Licht. **1899 Rutherford** entdeckt α- und β-Strahlung. **1900 Max Planck**: Zusammenfassung des Wienschen Gesetzes und der Rayleigh-Jeansschen Strahlungsgesetze. Zur Ableitung Annahme von **Energiequanten**. „Revolutionärer Schritt, der zur Quantenmechanik führte" (Gribbin, S. 52); Einbeziehung von Boltzmanns statistischer Version der Thermodynamik (Zweiter Hauptsatz der Wärmelehre). Aufklärung der „Ultraviolett-Katastrophe" durch die **Quantentheorie. 1918** Nobelpreis für diese Entdeckung. **E = h v** [h = neue Plancksche Konstante]. **Villard:** γ-Strahlung.
1901 – 1910	**1901 Freud:** *Zur Psychopathologie des Alltagslebens.* ‚Fehlleistungen'. **1905 Freud:** *Drei Abhandlungen zur Sexualtheorie. [Die sexuellen Abirrungen; Die infantile Sexualität; Die Umgestaltungen der Pubertät;]* Person = ‚Sexual**objekt**'; Handlung = ‚Sexual**ziel**'; ‚**Quelle**'; Psychologie der menschlichen Sexualentwicklung; ‚**Trieb**' (Konzept bereits zuvor).	**1902 Bucherer, Kaufmann, Hupka u.v.a.:** e/m-Versuche an schnell bewegten Elektronen **Massenzunahme** bei hohen **v**. **1904 Hans Kleinpeter:** Wahl des Koordinatensystems nur Nebenbedingung für möglichst große Einfachheit der zu erzielenden Beschreibung – Aussagen über relative Bewegungs-	**1903 Ernest Rutherford /Frederick Soddy**: Theorie der **Radioaktivität.** Die Entdeckung der Halbwertszeit (vs. spontaner Zerfall) von radioaktivem Material wird zur Grundlage einer statistischen Theorie des radioaktiven Zerfalls. **1905 Albert Einstein:** Untersuchung des **photo-**

	1905 Freud: *Der Witz und seine Beziehung zum Unbewußten.* **1905 Mach:** *Erkenntnis und Irrtum. Skizzen zu einer Psychologie der Forschung.* **1905 Wilhelm Wundt:** *Grundriß der Psychologie.* **1906 Jung:** *Diagnostische Assoziationsstudien.* ‚Komplex'. **1907 Adler:** *Studien über die Minderwertigkeit von Organen.* **1907 Freud:** *Der Wahn und die Träume in W. Jensens „Gradiva".* **1908 Adler:** *„Der Aggressionstrieb im Leben und in der Neurose", in Fortschritte der Medizin.;* ‚Aggressionstrieb'. **1908 Freud:** *Charakter und Analerotik;* **1910 Freud:** *Über einen besonderen Typus der Objektwahl beim Manne.* ‚**Ödipuskomplex**'; *Zur Einleitung der Selbstmord-Diskussion.*	zustände alleine müssen ausreichen. **1905 Albert Einstein:** *Elektrodynamik bewegter Körper* (später **‚SPEZIELLE RELATIVITÄTSTHEORIE'** genannt). **1905 Henri Poincaré:** *Sur la dynamique de l'electron.* übernimmt Lorentz-Transformationen und gibt korrekte und **vollständige Transformation** aller elektromagnetischer Grundgrößen an (!).	**elektrischen Effekts.** Einführung der **Lichtquantentheorie** über den Photoeffekt. Bis 1906 Ergebnis, daß Energiewechsel in Sprüngen passieren, die ein ganzzahliges Vielfaches von h v sind. **1921** Nobelpreis für diese Arbeit zum photoelektrischen Effekt.
1911 – 1920	**1912 Adler:** *Über den nervösen Charakter. Grundzüge einer vergleichenden Individual-Psychologie und Psychotherapie.* **1913 Freud:** *Einige Bemerkungen über den Begriff des Unbewußten in der Psychoanalyse.* **1913 Jung:** *Wandlungen und Symbole der Libido.* **1914 Adler:** *Heilen und Bilden.* **1915 Freud:** *Das Unbewußte.* **1915 Freud:** *Triebe und Triebschicksale.* **1915 Freud:** *Die Verdrängung.* **1915 Freud:** *Zeitgemäßes*	**1916 Einstein: ALLGEMEINE RELATIVITÄTSTHEORIE**	**1911 Ernest Rutherford:** neues Atommodell. **1913 Niels Bohr:** Einführung des Quants in die Theorie des Atoms. Erlaubt in einfachen Fällen die rechnerische Ableitung der Spektren verschiedener Elemente. Bildet Übergang zur Wellen- und Quantenmechanik. 1922 Nobelpreis für diese Arbeit. **1916 Einstein:** Einführung des **statistischen Wahr-**

	über Krieg und Tod. **1919 Freud:** *Das Unheimliche.* **1920 Freud:** *Jenseits des Lustprinzips.* ‚**Todestrieb**' eingeführt; [„daß wir genötigt sind, mit den wissenschaftlichen Terminis, das heißt mit der eigenen **Bildersprache** der Psychologie (richtig: der Tiefenpsychologie) zu arbeiten. Sonst könnten wir die entsprechenden Vorgänge überhaupt nicht **beschreiben**, ja würden sie gar nicht **wahrgenommen** haben" (!)]. **1920 Adler:** *Praxis und Theorie der Individualpsychologie.*	**1917 Einstein:** *Über die spezielle und allgemeine Relativitätstheorie.*	**scheinlichkeitsbegriffs** in die Atomtheorie. Später Grundlage der eigentlichen Quantentheorie.
1921 – 1930	**1921 Freud:** *Massenpsychologie und Ich-Analyse.* **Jung:** *Psychologische Typen.* **1923 Freud:** *Das Ich und das Es.* ‚**Es**' = neue Topik Freuds; das Ich ist größtenteils unbewußt; ‚**Über-Ich**'. **1925 Reich:** *Der triebhafte Charakter.* **1927 Adler:** *Menschenkenntnis.* **1927 Reich:** *Die Funktion des Orgasmus.* **1928 Adler:** *Über den nervösen Charakter.* ‚**Minderwertigkeitsgefühl/-komplex**'. **1928 Freud:** *Kurzer Abriß der Psychoanalyse.* **1928 Jung:** *Das Seelenproblem des modernen Menschen.* **1930 Freud:** *Das Unbehagen in der Kultur.*	**1924 Hubble:** Spiralnebel = weitere Galaxien außerhalb der „Milchstraße". **1924 Friedmann:** theoretisches Postulat des expandierenden Universums.	**1924 De Broglie:** Postulat der „**Elektronenwellen**". (**1925** Veröffentlichung der Doktorarbeit in den *Annales de Physique*). **1924 Max Born/Pascual Jordan/ Werner Heisenberg: MATRIZENMECHANIK.** Nichtvertauschbarkeit der Quantenvariablen. $pq - qp = h/2\pi i$; p und q sind Matrizen, die Quantenvariablen darstellen. Komplizierter mathematischer Formalismus hemmt Rezeption. **1924 Paul Dirac: QUANTENALGEBRA.** (spätere Quantenmechanik). Umformulierung der Gleichungen Heisenbergs im Sinne eines mathematischen Teilgebietes. Verfahren, um Dynamik mathematisch auszudrücken, spezielle Form der Algebra. Eleganteste und im

			mathematischen Sinne „schönste“ Formulierung. **1926 Erwin Schrödinger: WELLENMECHANIK.** Konzeption ein Rückgriff auf Vorstellungen des 19. Jhd. Baut auf de Broglies Theorie der Elektronenwellen auf. Mit Hilfe der mathematischen Wellenformeln Berechnung der „erlaubten“ Energieniveaus. Die drei Ansätze (Matrizenmechanik, Quantenalgebra und Wellenmechanik) sind mathematisch äquivalent. **1926 Born:** Verknüpfung der Wellenfunktion ψ (Schrödinger) mit der Existenz von Teilchen. Die Stärke der Welle (ψ^2) ist ein Maß der ***Wahrscheinlichkeit*** dafür, Teilchen an diesem Punkt anzutreffen. **1927 Bohr: *Komplementaritätsprinz ip.*** Beide theoretischen Vorstellungen, die der Teilchenphysik und die der Wellenphysik, sind gleichermaßen gültig als komplementäre Beschreibungen ein und derselben Realität. Ein fundamentales Teilchen wie das Elektron ist weder Teilchen noch Welle, aber unter gewissen Umständen verhält es sich so, als wäre es eine Welle, und unter anderen Umständen so, als wäre es ein Teilchen. **1927 Heisenberg**: Aufstellung der Grundregel der Quantenmechanik, daß

			es prinzipiell unmöglich ist, bestimmte Merkmalspaare, darunter auch Ort und Impuls, gleichzeitig genau zu messen. ***Unbestimmtheitsrelation*** (Unschärferelation). **1928 Bohr: „Kopenhagener Deutung"** (auf einer Konferenz in Como). **1929 Dirac:** Postulat von ***Antiteilchen zum Elektron*** mit positiver Ladung (das „Positron"). Abänderung von Schrödinger, Hinzunahme der Zeit als vierte Dimension; Ergebnis: ***Spin des Elektrons*** (Erklärung für die Aufspaltung von Spektrallinien zu Dubletts).
1931 – 1934	**1933 Reich:** *Charakteranalyse.* **1933 Reich:** *Die Massenpsychologie des Faschismus.* **1934 Freud:** *Warum Krieg?* **Jung:** *Über die Archetypen des kollektiven Unbewußten.*		**1932 Anderson:** Entdeckung des **Positrons**. **1932 Chadwick:** Entdeckung des **Neutrons**.

Quellen für die Daten siehe Literaturverzeichnis: Bohr, Bos, Gribbin, Günther, Heisenberg, Haas, Hentschel, Heisenberg, F. Hund, Im, Koch, Löbl, Schrödinger, Titzmann und Primärschriften;